ATENÇÃO

Prezados(as) Alunos(as): todas as **atividades** serão inseridas diretamente no Portifólio referente à disciplina. O objetivo é aumentar a interação do(a) aluno(a) com a plataforma, além de atualizar as **atividades**. Entrem com sua senha e acompanhe as **atividades** no sistema. Se preferir, imprimam as **atividades** e anexem no seu material impresso. Guias de estudo que contenham as **atividades** são guias de estudo antigos, onde as **atividades** já foram **modificadas**. Por favor, observem.

Atenciosamente,

Direção da UNIGRANET

Teologia
5º Semestre

Graduação a Distância

Teologia

5º Semestre

TEOLOGIA SISTEMÁTICA II: PNEUMATOLOGIA, ECLESIOLOGIA E ESCATOLOGIA

UNIGRAN
Net

Graduação a Distância

TEOLOGIA SISTEMÁTICA II: PNEUMATOLOGIA, ECLESIOLOGIA E ESCATOLOGIA

Márcio José de Oliveira Rocha

ROCHA, Márcio José de Oliveira. **Teologia Sistemática II: Pneumatologia, Eclesiologia e Escatologia [Ht]**. Márcio José de Oliveira. Dourados: UNIGRAN, 2020.

60 p.: 23 cm.

1. Teologia Sistemática.

Apresentação dos Docentes

Márcio José de Oliveira Rocha cursou Relações Humanas (2003) pelo Grupo Tavares de Mello SA, Rio Brilhante-MS, de onde veio para Dourados-MS, em 2005, para se graduar em Teologia pela Faculdade Teológica Batista Ana Wollerman – FTBAW, onde obteve o título de Bacharel em Teologia em 2008. É pós-graduando em Metodologia do Ensino Superior pelo Centro Universitário Grande Dourados - UNIGRAN, Dourados-MS. De 2005 a 2008 estagiou como seminarista na Primeira Igreja Batista em Rio Brilhante. Desde agosto de 2008 atua como monitor no curso de Teologia a Distância da UNIGRAN.

Sumário

Introdução 09

Aula 01
Considerações introdutórias da teologia da revelação como pressuposto fundamental para o estudo da cristologia 11

Aula 02
Divindade e humanidade de Jesus: entre a opção clássica e a opção hermenêutica 19

Aula 03
O debate hermenêutico sobre a morte de Jesus: morreu pelos pecados ou morreu por causa dos pecados? 27

Aula 04
A hermenêutica da ressurreição: fato histórico ou experiência de fé? 33

Aula 05
Os movimentos pentecostais como desafios para reflexão pneumatológica 39

Aula 06
A autonomia do espírito da palavra 45

Aula 07
O Espírito de Deus nas tradições bíblicas 49

Aula 08
A participação do espírito na experiência de salvação 55

Referências Bibliográficas 59

Introdução

Prezados(as) alunos(as)

Acredito que a maioria de vocês já me conhece da disciplina de Introdução à Teologia. Quero dizer que é com o mesmo prazer e dedicação que trabalho agora com vocês, nesta disciplina,como professor.

Espero que possamos aprender muito juntos, pois o conhecimento não tem uma via de mão única. Aprendemos também com nossas experiências de fé e, experiências, todos nós temos para compartilhar. O fazer teológico para ser genuíno e contribuinte para a salvação da humanidade precisa partir de pessoas cheias de fé em Deus e de profunda compaixão pelo Ser - Humano, pois do contrário não terá sentido prático e muito menos razão de ser.

Nesta disciplina falaremos de Jesus, o Cristo, que com muita fé e certeza da sua missão enquanto Filho de Deus não poupou sacrifício para Salvar a humanidade.

Para tanto, dividimos esta disciplina em oito aulas, de forma que as quatro primeiras trabalham a ideia de Cristologia (Refl exão sobre o Cristo) e as demais sobre Pneumatologia (Refl exões sobre o Espírito). Sendo assim, na primeira aula trabalharemos a importância da Teologia da Revelação para o Estudo da Cristologia. Na segunda aula entraremos no debate sobre a humanidade e a divindade de Jesus nos discursos da Teologia Clássica e Moderna. Na terceira aula entraremos no debate da interpretação da morte de Jesus entre a teologia clássica e a interpretação moderna: Jesus morreu pelos pecados ou por causa dos pecados? E para concluir esta primeira parte entraremos no debate sobre a ressurreição de Jesus: Fato histórico ou Experiência de Fé?

Sabemos que a missão de Jesus foi motivada pela força do Espírito Santo. Por isso, nas próximas quatro aulas trabalharemos a importância do Espírito na missão de Jesus, na experiência de Salvação e na humanidade. Sendo assim, na quinta aula trabalharemos o desafio dos movimentos pentecostais para a reflexão pneumatológica. Já na sexta aula, trabalharemos a Autonomia do Espírito da Palavra. Na sétima aula, o Espírito de Deus nas Tradições Bíblicas e, por fim, na oitava aula, a participação do Espírito na experiência de Salvação.

Que Deus abençoe a todos vocês e que tenhamos um excelente curso!

Aquele abraço!

Márcio José de Oliveira Rocha.

CONSIDERAÇÕES INTRODUTÓRIAS DA TEOLOGIA DA REVELAÇÃO COMO PRESSUPOSTO FUNDAMENTAL PARA O ESTUDO DA CRISTOLOGIA

Antes de entrarmos no estudo da Cristologia propriamente dita é necessário revermos os dois principais conceitos da Teologia da Revelação, pois a opção teológica que o aluno ou aluna fizer ou já tenha construído até aqui, irá não somente influenciar, mas também fundamentar sua construção cristológica. Como percebido na disciplina de Teologia Sistemática I, não se faz teologia sem filosofia, toda teologia inevitavelmente usará bases filosóficas que busquem racionalizar o pensamento teológico ou explicar em linguagem lógica seus conceitos. Por esse motivo, neste primeiro momento, estarei revendo o conceito de revelação "clássico" ou "dogmático" e mostrando como a filosofia metafísica clássica contribui para sua construção. Ainda que muitos teólogos conservadores não admitam esta influência todos que conhecem o básico do pensamento filosófico clássico perceberão. Em seguida, estarei revendo o conceito de revelação na teologia a partir da modernidade, e mostrando como a metafísica moderna contribuiu para sua construção.

TEOLOGIA DA REVELAÇÃO CLÁSSICA: CONTRIBUIÇÕES DA METAFÍSICA CLÁSSICA

A teologia Clássica da Revelação é pensada em duas característicasprincipais: Revelaçãogeral e Revelaçãoparticular ou específica. Por Revelação Geral, segundo Erickson, Deus sempre se revelou e se revela, desde o fundamento do mundo, para todos os seres humanos, através da natureza, da história e da personalidade do homem (ERICKSON, 1997 pp.41-43). Em busca de legitimar a ideia de revelação através da natureza os teólogos da linha de Erickson baseiam se no texto bíblico:

> Os céus proclamam a glória de Deus (Sl. 19:1) Os atributos invisíveis de Deus, assim como seu eterno poder, como também a sua própria divindade, claramente se reconhecem, desde o princípio do mundo sendo percebidos por meio das coisas que foram criadas. Tais homens são por isto, indesculpáveis. (Rm. 1:20).

A revelação de Deus na história mostra que Deus está atuando no mundo para que este se mova ou aconteça conforme os planos de Deus. A base para essa afirmação está na interpretação da história de que Deus sempre guardou o povo de Israel em todos os momentos da história, seja qual fosse o sofrimento que passassem. Por fim, a revelação na personalidade do homem é percebida através da estrutura física e na capacidade mental do homem, ou seja, na capacidade que o ser humano tem de pensar, criar, fazer julgamento de valores éticos, morais e no "senso religioso" da condição humana. Por este último esses teólogos baseiam-se no fato de que em todos os tempos e lugares, todos os seres humanos sempre creram na existência de uma realidade superior a si mesmos e por esse motivo sempre criaram os mais diversos deuses e suas formas de adoração.

Por Revelação Particular ou Específica, esses teólogos definem como a automanifestação de Deus para certas pessoas em tempos e lugares específicos. Justificam essa teoria com base em sua concepção da condição humana. Segundo eles todos os seres humanos encontram-se num estado de depravação. Com o estado de incapacidade a revelação especial tornou-se "necessária porque a raça humana havia perdido o relacionamento de favor que, antes da queda, tinha com Deus". (ERICKSON, 1997 p.56)

Deus, na sua infinita misericórdia, manifestou-se especificamente para alguns seres humanos a fi m de se revelar a eles e, através dos Registros Sagrados que estes fizessem, manifestar seu plano de salvação para toda humanidade. Logo, para estes teólogos a revelação especial encontra-se na Bíblia, livro inspirado verbalmente para os poetas, profetas, apóstolos, etc. que registraram a vontade de Deus e, segundo o Seu propósito, foram organizados e canonizados como testemunhas. A Bíblia, como testemunha da revelação, mostra Deus se manifestando na história, mostra o *discurso divino* e mostra a encarnação de Deus através de seu Filho Jesus Cristo (ERICKSON, 1997 pp.60-63).

De que forma a metafísica clássica contribuiu para o conceito de revelação tradicional? Para tanto, é preciso entender o que é a metafísica. Derivada do grego da junção de metha "para além" com palavra *phisis* "natureza", significa a ciência que reflete conceitualmente e objetivamente a "essência" original e a função dos princípios que fundamentam e ordenam o universo (GILES, São Paulo, 1993 pp.101,102) A metafísica clássica surge com os pré-socráticos, mas é com os filósofos Platão (428-347 a.C) e Aristóteles (384-322 a.C), nas suas devidas peculiaridades, que desenvolverão os sistemas que mais influenciarão a teologia cristã. Na patrística, a maior representação esteve na pessoa de Agostinho de Hipona (354-430 d.C) e na alta idade média na pessoa de Tomás de Aquino (1225- 1274 d.C.).

Como ela influenciou? Pretendendo definir ou conceituar a realidade de forma objetiva ela ensina que o conceito criado para explicar a realidade se iguala à própria realidade. A partir de então, buscando legitimar ou justificar o discurso religioso do cristianismo originário na sociedade de seu tempo, os teólogos patrísticos e medievais interpretaram os textos Bíblicos conceitualmente, ou seja, defendendo que a "realidade" é igual a "palavra escrita" do texto Sagrado. Porém onde a literalidade do texto problematizasse o conceito teológico, eles interpretavam alegoricamente. Por exemplo: onde o texto diz que Deus "descansou" (Gn. 2:2) ou se "arrependeu" (Gn.6:6) a realidade "essencial" de Deus não poderia ser igual a palavra, pois teríamos um Deus limitado e contraditório, e isso colocaria em xeque a Onipotência, Onisciência e a Impassibilidade de Deus[1]. Para isso não acontecer os teólogos patrísticos e medievais, por influência de Xenófanes de Colofon (570-475 a.C) e Filon de Alexandria, disseram que essa linguagem no texto Bíblico é antropomórfica, junção das palavras gregas antropos "ser humano" e morphe "forma", ou seja atribuição de características ou formas humanas a Deus. Essa linguagem figurada teria sido usada pelos escritores Bíblicos para transmitir mensagens mais profundas e abstratas reveladas por Deus de uma forma que o entendimento humano pudesse

[1]*Onipotência, Onisciência e Impassibilidade são conceitos metafísicos atributivos da divindade que significam: Onipotência é o total poder de Deus de Ser, Fazer e Agir conforme seu querer, por estar sobre ou além de qualquer limitação ou finitude do tempo ou do espaço.*
Onisciência *refere-se ao fato de Deus saber todas as coisas, ou seja, tudo que "não aconteceu", "está acontecendo" e "acontecerá" sempre estiveram presentes na mente de Deus. Por isso Ele jamais poderia fazer algo e se arrepender.*
Impassibilidade *- da palavra grega apatheia "apatia", ou seja, o atributo que defende que Deus não pode sofrer ou ter sentimentos que são de características humanas, pois se mostraria um Deus fraco e limitado.*

apreender. Com isso se conclui que os teólogos tradicionais que até hoje são influenciados por esse pensamento metafísico interpretam o texto Sagrado conceitualmente. Porém quando os conceitos teológicos se veem ameaçados pela literalidade do texto, eles optam pela interpretação alegórica, metafórica ou figurada. Teríamos aqui alguma incoerência?

TEOLOGIA DA REVELAÇÃO A PARTIR DA MODERNIDADE: CONTRIBUIÇÕES DA METAFÍSICA MODERNA

A Construção moderna da Teologia da revelação deve-se a um processo progressivo que ainda continua em andamento principalmente diante das novas exigências da pós-modernidade. Não há espaço aqui nem tempo para trabalhar a Teologia da Revelação a partir da modernidade como ela de fato merece, pois não temos apenas uma teologia da revelação a partir da modernidade, mas várias, cada uma com suas semelhanças e peculiaridades. Portanto, nos deteremos brevemente em aspectos gerais que elas comungam entre si. Com a separação da teologia das demais ciências, no início da idade moderna, na ascensão do empirismo, do racionalismo, das descobertas da física, astronomia e fundamentalmente com o movimento filosófico Iluminista[2], a teologia deixa de ser a "Mãe" das ciências (como era chamada pelos teólogos da alta Escolástica) para se tornar, em princípio (séculos XVIII e XIX) a serva das ciências. Posteriormente, no século XX, com as duas grandes Guerras Mundiais, Revoluções e transformações sócio-econômicas o ser humano vê-se diante de novas crises de sentido da vida e da existência. A descoberta da autonomia da razão e da subjetividade[3] promovida pelas ideias iluministas levou o ser humano à "crise da verdade", ou ao relativismo e à descoberta

A premissa de que Deus está sempre se revelando para salvar a humanidade é defendida tanto pela teologia clássica como pela teologia contemporânea. (Gravura do catolicismo ortodoxo de; Arcebispo Hierotheos Metropolita de Nafpaktos)

[2]*__Empirismo__: Corrente filosófica que defende que todos os conceitos, ideias, etc. são abstrações formadas pela combinação de elementos provindos da experiência (dados, observações perceptíveis imediatamente a partir da sensação) e esta é a única forma de conhecimento.*
***Racionalismo**: Corrente filosófica que defende que a "razão" é a fonte primária de todo conhecimento anterior, superior, independente da percepção dos sentidos. A mente é capaz de conhecer algumas verdades sobre a realidade que são anteriores a qualquer conhecimento empírico (da experiência) que são verificados a partir de um sistema fundamentalmente dedutivo.*
***Grandes descobertas da Física entre muitos estão**: Galileu Galilei (1564-1642) descobre as leis que determinam a queda dos corpos. Isaac Newton (1642-1727) faz suas primeiras hipóteses sobre gravitação e colabora para a mecânica.*
***Grandes descobertas da Astronomia entre muitos estão**: de Nicolau Copérnico (1473-1543) que propôs um modelo heliocêntrico do Universo. Seu trabalho foi defendido, ampliado e corrigido, pelas ideias de Galileu Galilei e Johannes Kepler (1571-1630).*
***Iluminismo**: Movimento que baseado nos avanços das ciências naturais levam ao desenvolvimento das ideias empiristas, racionalistas, naturalistas e materialistas para insistir na continuidade entre Ser humano e Natureza, pois estes podem ser conhecidos através da experiência e do pensamento, independente de qualquer dogma ou interferência da Teologia; GILES, Thomas R. Dicionário de Filosofia. Termos e Filósofos. São Paulo: EPU, 1993. pp. 44, 78, 131.*

[3]*Subjetividade: Daquilo que deriva da consciência, do "eu" das percepções e juízos pessoais, internos e não de um ponto de referência externo e objetivo. (GILES, 1993 p. 145).*

do sujeito enquanto produtor de suas próprias verdades baseadas em suas experiências particulares. Essas crises fizeram com que o ser humano moderno perguntasse pelo sentido dos fundamentos da fé na existência, ou seja, qual o sentido dos símbolos de fé no drama das ambigüidades da vida, "do aqui e agora"?

A descoberta da subjetividade levou à crise dos absolutos e dos dogmas, mas não à perda da fé. Por esse motivo foi necessário para aqueles que não tinham mais os dogmas como inquestionáveis, diante das novas exigências da mentalidade crítica e secularizada buscar novos sentidos para os símbolos de fé sem necessariamente negá-los.

Reunião de filósofos e intelectuais discutindo as idéias iluministas

Assim como a teologia clássica da revelação, os teólogos contemporâneos pensam que a *revelação é uma iniciativa de Deus para Salvar os seres humanos* (QUEIRUGA, São Paulo, 1995 pp.193-198)[4] . Ambos creem que Deus se revelou e se revela para toda a humanidade independente do credo religioso ou qualquer outra expressão de fé por mais isolados que estejam esses seres humanos. Ambos creem que *Deus está sempre se revelando na natureza (toda criação), na história e de forma singular na pessoa de Jesus, o Cristo*, registrado nos evangelhos. (QUEIRUGA, São Paulo, 1995) Logo, a teologia contemporânea também crê que Deus está sempre se revelando de forma geral e especial em Jesus, porém há diferenças fundamentais nelas. Segundo o professor Gustavo, da disciplina Introdução à Teologia:

> A teologia cristã, durante muito tempo, entendeu a revelação somente olhando exclusivamente para Deus e reduzindo o ser humano como um mero "depósito" que recebe as verdades reveladas de Deus (REIS, Dourados, 2008 p. 82,83).

Logo, na teologia clássica, Deus é o único sujeito no fenômeno da revelação. Sua mensagem não sofre nenhuma influência do ser humano, sendo literalmente as verdades reveladas "ditadas" por Deus e o ser humano um "mero" escritor da mensagem, apesar de algumas linhas um "pouquinho" mais flexíveis, defenderem que há o mínimo possível de influência do ser humano.

Já na teologia contemporânea da revelação, o ser humano passa a ser sujeito participante do fenômeno revelatório. O processo acontece da seguinte forma: Deus toma a iniciativa se revelando, o ser humano interpreta a mensagem da revelação a partir de sua experiência de fé, porém, "é a forma" como o ser humano interpreta a mensagem da revelação que determinará seu conteúdo revelatório. E o que é a "forma"?

[4]QUEIRUGA, Andrés Torres. A Revelação de Deus na Realização Humana. São Paulo: Editora Paulus, 1995.

A forma diz respeito ao contexto histórico social do interprete da revelação, ou seja, é baseado na visão cultural de mundo (social, política e econômica) que o ser humano interpreta a mensagem. Segundo o professor Gustavo:

A revelação é a expressão da fala, do encontro de Deus com os seres humanos. Mas também da experiência e da interpretação por parte de nós seres humanos (REIS, Dourados, 2008 p.82).

Na Teologia da Revelação contemporânea; Deus se mostra na interpretação humana

Não que Deus seja incapaz ou impotente de transmitir sua mensagem "pura" para a humanidade. A questão é que o ser humano é que é incapaz e impotente para interpretá-la "puramente". Por quê? Porque o ser humano está limitado no tempo e no espaço. Sua limitação no tempo diz respeito à influência cultural, política e econômica que fazem determinado "ser humano ser e se pensar" como sujeito de seu tempo, seja na antiguidade, na medievalidade, na modernidade ou na pós-modernidade. A limitação do espaço, além de dizer respeito sobre o ambiente cultural, político e econômico deste indivíduo, também diz respeito a sua limitude intelectiva ou corporeitiva[5]. Ou seja, como é possível aquilo que é limitado conceber o ilimitado ou o infinito? Simplesmente não há possibilidade.

Sendo assim, como a metafísica moderna contribuiu para essa compreensão moderna da revelação? As novas compreensões metafísicas que influenciaram profundamente a ciência e a teologia cristã foram desenvolvidas progressivamente pelos filósofos René Descartes (1596 a 1650), Gottfried Wilhelm von Leibniz (1746 a 1716), Immanuel Kant (1724 a 1804) e Georg Wilhelm Friedrich Hegel (1770 a 1831) e, de forma peculiar, pelos existencialistas, em especial Martin Heidegger (1889 a 1976). Diferente da metafísica clássica que pretensamente diz ser possível conhecer a realidade essencial das coisas "como elas são em si", e como se não bastasse traduzi-las exatamente como elas são em conceitos. A metafísica moderna diz que o que conhecemos é apenas "representação" da realidade em si. Essa representação por sua vez parte da experiência intelectiva existencial do sujeito conhecedor que interpreta (subjetivamente) o fenômeno (a coisa) e o traduz em conceitos representativos desta

[5]Com limitude corporeitiva está se referindo à limitação do ser humano integralmente (fisicamente, emocionalmente e intelectualmente).
[6]BUZZI, Arcângelo R. Introdução ao Pensar. O Ser, O Conhecimento, A Linguagem. 27.Ed. Petrópolis, RJ:Vozes, 2001 pp.56-60

realidade[6]. Eis as implicações: para os teólogos contemporâneos não é possível conhecer plenamente a Verdade revelada pelo sagrado em si, apenas "interpretá-las" a partir de nossas experiências, existências e traduzindo sua mensagem em "conceitos" representativos, ou, só para fazer menção de um desses teólogos (Paul Tillch), só é possível falar de Deus de forma simbólica, o símbolo não é a realidade em si, mas nos faz pensar a realidade encontrando sentido para transcender (superar) as crises mais profundas da existência humana.

Martin Heidegger (1889 à 1976), filósofo existencialista.

IMPLICAÇÕES PARA A CRISTOLOGIA

Uma vez entendidas as particularidades características das Teologias da Revelação discorridas brevemente acima, é preciso entender que a opção por uma delas redundará em profundas implicações para o estudo da Cristologia. Enquanto a teologia clássica pretensamente defende saber "Quem é", e "Como é" que Deus está presente plenamente na humanidade de Jesus e como a humanidade de Jesus está presente na divindade de Deus para nos Salvar, a teologia contemporânea tentará entender como "somos humanos" frente à "humanidade de Jesus", para poder entender "como Jesus, na sua humanidade, revelou-se representativamente o Deus-Salvador". A teologia clássica está sempre preocupada em explicar a partir da linguagem conceitual a humanidade, a divindade e a salvação através da pessoa de Jesus. Isso ela faz dando à linguagem do texto bíblico um "status" denotativo[7] e reduzindo a realidade à literalidade do texto; a não ser que a literalidade do texto ameace o dogma, então ela dirá que o texto é simbólico e buscará de alguma forma harmonizá-lo com o dogma. Em suma, ela parte do "Dogma" de que Jesus é Deus-Salvador para poder explicá-lo.

Como a teologia contemporânea não está preocupada em provar o "Dogma", transformando o texto Bíblico em conceitos especulativos e filosóficos que não podem em hipótese alguma se contradizer (porque Deus não se contradiz!), então ela não tem problemas com a literalidade do texto. Para esses teólogos, as declarações no texto Bíblico sempre serão símbolos da realidade, nunca a própria realidade em si. Os símbolos sempre serão interpretados respeitando as ciências exegéticas que pesquisam o texto Sagrado. Sendo assim, serão vistos como literatura religiosa com todas as suas características, prosas, parábolas, mitos, lendas, metáforas, etc., mas nunca como conceitos puramente filosóficos. Para esses teólogos, os textos que falam de Jesus como Filho de Deus, que Ele e o Pai são Um, Salvador, Maior do que os Anjos, Pleno em Divindade, Crucificação, Ressurreição, etc. são linguagens simbólicas criadas a partir da "experiência de fé" das diversas Comunidades Cristãs antigas

[7]Denotativo: Ato de denotar, a ideia de que a propriedade do termo corresponde à extensão do conceito, diferente da linguagem conotativa, em que se busca expressar subjetivamente, ou seja, por experiências individuais, o significado do objeto, deixando-o livre das absolutizações, dos significados. (FERREIRA, Aurélio B. de Holanda. Novo Dicionário da Língua Portuguesa. Rio de Janeiro: Editora Nova Fronteira, 1975).

que "interpretaram" a revelação de Deus a partir do ambiente histórico-social que viviam. Como esses símbolos são criados a partir da experiência de fé dos cristãos antigos, a teologia contemporânea buscará interpretar o texto Sagrado, procurando ressignificá-lo (repensar o significado, dar novos significados) à luz das experiências de fé dos/as cristãos/as e contemporâneos, no nosso caso especificamente brasileiro e latino-americano.

OBSERVAÇÃO:

Você não é obrigado a continuar defendendo uma linha teológica quando vir-se convencido ou convencida por outra linha. Na teologia o teólogo ou teóloga é obrigado a mudar quando sua teologia não responder mais seus questionamentos e, principalmente, quando ela não trouxer mais respostas para as perguntas e necessidades concretas das nossas comunidades pastorais e da sociedade que fazemos parte.

Sugestão Bibliográfica como leitura complementar para aprofundamento do assunto:

• *A partir da Teologia Contemporânea:*

BUZZI, Arcângelo R. **Introdução ao Pensar**. O Ser, O Conhecimento, A Linguagem. 27Ed. Petrópolis, RJ:Vozes, 2001 pp.56-60

LIBANIO, João Batista. **Teologia da Revelação a partir da Modernidade**.Coleção Fé e Realidade. 4Ed. São Paulo: Edições Loyola, 1992.

QUEIRUGA, Andrés Torres. **A Revelação de Deus na Realização Humana**. São Paulo: Editora Paulus, 1995.

• *A partir da teologia Clássica:*

GEISLER, Norman; NIX, William. **Introdução Bíblica**. Como a Bíblia chegou até nós. São Paulo:Editora Vida, 1997.

MACDOWELL, Josh. **Evidência que exige um veredito**. Evidências históricas da fé cristã. 2Ed. São Paulo: Editora Candeia, 1992.

RAMM, Bernard. **Revelação Especial e a Palavra de Deus**. São Paulo: Editora Cristã Novo Século Ltda; Fonte Editorial, 1998.

ATIVIDADES

As atividades referentes a esta aula estão disponibilizadas na ferramenta "Atividades". Após respondê-las, enviem-nas por meio do Portfólio- ferramenta do ambiente de aprendizagem UNIGRAN Virtual. Em caso de dúvidas, utilize as ferramentas apropriadas para se comunicar com o professor.

DIVINDADE E HUMANIDADE DE JESUS: ENTRE A OPÇÃO CLÁSSICA E A OPÇÃO HERMENÊUTICA

http://rilolima.googlepages.com/pastorais

Nesta aula procuraremos discorrer brevemente sobre os aspectos gerais que fundamentam a cristologia clássica e a cristologia contemporânea. É de suma importância que o aluno ou a aluna lembre-se de que essas escolas teológicas partem de diferentes pressupostos da teologia da revelação. No que se refere à teologia contemporânea não será possível esgotar nestas páginas todas as cristologias construídas a partir da modernidade, mas buscaremos trabalhar princípios gerais que fundamentam suas idéias. Ainda que este assunto seja de suma importância para a história do cristianismo, importância esta que levou à condenação de muita gente como herege e, consequentemente, à morte. Infelizmente também não temos tempo nem espaço para nos aprofundar no assunto. Por isso, sugiro que vocês busquem se aprofundar por conta própria e "risco", risco não de ameaça da vida! Mas no sentido de que toda interpretação é um "risco" de ser superficial, parcial e errada. Com certeza, a única coisa que ela não será é absolutamente correta, pois toda interpretação estará limitada ao mundo cultural do intérprete, principalmente na teologia.

A DIVINDADE E HUMANIDADE DE JESUS A PARTIR DA FUNDAMENTAÇÃO CLÁSSICA.

No início do cristianismo antigo, Ano Dominus[1], alguns pais da igreja pensaram ser necessário explicar como Jesus era plenamente humano e plenamente Divino. Essa discussão se deu porque nesse período existiam muitas "cristologias" no imaginário religioso popular das diversas comunidades cristãs antigas e, também, porque muitos intelectuais (influenciados pela cultura helenística e romana) estavam se "convertendo" ao cristianismo e posteriormente porque o cristianismo se tornou a religião oficial do império romano.

Gravuras antigas em catacumbas cristãs

Estas discussões levaram a normatização da religião para um discurso oficial. Sendo assim, qualquer controvérsia ou questionamento passou a ser visto como heresia da verdade oficializada. Essa verdade passou a ser chamada de "ortodoxia". Paralelo às discussões teológicas discutia-se a canonização do texto Bíblico. A normatização dos textos Bíblicos levou à exclusão de muitos manuscritos que eram usados pelas diversas comunidades cristãs. Os manuscritos passaram a ser chamados de pseudepígrafos e apócrifos. Neles temos os mais diversos relatos sobre a vida e missão de Jesus Cristo. Progressivamente também foi canonizado um sistema teológico rígido que buscava atender aos interesses daqueles que tinham maior poder de decisão e influência nas lideranças cristãs. Esse sistema teológico foi dogmatizado e passou a ser o discurso oficial das igrejas ocidentais, tanto católicas como (diretamente ou indiretamente) protestantes.

Fundamentação histórica da divindade-humanidade de Jesus

Jesus, enquanto ser humano, era um fato incontestável pela maioria dos cristãos antigos. O que incomodava para muitos era como explicar que este humano também fosse divino. Portanto, surgiram muitas discussões no cristianismo antigo. Em seguida, "citarei de passagem" alguns dos principais movimentos:

• **Ebionista**. Do substantivo hebraico, Evyomim significa "pobres", grupo judaico

[1]Expressão latina para "Ano do Senhor".

dos primeiros séculos que acreditavam que Jesus era um ser humano comum, filho de Maria com José, que se tornou Messias libertador no ato do Batismo, porém não era Divino.

• **Docetismo**: Do verbo grego, Dokeo significa "parecer", "aparentar". Grupo de cristãos influenciados pelo gnosticismo defendia que Cristo era completamente Divino, porém de aparência humana. Por esse motivo, defenderam que a crucificação foi apenas uma ilusão.

Justino Mátir (100 a 165), em seu diálogo com a filosofia grega clássica, dizia ter encontrado a "verdadeira filosofia". Segundo ele, Cristo era o "Logos Cósmico", a semente "permatikos" de Deus em todos os seres humanos.

Clemente de Alexandria (150 a 215), também influenciado pela filomanado do Pai que assumiu a forma humana de Jesus Cristo.

Orígenes de Alexandria (185 a 283), um dos teólogos mais importantes do cristianismo antigo, partia do pressuposto neoplatônico de que as almas de todos os seres humanos são preexistentes na eternidade. Para ele, o Logos-Divino se uniu à alma preexistente de Jesus. Nessa união tornaram-se uma substância (ousia) intermediária, sem a qual jamais a natureza humana poderia misturar-se à natureza Divina.

Orígenes de Alexandria (150 à 215)

Atanásio de Alexandria (295 à 373) defendeu que Jesus era homousios "da mesma essência" com o Pai

Controvérsia Ariana: essa controvérsia foi o debate de Ário contra Atanásio sobre a divindade de Jesus. Para o primeiro, Deus sempre autossubsistiu sozinho. Por isso, foi a única fonte da criação. Houve um momento em que ele não era Pai, pois só passou a ser Pai quando gerou o Filho. Este que foi sua primeira e mais perfeita criação, semelhante (homoiousios) em essência com o Pai, porém não igual (homousios), mas superior às demais criaturas. Para Atanásio, seu reacionário, Deus e Jesus Cristo, eram da mesma essência ou iguais em essência, (homousios). Como defensor da divindade de Jesus viu na teologia de Ário fortes ameaças para a soteriologia (doutrina da salvação). Apropriando-se da lógica aristotélica, Atanásio reagiu à teologia de Ário da seguinte forma:

1. Somente Deus pode nos salvar, rompendo com o pecado e trazendo vida eterna.
2. Nenhuma criatura pode redimir outra criatura.
3. De acordo com Ário, Jesus é uma criatura
4. **Logo, Jesus não pode redimir a humanidade.**

   1. Somente Deus pode nos salvar, rompendo com pecado e trazendo vida eterna.
   2. Jesus Cristo salva
   3. **Logo, Jesus Cristo é Deus.**

As discussões sobre a divindade de Jesus incomodavam cada vez mais os teólogos da igreja antiga, pois enquanto divino "como" ele podia ser tão humano? E sendo tão humano, como podia ser tão divino sem que a humanidade não prejudicasse sua divindade? As discussões entre a escola de Alexandria e a escola de Antioquia foram "resolvidas oficialmente" pela igreja no concílio de Calcedônia (451) que recebeu este nome por ser realizado na cidade de Calcedônia, Bítinia. Em linhas gerais, as escolas defendiam as seguintes teologias:

Escola de Alexandria: Defendia a ideia de que era apenas uma natureza divina e humana inseparavelmente. Associada a Atanásio, defendia que a "deificação", ou seja, ser salvo era entrar num processo de "divinização". Essa ideia era aplicada à encarnação de Jesus. Segundo eles, "Deus tornou-se humano para que a humanidade pudesse tornar-se divina". Porém, essa deificação de Jesus não mudou em nada a natureza humana, que se tornou divina de forma "indescritível" e "inconcebível". Em reação, Apolinário de Laudicéia argumentou que isso ameaçava a impecabilidade de Jesus, visto que a mente humana está comprometida com o pecado. Em réplica, os alexandrinos responderam que a alma e a mente humana foram substituídas pela alma e mente divina.

Concílio de Calcedônia (451)

Escola de Antioquia: Segundo eles, toda humanidade está comprometida com a corrupção. Por isso, são incapazes de se livrarem por si mesmos. Em Cristo, Deus interveio, unindo a si novamente a humanidade. Por isso Cristo era a um só tempo natureza divina e natureza humana. Para explicar, pensavam metaforicamente Cristo como dividido em dois compartimentos que não se misturavam, mas que estavam unidos pela vontade de Deus. Isso foi conceituado teologicamente como "união hipostática", ou seja, literalmente unidade pessoal.

Como percebido até aqui as discussões sobre divindade e humanidade de Jesus precisam ser explicadas metafisicamente, ou seja, "literalmente como" ele era divino e humano em busca de não deixar nenhuma sombra de dúvida ou espaço para enunciados "heréticos". A necessidade de explicar metafisicamente "pela literalidade" do texto também influenciou as teologias da reforma protestante (Lutero, Calvino etc.) e está profundamente presente na visão da teologia cristã "evangélica" ou protestante conservadora da atualidade. Em seguida relacionarei os princípios para o entendimento da divindade-humanidade de Jesus Cristo, segundo a visão de Millard J. Erickson (São Paulo, 1997 pp.304)[2], um dos principais teólogos evangélicos da linha clássico-conservadora.

Princípios Básicos para o entendimento das "duas naturezas em uma pessoa" a partir de Millard J. Erickson

Erickson parte do postulado da divindade de Jesus. Segundo ele, o material Bíblico mostra a deidade de Jesus: João 1:14; Gálatas 4:4; I Timóteo: 3:16; I João 2:12 I Coríntios 2:8 Colossenses 1:13,14. Tendo afi rmado a deidade de Jesus a partir de sua interpretação metafísica-literalista dos textos bíblicos ele relaciona os seguintes postulados:

1. O texto de Filipenses 2:6,7 fala da "kenósis" de Deus. Ou seja, a expressão Kenósis é a tradução da palavra grega no versículo (7) para "esvaziou-se":

> Pois ele subsistindo em forma de Deus, não julgou como usurpação o ser igual a Deus; antes, a si mesmo se esvaziou, assumindo a forma de servo, tornando-se semelhança de homens, e, reconhecido em figura humana. (Filipenses 2:6, 7)[3]

De acordo com Erickson, o esvaziamento não foi da natureza divina, visto que em Colossenses 2,9 diz que em Jesus habitava "corporalmente toda plenitude divina". Antes ele apenas deixou a "igualdade" com Deus (Fl. 2:6) para assumir a forma de servo. "Igualdade de Deus" está em contraste com "forma de servo".

2. A união das duas naturezas nunca atuou independente. São atos sempre divinos e humanos voluntariamente e circunstancialmente em momentos de limitações. Ele não deixou de ser Onipresente, mas pelo fato de estar encarnado em um corpo humano (limitado no tempo e espaço), também ficou limitado, ou seja, tinha o poder da onipresença, mas limitado pelo corpo humano.

Divindade e Humanidade de Jesus a partir da modernidade: fundamentação hermenêutica.

Com a nova forma de pensar metafisicamente o "ser das coisas" (conforme falado na primeira aula) também se elabora uma nova forma de pensar metafisicamente a religião. Na metafísica moderna, assim como no conceito não se pode dizer "o que" e "como" as coisas realmente são, mas apenas como às "interpretamos". A cristologia moderna, ao pensar sobre a humanidade e a divindade de Jesus, não pretende afirmar que seus postulados teológicos

[2]ERICKSON, Millard J. Introdução à Teologia Sistemática. São Paulo: Editora Vida Nova, 1997.
[3]Bíblia Sagrada. Revista e Atualizada no Brasil 2 ed. Tradução: João Ferreira de Almeida. Barueri, SP: Sociedade Bíblica do Brasil, 1993.

consigam dizer "como" Jesus "exatamente" era divino e humano, mas "como" a comunidade cristã antiga o interpretou como divino e humano e como nós podemos interpretá-lo para nossas práticas de fé na atualidade.

FUNDAMENTAÇÃO HERMENÊUTICA

A fundamentação hermenêutica das cristologias modernas busca superar a interpretação literal do texto bíblico. A hermenêutica moderna busca conhecer o significado do texto para seus leitores/ouvintes originais, para seus leitores/ouvintes na história e, a partir de então, busca dar novos sentidos para os leitores/ouvintes que se encontram com o texto no presente e de acordo com o contexto histórico-social deste presente.

O primeiro passo é conhecer o texto no passado, mas não deixá-lo preso no passado. Conforme Haight:

> Quando o significado é concebido como algo jungido ou vinculado a situação concreta e específica do passado, na mesma medida não pode ser relevante para outras situações presentes. (HAIGHT, 2005 p.62)[4]

No caso de Jesus, por exemplo se limitarmos nossas interpretações ao que a comunidade cristã antiga interpretou dele, ele não terá outro significado para o presente que não informativo, visto que a comunidade cristã antiga está "limitada" a uma cultura e a um momento histórico específico que tem pouco a ver com a nossa cultura e o nosso tempo.

O segundo passo é verificar a relevância do texto para as novas situações em busca de uma "fusão de horizontes" (GADAMER apud. HAIGHT 2005 p.62). Por exemplo: o texto bíblico diz que Jesus andou sobre as águas. Se interpretarmos o texto literalmente se tornará meramente um texto informativo, mas se interpretado simbolicamente, encontrará sentido como "identidade divina" de Jesus, apreensível apenas mediante a fé. Da mesma forma também se pode perguntar: O que significa dizer que Jesus foi concebido pelo Espírito Santo? O que significa dizer que Jesus é Deus? O que significa dizer que Jesus ressuscitou dos mortos? E assim por diante. Será que devem ser interpretados literalmente ou existe um significado mais profundo para nossa existência na dinâmica histórico-social, visto que "tudo" que Jesus foi e viveu buscava responder aos questionamentos da dinâmica histórico-social.

O que significa interpretar Jesus pela hermenêutica dos símbolos?

Para começo de conversa, o que é símbolo? Símbolo é a forma de expressar a realidade sem que esta realidade expressa seja reduzida à "forma" como ela está sendo simbolizada. "O

[4]HAIGHT, Roger. Jesus, símbolo de Deus. 2 Ed. São Paulo: Editora Paulinas, 2005, p.62.

símbolo é aquilo por meio do qual se conhece alguma coisa que dele próprio difere" (HAIGHT 2005 p.23). A teologia hermenêutica parte da idéia de que o ser humano é um "interprete de Deus" e, como interprete, ele busca expressar o que entendeu através de sua cultura de origem (linguagem, política, economia, organização social, etc.), ou seja, seu "mundo de sentido". Dessa mesma forma, os autores bíblicos também são "intérpretes de Deus" e assim fizeram conforme as exigências e limitações do seu tempo. Nesse sentido, o texto Bíblico também ganha um status simbólico, pois suas palavras falam de e sobre Deus, mas não são a "realidade" de e sobre Deus em si, visto que é interpretação humana. Como foi visto na aula 01, a revelação de Deus não exclui a interpretação humana, ainda que seja iluminada pelo Espírito Santo.

Quais as implicações desses pressupostos para interpretar Jesus pela hermenêutica dos símbolos? Não é simples, mas nesse sentido os autores Bíblicos eram intérpretes de Deus através da vida de Jesus. Só para pensarmos de forma mais profunda ainda, Jesus não escreveu nenhum dos textos canônicos. Seus discípulos interpretavam suas palavras e interpretavam Deus nas suas palavras. Até que ponto os "ruídos" cultural e ideológico não influenciaram no que os autores Bíblicos interpretaram de e sobre Jesus e, nas palavras de Jesus, de e sobre Deus? Estas estão entre as muitas perguntas que os teólogos modernos fazem para o texto Bíblico. Se assim foi? Como nossos ruídos cultural e ideológico podem interpretar Deus nas palavras ou, melhor ainda, **na vida de Jesus**, de forma a encontrar sentido para os questionamentos da nossa atualidade?

A teologia moderna busca interpretar os "conceitos" de encarnação, crucificação e ressurreição para além da ideia de "conceito" de "definição", etc. Antes, promove essas expressões ao status de símbolo para pensá-las de forma mais profunda que qualquer absolutização conceitual ou interpretação literal. Busca apreender uma verdade qualitativa que palavra nenhuma, por mais abstrata e filosófica que seja, conseguirá dar conta de "seu significado em si".

Humano assim só pode ser Deus mesmo. Jesus, o homem que é Deus (Leonardo Boff).

Na hermenêutica da teologia moderna, trabalha-se muito com as expressões "humano" e "humanização". Mas o que elas têm a ver com a divindade de Jesus? Segundo a teologia moderna, o pecado "desumanizou" o ser humano, ou seja, o pecado impede que o ser humano viva o verdadeiro sentido de "ser humano", pois este é o verdadeiro projeto que Deus quer que nós sejamos.

Podemos correlacionar o sentido de "ser-humano" proposto pela teologia moderna, nas expressões políticas: "é necessário humanizar a saúde brasileira", "humanizar a educação", "humanizar as condições de trabalho", etc. A ideia política de humanização é promover as "formas ou condições" de servir os cidadãos de maneira digna e justa, de acordo com suas necessidades básicas concretas. Necessidades estas que realizadas fazem o ser humano se sentir digno, respeitado, amado, justiçado, etc. Logo, pensar em humano e humanização está além da idéia de limitação, fraqueza, etc., é pensar em qualidade de vida.

Neste sentido a vontade de Deus é que o seres humanos vivam de forma digna e também reproduzam a mesma dignidade nos seus relacionamentos com seus semelhantes.

Dessa forma, a desumanização são os projetos anti-humanos, motivados por interesses egoístas, pelo desamor, falta de solidariedade, ódio, etc. que o indivíduo faz a si mesmo e aos outros. Sendo assim, Deus se revela para salvar o ser-humano da desumanização, ou seja, dos pecados que impedem os seres humanos de serem humanizados, ou de viverem o verdadeiro projeto de Deus de ser-humano.

Qual a implicação disso na teologia moderna? De acordo com Leonardo Boff: "O Deus que em e por Jesus se revela, é humano, e o homem que em e por Jesus emerge é divino" (BOFF, 1988, p.132) Deus revela o que é ser verdadeiramente humano na pessoa de Jesus. Logo, perceber o mais belo humano na pessoa de Jesus é perceber o divino, ou seja, nosso Deus.

Para a teologia moderna, Jesus foi um ser humano concreto que na sua interpretação da revelação divina, viveu com tanta profundidade os valores do reino de Deus, que superou na sua própria vida as limitações que os "interpretes da Lei" faziam da Lei, pois buscou na sua própria vida viver a Lei pela lógica do amor e do serviço. Enquanto a teologia clássica defende que a divinização de Jesus aconteceu na concepção virginal de Maria, e fica tentando equacionar "como" o "ser divino" estava presente na semente divina que se formou no ventre de sua serva, a teologia moderna defende que a divinização de Jesus foi processual à medida que Jesus crescia e vivia Deus na sua experiência de fé. Sendo assim, quanto mais "humano", mais divino ele se tornava na vida de todos(as) que se aproximavam dele.

Logo, pensar simbolicamente a divindade de Jesus, é ver em Jesus a representação mais profunda de Deus. É pensar que por mais que no homem concreto de Nazaré, não sabemos "quem" e "como" é a "realidade divina em si na sua plenitude" pelo menos sabemos "o que" Deus quer que sejamos e "como" sejamos verdadeiros seres humanos, segundo seu projeto fundamental de amor.

ATIVIDADES

As atividades referentes a esta aula estão disponibilizadas na ferramenta "Atividades". Após respondê-las, enviem-nas por meio do Portfólio- ferramenta do ambiente de aprendizagem UNIGRAN Virtual. Em caso de dúvidas, utilize as ferramentas apropriadas para se comunicar com o professor.

O DEBATE HERMENÊUTICO SOBRE A MORTE DE JESUS: MORREU PELOS PECADOS OU POR CAUSA DOS PECADOS?

http://reticenciaspoeticas.blogspot.com/2007/12/erros.html

Este assunto é bastante delicado e "caro" para a fé cristã, visto que estamos falando de algo que fundamenta nossa fé e dá sentido para nossa história. É impossível tratarmos desse tema apenas de forma neutra e objetiva, pois sempre falaremos e pensaremos nossas cristologias a partir de nossas experiências de fé.

Esta aula pretende apresentar as principais teologias que fundamentaram o debate histórico sobre a morte de Jesus, de Agostinho à teologia moderna.

EM AGOSTINHO: DEUS ENGANA SATANÁS

Era a forma pela qual Agostinho compreendia a expiação. O primeiro formulador importante dessa teoria foi Orígenes, teólogo de Alexandria. Segundo esse ponto de vista, o resgate que Cristo pagou para nos redimir foi dado a Satanás, em cujo reino se encontravam todas as pessoas devido ao pecado. Orígenes baseia-se em Mt 20:28; Mc 10:45. Mas a quem esse resgate foi pago? , perguntava Orígenes. Deus não poderia pagar resgate a si mesmo. Antes pagou a Satanás. Na verdade, conforme a teoria de Agostinho, "Deus mostrou sua cruz para Satanás como uma ratoeira e nela depositou seu sangue como isca" (GRENSTED apud AGOSTINHO). Mas quando satanás pensou que tinha Jesus como pagamento, Jesus ressuscita e satanás fica logrado por Deus.

A TEORIA DA MORTE COMO UM PARADIGMA PARA A VIDA

Desenvolvida inicialmente por Pedro Abelardo, essa teoria não recebeu muito apoio até ser popularizada por Horace Bushnell (1802-1876), nos Estados Unidos e por Hastings Rashdall na Grã-Bretanha. Essa teoria sustenta que Deus não exige o pagamento de um castigo pelo pecado, mas que a morte de Cristo era simplesmente um modo pelo qual Deus mostrou o quanto amava os seres humanos ao identificar-se, até a morte, com os sofrimentos deles. Nesse sentido, a morte de Cristo torna-se um grande paradigma que mostra o amor de Deus pela humanidade.

A TEORIA DA SATISFAÇÃO

Desenvolvida por Santo Anselmo na alta idade média. O fundo histórico-cultural que dá sentido para essa teoria é a lógica do Sistema Feudalista. Acreditava-se que o ato de penitência prescrito a um pecador era aceito por Deus como algo que restaura o equilíbrio moral, da mesma forma que era feito quando alguém praticava algo que ferisse a dignidade e a autoridade de seu Suserano terreno, que teria entre duas opções: ser punido ou propiciar alguma satisfação suficiente para aplacar a dignidade injuriada do seu senhor. Segundo essa teologia, Cristo morreu para satisfazer um princípio na própria natureza de Deus Pai.

Anselmo coloca-a da seguinte maneira: O pecado é em essência deixar de render a Deus o que lhe é devido, tomar de Deus o que é dele por direito e desonrá-lo. Nós, pecadores, precisamos devolver a Deus o que tomamos dele. Mas não basta apenas devolver a Deus o que lhe tomamos, pois, ao tomar dele, nós o injuriamos; e mesmo depois de devolver-lhe o que foi tomado, ainda é preciso que haja alguma compensação complementar ou reparação pela injúria cometida. Cristo, sendo tanto deus como homem sem pecado, não merecia a morte. Portanto, a oferta de sua vida a Deus, em favor da raça humana da qual ele fazia parte, ultrapassou aquilo que se exigia dele. O pagamento foi satisfatório, pois a morte do Deus-homem, considerando que ele, sendo deus, tinha poder sobre sua própria vida (Jo 10:18) e não precisava morrer, possui valor infinito.

Visto que vivemos num contexto de democracia, seria possível compartilharmos dos sentimentos medievalistas e feudalistas de Anselmo? Será que nossas gerações têm o mínimo de noção do significado de "honra" e "dignidade" para as pessoas que estão no contexto de Anselmo, em que se devolve a honra e a dignidade ferida com a própria vida, se necessário, ou dependendo do caso? – Penso que não!

A TEORIA BASEADA EM CONCEITOS JUDICIAIS

A teoria que busca se basear em fundamentações judiciais é introduzida pelos reformadores no século XVI e está mais preocupada em reinterpretar o conceito paulino de "justificação". Segundo John Hick, o conceito de justificação usado pelos reformadores surgiu tendo como pano de fundo as mudanças de leis do mundo medieval (onde a palavra do rei era a lei absoluta) para um mundo fortemente burguês influenciado pelas ideias Renascentistas. Neste período o conceito de Justificação passou a ser mais "objetivo", ou seja, as Leis passaram a ter validades eternas por si mesmas, mesmo que o rei não concordasse. Hick cita Felipe Melanchthon que diz;

> Justificar, de acordo com o uso forense, significa aqui absolver e pronunciá-lo justo, mas isso por causa da justiça de um outro, a saber de Cristo, uma justiça de outro que nos é comunicada pela fé (HICK, p.160, 161).

De acordo com essa teoria somos justificados pela fé através de Jesus, que sem culpa e ao mesmo tempo juiz, nos torna justos, livres da culpa e da punição.

A TEORIA DA CONCEPÇÃO TRANSACIONAL

Desenvolvida por Richard Swinburne na tentativa de recuperar a teologia da morte da Cruz se fundamenta da seguinte forma:

Como a solução é tentar resolver a queixa humana com Deus, que é a grande barreira para alcançarmos a vida eterna, ele parte analogamente da dinâmica das relações humanas e aponta para nossa relação com o divino. Segundo ele, quando um ser humano faz algo de ruim a outro ser humano, a reconciliação requer quatro coisas: arrependimento, pedido de desculpas, qualquer reparação (indenização material ou emocional pelo prejuízo causado) e algum adicional como, por exemplo, um tipo de presente que não faça parte da reparação, mas seja como expressão da realidade de tristeza pelo mal cometido.

Isso o leva às seguintes conclusões em relação a Deus; a) Deus é um ser pessoal, embora de natureza absoluta, logo esta dinâmica de condições gerais para reconciliação também se aplica a Deus. b) Todo mal causado a outros seres humanos é também um mal causado a Deus. c) Podemos nos arrepender e nos desculparmos diante de Deus, mas não temos condições de reparar o mal causado para uma ação reconciliadora devido a nossa limitude diante de Deus, a não ser por uma vida humana perfeita. d) Para tanto, Jesus se propiciou como vida perfeita para o sacrifício e voluntariamente se disponibilizou como sacrifício para quem quisesse se dispor dele para reparar sua dívida diante de Deus.

Hick nos provoca para pensar as implicações dessas teorias, em que de alguma forma precisamos pagar alguma coisa. Sim, claro que não pagamos diretamente, mas pagamos através de alguém que sofre com seu sangue em nosso lugar. Seja na exigência de Satanás, que é caloteado por Deus, seja na necessidade de satisfação moral, seja na justiça paga com preço de sangue, ou na reparação pelo sacrifício voluntário disponibilizado, todas elas exigem aplacar a ira divina! Que ao mesmo tempo em que se admite infinitamente amoroso, não pode perdoar sem derramamento de sangue inocente e é incapaz de perdoar criaturas limitadamente amorosas, limitadamente perfeitas, e superlativamente frágeis.

Até aqui vimos teorias que de alguma forma ou de outra procuram defender a idéia de que Jesus morreu "pelos" nossos pecados, como alguém que nos substitui na cruz. Segundo essas teorias, sua missão principal durante toda a vida foi de morrer na cruz para nos salvar. Na teoria seguinte procurarei mostrar brevemente o significado da morte de Jesus a partir das teologias modernas e em diálogo com as teologias da libertação latino-americanas.

A SALVAÇÃO "PELA" VIDA E MORTE "POR CAUSA" DA VIDA DE JESUS

Para os teólogos modernos a morte de Jesus não pode ser separada de sua vida. Para melhor compreender essa teologia, sugiro como leitura complementar os seguintes teólogos: Leonardo Boff "Jesus Cristo libertador"; Jon Sobrino "Jesus, o libertador"; John Hick "A metáfora do Deus encarnado", entre outros.

Tendo como base José Coblim, a partir de sua obra, Quais os desafios dos temas teológicos atuais, desenvolverei sua teologia da morte de Jesus da seguinte forma:

Em primeiro lugar, os responsáveis pela morte de Jesus foram as autoridades romanas em cumplicidade com as autoridades de Israel. Em segundo lugar essa atividade à morte se explica pela atividade historicamente por Jesus vivida. Afinal de contas eles tinham muitas razões visto que Jesus agregava consigo o grande número de pessoas, se admitia filho de Deus e Libertador.

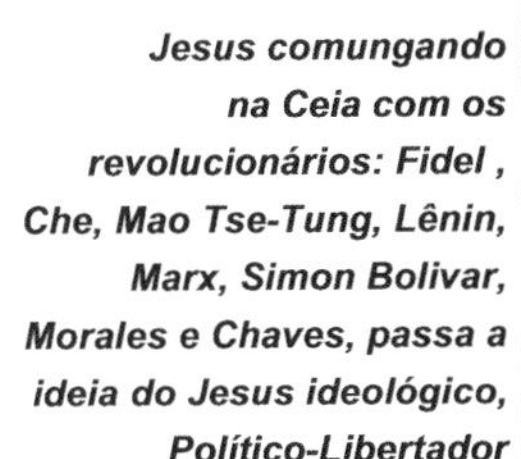

Jesus comungando na Ceia com os revolucionários: Fidel , Che, Mao Tse-Tung, Lênin, Marx, Simon Bolivar, Morales e Chaves, passa a ideia do Jesus ideológico, Político-Libertador

Como Deus e Jesus são responsáveis pela crucificação? Deus sempre soube que seu filho morreria, visto que em sua missão teria que confrontar com o sistema vigente. Querer libertar um povo é condenar-se à morte. Querer mudar a humanidade sem a imposição do poder, sem usar os instrumentos de poder que existem no mundo, mas somente pela força do amor numa vida de exemplo e testemunho, de palavras e gestos que concretizam as palavras, com certeza era condenar-se à morte! Na visão desses teólogos, Jesus morreu porque optou em amar e servir os pobres e marginalizados e não para substituí-los de seus pecados. Nesse sentido, Jesus morreu por causa dos nossos pecados, ou seja, por causa da dureza dos nossos corações de amar, perdoar, agir com justiça, de ser solidário, de compartilhar a vida, etc. Logo, na visão desses teólogos Jesus é a encarnação de Deus que assume a condição de sofrimentos dos seres humanos, e salvá-los é dar vida em prol de uma tomada de consciência que nos leve a mudar nossas relações sociais. ''Teologicamente, a Paixão de Jesus é consequência de sua fidelidade ao Pai e aos irmãos''(BOFF), contudo, ao entendermos a morte de Jesus como expiatória, somos levados a compreender que é preciso descer da cruz. Os pobres, o ser humano, tiremos o cosmos da cruz e denunciemos seus algozes, as estruturas crucificantes, mesmo que tenhamos que subir na cruz, pois muitas vezes teremos que, motivados pelo amor ao reino de Deus, ser crucificados junto com o outro, identificando-se com o agonizado e tendo a certeza de que a ressurreição de Jesus é a segurança sublime do triunfo da verdade e da justiça.

ATIVIDADES

As atividades referentes a esta aula estão disponibilizadas na ferramenta "Atividades". Após respondê-las, enviem-nas por meio do Portfólio- ferramenta do ambiente de aprendizagem UNIGRAN Virtual. Em caso de dúvidas, utilize as ferramentas apropriadas para se comunicar com o professor.

Aula 04

A HERMENÊUTICA DA RESSURREIÇÃO: FATO HISTÓRICO OU EXPERIÊNCIA DE FÉ?

http://imagensbiblicas.wordpress.com/

Como tenho dito, a Cristologia é um assunto muito caro para nossa fé, pois é Jesus o fundamento, sentido e razão da fé cristã. Acontece que os temas da teologia precisam encontrar sentido nas diversas formas de ser do mundo contemporâneo.

Durante muitos anos a teologia clássica se preocupou em tentar provar historicamente e cientificamente a ressurreição de Jesus como se fosse algo objetivamente observável. Isso levou o tema da ressurreição a um esvaziamento teológico sem igual e sem utilidade prática para a fé da comunidade cristã.

A HERMENÊUTICA DA TEOLOGIA CLÁSSICA

Essa teologia está preocupada em provar historicamente e cientificamente a ressurreição de Jesus. Interpretam os textos de forma literal sem levar em consideração a linguagem mítica e simbólica da época.

Partindo de uma interpretação literalista de Paulo eles argumentam que, como a ressurreição é a essência do cristianismo, se Cristo não ressuscitasse seria vã a nossa pregação, o Evangelho seria um engodo e a nossa salvação uma grande farsa.

Jesus, após a ressurreição, apareceu durante quarenta dias, no mesmo corpo físico e com as marcas dos pregos e da lança que o transpassou o lado. (Lc. 24; 39, Jo. 20;28).

Segundo eles, a prova de que Jesus estava com o seu próprio corpo é inegável e também comprova os detalhes de sua morte, pois apresentava as marcas que recebeu antes de morrer, seu corpo era de carne e osso, se alimentou e foi reconhecido pelos seus discípulos quando apareceu, Porém, quando foi levado ao céu, recebeu o corpo glorificado.

Ainda como força para sua argumentação, discorre dizendo que os discípulos não poderiam roubar o corpo de Jesus e inventar tal fato, levando em conta que o único que teve coragem de ir à crucificação foi João, os demais fugiram com medo de serem pegos e ter de pagar com suas próprias vidas. Os soldados Romanos, chegando à cidade, anunciaram aos principais sacerdotes o que tinha acontecido, os mesmos sacerdotes que fizeram de tudo para crucificar Jesus.

O sentido da ressurreição para a teologia clássica é provar a divindade de Jesus e legitimar a vitória daqueles que aceitam Jesus contra o pecado e a morte.

BULTMANN: RESSURREIÇÃO NÃO É UM FATO HISTÓRICO MAS EXPRESSÃO DO SIGNIFICADO DA CRUZ

Os Apóstolos viram na cruz de Cristo não a morte de um amaldiçoado (Dt 21,23; cf. Gál 3,13), mas perceberam nesse fato histórico um significado transcendente e salvífico, ou seja, o juízo libertador de Deus sobre o mundo. Esse significado não é visto no fato bruto da cruz, por isso ele não é histórico, no sentido de poder ser detectado pelo historiador ao analisar o fato com seu método histórico-crítico. Mas ele pode ser crido. Ora! Dizer: Ressurreição, "é exprimir o significado da cruz". Falar em Ressurreição não é dizer que aconteceu historicamente algo em Jesus. Mas é dizer que aconteceu historicamente algo nos Apóstolos: a fé de que a morte de Cristo é vida para o homem. Só na fé a Ressurreição é um fato. A fé cristã, como fé, não se interessa pela reconstrução histórica de como surgiu a fé na Ressurreição. A ela interessa o significado existencial da morte de Cristo.

As lendas do sepulcro vazio e os relatos da Ressurreição acerca das demonstrações da corporalidade do Ressuscitado são sem dúvida construções posteriores, das quais Paulo nada sabe.

Para entender a posição de Bultmann convém saber seu contexto histórico. Ele se situa entre os liberais do método histórico-crítico aplicado à Bíblia no século XIX e os apologetas. Aos liberais concede que não podemos reconstruir os fatos da vida de Jesus. Nem superar as contradições existentes nos textos acerca da Ressurreição. Contudo, a fé não fica com isso abalada. Ela não se baseia na ciência histórica. Frente a eles Bultmann mantém firmemente a fé cristã. Frente aos apologetas argumenta Bultmann que a Ressurreição não é um fato como qualquer outro da história, verificável por quem quiser.

A RESSURREIÇÃO DE JESUS EM JON SOBRINO: A ESPERANÇA DAS VÍTIMAS

Para ele a ressurreição é correlativa revelação de Deus, como o Deus das vítimas, e levando em conta a possibilidade de viver já como ressuscitado nas condições da existência histórica.

Inicia abordando a Ressurreição de Jesus em uma perspectiva mais totalizante possível é já exigida ou ao menos insinuada pelo próprio NT.

Segundo ele, o Novo Testamento relaciona a ressurreição com dimensões antropológicas fundamentais. Sobrino, para explicitá-las, segue as perguntas de Kant: "o que posso saber?", "o que devo fazer?", "o que me é lícito esperar?" "o que podemos celebrar na história?" Captar a ressurreição é algo que transcende ao julgamento histórico. O lugar privilegiado para compreender a ressurreição em sua visão está na luta pelos injustiçados do mundo, por isso é uma esperança determinada, situada desde a realidade de injustiça. A ressurreição é "uma realidade-limite que não se deixa conhecer diretamente, mas só a partir de uma perspectiva concreta".

A ressurreição não é a revificação de um cadáver e nem meramente um milagre de Deus, mas o acontecimento revelador de Deus. Então, a linguajem sobre a ressurreição e a hermenêutica da ressurreição tem essencialmente a mesma estrutura problemática que o conhecimento de Deus. Quer dizer, não pressupomos que já saibamos quem seja Deus para, a partir daí, entender a ressurreição [...], mas ao contrário: quem seja Deus sabemos a partir da cruz e da ressurreição de Jesus. O autor salvadorenho apoia-se também na riqueza do pensamento rahneriano e consegue destacar, desde uma esperança localizada, à diferença.

A ressurreição possui o significado de um protesto contra a injustiça e o direito pelos quais Cristo foi condenado.

Esta relação intrínseca entre ressurreição e justiça está marcada profundamente pela realidade histórica de El Salvador, mas tem raiz nas fontes da tradição bíblica das esperanças de Israel.

Esperança no contexto bíblico: Que podemos esperar? A realidade antropológica que mais se explicita em termos de "acordar do sono", de "elevação do que estava abaixado" ou de "vida para sempre" é a esperança que triunfa sobre a morte. a atualização dessas exigências no presente.

No conjunto dos textos sobrinianos podem distinguir-se claramente três períodos hermenêuticos: o período fundacional da hermenêutica transcendental, período da hermenêutica práxica, ou seguimento; e, terceiro, a hermenêutica agápica, governada pelo princípio-misericórdia. A hermenêutica práxica concretiza, mas não substitui a transcendental; da mesma forma também a hermenêutica agápica não substitui a práxica, mas lhe dá uma forma nova que corresponda exatamente à "esperança", e nenhum conceito de esperança no sentido de "desejo acompanhado de expectativa".

Concluindo, a esperança exigida, para o estudo, não seria só uma esperança transcendental, mas uma esperança "contra a cruz" esperança transcendental exigida em qualquer desejo de sobrevivência e se expressa nas diferentes culturas, religiões e filosofias: libertação do cárcere do corpo, integração no absoluto, transmigração da alma, uma esperança que tem que ser refeita, que não é qualquer esperança, mas a esperança no poder de Deus contra a injustiça que produz vítimas. A novidade, o escândalo da mensagem cristã da páscoa não é que Deus tenha ressuscitado

a seu Filho antes de todos os demais, mas ao que sofreu a injustiça e confiou em Deus, Deus o ressuscitou! Sobrino considera este o lugar universal da esperança e toma uma posição de compromisso ativo contra o "mysterium iniquitatis", porque acredita que, na história, têm que acontecer experiências de triunfo, de vitória a celebrar. Insiste em viver com esta esperança para poder hoje viver já como ressuscitados.

Pode-se afirmar que esta esperança é condição, pressuposto para poder viver por analogia uma experiência de ressurreição.

É Deus quem ressuscita Jesus em nossas vidas desde dentro, desde a escuta do grito, desde a dor da solidão, sofrendo o sofrimento do outro,o amor se abre para abraçar e curar o sofrimento de todo o mundo. É próprio de Deus o sofrimento de compaixão que se manifesta no Dom do amor fazendo justiça: Ressuscitando ao Crucificado e comunicando-nos seu Espírito. Abriu-se a possibilidade da justiça para os injustiçados, os crucificados.

ATIVIDADES

As atividades referentes a esta aula estão disponibilizadas na ferramenta "Atividades". Após respondê-las, enviem-nas por meio do Portfólio- ferramenta do ambiente de aprendizagem UNIGRAN Virtual. Em caso de dúvidas, utilize as ferramentas apropriadas para se comunicar com o professor.

OS MOVIMENTOS PENTECOSTAIS COMO DESAFIOS PARA REFLEXÃO PNEUMATOLÓGICA

http://jhonnymoraes.blogspot.com/2008/04/aplausos-dentro-da-igreja.html
http://www.wingsofhopeministry.org/

Pneumatologia tem origem nas palavras gregas: *pneumaticos* + *logos*, ou seja, reflexão sobre o Espírito, Palava sobre o Espírito, ou ainda como muitos preferem chamar, Doutrina do Espírito Santo.

Pensar a temática do Espírito Santo é sempre desafiador, mas ao mesmo tempo necessário, visto que vivemos um tempo em que as experiências espiriuais são fortemente enfatizadas e valorizadas na atualidade. Durante muitos anos, na história eclesiástica, os misticos da igreja foram marginalizados e ridicularizados em defesa da teologia oficial, seja ela católica ou protestante. O desafio é que entregar-se à liberdade do Espírito é arriscar nossas doutrinas ou dogmas oficiais que, às vezes, em busca de impor-se como verdade absoluta acabam reduzidas à frieza e à vaziez da letra ou dos conceitos teológicos.

É preciso entender que para construir uma pneumatologia eficaz é necessário estar profundamente envolvido com o Espírito, sempre lembrando que nossos "conceitos" ou reflexões sobre o Espírito estarão limitados às interpretações que nós fazemos de nossas experiências de fé. E como são interpretações, nunca nossos conceitos darão conta de toda "Realidade do Espírito em si", pois este está além de qualquer limitação interpretativa. Nem precisamos sair de dentro das portas das nossas denominações religiosas para perceber isso, pois as experiências com o Espírito são tão pessoais e particulares em nossas comunidades que às vezes parece até que não comungamos do mesmo Espírito. Por exemplo: numa mesma comunidade, um irmão admite que sua interpretação de determinada passagem bíblica seja iluminada pelo Espírito Santo, enqanto que outro, muitas vezes com uma interpretação completamente antagônica à do primeiro admitirá que também sua interpretação foi dada pelo Espírito Santo. O que teria acontecido? Não seria este também um dos motivos de termos tantas denominações pentecostais?

Logo, pensar pneumatologicamente nos tempos atuais, não é estar **flexível às diversas manifestações** do Espírito na atualidade, **mas flexível às diversas interpretações das manifestações** do Espírito na atualidade. Isso leva à seguinte implicação: Se ser flexível aqui compreende-se que falamos do mesmo Espírito e pelo mesmo Espírito, porém a partir de pontos de vista diferentes não teriamos aqui uma abertura para a ecumenicidade. Deixo isso como provocação.

Em seguida pretendo fazer uma reflexão histórica do surgimento dos movimentos pentecostais e seus desenvolvimentos na atualidade.

ORIGEM DO PENTECOSTALISMO CLÁSSICO

Para alguns estudiosos o pentecostalismo moderno tem sua origem em 1901, no Colégio Bíblico Betel, em Topeka, no Estado do Kansas, quando Agnes Ozman recebeu o carisma das línguas pela imposição de mãos do Pastor Charles Fox Parham. Porém, surge a dúvida se essas línguas eram indiomas já conhecidos e existentes ou línguas desconhecidas.

Diante das diversas discusões se reconhece o início do movimento pentecostal no ano de 1906, em Los Angeles (EUA), onde houve um grande avivamento que foi caracterizado por "batismo com o Espírito Santo", evidenciado pelos dons do Espírito (glossolalia, curas milagrosas, profecias, interpretação de línguas, etc).

É importante lembrar que a experiência carismática não era novidade na história da igreja, pois já fora dito, que muitos místicos e místicas da igreja já tinham tido experiências extáticas com o Espírito, como por exemplo: Meister Eckart, monge dominicano que viveu nos séculos XIII e XIV, Teresa D'Ávila e São João da Cruz. Mas também a ala espiritualista dos anabatistas e outros. Devido à projeção que ganhou na mídia, o avivamento na rua Azuza rapidamente cresceu e, subitamente, pessoas de todos os lugares do mundo estavam indo conhecer o movimento. No começo, as reuniões aconteciam informalmente, eram apenas alguns fi éis que se reuniam em um velho galpão para orar e compartilhar suas experiências. Mas com o rápido crescimento e organização, o movimento se popularizou em todo o mundo cristão ocidental.

ORIGEM E DESENVOLVIMENTO NO CONTEXTO BRASILEIRO

Chegou ao Brasil em 1910, com a vinda do missionário Louis Francescon, que atuou em colônias italianas no Sul e Sudeste do Brasil e fundou a Congregação Cristã no Brasil, em Santo Antônio da Platina, Paraná. Em 1911, Daniel Berg e Gunnar Vingrer iniciaram suas missões no Pará e Nordeste, dando origem às Assembléias de Deus, depois de dividirem a igreja Batista, levando um grupo de membros a aceitar a experiência extática[1].

O movimento pentecostal pode ser caracterizado da seguinte forma: Pentecostalismo clássico, que abrangeu o período de 1910 a 1950, iniciou-se com a implantação da Assembléia de Deus e da Congregação Cristã no Brasil até sua difusão pelo território nacional. Desde o início, ambas as igrejas caracterizam-se pelo anticatolicismo, pela ênfase na crença no batismo no Espírito Santo e por um ascetismo rigoroso que rejeita os valores do mundo (ou mundanos) e defende a plenitude da vida moral e espiritual.

A segunda característica tem origem na década de 1950, quando chegaram a São Paulo dois missionários norte-americanos da International Church of The Foursquare Gospel. Na capital paulista, eles criaram a Cruzada Nacional de Evangelização e, centrados na cura divina, iniciaram a evangelização das massas, principalmente pelo rádio, contribuindo bastante para a expansão do pentecostalismo no Brasil e fundaram a Igreja do Evangelho Quadrangular. Em seguida surgiram as igrejas: Igreja Pentecostal Unida do Brasil; O Brasil para Cristo; Igreja Pentecostal Deus é Amor, etc.

A terceira característica tem origem na segunda metade dos anos de 1970, é chamada de Neo-Pentecostalismo, este que hoje se tornou o movimento mais forte na cristandade brasileira. Fundadas por brasileiros, as mais antigas são a Igreja Universal do Reino de Deus, com origem em 1977, no Rio de Janeiro, liderada pelo bispo Edir Macedo. A Igreja Internacional da Graça de Deus, também no Rio de Janeiro, em 1980, liderada e fundada pelo missionário R. R. Soares, ambas presentes na área televisiva com seus

[6]Exógeno: De dentro para fora, que cresce exteriormente ou para fora, que se encontra à superfície.

televangelistas. Posteriormente, surgem as igrejas Renascer em Cristo, São Paulo, 1986, e Comunidade Evangélica Sara Nossa Terra, Brasília, 1992. Usam intensamente a mídia eletrônica e aplicam técnicas de administração empresarial, como o uso de marketing, planejamento estatístico, análise de resultados, etc. Apesar de serem a vertente mais influente e a que mais cresce são as mais liberais em questões de usos e costumes. Logo, não estão preocupadas com o ascetismo das pentecostais clássicas nem com seus códigos morais rigorosos. Por influências destas denominações (apesar de não refletir exatamente todas as suas caracteristicas) muitos ministérios independentes surgiram entre eles: a Igreja Presbiteriana Renovada (originária da IPB), Convenção Batista Nacional (originária da CBB), Igreja do Avivamento Bíblico (originária da IMB), Igreja Cristã Maranata (originária também da IPB) e a Igreja Adventista da Promessa (originária da IASD).

Edir Macedo, fundador da igreja Universal do Reino de Deus

Porém os movimentos de renovação que admitem experiências estáticas com o Espírito, e que sempre fizeram parte da história marginal da igreja, também ocuparam os espaços da igreja Católica com o que ficou conhecido como "Renovação Carismática".

Esse terceiro movimento também desenvolveu características peculiares até então não muito popular nos demais movimentos como, por exemplo, orações para receber "dentes de ouro", vômito santo, as unções para "cair" onde o ministro estende a mão (as pessoas caem, segundo eles, por causa do poder do Espírito), imitações de animais chamadas, por exemplo, de unção do Leão, água ungida, etc.

Benny Hinn ministrando uma reunião neopentecostal

Tendo discorrido brevemente sobre os movimentos pentecostais, resta-nos perceber que os desenvolvimentos que caracterizaram suas diversas faces na história da cristandade moderna estiveram e e estão além das fronteiras denominacionais. Por esse motivo sempre estiveram à frente no diálogo ecumênico para comungarem de suas experiências na caminhada em comum. Os chamados "Grandes Avivamentos" que na história motivou o crescimento denominacional e o avanço dos trabalhos missionários protestantes no mundo ocidental, sempre estiveram relacionados às experiências no Espírito, entre eles está o "Pietismo" como um dos principais movimentos. Visto que as experiências pentecostais não estão preocupadas com as teologias ofi ciais (doutrinas e dogmas), estaria nesses movimentos a oportunidade de ecumenicidade entre as igrejas protestantes, inclusive com o catolicismo carismático, já que este também experimenta dos mesmos carismas.

Outrossim, nos dias atuais, características neopentecostais também têm tomado os espaços das chamadas "igrejas históricas" (Presibiteriana, Luterana, Metodista, Batista), mesmo que estas não mudem suas Convenções Tradicionais. O que estaria levando a esta onda neopentecostal? O Espírito Santo ou as interpretações do Espírito baseado nos interesses de quem não quer ficar de fora, de quem não quer perder para o concorrente.

Culto Neopentecostal

Vimos nesta aula a origem, o desenvolvimento histórico do pentecostalismo e seus desafios para a cristandade brasileira e, a partir de então, passarmos a pensar o desafio de construir uma pneumatologia responsável e comprometida com os valores do Reino de Deus.

ATIVIDADES

As atividades referentes a esta aula estão disponibilizadas na ferramenta "Atividades". Após respondê-las, enviem-nas por meio do Portfólio- ferramenta do ambiente de aprendizagem UNIGRAN Virtual. Em caso de dúvidas, utilize as ferramentas apropriadas para se comunicar com o professor.

A AUTONOMIA DO ESPÍRITO DA PALAVRA

http://www.vermelho.org.br/diario/2004/1004/pompe_1004.asp?NOME=Carlos%20Pompe&COD=3781
http://www.ibiblia.net/

Nesta aula buscaremos estudar a relação do Espírto de Deus com sua Palavra, como também seu movimento dinâmico na história a partir das novas necessidades comunitárias.

A Palavra não é objetiva e exterior, mas parte interior da interpretação da fé. Porém para interpretarmos a voz do Espírito nas Escrituras precisamos estar motivados e influenciados pelo mesmo Espírito, pois o grande desafio é ouvir o texto além da sua materialidade escrita. Então surgem as seguintes questões: Onde está a palavra de Deus? No texto escrito em si? Ou no Espírito do texto?

NO TESTEMUNHO DAS ESCRITURAS

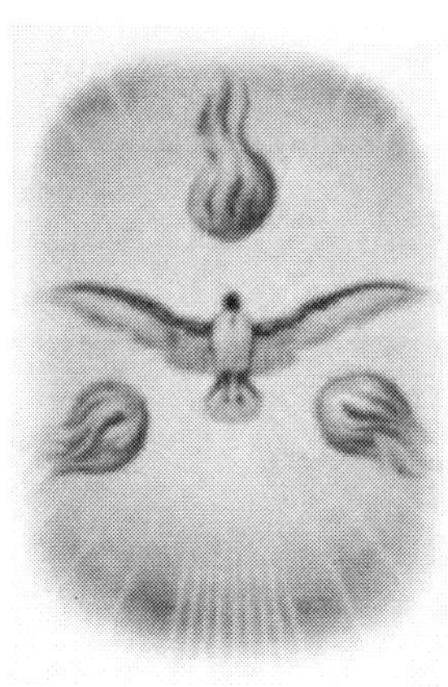

A Palavra muitas vezes está associada ao "Sopro (Espírito) divino". "Pela sua palavra o Senhor fez os céus, e todos os exércitos deles através do sopro da sua boca"(Sl.33,6) É através do Espírito de Javé que sua aliança é comunicada ao seu povo (Is.59,21) Tanto nos juízes como na vida dos profetas, o Espírito de Javé dá autoridade e poder para denunciar as injustiças no meio do povo como também a idolatria. Ele deu sabedoria para os juízes julgarem o povo e poder para libertá-los quando estavam sobre a opressão de qualquer inimigo. O profeta Ezequiel pode ser reconhecido como um dos profetas mais místicos dos profetas clássicos do primeiro testamento, as expressões; Filho do homem Põe-te em pé que falarei contigo (Ez.2,1-2) estão sempre associadas ao Espírito, pois é o Espírito (ruah) que levanta o profeta para ouvir as Palavras de Deus, e é o Espírito que o encoraja para falar.

No quarto Evangelho há um vínculo muito íntimo entre a Palavra encarnada (Verbo) e o Espírito. (Jô.3.34) As palavras são Espírito e Vida (Jo.6,63). O Espírito, portanto, intervém e dá vida às Palavras. Analogamente, as palavras, enquanto conjunto de signos, não significam muita coisa a não ser que damos sentido para elas, o sentido é o "espírito"das palavras, seu conteúdo e assim por diante. Similarmente no texto sagrado, as palavras não significarão muita coisa para nós, senão encontrarmos sentido nela para a atualidade. Ela se esvaziará por causa da distância histórico-cultural, mas se ouvirmos suas palavras além da materialidade das letras e do texto, elas se tornarão tão vivas e atuais quanto foram para os redatores originais.

A palavra de Deus precisa ser recebida e isto só é possível por uma capacidade correspondente. Já que se trata de nós e para nós é necessário que se abra para uma possibilidade de acolhimento. Esta capacidade é uma força ativa de Deus oferecendo-se para nos ajudar a ouvir sua palavra e também pô-la em ato (Ef.1,17).

O ESPÍRITO DA PALAVRA NÃO ESTÁ PRESO ÀS TEOLOGIAS OFICIAIS

A igreja, durante anos, calou e privou o povo de ter acesso aos textos sagrados, temendo o surgimento das diversas heresias que culminassem no cisma da igreja. Acontece que ela não pôde segurar por muito tempo, pois no século XVI os reformadores reivindicaram e pregaram a liberdade de interpretação das Escrituras acima dos dogmas da igreja. Essa reivindicação surge porque alguém admite que tem a iluminação do Espírito Santo e ouve algo no texto que a teologia oficial ainda não tinha ouvido.

Quando o protestantismo luterano vê-se enrijecido na sua ortodoxia, surge o movimento pietista, reivindicando a experiência espiritual como fundamental para vivência da fé. É no movimento pietista que se enfatiza a conversão, ou seja, a experiência com o Espírito que leve a um compromisso de fé que transforme completamente a vida do indivíduo. Essa experiência é pessoal, particular, se dá no encontro com as Sagradas Escrituras. Novamente temos um grupo ouvindo algo no texto que o enrijecimento teológico ofi cial não permitia ouvir. Prega-se a liberdade.

Conde de Zinzendorf, líder pietista que defendia a experiência de fé como fundamental para a vida cristã

Desde a reforma, com sua ênfase na autoridade das Escrituras, como também sua livre interpretação, levou e têm levado as muitas divisões e multiplicações denominacionais. O que importa é mais o encontro que o indivíduo tem com o texto na sua interpretação do que a objetivação doutrinária interpretada por um grupo ofi cial da igreja.

QUAIS AS IMPLICAÇÕES SERÍSSIMAS QUE SE PODEM CONCLUIR?

Consideramos então que a obra de Deus está além das interpretações oficiais. Deus sempre respeita a forma como o interpretamos nas nossas experiências com o Espírito e, diferente do que muitos teólogos defendem, sua revelação não cessou e nem "ela mesma" está presa ao sentido que os autores originais interpretaram Dela nos textos bíblicos.

As iniciativas de que devemos a estes exemplos, não são totalmente estranhas aos meios da graça instituídos. Várias experiências de iluminação interior ocorrem durante a celebração da Ceia do Senhor e durante nossos cultos. Em todo caso, a Bíblia desempenha um papel decisivo. Sempre haverá intervenção do elemento pessoal ao que está estático e irredutível, mas não se pode dizer que ele não seria cristológico, visto que é parte de um fundo cristão. Segundo Paulo, "O Senhor é o Espírito e lá onde está o Espírito do Senhor, lá está a liberdade" (II Cor.3,17). O Espírito sopra onde quer, mas até que ponto podemos ficar livre das interpretações instituídas? Haveria um limite para não incorrermos em heresias? Mas como definir o que é heresia se não for a partir de uma teologia oficial? Estas são questões difíceis de resolver porque, como trabalhamos na aula passada. o Espírito está além de qualquer uma de nossas interpretações que julgamos ser verdadeira.

Alguém poderia argumentar que devemos pautar nossas interpretações com base nas Escrituras, mas ainda assim não resolveria o problema, pois ele teria que resolver qual método de interpretação teria que usar e novamente cairia no mesmo problema, pois todo método é uma interpretação e é tão limitado ao que o criou. São muitas as metáforas que as Escrituras usam para falar do Espírito e são muitos os sentidos que a palavras ruah nefesh e pneumá (usadas para traduzir Espírito) têm para o texto Bíblico.

LIBERDADE COMO DESAFIO PARA O PENSAR PNEUMATOLÓGICO

Pode se fazer algumas considerações para pensar na responsabilidade de produzir

uma pneumatologia que tanto respeite a liberdade de interpretação como que seja responsável pela vivência dos valores do Reino de Deus. Para tanto, é necessário incentivar a interiorização dos pensamentos pneumatológicos na vida comunitária da comunidade sem imposição doutrinária, pois do contrário ela trará consigo ou a passividade do conformismo externo ou a revolta e a anarquia. É preciso que aquilo que se faz seja a atividade de alguém, que a pessoa, com sua convicção pessoal seja o sujeito desta atividade. Bom que existe um perigo na liberdade de "livre exame" das Escrituras. Existe, porém é necessário criticar essa categoria de livre exame empregada com excessiva facilidade. Talvez um caminho está em uma visão espiritual da igreja socialmente estruturada, em que se possa nutrir um clima de confiança e liberdade.

ATIVIDADES

As atividades referentes a esta aula estão disponibilizadas na ferramenta "Atividades". Após respondê-las, enviem-nas por meio do Portfólio- ferramenta do ambiente de aprendizagem UNIGRAN Virtual. Em caso de dúvidas, utilize as ferramentas apropriadas para se comunicar com o professor.

O ESPÍRITO DE DEUS NAS TRADIÇÕES BÍBLICAS

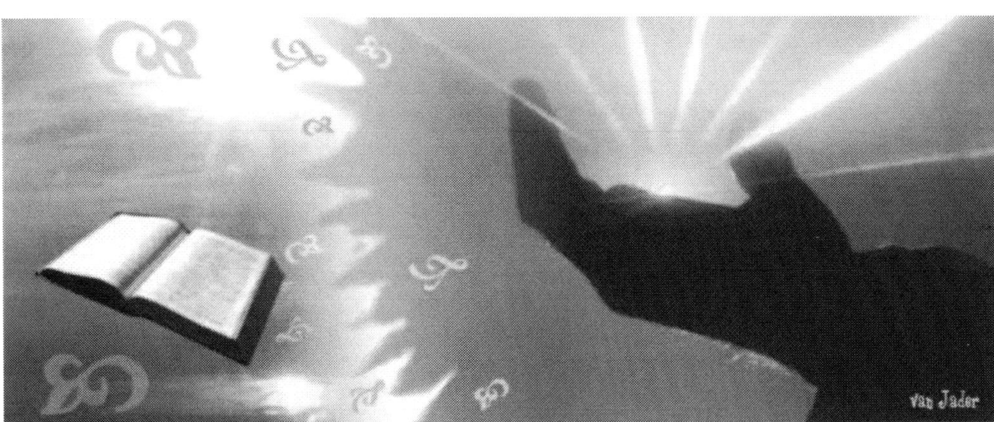

http://silvanosilva2.blogspot.com/2008/12/completude-da-bblia.html

Trabalharemos nesta aula a temática do Espírito, sua manifestação nas tradições bíblicas e os dons do Espírito como forças carismáticas da vida, visto que a dinâmica e diversidade dos textos bíblicos foram transformadas em regras controladas pela igreja ao invés de ser usadas como testemunho. Buscamos englobar a temática do Espírito à experiência do povo nas diversas vezes em que o texto bíblico o expõe, tirando a carga dogmática a que lhe submeteram, levando ao autoritarismo do texto que aprisiona e nem sempre expressa a mensagem.

O ESPÍRITO DE DEUS NAS TRADIÇÕES BÍBLICAS

No texto do teólogo Antonio Carlos de Melo Magalhães, encontramos apontamentos acerca da atuação do Espírito no primeiro Testamento. Partindo da palavra hebraica ruáh, termo feminino que no grego foi traduzido para pneuma e no latim spiritus. Magalhães faz apontamentos que nos ajudarão na compreensão do tema proposto para a aula.

Esse termo, ruáh, evoca uma série de associações como sopro (Vital) vento (que sopra) ar (que se respira). Segundo Magalhães, quando se fala em vento ou ar, não se refere ao elemento em si, mas ao poder que se encontra no vento em que o ir e vir são mistérios para a vida humana. Dessa forma, o que se observa na manifestação do espírito é o poder e como ele se expressa, não de forma caótica, relacionando-o ao caos e à destruição, mas na manifestação da vida, na criação e recriação. A ruáh não se presta à irracionalidade e ao mistério indecifrável, mas a ações concretas manifestando vida.

A ruáh expressa uma força no corpo, na humanidade, é manifestação de vida. Sendo um termo feminino, a ruáh, como geradora de vida, tem na sensibilidade da criação todo o poder que lhe envolve a força e capacidade suficiente para a vida e a recriação. A feminilidade expressa na mãe que gera vida é expressa na que é gerada através da mais bela manifestação de Deus na criação. Por não poder ser associada ao caos, à destruição e à impessoalidade, temos na ruáh a própria manifestação de Deus, tanto na natureza como em ações libertadoras em prol de seu povo.

De acordo com Magalhães, as manifestações da ruáh na narrativa mitológica da criação expressam significados profundos. Nesse caso, segundo ele, o Espírito de Deus deve ser entendido dentro do processo criacional e das situações de libertação do povo de Deus. Ela, a ruáh, é o próprio espaço no qual a criação é gerada e desenvolvida, sendo a imagem mais correta para entender essa "atuação" de Deus. Segundo Magalhães, é uma "gravidez criacional", marcando tanto a pertença de Deus na criação quanto a diferença entre ambos, a exemplo da mãe que, quando grávida, na concepção pertence ao filho e o filho à mãe. Deus na criação está envolvido em todo "processo". "Deus não é a criação, é diferente, mas não pode ser experimentado, sentido e compreendido fora dela" (Magalhães pg. 93).

Nesse caso toda a criação é fruto e expressão do próprio Deus. Olhando toda a beleza do universo, percebendo os detalhes e a grandeza da obra criadora de Deus, temos na ruáh o grande "útero materno", espaço de vida e criação de vida, ligação profunda, o Espírito como manifestação da vida e espaço para seu crescimento. Tudo que existe e vive manifesta a fonte divina de vida. Essa compreensão torna importante o entendimento da ação de Deus e sua presença no mundo, bem como a presença do ser humano e sua ação com Deus do que a centralidade do homem na criação. Ações contrárias a toda a criação de Deus são ações contrárias ao próprio Deus. Não se restringe ao ser humano apenas, mas engloba tudo que foi criado, a natureza e tudo que nela há.

Em relação à simbologia que apresenta a ruáh como útero materno, Magalhães aponta uma felicidade do universo ao encontrar na palavra graça a mesma raiz da palavra útero, em hebraico, o que torna mais lindo essa metáfora. Melhor que a imagem do produtor transcendente da teologia patriarcal e do motor não móvel da filosofia patriarcal, a metáfora da gravidez expressa de forma clara e direta os "signifi cados" da criação. Espaço de vida e crescimento.

Já no segundo testamento, vemos a atuação do Espírito com ações que visam à expansão do Reino de Deus. O teólogo Wilf Hildebrandt descreve a narrativa em que Jesus, convidando seus discípulos a segui-lo, a atuação do espírito está em mover corações a serviço de Deus. O Espírito de Jesus no coração dos indivíduos torna-os fi lhos e já não mais escravos; e por serem fi lhos, herdeiros. Também é apresentado o batismo não só com água, mas com o Espírito, para que o indivíduo seja capacitado para o serviço (At 2:1-4; 10:44-46).

O pentecoste segundo o autor, marca a presença do espírito de Deus no meio do povo. Nesse evento o registro mostra o mover do espírito no meio do povo e a repercussão daquele evento na vida da igreja. Hildebrandt aponta a presença do espírito no segundo Testamento como herança espiritual. O espírito é o que guia a missão, é ele, o espírito de Deus que guia Jesus ao cumprimento de seu ministério (Mt 4:1). Jesus fala da presença do espírito junto a seus discípulos para inspirá-los quanto ao que dizer (Mc.13:11), sendo o mesmo espírito quem motiva e inspira a missão do Reino de Deus no segundo testamento.

As várias manifestações do espírito, os vários dons que são mencionados no segundo testamento evidenciam a presença de Deus na edifi cação de sua igreja e sua constante presença no meio de seu povo. O espírito não só é parte da vida daquele que segue Jesus como o capacita a segui-lo ministrando corações. Em outras passagens esse espírito tem a função de consolador. O que precisamos evidenciar no segundo testamento é essa presença do Espírito de Deus junto a sua igreja, provendo e consolando-a a cada dia no cumprimento de sua missão.

OS DONS COMO FORÇAS CARISMÁTICAS DA VIDA

Quando falamos em dons espirituais, logo vem à mente o que muitos chamam de "mover do espírito de Deus", em que pessoas específicas manifestam ações geralmente diferentes daquelas a que estamos acostumados, e se admiram de movimentos como esses, geralmente ligados a um certo indivíduo. O que muitos não percebem é que o espírito é dado a "todos", sendo parte da vida do ser humano, o que subentende-se

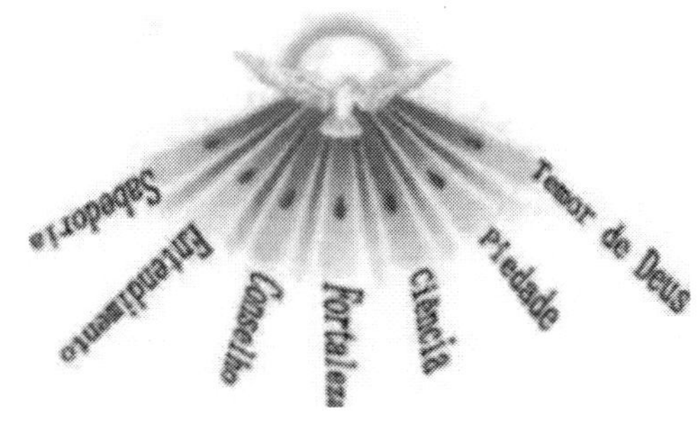

que os dons, mesmo que de forma diferente, são parte do ser humano. O teólogo Jurgen Moltmann apresenta os carismas como "parte" da vida e vivência do ser humano. Ressalta a diversidade existente em cada ser humano, destacando que essa diversidade é evidenciada no carisma, pois são vários.

Apresentando a teologia paulina nos textos de Coríntios, nos quais Paulo fala da única vocação e dos muitos que foram chamados (ICo 7,20). Moltmann entende que, independente de ser judeu ou não, escravo ou livre, do sexo, o que cada pessoa é e traz consigo passa a ser carisma pela vocação, sendo aceito pelo espírito e posto a serviço do Reino.

Moltimann faz a seguinte afirmação acerca desse assunto:

> Por isso diz Paulo: 'Seu sei e confio no Senhor Jesus que não há nada impuro em si mesmo' (Rm 14,14). Por conseguinte, todo viver e morrer está incluído na promessa e no âmbito carismático. Todo cristão, à sua maneira individual, é um carismático, não são apenas certas pessoas privilegiadas ou particularmente dotadas que merecem ser chamadas por esse nome. Carismática é toda vida e a vida toda na fé, pois o Espírito 'é derramado sobre toda carne' para torná-la viva. Tornam-se carismáticas as forças individuais nas relações que configuram o processo da vida comum.1

Nesse caso, toda a vida, nas mais diversas culturas, em todos os momentos, a vocação individual é dotada de carismas, sendo usada pelo Espírito a serviço do Reino. Compreender a vida como carisma, não anula as experiências que são experimentadas somente no seguimento de Jesus. A comunidade é o lugar para que homens e mulheres que são apóstolos, profetas, doutores, evangelistas, conselheiros, e também para que as manifestações como êxtase, inspiração, falar em línguas e outras formas de expressão de fé exerçam funções específicas. Moltmann aponta essas manifestações como tarefas e dons especiais do espírito. No entanto, os dons voltados para a comunidade não anulam os que são voltados para família, profissão e sociedade.

Uma das manifestações do espírito mais evidenciadas nas comunidades cristãs é o falar em línguas. Certo é que esse evento não é novo, desde os primórdios as comunidades experimentaram o falar em línguas. Em Atos dos apóstolos já encontramos os primeiros cristãos tendo essa experiência. Muitos outros movimentos avivalistas surgiram a partir de experiências do falar em línguas.

Moltamann aponta o falar em línguas como um desprender da língua de pessoas mudas, em que elas começam a expressar o que sentem e experimentam. Movimentos corporais, danças fazem parte dos cultos carismáticos, o que em igrejas tradicionais nem de longe são experimentados ou permitidos pelo formalismo estabelecido.

Paulo aconselha a "aspirar" os carismas (ICo 14,1), atribuindo sua origem a Deus e interpretável. O apóstolo considera o falar em língua, mas esse falar em línguas com

[1]MOLTMANN, Jurgen. O Espírito da Vida. Uma pneumatologia Integral. Petrópolis: Vozes 1999, p. 179

suas profecias é silenciado em muitas igrejas. No entanto, Moltmann faz uma crítica a movimentos carismáticos que supervalorizam o falar em línguas, relegando a segundo plano ou até mesmo anulando os carismas do "dia-a-dia" que deveriam ser manifestos na sociedade e no viver diário.

Outro carisma evidenciado e muito querido nas comunidades é o de cura. Nos dias atuais, homens e mulheres que dizem ter o dom de cura realizam cruzadas em muitos lugares, arrastando multidões que veem nestes a possibilidade de terem a saúde restaurada.

No movimento de Jesus, encontramos o mestre operando curas, renovando a esperança no coração de muitos que estavam à beira da morte; seu ministério evidencia em muitos momentos o contato com pessoas que necessitavam de milagres e Jesus prontamente os servira. As pessoas experimentavam a força de cura do espírito divino.

Jesus curava os enfermos, restaurando sua comunhão com Deus. Moltmann vê no Deus crucificado toda a vida enferma sendo abraçada e faz dela sua própria vida, a fim de transmitir-lhe vida eterna. Por isso Jesus é tanto a fonte da cura quanto o consolo no sofrimento.

A maior cura operada por Jesus é a de trazer ao homem solitário a possibilidade do encontro com Deus, o exemplo maior de obediência ao pai, seguido com amor e serviço. A cura é um carisma que deve ser experimentado por homens e mulheres que verdadeiramente vivem uma vida pautada nos atos de Cristo, servindo e amando sem reserva.

Aprendemos que todos, independente de cor ou raça, são providos de carismas que são usados para a edificação, segundo o que lhe convém. Também apresentamos, mesmo que de forma sucinta a atuação do espírito de Deus tanto no primeiro quanto no segundo testamento. Não apresentamos de forma detalhada os dons descritos nas narrativas bíblicas, o que fica para leituras complementares previamente indicadas. Esperamos que esse panorama da atuação do Espírito, ainda que sucinto, repito, ajude a compreensão do tema proposto.

ATIVIDADES

As atividades referentes a esta aula estão disponibilizadas na ferramenta "Atividades". Após respondê-las, enviem-nas por meio do Portfólio- ferramenta do ambiente de aprendizagem UNIGRAN Virtual. Em caso de dúvidas, utilize as ferramentas apropriadas para se comunicar com o professor.

Aula 08

A PARTICIPAÇÃO DO ESPÍRITO NA EXPERIÊNCIA DE SALVAÇÃO

http://daniellecapella.wordpress.com/2008/08/04/os-meritos-de-jesus/
http://umtempinhocomdeus.blog.uol.com.br/

Nesta aula estudaremos a relação do Espírito Santo e a salvação, como se dá o "processo" de salvação e como o espírito santo é fundamental nesse processo, visto que a atuação do Espírito Santo em nossas comunidades é evidenciada nas manifestações de culto. Importa-nos perceber o quanto sua presença e ação são vitais no processo de salvação.

Dentro dessa temática temos o texto do teólogo Jurgen Moltmann "Espírito da Vida", que usaremos como base para esta aula. Moltmann apresenta regeneração como renascimento único e definitivo para o reino eterno da criação que se tornou envelhecido, efêmero e mortal. Ele apresenta a regeneração como renovação que acontece pelo Espírito Santo, que vem da misericórdia do pai através de Cristo.

Apresenta também texto que afirma que o Espírito é derramado. Segundo Moltmann a metáfora diz que a divina fonte de vida foi derramada, começando a jorrar no homem (Jo 4,14), e por essa experiência do Espírito que vem do pai através do filho, o ser humano é justificado pela graça e em esperança herdeiros da vida eterna. Moltmann afirma o seguinte:

> O meio da regeneração é o Espírito Santo, que foi "abundantemente" derramado. Por ser transmitido por Cristo, ele deve aqui ser designado como "Espírito de Cristo". Por proceder de Cristo ressuscitado dos mortos, deve ser entendido como a força vivificante da ressurreição (Rm 8, 11). 1

Nesse caso o autor reforça o argumento de que o Espírito é o meio de regeneração. A experiência do Espírito torna presente Cristo ressuscitado e o futuro escatológico, sendo assim,é a experiência da presença da eternidade. No ser humano, ao passar pela experiência com o Espírito e ser regenerado, tendo nova vida, é o Espírito quem promove essa experiência de novo nascimento.

Quanto à justificação ela também é "obra" do Espírito; não existe justificação sem o Espírito; a fé justificada é própria da experiência de amor de Deus e foi derramado nos corações pelo Espírito Santo (Rm 5,5); o papel do Espírito Santo na justificação assim como na regeneração é evidenciado e confirmado na experiência de salvação.

Moltmann, apresentando como se dá a obra do Espírito Santo, cita Bath, com a seguinte compreensão: o novo nascimento do homem ocorreu no gólgota. Lá, salvação e regeneração foram concedidas a todos os homens. Com a morte vicária de Cristo ocorreu a conversão e a regeneração de todos os homens. Dessa forma, como então entender e aceitar a obra do Espírito santo na vida do ser humano?

[1]MOLTMANN, Jurgen. O Espírito da Vida. Uma pneumatologia Integral. Vozes, Petrópolis,1999, p. 143.

O argumento em resposta a esse questionamento é o de que o papel do Espírito Santo é o do reconhecimento da Salvação, uma vez que a salvação foi realizada na morte de Cristo. Seria mais ou menos o que muitos entendem como "convencer" o pecador de seu pecado.

A EXPERIÊNCIA DA REGENERAÇÃO: VIDA NOVA

As experiências que os homens têm são múltiplas. No entanto, narrar as experiências que o povo de Deus teve, principalmente como obra do Espírito, foi essencial para manter os registros da fé cristã em sua prática. Claro que não é possível descrever todas as experiências que os homens têm com o Espírito Santo. No entanto, registros dessas experiências existem e não podemos anulá-los.

Moltmann trabalha a experiência efusiva da alegria. O homem que tem a experiência da regeneração tem renovada em seu coração a alegria. Ocorre a regeneração da vida que renasce da violência e da culpa, das sombras da morte, sendo uma afirmação da vida. O amor à vida é restaurado, essa experiência de regeneração chega a ser indescritível, somente aqueles que a experimentam podem entender o que se sente nesse momento.

A paz é outra experiência do Espírito que Moltmann apresenta. Paz com Deus em Cristo, porque o amor de Deus foi derramado em nossos corações pelo Espírito Santo (Rm 5, 1.5). Coração, segundo Moltmann, são todas as chamadas profundas de nossa vida interior. A força do amor de Deus nos inunda criando não apenas paz psicológica, mas também paz física. Paz entendida também no sentido do primeiro testamento, Shalom, pressupondo justiça e felicidade do corpo e da alma.

Moltamann chama a experiência da paz com Deus e alegria na regeneração como experiências do Espírito Santo, pois são de uma profundidade insondável, porque nelas Deus está presente em nós. Por ser o Espírito da ressurreição, somos possuídos por uma esperança que vê diante de si possibilidades ilimitadas, porque olha para o futuro de Deus.

É uma esperança pautada na experiência de salvação experimentada no contado "direto" com Deus. A alegria surge, pois é renovada a esperança, esperança de que dias melhores virão, esperança que motiva corações à luta, mesmo que as circunstâncias digam não. A paz tão pregada é sentida e vivida no coração daqueles que são regenerados no poder e pelo Espírito Santo.

Essa experiência não é estática, ela é o começo de uma nova vida, vida que começa a ser pautada segundo os valores do Reino de Deus. Por ser fruto da misericórdia de Deus, essa salvação não é perdida. A vida do cristão é, a partir da regeneração, uma vida nova, e como foi dito, vivida segundo os valores do reino de Deus.

O Espírito é o meio e o espaço para a nova vida. Ele é tão mais íntimo do que imaginamos, esta conosco. Conhecemos a Cristo e esperamos o Reino de Deus, mas o Espírito no qual conhecemos e esperamos nós não o vemos, porque ele está diretamente em nós e nós nele. Moltmann fala da imagem materna, quando se refere ao Espírito como aquele que proporciona nascimento e renascimento; se nascemos do Espírito então o Espírito é a mãe dos filhos de Deus. Com essa imagem de consolador podemos entender que assim como a mãe consola seu filho o Espírito nos consola.

No renascimento Deus é experimentado não como o Deus que liberta, mas como a "fonte da Vida". Dar luz, alimentar, proteger e consolar, segundo Moltmann é manifestação de empatia e simpatia de amor. São expressões que vêm à mente para descrever a relação do Espírito com seus filhos.

Assim, concluímos nossa aula. Certamente, muito pode ser dito acerca de um tema tão amplo como o proposto. No entanto, leituras complementares serão indicadas para melhor compreensão do tema. O que podemos perceber e ressaltar é a vital participação, ou melhor, a obra do Espírito Santo na Salvação de todos. Temos também com esse mesmo Espírito possibilidades diversas para uma vida dinâmica e pautada nos valores do Reino de Deus. Certamente que o estudo desse tema muito acrescentará no ministério e vida daqueles que propõem em seu coração mudanças possíveis.

ATIVIDADES

As atividades referentes a esta aula estão disponibilizadas na ferramenta "Atividades". Após respondê-las, enviem-nas por meio do Portfólio- ferramenta do ambiente de aprendizagem UNIGRAN Virtual. Em caso de dúvidas, utilize as ferramentas apropriadas para se comunicar com o professor.

Referências Bibliográficas

BOFF, Leonardo. **Jesus Cristo Libertador**. Ensaio de Cristologia crítica para nosso tempo. 12 Ed. Petropolis-RJ: Editora Vozes, 1988.

BUZZI, Arcângelo R. **Introdução ao Pensar**. O Ser, O Conhecimento, A Linguagem. 27Ed. Petrópolis, RJ:Vozes, 2001.

COMBLIN, José. **Quais os desafios dos temas teológicos atuais?** São Paulo, 2005.

CONGAR, Yves. **A Palavra e o Espírito**. Coleção Jesus e Jesus Cristo. São Paulo: Edições Loyola, 1989.

DREHER, Martin. N. **Igreja Latino-americana no Contexto Mundial**. Coleção história da Igreja. V.04 São Leopoldo, RS: Editora Sinodal, 1999.

HAIGHT, Roger. **Jesus, símbolo de Deus**. 2 Ed. São Paulo: Editora Paulinas, 2005.

HICK, John. **A Metáfora do Deus Encarnado**. Petrópolis, RJ: Editora Vozes, 2000.

LIBANIO, João Batista. **Teologia da Revelação a partir da Modernidade**. Coleção Fé e Realidade. 4Ed. São Paulo: Edições Loyola, 1992.

MOLTMANN, Jurgen. **O Espírito da Vida**. Uma pneumatologia Integral. Vozes, Petrópolis,1999.

QUEIRUGA, Andrés Torres. **A Revelação de Deus na Realização Humana**. São Paulo: Editora Paulus, 1995.

RAMM, Bernard. **Revelação Especial e a Palavra de Deus**. São Paulo: Editora Cristã Novo Século Ltda; Fonte Editorial, 1998.

SOBRINO, Jon. **Jesus, o Libertador**. A história de Jesus de Nazaré. Coleção teologia e Libertação. 2 ed. Petrópolis, RJ: Editora Vozes, 1996.

Graduação a Distância 5º SEMESTRE

Teologia

RELIGIÃO E CULTURA NO BRASIL

***UNIGRAN** - Centro Universitário da Grande Dourados*

Rua Balbina de Matos, 2121 - CEP 79.824 - 9000
Jardim Universitário
Dourados - MS
Fone: (67) 3411-4141 / Fax: (67) 3411-4167

Os artigos de sites e revistas indicados para a leitura foram registrados como nos originais.

Apresentação do Docente

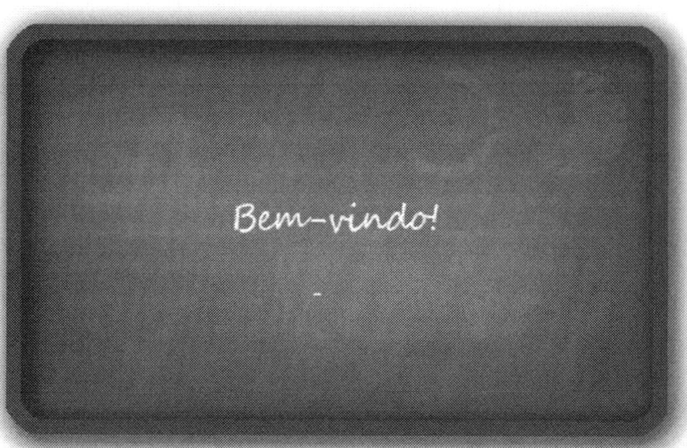

Adriel Moreira Barbosa é graduado em Teologia pelo Centro Universitário da Grande Dourados (UNIGRAN) em Dourados/MS, Mestre em Ciências da Religião, pelo Programa de Pós-Graduação em Ciências da Religião da Universidade Metodista de São Paulo (UMESP) e Doutorando em Ciências da Religião, também pela UMESP, realizando pesquisa na área da História do Cristianismo na América colonial. É membro da Associação Brasileira de Historiadores da Religião (ABHR), da Associação Nacional de Pesquisadores em Teologia e Ciências da Religião (ANPTECRE), da Comissão de Estudos de História da Igreja na América Latina (CEHILA) e do Grupo de Pesquisa Memória Religiosa e Vida Cotidiana, vinculado à UMESP. Atualmente, leciona as disciplinas História do Cristianismo, Hermenêutica e Religião e Cultura no Brasil, no Curso de Teologia da UNIGRAN.

BARBOSA, Adriel Moreira. Religião e Cultura no Brasil. Adriel Moreira Barbosa. DOURADOS 2020.

80 p.: 23 cm.

1. Religião **2**. Cultura

Sumário

Conversa inicial 4

Aula 01
A relação entre religião e cultura: apontamentos introdutórios 5

Aula 02
O conflito entre religião e modernidade 11

Aula 03
A complexa relação entre religião e cultura na modernidade tardia ... 19

Aula 04
Religião e espaço público 27

Aula 05
Religião e política 35

Aula 06
Religião e questões etnico-raciais 43

Aula 07
Intolerância religiosa 51

Aula 08
Religião e questões de gênero 59

Aula 09
Religião e desigualdade social 69

Aula 10
Religião e meio-ambiente 77

Referências 84

Conversa Inicial

Olá pessoal!

Sejam bem-vindos e bem-vindas aos estudos sobre Religião e Cultura no Brasil. Esta é uma disciplina na qual trabalharemos com temas concernentes a essas duas dimensões da vida humana em sociedade, tendo como foco a realidade brasileira. Nas três primeiras aulas abordaremos questões conceituais e debateremos sua utilização nos estudos de religião. Nas aulas seguintes, abordaremos diferentes âmbitos da relação entre religião e cultura na sociedade brasileira, refletindo criticamente sobre o lugar ocupado pela religião nessas questões, bem como os seus desafios que a realidade lhe impõe.

O objetivo é prover elementos conceituais que nos auxiliem a ter clareza sobre a complexa relação da religião com a cultura na atualidade, de forma que possamos interagir como teólogos e educadores na construção de caminhos de diálogo e práticas éticas, que colaborem para uma sociedade mais justa e desenvolvida. Obviamente, o conhecimento promovido aqui é inicial, parcial e é construído a partir de determinadas leituras teóricas, que poderiam ser outras.

Vamos, então, às aulas. Desejo-lhes um bom trabalho!

Prof. Me. Adriel Barbosa

Aula 1º

A relação entre religião e cultura: apontamentos introdutórios

Nesta aula nos aproximaremos de alguns conceitos sobre Religião e Cultura, que nortearão nossas análises realizadas nas aulas seguintes. Devemos ter em mente a complexidade desse trabalho, visto que os temas que abordamos são objeto de estudo de diferentes disciplinas. Por isso, trabalharemos em diálogo com algumas delas, o que nos permitirá olhar para a experiência religiosa em nosso contexto cultural de forma abrangente e, ao mesmo tempo, crítica. Podemos dizer que nossa abordagem será realizada a partir das Ciências da Religião. Vale ressaltar que nosso objetivo não é de esgotar o debate sobre esses conceitos, mas de estabelecer alguns termos dessa relação, para que possamos, posteriormente, refletir criticamente sobre o lugar da religião na sociedade brasileira.

Bons estudos!

Objetivos de aprendizagem

Ao final desta aula, vocês serão capazes de:

- compreender os conceitos de religião e cultura;
- compreender a relação entre religião, sociedade e cultura;
- compreender o papel da religião nas construções sociais.

Seções de estudo

1 - Sobre os conceitos de cultura e sociedade
2 - Religião e ordem social
3 - Religião como forma de conhecimento

1 - Sobre os conceitos de cultura e sociedade

Disponível em: <http://www.grupoescolar.com/>.Acesso em: 17 Mar. 2017.

Conforme nos explica Denys Cuche (2002, p. 17), as palavras surgem para responder as interrogações e problemas que os homens colocam em determinados períodos históricos e, também, em contextos sociais e políticos específicos. Portanto, "nomear é ao mesmo tempo colocar o problema e, de certa forma, já resolvê-lo". Nesse sentido, o termo "cultura" desenvolveu-se historicamente a partir do significado atribuído a ele na antiguidade, de cuidado dispensado ao campo ou ao gado, ou seja, o cultivo da terra ou o pastoreio. No contexto francês do século XIII passou a designar uma parcela de terra cultivada, ou seja, o espaço físico separado para tal empreendimento. Já a utilização em sentido figurado se impôs no século XVIII, consolidando a oposição conceitual entre "natureza" e "cultura", sendo o segundo também aplicado ao acúmulo de conhecimento pelo indivíduo ou grupo social. Assim, o emprego do termo ganhou uma concepção universalista, que carregava em si, um sentido coletivo de "cultura da humanidade". Conforme Cuche (2002, p. 11):

> Esta oposição é fundamental para os pensadores do Iluminismo que concebem a cultura como um caráter distintivo da espécie humana. A cultura, para eles, é a soma dos saberes acumulados e transmitidos pela humanidade, considerada como totalidade ao longo de sua história.

Desse modo, ao integrar-se ao pensamento iluminista, o termo foi associado à ideia de progresso, evolução, educação e razão, e com isso, passou a ser usado para designar o avanço individual por meio da instrução, ou seja, alguém que é mais instruído é mais "culto" que, consequentemente é quem tem mais "cultura".

1.1 - O conceito científico de cultura

Foi no século XIX que o termo alemão kultur e o termo civilisation dos franceses, foram sintetizados por Edward Tylor no vocábulo inglês culture, definido por ele como um conjunto complexo, que inclui crenças, arte, direito, costumes e outras capacidades ou hábitos adquiridos pelo ser humano enquanto membro da sociedade, ou seja, a expressão da totalidade da vida social do indivíduo. Ele defendeu que a cultura é um processo de aquisição e não depende da hereditariedade biológica e, nesse sentido, ela se apresenta como uma palavra neutra que permite pensar toda a humanidade, num sentido universal (CUCHE, 2002).

Foi a partir dessa concepção que o emprego do termo se desenvolveu como conceito central nas ciências humanas no decorrer do século XIX e início do século XX, principalmente para a psicologia, filosofia, história, sociologia e antropologia. Nessa última, os estudos sobre cultura têm sido responsáveis por grande parte dos esforços empreendidos por seus teóricos. Edward Tylor, Ralph Linton, Franz Boas, Leslie White, Clyde Kluckhohn, Malinowski, Clifford Geertz, entre outros cientistas sociais, podem ser elencados entre aqueles que cunharam uma definição do termo. Mas ao estudarmos o progresso dos estudos culturais, é importante entendermos que não há consenso na definição desse conceito, sendo necessário fazermos opções conceituais, a partir de nossas opções epistemológicas. A definição de Tylor foi constantemente problematizada e reformulada, tornando-se num conceito extremamente complexo e impossível de ser fixado univocamente.

Em 1952 os antropólogos A. L. Kroeber e Clyde Kluckhohn analisaram 162 diferentes definições de cultura e concluíram que não seria possível uma definição comum, como dissemos acima. Com esse balde de água fria, Kroeber e Kluckhohn listaram um rol de acepções que podem nos ajudar a compreender essa complexidade. Segundo esses autores, cultura poderia referir-se a:

1. o modo de vida global de um povo;
2. o legado social que o indivíduo adquire do seu grupo;
3. a forma de pensar, sentir e acreditar;
4. uma abstração do comportamento;
5. uma teoria, elaborada pelo antropólogo, sobre a forma pela qual um grupo de pessoas se comporta realmente;
6. um celeiro de aprendizagem em comum;
7. um conjunto de orientações padronizadas para os problemas recorrentes;
8. comportamento aprendido;
9. um mecanismo para a regulamentação normativa do comportamento;
10. um conjunto de técnicas para se ajustar tanto ao ambiente externo como em relação aos outros homens;
11. um precipitado da história; (KROEBER e KLUCKHOHN, 1952).

Já Clifford Gertz, ao analisar a pesquisa de Kroeber e Kluckhohn, classificou essa diversidade como um "pantanal conceitual", no qual toda sorte de teorização seria possível, um ecletismo que poderia levar à frustração por não haver uma direção a percorrer com proveito. Portanto, seria necessário escolher uma determinada definição, e Gertz propõe a utilização de um conceito, cunhado em contato com a sociologia de Max Weber. Assim explica Gertz:

> O conceito de cultura que defendo (...) é essencialmente semiótico. Acreditando, como Max Weber, que o homem é um animal amarrado a teias de significados que ele mesmo teceu, assumo a cultura como sendo essas teias e sua análise; portanto, não como uma ciência experimental em busca de leis, mas como uma ciência interpretativa, à procura do significado. É justamente uma explicação que eu procuro,

ao construir expressões sociais enigmáticas na sua superfície (GERTZ, 2013, p. 4).

Podemos ver como Gertz situa sua investigação sobre o fenômeno cultural buscando analisar as relações sociais e os significados que elas produzem para a vida humana. E é essa nossa primeira referência, que nos ajuda a perceber os fenômenos sociais complexos que estão em permanente transformação, funcionando como um sistema de referências coletivas de inteligibilidade, significação, nomeação e senso de pertença.

1.2 - Ser humano, sociedade e cultura

A sociologia nos ensina dois fatos básicos sobre o ser humano. Primeiro, que seu comportamento revela padrões regulares e repetitivos e, segundo, que ele é um ser social e não uma criatura isolada. Portanto, é em sua vida em sociedade que nós melhor o compreendemos, assim como suas construções. A cultura e a religião são construções humanas erguidas no interior da sociedade, na comunidade humana. Uma definição genérica de sociedade, sem entrarmos em especificidades formuladas pelos teóricos da sociologia (principalmente entre Weber, Durkheim e Marx), pode ser resumida como um sistema de interações humanas culturalmente padronizadas. Destarte, a sociedade pode ser vista como um sistema de símbolos, valores e normas, como também um sistema de posições e papéis em seu interior. É, portanto, uma rede de relacionamentos sociais, podendo ser ainda um sistema institucional, como por exemplo, sociedade anônima, sociedade civil, sociedade artística etc. A origem do termo vem do latim societas, que significa associação amistosa com outros (CAMARGO, 2016). Consequentemente, poderíamos dizer que a sociedade humana não pode existir sem cultura, e a cultura humana só pode existir dentro de uma sociedade.

O sociólogo e teólogo luterano austro-americano Peter Berger nos ajuda na compreensão dessa relação entre sociedade e cultura, bem como sobre o lugar da religião nesse complexo. Berger (1985, p. 17-8) afirma que "o homem precisa fazer um mundo para si", no sentido antropológico de que o ser humano, diferentemente de outros mamíferos superiores, nasce inacabado. Ou seja, "o processo biológico de 'tornar-se homem' ocorre em um tempo que o infante humano se encontra em interação com o ambiente exterior ao seu organismo", isto é, o mundo físico. Para o autor, enquanto um animal não-humano ingressa no mundo com impulsos altamente especializados e firmemente dirigidos, em contraste, o ser humano não possui uma estrutura de instintos no nascimento, que possa ser considerada especializada e dirigida ao ambiente com o qual ele interage. Nesse sentido, o ser humano não possui um mundo próprio e uma relação pré-estabelecida com este mundo. Então, ele precisa colocar-se em um processo de "fazer um mundo para si" e, com isso, sua existência será um contínuo "por-se em equilíbrio" com seu corpo e com seu mundo.

O termo "homem" aqui deve ser entendido no sentido de "ser humano".

O resultado dessa trabalhosa produção de mundo é a cultura. Seu escopo fundamental é fornecer à vida humana estruturas firmes que lhe faltam biologicamente, segundo Berger. Ele explica que:

> A cultura consiste na totalidade dos produtos do homem. Alguns destes são materiais, outros não . O homem produz instrumentos de toda espécie imaginável, e por meio deles modifica o seu ambiente físico e verga a natureza à sua vontade. O homem produz também a linguagem e, sobre esse fundamento e por meio dele, um imponente edifício de símbolos que permeiam todos os aspectos de sua vida (BERGER, 1985, p. 19).

Vemos na concepção de Berger um avanço para as anteriormente citadas, pois nessa temos contemplada a produção material, em um nítido diálogo do autor com a sociologia de Marx, no tocante à produção material e não-material, em seu conceito de trabalho.

Vemos que em Berger a relação entre sociedade e cultura se complexifica, assumindo caráter não-hierárquico. Ou seja, embora a sociedade apareça como um aspecto da cultura, ela ocupa uma posição privilegiada em suas formações, devido ao caráter essencialmente social do ser humano. Isto é, a participação individual do ser humano em uma dada cultura não só acontece num processo social, mas sua continuidade depende da manutenção de dispositivos sociais específicos. Para Berger (1985, p. 21), a sociedade é, portanto, "não só resultado da cultura, mas uma condição necessária dela. A sociedade estrutura, distribui e coordena as atividades de construção do mundo desenvolvidas pelos homens. E só na sociedade os produtos dessas atividades podem durar".

1.3 - Ordem social e anomia

Berger (1985, p. 32) afirma que "o mundo socialmente construído é, acima de tudo, uma ordenação da experiência", ou seja, os seres humanos, desprovidos biologicamente de mecanismos ordenadores do mundo, constroem em sociedade um mundo para si, que ordena toda a experiência vivida. Esta ordem é chamada por ele de *nomos* , uma ordem significativa que é imposta às experiências e sentidos dos indivíduos e, portanto, "dizer que a sociedade é um empreendimento de construção de mundo equivale a dizer que é uma atividade ordenadora, ou nomizante".

Imigrantes, de Cândido Portinari Disponível em: <http://literatortura.com/>. Acesso em: 17 Mar. 2017.

Por trás dessa ideia, está a pressuposição antropológica de exigência humana de sentido, que o leva a impor uma ordem significativa à realidade. Assim, seria necessário um empreendimento social (que inclui a cultura) para ordenar a construção de mundo. E como resultado, se o indivíduo se separa da sociedade e, consequentemente da ordem imposta, ele ruma para a ausência de sentido, que, para Berger é o pesadelo por excelência, pois dessa forma "o indivíduo é mergulhado num mundo de desordem, incoerência e loucura". Portanto, a *anomia* equivale à loucura e ao *caos*. Na anomia:

> A realidade e a identidade são malignamente transformadas em figuras de horror destituídas de sentido. Estar na sociedade é ser "são" precisamente no sentido de ser escudado da suprema "insanidade" de tal terror. A anomia

é intolerável até o ponto em que o indivíduo pode lhe preferir a morte (BERGER, 1985, p. 35).

O risco da *anomia* põe em cheque todos os "mundos sociais", que enfrentam constantemente a possibilidade de ruir. Portanto, o *nomos* (ou ordem social) é levantado frente "às poderosas e estranhas forças do caos". Disso decorre que todos os esforços dos seres humanos em sociedade serão para manter a ordem e evitar o caos, ou seja, a ausência de sentido. Assim, a socialização terá êxito na medida em que seja aceita como coisa evidente, correta e desejável, capaz de ser interiorizada.

O conceito de nomos em Berger, deriva do conceito de anomia de Durkheim, em seu livro O Suicídio. Nele, Durkheim procura mostrar que, muitas vezes, algo na sociedade não funciona de forma harmônica. Para ele, fatores sociais exercem profunda influência sobre a vida dos indivíduos com comportamento suicida.

Podemos concluir afirmando que a sociedade oferece ao ser humano um mundo para habitar, conferindo-lhe uma identidade e formando sua consciência. Através da socialização, os sentidos são transmitidos de uma geração para a seguinte, um processo entendido como aprendizado. A nova geração, que é iniciada no sentido da cultura, aprende a participar das tarefas estabelecidas e a aceitar os papéis que constituem a estrutura social. Portanto, o êxito da socialização depende da simetria entre o mundo objetivo da sociedade e o mundo subjetivo do indivíduo (BERGER, 1985, p. 28).

2 - Religião e ordem social

Na análise de Berger (1985, p. 38-40), a religião ocupa um lugar importante nas "construções nômicas" da sociedade, que por sua fragilidade carecem de uma estabilidade possível de ser encontrada em "fontes mais poderosas do que os esforços históricos dos seres humanos". Nesse sentido, a religião se destaca como empreendimento humano pelo qual se estabelece uma "cosmificação feita de maneira sagrada" e disso decorreria sua força.

Essa função desempenhada pela religião na manutenção da ordem social a situa junto aos mecanismos de controle social e mais especificamente junto aos mecanismos de legitimação do controle social. Legitimação, portanto, são formas de "saber" de determinada coletividade social, de caráter cognoscitivo e normativo. Nas palavras de Berger (1985, p. 43):

O termo "controle" deve ser tomado pelo leitor em sentido específico de instrumento de manutenção da ordem social.

> Para que o nomos de uma sociedade possa ser transmitido de uma geração parar outra, de tal modo que a nova geração venha também a "habitar" o mesmo mundo social, deverá haver fórmulas legitimadoras para responder as perguntas que surgirão inevitavelmente nas mentes da nova geração. As crianças querem saber "por que". Seus mestres precisam dar respostas convincentes. Além disso, como vimos, a socialização nunca é completa. Não só as crianças mas também os adultos "esquecem" as respostas legitimadoras. Precisam ser sempre "lembrados". Em outras palavras, as fórmulas legitimadoras precisam ser repetidas.

Notem como a religião se encaixa na descrição acima, obviamente quando observada pela perspectiva sócio-antropológica. Devido ao caráter sempre precário dessas construções sociais, os mecanismos de legitimação devem continuamente "relembrar" seus membros sobre os "porquês" da necessidade de submissão ao nomos social. Conforme salienta Berger, nesse processo, a religião historicamente representa o instrumento mais amplo e efetivo de legitimação (1985, p. 45).

Isso porque a religião legitima as instituições infundindo-lhes um status ontológico de validade suprema, situando-as num quadro de referência sagrado e cósmico. Ela o faz, situando a sociedade no universo, além de definir os papéis específicos no interior da sociedade, como reiterações miméticas das realidades cósmicas que ela supõe que estes representam. Ou seja:

Berger classifica esta relação entre microcosmo e macrocosmo (1985, p. 51).

> Todos os papeis sociais são representações de complexos mais vastos de significados objetivados. (...) Assim, como a legitimação religiosa interpreta a ordem da sociedade em termos de uma ordem açambarcante e sagrada do universo, assim ela relaciona a desordem que é a antítese de todos os nomoi socialmente construídos ao abismo-hiante do caos que é o mais velho antagonista do sagrado. Ir contra a ordem da sociedade é sempre arriscar-se a mergulhar na anomia (BERGER, 1985, p. 51-2).

Conclui-se, portanto, pela perspectiva apresentada, que historicamente a religião representa uma forma eficaz de ordenação de mundo, estabelecendo sociedades em uma relação ordenada com o cosmos sagrado e evitando a fragmentação anômica da sociedade, através da transmissão de saberes eficazes.

3 - Religião como forma de conhecimento

Nesta seção, analisaremos a religião distanciando-nos um pouco da perspectiva sociológica feita até aqui, para vê-la como forma de conhecimento que influencia na forma como se dá sentido e se reconhece a sociedade, a cultura e o mundo. Portanto, se nas seções anteriores tratamos de observar o fenômeno religioso "de fora para dentro", isto é, como um elemento importante no complexo sociocultural, agora queremos olhá-la "de dentro para fora". Como explica Roberto Pich (2013, p. 145), a religião:

> Como sistema e prática, diz respeito à existência do indivíduo naquilo que lhe é mais íntimo: o significado da sua vida e a expectativa do passamento de sua existência como uma identidade pessoal, as distinções de importância e as razões para viver e fazer. Quase desnecessário mencionar o quão enfaticamente as religiões que existiram e existem lançam sistemas de valores, comumente máximas, regras e normas sobre as ações para consigo e com os outros e o mundo. Uma religião revelada sugere (ou até impõe), sem dúvida, uma "ética" – e isso é sumamente verdadeiro sobre o Cristianismo.

As afirmações acima são fundamentais para compreendermos como um sistema de crenças religiosas tem sido importante para a humanidade no sentido de construir seu conhecimento sobre si mesma e sobre seu mundo. E isso não é pouca coisa, se pensarmos que até dois séculos atrás, praticamente todas as grandes civilizações ordenavam seu mundo a partir de sistemas religiosos.

Essa conformação de mundo é algo simultaneamente fascinante e tremendo, como demonstra Rudolf Otto. Para ele, o Sagrado arrebata, desconcerta e comove, por sua qualidade de *tremendum* e de "totalmente outro". Isso pelo fato de estar fora da alçada do domínio das coisas familiares e habituais, típicas do mundo profano. Por outro, provoca fascínio, encanto e atração. Como sublinha Otto, "provoca na alma um interesse que não se pode dominar" (OTTO, 1992, p.41).

Outra menção importante que devemos fazer é sobre a afirmação de Pich (2013) de que as religiões reveladas impõem uma ética. Ou seja, a crença religiosa influencia na definição de hábitos, gostos e interesses, formando os caracteres morais. Ela estabelece um código de comportamentos e uma visão religiosa do mundo. E é preciso dizer, para finalizar, que toda essa construção de mundo, seria profundamente questionada no advento da modernidade. O conhecimento religioso foi questionado em seus principais fundamentos, principalmente por meio do racionalismo da ciência moderna.

Retomando a aula

Parece que estamos indo bem. Então, para encerrar esta aula, vamos recordar:

1 – Sobre os conceitos de cultura e sociedade

Nessa seção, vimos como os conceitos de sociedade e cultura têm sido construídos nas ciências sociais em meio a uma complexidade de abordagens. Ainda mais nas últimas décadas, não podemos mais falar em cultura sem situarmos as referências pelas quais abordamos o conceito, visto sua diversificação. Contudo, para nossos estudos nessa disciplina, basta-nos verificar os conceitos de sociedade e cultura dentro dos estudos antropológicos e sociológicos, como base para nossa análise posterior das relações entre religião e cultura.

2 – Religião e ordem social

Já na segunda seção, a partir de uma perspectiva sociológica, observamos como a religião historicamente tem sido um importante instrumento ordenador da sociedade, desde seus primórdios. Ela é, portanto, um elemento legitimador da ordem social de vital importância, quando queremos estudar o fenômeno sociocultural.

3 – Religião como forma de conhecimento

Vimos como o fenômeno religioso é um importante elemento do complexo sociocultural e também um sistema de valores que estabelece uma ética norteadora do comportamento social. Ademais, a relação com o Sagrado no interior da religião, estabelece um código de comportamentos e uma visão religiosa do mundo.

Na próxima aula, iremos entender como essa relação entre religião e sociedade se complexificou com o advento da Modernidade. As sociedades buscaram por outras referências ordenadoras e a religião foi restringida ao âmbito da vida pessoal, o que não significa dizer que ela perdeu espaço nas relações sociais e na cultura dos povos.

Vale a pena

Vale a pena **ler**

BERGER, Peter L. *O dossel sagrado*: elementos para uma teoria sociológica da religião. São Paulo: Paulinas, 1985.

CUCHE, Denys. *A noção da cultura nas ciências sociais.* 2 ed. Bauru: EDUSC, 2002.

ELIADE, Mircea. *Mito do eterno retorno.* São Paulo : Mercuryo, 1992.

GERTZ, Clifford. *A interpretação das culturas.* 1. ed. Rio de Janeiro : LTC, 2013.

KROEBER, Alfred e KLUCKHOHN, Clyde. *Culture*: A Critical Review of Concepts and Definitions. New York: Vintage Books, 1952.

Mazzarolo, I. *Religião ou espiritualidade.* Revista Brasileira de História das religiões. Maringá- PR: v.III, n.9, jan. 2011.

MELANDER FILHO, Eduardo. *A Cultura Segundo Edward B. Tylor e Franz Boas.* São Paulo: Gazeta de Interlagos, 2009.

OTTO, Rudolf. *O Sagrado.* Lisboa: Edições 70, 1992.

PICH, Roberto H. *Religião como forma de conhecimento.* In: Compêndio de ciências da religião / João Décio Passos, Frank Usarski (org.) – São Paulo : Paulinas : Paulus, 2013.

Vale a pena **acessar**

CAMARGO, Orson. *"Sociedade"*; Brasil Escola. Disponível em: <http://brasilescola.uol.com.br/sociologia/sociedade-1.htm>. Acesso em: 09 de outubro de 2016.

TYLOR, Edward B. *Primitive Culture.* Londres: 1871. Disponível em: <https://archive.org/details/primitiveculture01tylouoft>. Acesso em: 09 out. 2016.

Vale a pena **assistir**

Os Deuses devem estar loucos – 1981 – Direção: Jamie Uys.

Filme que conta a história de Xixo, um bosquímano do Kalahari, cuja tribo não tinha contato ou conhecimento do mundo além desta. Num certo dia, de um avião de passagem, o piloto joga fora uma garrafa de vidro de Coca-Cola e inicialmente esse artefato estranho parece ser um presente dos deuses, com muitos usos a serem descobertos. Mas na tribo, os conflitos foram aumentando, já que há somente um frasco para dividir entre todos da tribo. Então, decide-se que o frasco deve ser jogado fora do planeta. Xi se oferece para a tarefa, e enquanto viajava para cumpri-la, ele encontra membros da civilização ocidental pela primeira vez. O filme apresenta uma visão diferente da civilização vista por Xi.

Minhas anotações

Aula 2º

O conflito entre religião e modernidade

Pessoal, nesta aula vamos entender como o processo histórico de transformação da sociedade ocidental, que genericamente chamamos de Modernidade, teve forte impacto sobre a religião, principalmente sobre o cristianismo como religião hegemônica na Europa e na América. Sem entendermos isso, dificilmente conseguiremos analisar criticamente a situação que ocupou o fenômeno religioso no século XX e as complexas relações que temos observado nessas últimas décadas, entre sociedade e religião.

Portanto, vamos adiante nessa tarefa de construirmos nosso conhecimento histórico sobre o tema, para avançarmos sobre o contexto brasileiro e analisarmos algumas esferas dessa relação na atualidade. Esse é o nosso trabalho agora.

Bom estudo!

Boa aula!

Objetivos de aprendizagem

Ao final desta aula, vocês serão capazes de:

- entender o caminho histórico da origem da modernidade;
- compreender como esse processo provocou a crise da religião;
- entender e diferenciar o pensamento dos principais críticos da religião no século XIX.

Seções de estudo

1 - Origens históricas da modernidade
2 - Modernidade e a crise da religião
3 - A crítica da religião na modernidade

1 - Origens históricas da modernidade

Falar sobre a relação entre religião e modernidade representa um desafio para o espaço que possuímos nesta disciplina e nesta aula, pois se trata de uma vastidão de questões complexas e correlacionadas. A despeito dessa dificuldade, buscaremos delinear esta relação através de alguns pontos que consideramos importantes para nossa reflexão posterior, no contexto brasileiro. Portanto, vamos começar pela questão histórica do surgimento da modernidade e suas implicações para a religião.

Podemos dizer que a modernidade tem seus antecedentes no Renascimento, no Humanismo e na Reforma Protestante e que, através desses processos, instaurou-se uma nova ordem político-social no Ocidente, que levou a uma nova configuração de Estados independentes, que romperam com o projeto da cristandade europeia e colonial. Atentem para o fato de que essa separação não podia ser vista no Ocidente medieval, onde os poderes religioso e secular caminhavam juntos.

Também surgiu uma nova noção de ciência, altamente dependente do método empírico, a favor do progresso do conhecimento natural e do desenvolvimento tecnológico. Outro aspecto foi a emergência da individualidade ou subjetividade pensante, contraposta à tradição e à autoridade, Essa posição contrária entrou em franco conflito com a religião medieval, ao mesmo tempo que foi influenciada por posicionamentos religiosos que respeitavam ambas as esferas, fazendo distinção entre fé e razão, ou quanto a aceitação de Deus mediante a revelação ou pela especulação filosófica.

Além das transformações intelectuais, o descontentamento com os antigos regimes de governo da Europa, contribuiu para o desencadeamento de grandes revoluções, como a Inglesa (que pôs fim ao absolutismo monárquico na Inglaterra), a Revolução Americana e a Francesa. Em meados do século XVII ocorreu uma outra revolução na Europa, a Revolução Industrial, na qual a burguesia inglesa passou a promover no país transformações econômicas, mudando o modo de produção das manufaturas. A oferta de produtos aumentou no mercado, bem como o desemprego causado pela mecanização. Ademais, a poluição causada pelo carvão das caldeiras de vapor, necessárias para o funcionamento do maquinário e outros fatores negativos decorrentes desse processo de industrialização, deterioraram a qualidade de vida nas metrópoles. É possível dizer que o projeto moderno consolidou-se com a Revolução Industrial e com o desenvolvimento do capitalismo, necessários para a manutenção desse novo modo de vida potencialmente urbano.

2 - Modernidade e a crise da religião

Disponível em: <http://zerohora.clicrbs.com.br/>. Acesso em: 17 Mar. 2017.

Com o desenvolvimento das sociedades modernas, houve, consequentemente, um processo diversificado de transformações culturais, difíceis de serem analisadas, principalmente no sentido de se chamar a modernidade de cultura, generalizadamente. Porém, no sentido que nos envolve neste trabalho, de relacionar religião e cultura, podemos dizer que a ascensão das sociedades modernas e industriais promoveram um declínio da influência das crenças religiosas na cultura ocidental, principalmente devido à quebra do monopólio da Igreja, a expansão dos sistemas de conhecimento e aprendizado e outros aspectos que já foram apresentados no tópico anterior.

2.1 - Modernidade e antropocentrismo

Quando pensamos na modernidade, não podemos supor que esta tenha se dado por um processo ideologicamente neutro. Ela está indissoluvelmente ligada a uma nova visão do mundo, que introduziu uma mudança de mentalidade, de critérios e de escala de valores na sociedade. E segundo Dowell (2008, p. 25), essa mudança é essencialmente antropocêntrica e foi responsável por modelar as manifestações culturais nos níveis do conhecimento, da religião, da política e da economia. A partir do "penso, logo existo" de Descartes, em última análise, a realidade de Deus já não era mais necessária como fundamento do – e para o –pensamento humano, sendo apenas necessário nesse processo, o sujeito humano e seu pensamento.

Já em Kant, o ente mundano foi concebido como mero objeto do conhecimento, imanente ao sujeito pensante e com isso, a razão humana assumiu a prerrogativa de fundamento absoluto da realidade e este humanismo intramundano e autossuficiente passou a rejeitar qualquer princípio transcendente da realidade.

Esse antropocentrismo passou a atuar de forma que desfez a compreensão religiosa do conjunto da realidade na sua dependência de um fundamento transcendente, o que afetou profundamente a atitude religiosa, pois eliminava as condições para a experiência do sagrado que sustentava existencialmente a compreensão do mundo. Conforme Dowell (2008, p. 26):

> De objeto do conhecimento, concebido pelo poder criador do espírito humano na sua atividade científica, a realidade se torna projeto da vontade de poder do ser humano e produto de sua técnica. A natureza converte-se em matéria prima a ser transformada de acordo com seus interesses e a sociedade em massa de manobra a ser manipulada em vista de seus objetivos. O homem da civilização da técnica avoca a si os atributos do Deus cristão, como criador do mundo e redentor da humanidade.

Temos, a partir desse processo, a dessacralização do mundo, pela qual o ser humano já não é concebido como imagem e semelhança do seu criador, reflexo de sua grandeza e de sua beleza. Agora, sua confiança está na razão, que o levará a um novo estágio de desenvolvimento, afastando-o daquilo que se considerou como obscuridade promovida pelos mitos e crenças antigos.

2.2 - Secularização e desencantamento do mundo

Com a modernidade surge a crença no declínio da religião, um vaticínio da sociedade ocidental do final do século XVIII e, sobretudo, do século XIX. Posteriormente, o termo secularização apareceu na teoria sociológica como conceito ou paradigma que defendia o fim da religião. Seus autores consideraram que a modernidade acarretaria o enfraquecimento da dimensão institucional da religião, ou seja, sua privatização ou confinamento à esfera particular da vida. Pode-se dizer que nesse último sentido, a modernidade verdadeiramente promoveu um afastamento da religião das esferas públicas, pelo processo descrito no tópico anterior, que acarretou, sobretudo, a perda de poder das instituições religiosas. Com isso, os indivíduos passaram a sentir-se livres para encontrar, de forma autônoma, seu próprio universo de significações, diante desse novo mundo fragmentado.

Segundo Peter Berger (1985, p. 117) o termo "secularização" foi usado originalmente no contexto das Guerras Religiosas para indicar a perda do controle de territórios ou propriedades por parte das autoridades eclesiásticas.

Berger (1985, p. 119-20) destaca as implicações culturais do processo de secularização, que teria afetado a totalidade da vida cultural, o que pode ser observado no declínio dos conteúdos religiosos nas artes, filosofia, literatura e, como consequência, na ascensão da ciência como perspectiva autônoma e inteiramente secular do mundo. Uma afirmação de Max Weber, no começo do século XX, exemplifica o que dissemos até aqui. Ele declara que:

> O destino da nossa época, com a sua racionalização, intelectualização e, sobretudo, desencantamento do mundo, consiste justamente em que os valores últimos e mais sublimes desapareceram da vida pública e imergiram ou no reino trasmundano da vida mística, ou na fraternidade das relações imediatas dos indivíduos entre si (WEBER, 2011, p. 51).

Nesse texto, Weber introduz o termo "desencantamento", que está ligado ao processo de racionalização e intelectualização, embora devemos assinalar, que o termo não deve ser confundido com desencanto (como alguém que se desencanta com outra pessoa), nem com um estado de espírito desencantado (como uma espécie de desapontamento ou desilusão). Esses significados nada têm a ver com o que Weber quis dizer quando usou a expressão "desencantamento do mundo". Na verdade, este conceito tem a intenção de explicar o mundo e não de lamentá-lo. Nas palavras de Pierucci, "o desencantamento em sentido estrito se refere ao mundo da magia e quer dizer literalmente: tirar o feitiço, desfazer um sacrilégio, escapar da praga rogada, derrubar um tabu, em suma quebrar o encanto" (PIERUCCI, 2003, p.7).

Etimologicamente a palavra desencantamento em alemão é *Entzauberung*, que tem como significado literal "desmagificação". Conforme Pierucci, Max Weber usa dezessete vezes o termo desencantamento do mundo, e das dezessete incidências em nove, ele vem usando para significar "desmagificação"; em quatro, com o significado de "perda de sentido", e nas quatro restantes ele vem com as duas acepções." (PIERUCCI, 2003, p. 58). Assim, quando ele fala de desencantamento do mundo, está querendo se referir a um mundo onde há uma "desmagificação" e/ou perda de sentido daquilo que é mágico.

Vale ressaltar que o uso do termo não é unívoco e seu sentido muda dependendo da questão abordada. E no sentido aqui tratado, o termo se refere a um mundo duplamente desencantado. Primeiro, no sentido de que a própria religião age em um processo de "desmagificação" das vias de salvação; e noutro, pela ciência, uma força empírico-intelectual, que ao desencantar o mundo, o transforma num mero mecanismo causal. Assim, acontece o desencantamento do mundo todas as vezes em que os elementos mágicos do pensamento vão sendo desalojados do contexto religioso, e todas as vezes em que as ideias vão possuindo cada vez mais uma consistência sistemática e também naturalística, ou seja, científica (SCHLUCHTER, 2014, p. 108).

3 - A crítica da religião na modernidade

Embora seja possível rastrear as críticas à religião até a Antiguidade, iremos concentrar nossa abordagem no período dos séculos XIX e começo do século XX, qual, devido ao desenvolvimento das ciências sociais, principalmente da história, filosofia, linguística, antropologia e sociologia, foi de intensa investigação e crítica do fenômeno religioso. Como não podemos tratar extensivamente do tema, iremos concentrar nossa atenção em três pensadores, chamados por Paul Ricoeur de "mestres da suspeita", por terem suspeitado das ilusões da consciência. São eles, Karl Marx, Nietzsche e Freud.

Feuerbach. Disponível em: <https://upload.wikimedia.org>.

Antes deles, o filósofo alemão Hegel (1770–1831), dando continuidade à crítica kantiana, julgou que a religião de sua época (entenda-se, o cristianismo), deveria ser completamente reformada, pois ela era (para ele) a religião do status quo. Também outro alemão desse período, o filósofo e antropólogo Ludwig Feuerbach (1804–1872), aluno de Hegel, trabalhou com o pressuposto de que é necessária a negação de Deus para ser possível libertar o ser humano, pois a religião não dá grande importância à vida presente, deixando a esperança de libertação para o outro mundo. Em *A essência do cristianismo* Feuerbach afirma que:

> O que é para a religião o primeiro, Deus, é em si, como foi demonstrado, quanto à verdade o segundo, pois ele é somente a essência objetiva do homem, e o que é para ela o segundo, o homem, deve, portanto, ser estabelecido e pronunciado como o primeiro

(FEUERBACH, 1988, p. 309-10).

Vemos no pensamento desse filósofo a inversão antropológica e a negação da transcendência, com vista à libertação do ser humano de sua ilusão. Esses dois importantes representantes do racionalismo moderno servem-nos como exemplo inicial sobre como a crítica da religião na modernidade foi estabelecida, embora os tomamos apenas pontualmente, sem explorar suas teorias.

3.1 - Friedrich Nietzsche e a morte de Deus

Nietzsche. Disponível em: <https://upload.wikimedia.org>.

Nietzsche (1844–1900) começou sua carreira como estudioso da crítica textual grega e romana — antes de se voltar para a filosofia. Em 1869, foi nomeado para a cadeira de Filologia Clássica na Universidade de Basileia, tendo que deixá-la dez anos mais tarde por sérios problemas de saúde. Suas obras versaram sobre a cultura ocidental e suas religiões, assim como a moral judaico-cristã. Não há dúvidas de que ele pode ser elencado como um dos maiores críticos da religião, principalmente do cristianismo na modernidade.

O auge de sua crítica foi a proclamação da "morte de Deus", na qual ele buscou demonstrar que a forma dos cristãos conceberem o ser humano e o mundo impossibilitou o próprio ser humano de atingir um alto estágio de desenvolvimento. Portanto, para ele, somente fazendo Deus morrer é que restaria ao ser humano a possibilidade de reconstruir-se por conta própria, saindo da condição de submissão a um ser superior e de rebaixamento em relação aos outros.

Conforme explica Zilles:

> Para Nietzsche, a morte de Deus não é um caminho dialético como em Hegel, não é uma sexta-feira santa especulativa para chegar à Páscoa, mas a certeza definitiva de que a fé num Deus transcendente é absurda. E Nietzsche tira as últimas consequências na inversão de todos os valores morais, dissolvendo toda a filosofia da religião baseada na metafísica do absoluto. Reduz a religião a uma projeção do ressentimento (ZILLES, 2006, p. 250).

Devemos observar que o ataque de Nietzsche não se dirige somente à existência de Deus ou mesmo ao cristianismo, mas objetiva confrontar o que ele considera uma falsa imagem do ser humano, que foi construída a partir da fé religiosa, principalmente no ocidente. Portanto, a religião já não deve ser vista como necessária ou mesmo plausível para discutir-se a existência, pelo contrário, sua presença é desprezível e inadequada. Conforme explica Estrada (2003, p. 184), para Nietzsche "a religião é um sistema que sacrifica o homem a partir de um projeto moral subjetivo que se legitima em Deus, que, como contrapartida, exige uma fé e uma obediência radical".

De modo geral, o filósofo via como grandes problemas das religiões e particularmente do cristianismo, sua busca da felicidade e realização humana fora das possibilidades presentes, projetadas no além-túmulo, o que impediria uma realização plena da existência. Nietzsche declara, colocando seu pensamento na voz de um "homem louco":

> "Procuro Deus! Procuro Deus!" – E como já se encontrassem muitos daqueles que criam em Deus, ele despertou com isso uma grande gargalhada. Então ele está perdido? Perguntou um deles. Ele se perdeu como uma criança? Disse um outro. Está se escondendo? Ele tem medo de nós? Embarcou num navio? Emigrou? – gritavam e riam uns para os outros. O homem louco se lançou para o meio deles e trespassou-os com seu olhar. "Para onde foi Deus?", gritou ele. "Já lhes direi! Nós o matamos – vocês e eu. (...) Não ouvimos o barulho dos coveiros enterrar Deus? Não sentimos o cheiro da putrefação divina? – também os deuses apodrecem! Deus está morto! Deus continua morto! E nós o matamos! Como nos consolar, a nós, assassinos entre os assassinos (NIETZSCHE, 2001, p. 51-2).

Gaia Ciência, título do livro no qual esse texto aparece, é uma expressão que alude ao nascimento da poesia europeia moderna que ocorreu na Provença do século XII. Ela corresponde à habilidade técnica e ao espírito livre requeridos para a escrita da poesia. Precisamos, portanto, compreender o uso do termo "morte de Deus" nos limites da linguagem empregada e em seu sentido alegórico.

A "morte de Deus" torna-se um conceito com o qual Nietzsche passa a lidar com a fase do intelectualismo europeu de seu tempo, retratado nesse livro pelo diálogo de um louco com os ateus - que representam toda a classe intelectual europeia: cientistas, filósofos, eruditos e até mesmo artistas - sobre o grandioso ato por eles cometido: o assassínio do Deus cristão e o subsequente niilismo que aflorava como resultado de uma perda de referências gerais à vida, as quais eram representadas diretamente pelo cristianismo e sua moral.

Finalmente, para Nietzsche, a religião era a representação franca de toda fraqueza humana, sendo uma idealização perversa e hostil à vida no mundo, um projeto ilusório e patológico, próprio dos mais fracos. Portanto, segundo ele, pela destruição das ideias que se projetam para o "além", a humanidade poderia livrar-se de toda necessidade religiosa.

3.2 - Karl Marx e a alienação religiosa

Marx. Disponível em: <https://upload.wikimedia.org>.

Nascido em 1818 e morto em 1883, o filósofo e sociólogo Karl Heinrich Marx tornou-se um dos principais pensadores modernos sobre sociedade, economia e política. Em seus primeiros trabalhos, principalmente em *Para a crítica da filosofia do direito de Hegel*, de 1844, ele tece críticas à religião, abordando-a como pressuposto para a realização de toda crítica social, acreditando que as concepções religiosas tendem a desresponsabilizar os seres humanos de suas consequências e atos. Ele não ocupou-se muito em criticar sistematicamente a atividade religiosa e, basicamente, seguiu a crítica de Ludwig Feuerbach, para quem a religião não expressa a vontade de nenhum Deus ou outro ser metafísico: ela é simplesmente uma criação humana.

Na introdução à obra A *Crítica da filosofia do direito de Hegel*, Marx faz uma declaração que se tornou a mais conhecida a esse respeito. Ele afirma:

> Este Estado e esta sociedade produzem a religião, uma consciência invertida do mundo, porque eles são um mundo invertido. A religião é a teoria geral deste mundo, o seu resumo enciclopédico, a sua lógica em forma popular, o seu point d'honneur espiritualista, o seu entusiasmo, a sua sanção moral, o seu complemento solene, a sua base geral de consolação e de justificação. É a realização fantasmal da essência humana, porque a essência humana não possui verdadeira realidade. Por conseguinte, a luta contra a religião é indiretamente a luta contra aquele mundo cujo aroma espiritual é a religião. A miséria religiosa é, ao mesmo tempo, a expressão da miséria real e o protesto contra a miséria real. A religião é o suspiro da criatura oprimida, o âmago de um mundo sem coração e a alma de situações sem alma. É o ópio do povo. A abolição da religião enquanto felicidade ilusória dos homens é a exigência da sua felicidade real. O apelo para que eles deixem as ilusões a respeito da sua situação é o apelo para abandonarem uma situação que precisa de ilusões (MARX, 2008, p. 5-6, ênfases do autor).

Logo na sequência, Marx resume sua posição em uma frase, afirmando que "a crítica da religião é, pois, em germe, a crítica do vale de lágrimas de que a religião é a aureola" (Ibidem, p. 6). Nesse texto ele reconhece que a crítica da religião tinha uma longa história, remontando às próprias origens do pensamento. Como uma teoria psicológica do conhecimento, a religião seria o fruto de prejuízos e do medo, além de ser uma ideologia da sociedade.

Contudo, Marx não se contenta com esta formulação e se pergunta por que o ser humano precisa de religião? E a reposta é que ele busca "na realidade fantástica do céu" um ser sobre-humano, mas, na verdade, ele encontra "apenas o seu próprio reflexo". Portanto, para Marx, "o homem faz a religião; a religião não faz o homem (Ibidem, p. 5).

É visível que para ele, a religião é uma forma de alienação, pois nela verifica-se a fratura entre o mundo concreto e um mundo ideal, entre o mundo em que o homem vive e o mundo em que ele desejaria viver. Mas por que surge esse mundo ideal? Marx considera, como vimos acima, que o mundo celeste é o resultado de um protesto da criatura oprimida contra o mundo de sofrimentos em que vive. Por isso a criatura procura um refúgio no mundo divino, pois o mundo em que vive é desumano.

Portanto, se dominado pelo pensamento religioso, o ser humano não pode promover sua libertação e emancipação, pois como um "ópio", um produto tóxico, a religião entorpece, aliena e enfraquece, porque a esperança de consolação e de justiça no mundo celestial transforma a pessoa explorada e oprimida num ser resignado, o que o afasta da luta contra as causas reais do seu sofrimento.

Finalmente, em *A ideologia alemã*, de 1846, Marx estudou a religião como uma realidade social e histórica, tratando-a como uma das muitas formas de ideologia, ou seja, das produções de um povo, condicionada pela produção material e pelas relações sociais correspondentes. A ideia principal no livro busca explicar a gênese e o desenvolvimento de várias formas de consciência, seja religiosa, ética, filosófica etc., em termos das relações sociais, através das quais seria possível considerar o conjunto da sociedade. Nesse estágio, Marx abandona a teoria da religião como reflexo, como foi apresentado acima, para tratá-la como uma superestrutura social (LOWY, 2000, p.14).

Na teoria marxista, a sociedade humana é constituída por duas partes: a infraestrutura e a superestrutura. A infraestrutura compreende as forças e relações de produção — condições de trabalho entre empregador-empregado, a divisão do trabalho e relações de propriedade — na qual as pessoas entram para produzir as necessidades e comodidades da vida. Essas relações determinam outras relações e ideias da sociedade, que são descritas como a sua superestrutura. A superestrutura de uma sociedade inclui a cultura, instituições, estruturas de poder político, papel social, rituais e o Estado.

3.3 Sigmund Freud e o futuro da religião

Freud. Disponível em: <https://upload.wikimedia.org>.

Freud (1856–1939), médico neurologista e criador da Psicanálise, situa a religião no âmbito dos mecanismos de defesa psíquica do ser humano contra as ameaças externas a si, mais especificamente, as ameaças oriundas da natureza, ou do "estado de natureza" que, segundo ele, "é o mais difícil de suportar" (FREUD, 2011, p. 33). Para ele, as relações humanas e suas consequentes organizações só podem ser construídas e mantidas "sobre a coerção e a renúncia aos impulsos" (Ibidem, p. 23). É importante mencionar que nesse ponto de sua análise, a religião está ainda situada no interior da civilização e da cultura, ou seja, dos desenvolvimentos humanos cujo objetivo é ordenar o mundo exterior. Nas palavras de Freud:

Pode-se entender o termo por instinto.

> Precisamente em razão desses perigos com que a natureza nos ameaça foi que nos unimos e criamos a cultura, que, entre outras coisas, também deve possibilitar a nossa convivência. E a tarefa capital da cultura, sua verdadeira razão de ser, é nos defender contra a natureza. (...) Essas ideias – as religiosas, no mais amplo sentido – são valorizadas como a posse mais preciosa da cultura, como o que de mais valioso ela tem a oferecer aos seus membros – muito mais estimadas do que todas as artes de extrair da Terra os seus tesouros, prover a humanidade com alimentos ou prevenir doenças etc. Os homens acreditam não poder suportar a vida se não atribuírem a essas ideias o valor a elas reivindicado (FREUD, 2011, p. 34, 39).

Freud, então, pergunta-se sobre o valor das ideias

religiosas e seu significado para a psicologia. Inicialmente ele afirma que a missão da religião seria de solucionar os enigmas do universo e nos reconciliar com os sofrimentos. Mas no progresso de sua análise, ele demonstra a necessidade de que as ideias religiosas sejam submetidas ao crivo da razão e da ciência, pois:

> Não há instância alguma acima da razão. Se a verdade das doutrinas religiosas depende de uma vivência interior que a ateste, o que fazer com as muitas pessoas que não têm semelhante vivência rara? Pode-se exigir de todos os homens que empreguem o dom da razão que possuem, mas não se pode erigir uma obrigação que seja válida para todos sobre um motivo que existe apenas para bem poucos. Se alguém obteve a convicção inabalável na verdade real das doutrinas religiosas graças a um estado extático que o impressionou profundamente, que importa isso ao outro (FREUD, 2011, p. 49)?

Observe que a crítica freudiana vai se desenvolvendo no sentido de demonstrar que a religião corresponde a um estágio infantil do ser humano e sua constante necessidade de ter um Pai, com o qual se vive um sentimento ambivalente de amor e medo. Essa relação nasceria dos desejos mais intensos, contudo não passaria de uma ilusão, de uma projeção ilusória da situação de um filho perante seu pai. Assim, o ser humano recorreria a ela para acalmar-se da angústia e do medo perante a imensidade desconcertante do universo e a imprevisibilidade da vida. A religião, portanto, seria um remédio ilusório para as dores e para a frustração da vida.

No diálogo fictício que marca o livro *O futuro de uma Ilusão* (1927), o interlocutor de Freud finalmente o questiona: "O senhor não acha que podemos aceitar o fato de que o homem não pode viver sem religião (Ibidem, p. 70)? A resposta de Freud é que o dever do ser humano é de aceitar a sua dura condição e enfrentar a realidade sem recorrer a consolações celestes, através de uma "educação para a realidade" que não fabrique doentes, que depois necessitem da ilusão religiosa para aliviar sua angústia e ansiedade (Ibidem, p. 73).

Para ele, assim como uma criança não pode completar seu desenvolvimento para o estágio da vida adulta sem passar por neuroses, a humanidade, de forma análoga, deveria fazê-lo. Ou seja, assim como a neurose infantil é uma parte do desenvolvimento de qualquer indivíduo, assim a neurose da humanidade em relação a religião. E assim como o indivíduo supera sua neurose infantil, a civilização irá superar sua neurose. Então, segundo Freud, poder-se-á dizer: "E o céu deixaremos aos anjos e aos pardais" (Ibidem, p. 74).

Retomando a aula

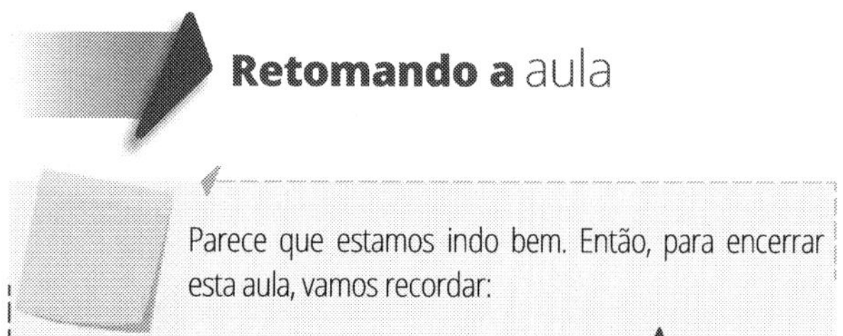

1 – Origens históricas da modernidade

A transição do Medievo para a Modernidade deu-se através de uma série de eventos que afetaram o mundo europeu. A fragmentação da cristandade medieval, as transformações intelectuais, o descontentamento com os antigos regimes de governo da Europa, contribuíram para o desencadeamento de grandes revoluções, como a Inglesa (que pôs fim ao absolutismo monárquico na Inglaterra), a Revolução Americana e a Francesa – um processo que conduziu a civilização ocidental à uma nova forma de organização sociopolítica.

2 – Modernidade e a crise da religião

O advento da modernidade trouxe um novo cenário para a religião e em particular para o cristianismo, que ocupa nela um lugar de destaque entre as religiões presentes no Ocidente. De fonte do pensamento hegemônico na Idade Média, absoluta, agora ela tem de lidar com a crítica progressiva vinda de pensadores que se afastaram dela, que não economizaram em suas críticas.

3 – A crítica da religião na modernidade

A nova conformação política e social das nações empurrou a autoridade da religião (outrora absoluto) para o reduto da vida privada, afastando-a do poder decisório das nações. As críticas de Freud, Nietsche e Marx demonstram como a religião passou de conformadora da sociedade a objeto de estudo das ciências humanas, posta "contra a parede".

Mas isso não termina assim, e como veremos em nossa próxima aula, o fenômeno religioso não extinguiu-se como era previsto por muitos, e sua relação com as esferas de poder complexificou-se no final do século XX e nessas primeiras décadas do XXI. Este será nosso próximo assunto, antes de entrarmos em esferas mais específicas da relação entre religião, sociedade e cultura no Brasil. Até lá.

BERGER, Peter L. *O dossel sagrado*: elementos para uma teoria sociológica da religião. São Paulo: Paulinas, 1985.

DOWELL, João A. M. *Experiência religiosa e cultura moderna*. In: Interações – Cultura e Comunidade, revista de Ciências da Religião da Faculdade Católica de Uberlândia, v. 3, n. 4, 2008.

ESTRADA, Juan A. *Deus nas tradições filosóficas*: da morte de Deus à crise do sujeito. Vol. 2. São Paulo: Paulus, 2003.

FEUERBACH, Ludwig. *A essência do cristianismo*. Campinas: Papirus, 1988.

FREUD, Sigmund. *O futuro de uma ilusão*. Porto Alegre, RS : L&PM, 2011.

GIDDENS, Anthony. *As consequências da modernidade*. São Paulo : Editora UNESP, 1991.

LOWY, Michael. *A guerra dos deuses*: religião e política na América Latina. Petrópolis : Vozes, 2000.

MARX, Karl. *Para a crítica da filosofia do direito de Hegel*. Coleção textos clássicos Lusosofia. Universidade da Beira Interior. Portugal: Lusosofia Press, 2008.

NIETZSCHE, Friedrich. *A gaia ciência.* São Paulo: Companhia das Letras, 2001.

______. ECCE HOMO. *Como se chega a ser o que se é.* Textos clássicos de filosofia. Universidade da Beira Interior. Portuga: Lososofia Press, 2008.

PIERUCCI, A. F. *O Desencantamento do mundo*: Todos os passos do conceito em Max Weber. São Paulo: 34, 2003.

SCHLUCHTER, Wolfgang. *O desencantamento do mundo*: a visão do moderno em Max Weber. Revista EDUC-Faculdade de Duque de Caxias. Vol. 01- N. 02, Jul-Dez 2014.

WEBER, Max. *Ciência e Política*: Duas vocações. São Paulo: Editora Pensamento-Cultrix, 2011.

ZILLES, Urbano. *Situação atual da Filosofia da Religião.* Revista Telecomunicação, v. 36, n. 151. Porto Alegre: Mar. 2006, p. 239-271.

Vale a pena **acessar**

MAYOS, G. *El problema sujeto-objeto en Descartes.* Prisma de la Modernidad. Pensamiento. Revista Investigación e Información Filosófica, 1993, vol. 49, núm. 195, p. 371-390. Disponível em: <http://portalrecerca.csuc.cat/3331717>. Acesso em: 28 out. 2016.

Vale a pena **assistir**

Day of Wrath (Dia de Ira) – 2006 – Direção: Carl Theodor Dreyer

Dia de Ira conta a história de Ruy de Mendoza, um xerife que se depara com uma série de assassinatos brutais de membros da nobreza espanhola do século XVI. Antes que Mendoza possa confirmar a identidade das vítimas, os corpos desaparecem sem deixar rastro e a cena do crime é deixada sem nenhuma pista. O mais estranho é que todos na vila, inclusive o governador Dom Francisco Del Ruiz, o Inquisitor Frei Anselmo e até mesmos as viúvas agem normalmente, como se os assassinatos não tivessem ocorrido. Nesse período negro de Inquisição, uma conspiração ameaça destruir a base da sociedade em que vivem e o único que parece querer descobrir a verdade acabou tento também o seu Dia de Ira.

Sombras de Goya – 2007 – Direção: Milos Forman

os primeiros anos do século XIX, em meio ao radicalismo da Inquisição e à iminente invasão da Espanha pelas tropas de Napoleão Bonaparte, o gênio artístico do pintor espanhol Francisco Goya é reconhecido na corte do Rei Carlos IV. Inés, a jovem modelo e musa do pintor, é presa sob a falsa acusação de heresia. Nem as intervenções do influente Frei Lorenzo, também retratado por Goya, conseguem evitar que ela seja brutalmente torturada nos porões da Igreja. Estes personagens e os horrores da guerra, com os seus fantasmas, alimentam a pintura de Goya, testemunha atormentada de uma época turbulenta.

Os Borgias (série) – 2011 – Direção: Neil Jordan

A série é baseada na história da Família Bórgia (Borja em valenciano), uma dinastia italiana de origem espanhola, que tornou-se proeminente durante o Renascimento e que geralmente é lembrada pelo governo corrupto e pela acusação de ter cometido vários crimes, incluindo adultério, simonia, roubo, estupro, corrupção, incesto e assassinato (especialmente por envenenamento).

Minhas anotações

18

Aula 3º

A complexa relação entre religião e cultura na modernidade tardia

Olá turma.

Nesta aula vamos tratar de um tema muito interessante. Iremos analisar o desenvolvimento da religião no período que nos envolve, a modernidade tardia, que também pode ser chamada de alta modernidade ou ainda de pós-modernidade. E para fazê-lo, precisaremos entender como se constituiu esse período, como a questão da secularização é um processo mais complexo do que parece a princípio, e como a religião se comportou frente aos desafios impostos por tamanhas transformações.

Por fim, vamos nos apropriar de algumas teorias que nos ajudarão a pensar sobre o campo religioso brasileiro, observando-o a partir do pressuposto de ser esta uma realidade complexa e em movimento. Portanto, meus caros e caras colegas de aprendizado, vamos mergulhar nesse desafio.

Boa aula!

Objetivos de aprendizagem

Ao final desta aula, vocês serão capazes de:

- diferenciar modernidade de pós-modernidade;
- compreender por que pós-modernidade não é um conceito unânime;
- problematizar a relação entre secularização e religião;
- pensar criticamente a realidade religiosa brasileira, compreendendo-a em sua diversidade e complexidade.

Seções de estudo

1 - Modernidade e modernidade tardia
2 - O paradoxo religioso na sociedade contemporânea
3 - Elementos para análise do campo religioso brasileiro

1 - Modernidade e modernidade tardia

Disponível em: <www.mentesmodernas.com.br/>. Acesso em: 17 Mar. 2017.

Como vimos nas duas primeiras aulas, é difícil falar em termos absolutos sobre o que é a Modernidade, ou se ela pode ser definida como uma cultura. Por ser plural, com particularidades nacionais e regionais, o fenômeno que chamamos de modernidade se complexificou ainda mais nas últimas décadas, provocando diversos debates no âmbito da sociologia, sobre como se classificar esse período. Portanto, qualquer abordagem sobre esse tema deverá ser realizada a partir de opções de leitura que indicam nossas escolhas teóricas e um consequente posicionamento conceitual. E é exatamente isso que você irá observar nesta seção.

1.1 - O debate sobre a pós-modernidade

Como vimos na aula anterior, por modernidade entende-se a ruptura com um modelo de sociedade classificado como "antigo", que se deu por meio do desenvolvimento político, científico e tecnológico, que foi responsável pelas transformações que constituíram a sociedade moderna. É o que podemos notar nas palavras de Max Weber, em 1905:

> Alguém que seja produto da moderna civilização europeia, ao estudar qualquer problema da História universal, estará sujeito a indagar a si próprio sobre a combinação de circunstâncias a que deveria ser atribuído o fato de que na civilização ocidental, e somente na civilização ocidental, surgiram fenômenos culturais que (como gostamos de pensar) repousam em uma linha de desenvolvimento que possui significância e valor universal (WEBER, 2013, p. 13, grifo do autor).

Vemos claramente na introdução de Weber ao clássico texto *A ética protestante e o espírito do capitalismo*, como a constituição da civilização europeia (ou moderna) desenvolveu-se como um conceito com características universalizante e homogeneizante. Contudo, conforme explica Rivera (2001, p. 186-7), a sociologia desse período não poderia prever as atuais implicações da modernidade, ou seja, o impacto produzido na percepção do tempo e do espaço, na desterritorialização das culturas, na multiplicidade das identidades, na crise das tradições, na fragilização da memória coletiva e na superposição entre o real e o virtual. Portanto, as transformações durante o século passado foram (e continuam sendo) tão grandes e tão intensas, com tantas e tamanhas peculiaridades, que é difícil para os teóricos decidir se o que vivemos hoje é uma continuidade ou uma ruptura com a modernidade.

Esse é o ponto central da discussão sobre modernidade e pós-modernidade, no sentido de definir se há continuidade ou ruptura entre os dois fenômenos e se o melhor termo para designar esse último período (que chega até nossos dias) seria pós-modernidade. Para Rivera (2001, p. 187), os estudos parecem indicar a preferência sobre haver mais continuidades que rupturas no processo, não sendo possível, por essa perspectiva, falar-se em uma nova época. Nesse sentido, há autores que consideram preferível tratar a pós-modernidade como uma radicalização e universalização das consequências da modernidade, como Giddens, Beck e Lash (1997). Para eles esse é o tempo de uma "modernidade radical", no qual as religiões (antigas e novas), procuram responder às incertezas geradas pelas transformações socioculturais.

Assim, esses autores lançam mão do conceito de "modernidade reflexiva" e "modernidade tardia" para explicar como nesse período não há transformações radicais ou essenciais na cultura e na sociedade, mas um aprofundamento daquilo que já existia. São mudanças de tal magnitude e intensidade que transforam as expressões mais visíveis da modernidade. Podemos dizer que vivemos em uma sociedade marcada pela contínua mudança e esta é a principal característica da modernidade tardia que ajuda-nos a pensar o lugar do religioso no interior das culturas.

1.2 - Cultura nas sociedades contemporâneas

As sociedades contemporâneas podem ser classificadas como "complexas" e essa noção de complexidade está ligada à divisão social do trabalho, sendo mais especializada, mais segmentadora, com a formação de uma rede de instituições diversificadas e ligadas dentro de um sistema (VELHO; CASTRO; 1978, p. 5). Ou seja, aquela relativa homogeneidade das sociedades antigas, marcadamente pequenas e mais uniformes foi rompida e com isso, os estudos culturais passaram a ter o desafio da distinção das fronteiras culturais e a determinação de experiências suficientemente significativas, pois nessas novas conformações culturais próprias da modernidade tardia, o indivíduo e sua experiência tornaram-se a unidade mínima de significação dentro do complexo cultural (RIVERA, 2001, p. 204).

Contudo, mesmo em sociedades complexas é possível identificar "províncias de significados com elementos comuns" que servem como âncora cultural frente ao individualismo dessas sociedades. Assim não se pode anular as experiências comunitárias, mesmo que estas sejam frequentemente reinterpretadas pelos indivíduos em seu interior. Ainda conforme explica Rivera (2001, p. 205):

> Os extraordinários avanços das comunicações na sociedade contemporânea colocam questões

incontornáveis para o estudo da identidade cultural. As distâncias e o tempo parecem reduzidos e o contato cultural acelerou-se de tal modo que estaríamos aparentemente próximos de uma uniformidade cultural redutora das diferenças. A velocidade da circulação de informação teria de fato um efeito na constituição das culturas.

Com isso, é possível deduzir que no interior das religiões tais características reproduziram-se nas mesmas proporções, visto serem elas elementos constitutivos das culturas e com os quais as culturas interagem. Portanto, na modernidade tardia a rigidez das fronteiras, que foram estabelecidas na modernidade nascente, já não são tão rígidas e as religiões passaram a ocupar espaços que antes não lhe eram comuns. Não só isso, mas elas tiveram que reinventar-se frente aos desafios impostos por esse novo tempo, por meio de um duplo processo – reativo e reflexivo – aos movimentos da sociedade e da cultura.

2 - O paradoxo religioso na sociedade contemporânea

Disponível em :<http://static2.blastingnews.com/>. Acesso em: 17 Mar. 2017.

Não poderíamos supor que em meio a tantas e tamanhas transformações da sociedade contemporânea o fenômeno religioso passasse incólume. A despeito de sua persistência na manutenção da tradição frente a uma sociedade que se recusa a aceitá-la como fonte de autoridade, a religião precisou desenvolver meios pelos quais ela possa se ajustar ao mundo de seu tempo. É nessa direção que iremos desenvolver nosso raciocínio agora, pensando nas formas de vida religiosa presentes no contexto da modernidade tardia.

2.1 - Do exílio da religião à religiosidade por toda a parte

O processo de secularização, próprio da modernidade nascente, juntamente com a laicização dos Estados e o "desencantamento do mundo" promovido pela ciência moderna, conduziram a religião ao que Danièle Hervieu-Lèger (2015, p. 19-20) chamou de exílio da religião ou ainda, "o aniquilamento religioso da sociedade moderna". Conforme ela mesma explica, referindo-se aos estudos sobre religião popular nos anos 1970, até pesquisas mais recentes sobre crenças contemporâneas:

> O intenso retorno da religião ao cenário público, no coração das sociedades ocidentais, lá onde a privatização da religião era considerada a mais avançada; a evidenciação, através da efervescente irrupção dos novos movimentos sociais, do engajamento dos crentes ligados à mobilização política e cultural; a dispersão das crenças expressa pelo aumento de religiosidades paralelas e novos movimentos religiosos: todos esses fenômenos davam um peso irrefutável à ideia de uma modernidade "racionalmente desencantada", definitivamente alheia à religião (2015, p. 21).

Ou seja, a religião, outrora centrada em suas instituições milenares, agora parecia dispersar-se em formas de religiosidades difusas, próprias do individualismo, entretanto, de forma paradoxal, esse emergente e vivo interesse pelas formas de religiosidade, proporcionava novas leituras das relações entre religião e política e entre as instituições religiosas e o Estado. Portanto, os sinais apontavam (e apontam) para novas formas de relação entre aquilo que se poderia denominar como secular e religioso, comprometendo (ou não) o paradigma clássico da secularização, em uma análise sobre os alcances e os efeitos dela.

Para Rivera (2001, p. 113-15), a questão da secularização é tratada muitas vezes de forma simplista, principalmente quando se advoga uma espécie de retorno do religioso como consequente negação da secularização ou, para usar um termo mais específico, um fenômeno de dessecularização. Mas, para Rivera, os fenômenos sociais não são mecânicos, e mesmo nos Estados modernos mais desenvolvidos como na França, a religião não foi completamente relegada à vida privada, nem perdeu toda a capacidade de influir na sociedade. O que ocorreria, é que a transformação radical do lugar da religião na modernidade e o consequente enfraquecimento das tradições trouxe, na verdade, a proliferação de opções religiosas e o deslocamento da religiosidade para outras áreas da vida humana em sociedade, como na política e na mídia .

Para uma análise de outro ponto de vista sobre a questão da Dessecularização, ver BERGER, Peter. Dessecularização do mundo: uma visão global. Disponível em: < http://www.uel.br/laboratorios/religiosidade/pages/arquivos/dessecularizacaoLERR.pdf>.

Nesse sentido e concordando com Rivera, para Hervieu-Lèger (2015, p. 21) é preciso passar de um modelo de análise teórico-linear da secularização, pelo qual a entendemos como um processo de redução racional do espaço social da religião e como processo de redução individualista das opções religiosas, para vermos a relação entre modernidade e religião sob dois aspectos mais amplos. Primeiro, da dispersão das crenças e das condutas religiosas e, também, pela desregulação institucional da religiosidade. Com isso, podemos deixar de pensar a religião exclusivamente pelo prisma do desencantamento racional, passando a vê-lo pelo processo de "decomposição e recomposição das crenças", que não se relacionam com o âmbito da verificação e da experimentação, mas encontram sua razão de ser no fato de darem um sentido à experiência subjetiva dos indivíduos. Com isso:

> Redescobre-se que tais crenças pertencem a práticas, linguagens, gestos, automatismos espontâneos que constituem o "crer" contemporâneo. Permanece-se, então, na singularidade das construções de crenças individuais, em seu caráter maleável, fluido e disperso e, ao mesmo tempo, na lógica dos empréstimos e reutilizações de que as grandes tradições religiosas históricas são objeto. Através da temática da "bricolagem", da "braconagem" e outras "colagens", avança-se progressivamente rumo a uma descrição

extensiva da paisagem modernas das crenças (HERVIEU-LÈGER, 2015, p. 22).

Embora não possamos avançar mais nessa análise, as perspectivas apresentadas aqui servem-nos como excelentes chaves de leitura para nossas próximas aulas, nas quais analisaremos aspectos da religiosidade brasileira em seu envolvimento com diversas áreas da cultura e da sociedade.

2.2 - Formas mais evidentes de deslocamento do religioso

Conforme explica Alberto Moreira (2008, p. 72), os conceitos de religião ou mesmo de campo religioso se tornaram "um cobertor curto" para explicar o fenômeno religioso, pois eles não dão conta de cobrir todas as modalidades, espaços, diversidade e a mutabilidade da experiência religiosa nos quadros da modernidade capitalista tardia. Nesse sentido, devemos perguntar quais seriam, portanto, as formas mais evidentes desse deslocamento do religioso que contribuem para a problematização da questão da presença do religioso na cultura contemporânea. Assim, acompanhando a análise de Moreira (2008, p. 73-6), passamos a pontuar as principais formas desse deslocamento.

Em sua Gênese e estrutura do campo religioso (2011), Pierre Bourdieu oferece uma grande contribuição para a sociologia da religião com seu conceito de "campo religioso", enquanto espaço social estruturado por meio de diferentes posições, com propriedades particulares e cuja dinâmica depende dessas posições para se manter, independentemente de quem as ocupe. Nele, "as divisões efetuadas pela ideologia religiosa vêm recobrir (no duplo sentido do termo) as divisões sociais em grupos ou classes concorrentes ou antagônicas" (p. 31)

1. *A midiatização do religioso.* Há uma tendência de midiatização da religião e da experiência religiosa como tendência duradoura. Os shows-missas e shows gospel e as festas religiosas são as formas mais explícitas desse fenômeno. Ademais, o cinema, a TV e a literatura se encarregam da socialização religiosa, dentro de sua linguagem estética e de seus interesses próprios.

2. *Migração e flutuação das comunidades religiosas.* Tradições religiosas como o islamismo, cristianismo, hinduísmo e budismo foram libertadas de seus contextos geográfico-culturais de origem e, em parte, de suas instituições controladoras. Todas essas comunidades precisaram adaptar-se aos novos contextos, recriar-se, refazer-se dentro das novas condições, muitas vezes sem um "clero" especializado. Segundo uma expressão de Geertz (2006, p. 10), "a religião se tornou cada vez mais um objeto flutuante, desprovido de toda ancoragem social em uma tradição fecunda ou em uma instituição estabelecida".

3. *Hibridização das práticas religiosas e o pluralismo religioso.* Nesse ponto, constata-se uma mescla, uma bicolagem e uma combinação de elementos de universos simbólicos distintos, às vezes em termos de ressignificação, outras vezes em termos de simples justaposição. Outras vezes em termos de homogeneização de elementos, gostos e comportamentos. O futuro aponta para uma sociedade com pluralidade de ofertas religiosas, provavelmente sem uma instituição que detenha o poder simbólico para estabelecer sozinha uma hierarquia sobre as demais ou para servir de ancoragem hegemônica no campo religioso.

4. *O surgimento de novos especialistas do sagrado.* Evidencia-se uma crise dos especialistas religiosos tradicionais e o surgimento de novos especialistas religiosos, que enquanto produtores de bens simbólicos disputam com os antigos o mesmo "espaço" ou a mesma "função": são terapeutas, filósofos, cientistas, escritores, jornalistas especializados, figuras da mídia e do cinema que, como novos intermediários do sagrado, apelam para mecanismos religiosos e também produzem explicação e sentido, gerando, assim, símbolos de identificação e apelos de imitação, criam comunidades de crenças e práticas. A publicidade e o marketing, por exemplo, assumiram, pelo menos em parte significativa, tais tarefas que antes eram monopólio das religiões.

5. *Disputa pela interpretação.* As disputas pela legitimação entre os próprios sistemas religiosos deve aumentar; aliás, não apenas entre eles e, sim, entre todas aquelas instituições que agora produzem explicação e sentido. Agora o "público" não é mais cativo, restrito geográfica ou culturalmente, mas planetário e disputado por inúmeras propostas de sentido. O fato é que, com o deslocamento do religioso, também a influência pública ou ideológica da religião institucionalizada sofre profundas modificações. Outras instituições produtoras de interpretação e sentido se beneficiam da crise institucional da religião e ocupam o "espaço" semântico, ou o vácuo hermenêutico, criado pela perda de autoridade e de incidência social da religião tradicional.

6. *Interpenetração entre ordem global e religião.* As religiões tanto sofrem os efeitos como têm sido fatores importantes no processo de globalização. Como estudos indicam, a religião pode estar exercendo na América Latina e na Ásia um papel diferente do que exerce na Europa. Em muitas dessas situações o deslocamento do campo religioso se mostra como uma interpenetração entre motivações políticas e motivações religiosas (movimentos sociais), ou mistura de políticas de Estado com ideologias e interesses de grupos religiosos (caso dos fundamentalistas).

Diante de todas essas possibilidades e fatos, podemos dizer que nossa tarefa de interpretação do fenômeno religioso a partir das ciências humanas ou mesmo da teologia está se tornando cada vez mais complexa e exigente. Portanto, não podemos nos permitir uma ancoragem conceitual ou hermenêutica que desconsidere tais elementos constitutivos da religiosidade contemporânea. Ademais, explicações rápidas e fáceis do fenômeno religioso ou mesmo de qualquer de suas particularidades, podem ser tão inúteis quanto desnecessárias, o que impõe aos estudiosos da questão a necessidade de constante aperfeiçoamento e atualização. Esse é o nosso desafio.

3 - Elementos para análise do campo religioso brasileiro

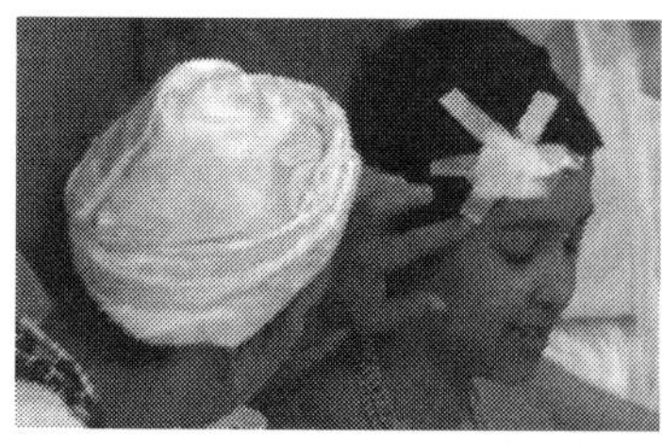

Disponível em: <http://2.bp.blogspot.com/>. Acesso em: 17 Mar. 2017.

Agora faremos um necessário recorte temático a fim de oferecermos alguns elementos que colaborem para nossa análise da relação entre religião e cultura no Brasil. O campo religioso brasileiro é extremamente rico em termos de criatividade e efervescência, se analisado nos parâmetros oferecidos na seção anterior. Devido ao espaço restrito, não poderemos realizar uma varredura histórica, apresentando dados do desenvolvimento desse campo desde o Brasil colônia, quando a hegemonia católico-portuguesa impunha no Brasil o sistema de cristandade colonial, que a partir do final do século XIX foi dando lugar ao pluralismo religioso. Nossa análise se concentrará em tempos mais recentes, mais precisamente nas últimas décadas, embora também não apresentaremos detalhes precisos nem dados estatísticos, somente perspectivas para análise.

3.1 - Matriz religiosa e cultural brasileira

Quando afirmamos a existência de uma "matriz" religiosa e cultural brasileira, estamos lidando com uma tese que nos ajuda a entender as muitas imbricações e diversidade de manifestações existentes no interior de nossa sociedade. O Professor José Bittencourt Filho nos oferece uma grande contribuição nesse sentido, quanto explica que essa matriz religiosa brasileira é constituída das raízes do catolicismo ibérico e da magia europeia, também das religiões indígenas e africanas trazidas pelos escravos negros, e ainda nos chama a atenção para a presença marcante do Neopentecostalismo (ou Pentecostalismo Autônomo) como parte dessa complexa composição religiosa contemporânea do Brasil. Em sua tese, ele trabalha a partir da "existência, no bojo da matriz cultural, de uma matriz religiosa, que provê um acervo de valores religiosos e simbólicos característicos, assim como, propicia uma religiosidade ampla e difusa entre os brasileiros" (2003, p. 17).

Portanto, podemos dizer que a experiência religiosa brasileira é mais influenciada por uma espiritualidade de cunho imagético e por narrativas míticas que se constituem por um conjunto de cosmovisões e experiências orientadas pela espontaneidade e sem maior rigor institucional do que por um corpus teológico sistematizado. Essa identidade religiosa ajuda explicar a expansão de movimentos no seio dos diversos grupos religiosos, que enfatizam a espontaneidade mística e celebrativa. Também revela diferentes formas de simbiose entre religião e cultura, que diversifica ainda mais nosso quadro religioso. Portanto, sem possuir contornos fixos, os novos movimentos religiosos se multiplicam com traços flutuantes, dispersos e plurais, muitos deles situando-se nas fronteiras e cruzamentos da religião com a medicina, arte, física, filosofia, psicologia, ecologia e, especialmente, com a economia (RIBEIRO, 2013, p. 60).

Ainda Segundo Ribeiro (Ibidem, p. 61), para podermos compreender melhor esse quadro, devemos seguir dois conceitos indicados por Carlos Alberto Steil (2008): o de "gêneros confusos" e o de "nebulosa das heterodoxias". Quando aplicados à religião, ajudam-nos a compreender como a *cultura pode transformar-se em religião*, como no caso de meditações e autorreflexão como forma religiosa; e no sentido inverso, como a *religião se transforma em cultura*, como no lazer a partir de formas religiosas. Assim, pode-se pressupor a ideia de que a cultura como um sistema simbólico fornece tanto um relato do mundo como um conjunto de regras para atuar nele. E a religião, por seu curso, faz o mesmo, mas de forma ainda mais eficiente e totalizante.

3.2 - Tendências de configuração do campo religioso brasileiro

Para orientar nosso olhar sobre esse tema, acompanharemos a análise de Pierre Sanchis (1998, p. 29-38), que apontou dois movimentos no campo religioso brasileiro: um de distinção, multiplicação e rupturas, também descrito por ele como heterogeneização; e outro de relativa homogeneização. Também trabalharemos com as explicações de Huff Júnior (2008, 48-53), sobre o campo religioso brasileiro.

3.2.1 - Heterogeneização

A tendência de heterogeneização analisada por Sanchis, revela forças de pluralização e diversificação na sociedade brasileira, um processo intensificado com a chegada dos protestantes, que acrescentou ao longo do século XX novos matizes aos já conhecidos tons dos catolicismos e das religiões indígenas e afro-brasileiras. Parte desse desenvolvimento implicou na institucionalização dos grupos religiosos concorrentes no campo, que definiram entre si identidades contrastantes, por vezes gerando traços fundamentalistas, como no caso de alguns protestantismos históricos, pentecostalismos e grupos restauracionistas, como os Testemunhas de Jeová, Mórmons e Adventistas do Sétimo Dia.

Falando do catolicismo (religião predominante), é possível identificar a coexistência de uma igreja institucional, hierárquica e formal, juntamente com outra mais popular, com crenças e práticas heterodoxas e informais; e ainda uma carismática, com aproximações com o pentecostalismo e outra libertária, engajada politicamente e próxima dos pobres e excluídos. Todas convivendo sob o guarda-chuva institucional da Igreja Católica Apostólica Romana e mais ou menos submissas ao sumo pontífice.

No Pentecostalismo, a dinâmica de adesão acarreta de alguma forma o rompimento com o universo tradicional do catolicismo e/ou de outras religiões. Essa vida religiosa pregressa é muitas vezes demonizada, e a nova vida do crente constitui-se, assim, por oposição à vida antiga.

As religiões afro-brasileiras (Candomblé, Xangô, Casa de Mina, Umbanda etc.) têm suas exigências de alinhamento e de construção identitária por meio da busca de origens puras. Nessa ótica, a religião mais pura e mais confiável é aquela que estiver mais próxima às origens africanas, por oposição a conformações religiosas menos puras e confiáveis, menos africanas e mais abertas a outras influências.

O espiritismo kardecista coloca também suas fronteiras, apesar de se situar em um *locus* próximo, ao mesmo tempo, do universo das religiões de possessão pelo transe mediúnico, e do cristianismo, em função de códigos e práticas absorvidas como a referência a Jesus Cristo e a utilização do Novo Testamento, o que facilita a aceitação e a circulação em uma sociedade hegemonicamente cristã.

Outra fatia que pode ser acercada é a de grupos étnicos minoritários: são judeus, muçulmanos, cristãos ortodoxos, budistas, xintoístas e confucionistas que, fruto de movimentos migratórios, colaboram para a pluralização religiosa brasileira. E há ainda outra série de práticas, crenças e instituições numericamente menores que configuram um universo vívido e dinâmico que inclui religiões orientais (Seicho-no-iê, Igreja Messiânica, Fé Bahaí, Hare Krishna, Sufismo, Ananda Marga, Brama Kumaris), religiões amazônicas com o uso da ayahuasca, o circuito neo-esotérico, Vale do Amanhecer, Religião de Deus etc. Quando colocados sob a insígnia de Novos Movimentos Religiosos, aos quais pessoas livres de amarras tradicionais aderem voluntariosamente, esses grupos e práticas conjuntamente com os que se auto-intitulam sem-religião, representam as mais frescas cores das forças de pluralização e diversificação do campo religioso brasileiro (HUFF JUNIOR, 2008).

3.2.2 - Homogeneização

Quanto a essa tendência, Pierre Sanchis (1998), afirma que há uma série de traços comuns, suprainstitucionais, que perpassam o universo mental e as práticas do campo religioso como, por exemplo, uma espiritualidade que contempla um universo povoado de espíritos desencarnados, Nossas Senhoras, anjos, forças cósmicas, Espírito Santo etc., que interagem e influenciam na vida das pessoas. Isso possibilita uma dinâmica entre o mundo dos espíritos, o mundo material e uma intercomunicabilidade dos sistemas simbólicos, constituída historicamente e geradora de um "clima cultural" onde tudo é possível em termos de religião, encurtando a distância ocasionada pela incompatibilidade doutrinária de tais vertentes.

Uma segunda característica é a crescente relativização das certezas no que tange às crenças religiosas, devido à grande oferta e circulação de bens simbólico-religiosos no campo e a um concomitante processo de destradicionalização, que abalam as outrora firmes e rígidas estruturas de pertença dos sistemas religiosos tradicionais. Acrescente-se a isso a facilidade do acesso à informação no mundo globalizado e midiático e o crescimento do nível de escolarização, que possibilitam a experiência de novos conteúdos religiosos e o acesso a novos sistemas de crença (HUFF JUNIIOR, 2008).

Todos esses mecanismos tanto podem fazer o fiel perceber a religião de pertença tradicional como apenas mais uma dentre as demais, como também, e mais provavelmente, abrir um leque de ressignificações e de trocas simbólicas impulsionadas pelas experiências da vida cotidiana. Cria-se, assim, um contexto propenso a emoções cambiantes e atitudes subjetivas no que se refere à religião e à disposição para com as relações sociais (HUFF JUNIIOR, 2008).

Essa tendência de homogeneização do campo leva por fim *a pertenças institucionais relativamente frouxas*, tornando-se comuns o trânsito religioso e as pertenças duplas, os cruzamentos, as porosidades e os hibridismos. Uma pessoa pode, assim, ser adepta praticante da Seicho-no-iê e da Igreja Católica sem maiores contradições e ainda com a possibilidade de, por exemplo, encontrar um ambiente frutífero e híbrido entre ambas em práticas como as do culto aos antepassados e das missas de sétimo dia.

Compare essa perspecitva com o movimento da religião descritos por Hervieu-Lèger e Alberto Moreira.

Na conclusão de seu estudo, Sanchis (1998) indica algumas importantes chaves de leitura para esse tempo, no qual o fenômeno religioso se tornou tão complexo. Vejamos:

> A modernidade contemporânea privilegia, sem dúvida, o emergente, o atual, o *happening*, a experiência do momento. Ora, o modelo que se depreende da análise que acabamos de fazer [sobre as tendências de heterogeneidade e homogeneidade no campo religioso brasileiro], é também o de um espaço atravessado por fluxos que mergulham em suas nascentes nos montantes da história. Fala-se aqui em 'identidade', em filiação espiritual. (...) Mas é notável ver reemergir do mundo moderno a ânsia de se sentir inserido num filão enobrecido pelo seu 'tempo longo', a sua 'longa duração'. Afinal se a característica mais definidora do fenômeno religioso pode ser o fato dele constituir uma 'tradição', cuja referência constrói o ser do fiel que nela se insere... A presença ativa de remanências, a metamorfose de antigas certezas também faz parte – e é condição – de certeira projeção para o futuro. Como ao contrário pode embasar uma volta ao fechamento, à exclusividade e à exclusão que lhe é correlativa. Tal dialética revela sem dúvida uma problemática contemporânea fundamental, quem sabe a problemática essencial do momento: está em jogo no mundo um novo processo de definição e gerenciamento das identidades (SANCHIS, 1998, p. 24).

Ao associarmos a perspectiva de Danièle Hervieu-Lèger (2015) e Alberto Moreira (2008) à análise de Sanchis (1998) e Huff Junior (2008), percebemos quão complexa é a realidade religiosa da modernidade tardia e, particularmente, a brasileira. Essa é a perspectiva de aproximação ao fenômeno que queremos usar, para não cairmos em armadilhas próprias das respostas rápidas produzidas por análises limitadas à uma só perspectiva.

Retomando a aula

Parece que estamos indo bem. Então, para encerrar esta aula, vamos recordar:

1 – Modernidade e modernidade tardia

Na primeira seção, buscamos entender e diferenciar os conceitos de modernidade, modernidade tardia e pós-modernidade, no sentido de sua relação com a cultura. Isso nos ajuda a entendermos o debate sobre cultura e religião em sociedades complexas como as que vivemos.

2 – O paradoxo religioso na sociedade contemporânea

Aqui, discutimos a persistência da religião na manutenção de suas tradições, frente a sociedades que se recusam a aceitá-la como fonte de autoridade. Com isso, a religião precisou desenvolver meios pelos quais ela possa se ajustar ao mundo de seu tempo.

3 – Elementos para análise do campo religioso brasileiro

Por fim, fizemos uma viagem pela multifacetária religiosidade brasileira, desde sua origem até nossos dias. Pudemos entender o que significa "matriz religiosa brasileira" e como ela nos ajuda a entender as imbricações e diversidade de manifestações existentes no interior de nossa sociedade. Também entendemos os dois movimentos existentes no campo religioso do Brasil: o de heterogeneização e o de homogeneização.

É mediante essa realidade complexa, tanto do ponto de vista cultural quanto religioso, que nos propomos a apresentar elementos para análise da relação entre a religião e diferentes esferas da sociedade e da cultura brasileira nas próximas aulas. Obviamente, esse desafio será enfrentado com cautela e com o reconhecimento da limitação de nossa análise, bem como de que assumimos nela, perspectivas de leitura da realidade, a partir de alguns teóricos e teóricas que nos orientarão nesse processo. Vamos juntos investigar esse interessante processo.

Vale a pena

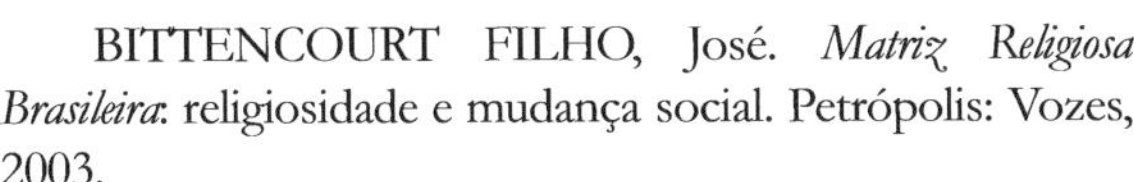

Vale a pena **ler**

BITTENCOURT FILHO, José. *Matriz Religiosa Brasileira*: religiosidade e mudança social. Petrópolis: Vozes, 2003.

BOURDIEU, Pierre. *Gênese e estrutura do campo religioso.* In: BOURDIEU, Pierre. A economia das trocas simbólicas. São Paulo: Perspectiva, 2011.

CAMURÇA, Marcelo Ayres. A realidade das religiões no Brasil no censo do IBGE 2000. In: TEIXEIRA, Faustino; MENEZES, Renata. *As religiões no Brasil*: continuidades e rupturas. Petrópolis: Vozes, 2006.

GEERTZ, C. *O futuro das religiões*. Folha de S. Paulo, Caderno Mais!, 14 maio 2006, p. 10.

GIDDENS, Anthony. *As consequências da modernidade.* São Paulo: Editora UNESP, 1991.

_______; BECK, Ulrich.; LASH, Scott. *Modernização reflexiva*: Política, tradição e estética na ordem social moderna. São Paulo : Unesp, 1997.

HERVIEU-LÈGER, Danièle. *O peregrino e o convertido*: a religião em movimento. Petrópolis, RJ : Vozes, 2015.

HUFF JÚNIOR, Arnaldo. *Campo religioso brasileiro e história do tempo presente.* CADERNOS CERU, série 2, v. 19, n. 2, dezembro de 2008

MOREIRA, Alberto S. *O deslocamento do religioso na sociedade contemporânea.* Revista Estudos de Religião, Ano XXII, n. 34, 70-83, jan/jun. 2008.

RIBEIRO, Claudio O. *Um olhar sobre o atual cenário religioso brasileiro*: possibilidades e limites para o pluralismo. Revista Estudos de Religião, v. 27, n. 2 • 53-71 • jul.-dez. 2013.

RIVERA, Paulo B. Desencantamento do mundo e "saída da religião". In: Tradição, transmissão e emoção religiosa. *Sociologia do protestantismo na América Latina.* São Paulo : Olho d'Água, 2001.

SANCHIS, Pierre. *As religiões dos brasileiros.* Revista Horizonte, v. 1, n. 2, p. 28-43, 1998.

STEIL, Carlos Alberto. "Oferta simbólica e mercado religioso na sociedade global". In: MOREIRA, Alberto da Silva & DIAS DE OLIVEIRA, Irene (orgs.). *O Futuro da Religião na Sociedade Global.* São Paulo: Paulinas/UCG, 2008.

VELHO, G.; CASTRO, E. B. V. *O Conceito de Cultura e o Estudo das Sociedades Complexas*: uma perspectiva antropológica. Artefato: Jornal de Cultura. Rio de Janeiro: Conselho Estadual de Cultura, n. 1, Jan. 1978.

WEBER, MAX. *A ética protestante e o espírito do capitalismo.* São Paulo : Martin Claret, 2013.

Vale a pena **acessar**

BERGER, Peter. *Dessecularização do mundo*: uma visão global. Disponível em: <http://www.uel.br/laboratorios/religiosidade/pages/arquivos/dessecularizacaoLERR.pdf>.

Vale a pena **assistir**

God on Trial (Deus no banco dos réus) – 2008 – Direção: Andy de Emmony

O filme tem lugar em Auschwitz, durante a Segunda Guerra Mundial. Os prisioneiros judeus colocaram Deus em julgamento in absentia por abandonar o povo judeu. A questão é se Deus quebrou Sua aliança com o povo judeu ao permitir que os nazistas cometessem genocídio.

Oh my God (Documentário) – 2009 – Direção: Peter Rodger

O cineasta australiano Peter Rodger viaja aos quatro cantos do mundo para fazer uma única pergunta a pessoas de todas as origens e religiões: "O que é Deus?".

Kumaré – (Documentário) – 2012 – Direção Vikram Gandhi

O cineasta Vikram Gandhi conduz um experimento no qual se faz de guru e atrai diversos devotos. Só que ele acaba percebendo que as pessoas estão realmente recebendo benefícios mesmo com sua mentira.

Aula 4º

Religião e espaço público

Prezados(as) estudantes!

Nesta aula introduziremos um debate sobre a presença da religião no espaço público. Para isso, faremos uma análise mais teórica de conceitos importantes para entendermos como se estrutura nossa nação, bem como a sociedade ocidental. Na segunda parte, apresentaremos alguns temas exemplares que ajudam a pensar essa relação. É uma aula que procura conectar as anteriores à atualidade da relação entre religião e cultura na sociedade brasileira, mas que também ajuda a pensar esses assuntos num âmbito mais amplo. Portanto, vale a pena nos dedicarmos a ela e aproveitarmos para pesquisar mais sobre estes assuntos.

Boa aula!

Objetivos de aprendizagem

Ao final desta aula, vocês serão capazes de:

- diferenciar os conceitos de secularização e laicidade;
- compreender como se estrutura o Estado Brasileiro;
- diferenciar os modelos de laicidade;
- compreender alguns temas importantes dessa relação.

Seções de estudo

1 - A relação entre religião e Estado laico

2 - Questões polêmicas da relação entre Religião e Estado laico

1 - A relaçao entre religião e estado laico

Disponível em: <https://blogdotarso.files.wordpress.com/>. Acesso em: 17 Mar. 2017.

Para introduzir nossa discussão sobre religião e espaço público vamos falar sobre laicidade do Estado, um tema que está ligado ao da secularização e também está no centro do debate sobre a presença do elemento religioso na política. Ela é o marco jurídico que determina a separação entre Igreja e Estado e marca o início de um processo que caracterizou fortemente as sociedades modernas, liberais e democráticas, resultando num conjunto de mudanças sociais, culturais e políticas que procuraremos sintetizar a seguir. Vale lembrar que devemos ler este conteúdo em contato com as aulas anteriores para melhor compreensão.

1.1 - A laicidade em sociedades secularizadas

Para diferenciarmos os conceitos de laicidade e secularização, vamos defini-los de antemão. É preciso dizer que a confusão que pode ser feita entre ambos deve-se à sua interconexão, pois dizem respeito a um mesmo processo ocorrido no interior da sociedade ocidental. A secularização se refere ao processo de declínio da influência ou de controle da religião nas diversas esferas da vida social, tendo como marca o enfraquecimento da religião como paradigma ordenador do comportamento social. De forma contrária, podemos dizer que uma sociedade não secularizada é aquela na qual a religião tem autoridade, tanto no plano do saber, quanto na esfera dos valores.

Já a laicidade pode ser definida como um conceito político, caracterizado pela autonomia do poder do Estado frente ao poder religioso. Por ele, compreendemos que os antigos Estados confessionais, ou defensores de determinada religião, passaram para uma ordem estatal neutra, sem compromisso com nenhuma instituição ou poder religioso. Essa transição de Estado confessional para Estado laico ou neutro, se deu em diferentes graus, sendo que em países de maioria católica a Igreja continuou exercendo influência constante sobre a cultura política, resistindo ao desenvolvimento da laicidade estatal.

Conforme explica Rivera (2015, p. 22), a laicidade tem sido objeto de muitas pesquisas nas últimas duas décadas, principalmente devido às mudanças no protagonismo de religiões em diversas regiões do planeta, como no caso da América Latina. Por esse e outros motivos, o conceito de laicidade apresenta-se de forma polissêmica, devendo ser pensada de forma relativa a cada sociedade, pois nelas, ela adquire formas e sentidos diversos. Nesse sentido, uma boa chave para a compreensão desse conceito é a de relacioná-lo ao conceito de cidadania. Nesse sentido, explica Rivera:

> Em um estado laico, os cidadãos, se relacionam ou adquirem direito de se relacionar diretamente com o Estado sem mediação ou interferência de outro poder paralelo. O modelo liberal republicano parte desse princípio, que garantiria a igualdade dos cidadãos perante a nova soberania popular. É um princípio fundamental que determina tarefas e responsabilidades tanto para o Estado como parra os cidadãos. É um princípio que, a meu ver, deve permanecer sempre no horizonte da prática política e acadêmica (2015, p. 22).

Podemos dizer que há três princípios ligados ao que vimos até agora, que caracterizam os estados laicos. São eles, a separação entre Igreja e Estado, a neutralidade do Estado perante as diversas religiões no interior da sociedade e a liberdade de consciência e de religião para todos os cidadãos, incluindo o direito a não ter uma religião.

Micheline Milot (apud RIVERA, 2015, p. 24-5) aponta seis modelos de classificação de laicidade que, mesmo em vista da evidente dificuldade de encaixar-se todos os possíveis casos neles, servem-nos como parâmetro para análise desse processo histórico. São eles:

O Separatista – que se limita a determinar as fronteiras entre a vida privada e o espaço público que diz respeito ao Estado. Nesse caso, a liberdade religiosa ficaria restrita ao âmbito do privado. O anticlerical ou antirreligioso, no qual as forças sociais constroem uma laicidade de revanche contra a longa história de imposição de religiões majoritárias. **O autoritário** – quando o Estado, preocupado por imperativos culturais ou socioeconômicos, toma distância, de forma repentina e radical, dos poderes religiosos que considera ameaçadores à estabilidade do governo. **O de fé cívica** – quando a liberdade de consciência e de religião são valores fundamentais que exigem a separação e a neutralidade do Estado. Nele, as pertenças religiosas não têm condições de interferir ou enfraquecer as fortes adesões à sociedade política. **O de reconhecimento** – nesse modelo, cada cidadão e cidadã tem direito a expressar de maneira livre suas escolhas religiosas e morais no espaço público. Esse modelo apoia-se no postulado da autonomia moral de cada indivíduo para conduzir sua vida, desde que não atente contra a moral pública. Por último, o modelo **De colaboração** – no qual um Estado age de maneira independente das autoridades religiosas, mas pode solicitar a colaboração de algumas instituições, no campo da educação ou da assistência social, por exemplo. Nele algumas instituições religiosas podem se tornar interlocutoras privilegiadas ou mesmo influir nas decisões políticas em temas que lhes interesse, como sexualidade, modelo familiar, aborto,

Nesse modelo, a atitude de defesa contra a "contaminação" do espaço público pelo elemento religioso ocasiona problemas entre a liberdade de consciência e religião e o dever do Estado de garantir essas liberdades.

bioética etc. (RIVERA, 2015).

Como dito anteriormente, mais do que definir a laicidade, esses modelos ajudam-nos a pensar a complexidade do fenômeno, principalmente em nosso contexto latino-americano, cujos países se originaram de uma cristandade dominante em conexão com outas matrizes culturais e religiosas, compondo diferentes realidades e processos de secularização e no estabelecimento do marco jurídico e político dos Estados laicos.

Devemos trabalhar com esses modelos na mesma perspectiva que usamos os "tipos puros de dominação", de Max Weber, isto é, não no sentido de que deveriam ser estes os existentes na realidade, mas no sentido de serem projeções utópicas que não podem ser encontradas de forma pura na realidade, apresentando-se, frequentemente, combinados.

Os seis modelos de classificação de laicidade de Milot:

O Separatista	*De fé cívica*
O anticlerical ou antirreligioso	*De reconhecimento*
O autoritário	*De colaboração*

1.2 - Laicidade brasileira: Religião e direitos cidadãos

Conforme explica Mariano (2011, p.246-7), a separação Igreja-Estado no Brasil, estabelecida com o advento da República, não pôs fim aos privilégios da Igreja Católica, nem à discriminação às demais crenças, práticas e organizações mágico-religiosas. A polícia e o judiciário reprimiram severamente os ritos, cultos e práticas afro-brasileiros até os anos 1940, enquadrando-os como crimes de feitiçaria, curandeirismo e charlatanismo. Dirigentes católicos também empreenderam esforços para dificultar a expansão dos concorrentes religiosos até o fim da década de 1950. No início do Estado Novo, em 1939, o Departamento de Defesa da Fé implementou uma política de oposição ao protestantismo, em nome da defesa da "nação católica".

Portanto, ao estudarmos o avanço da democracia no Brasil durante o século XX, principalmente com relação à liberdade de crença, poderemos constatar um difícil processo de amadurecimento. Conforme explica Gasda (2015, p. 49), nas últimas décadas, o Brasil vive um novo cenário, no qual o catolicismo, outrora força hegemônica, luta para recompor-se frente ao crescimento pentecostal e de outras religiões, agora admitidas em seus direitos. Inclusive novas formas de expressão da fé católica permitem levantar a hipótese de uma diversidade interna do catolicismo. Para Rivera (2015, p. 27), diante desse complexo quadro brasileiro, que a partir do final do século XIX decidiu ser um Estado laico e democrático, não era de se esperar menos que uma gestão complicada do princípio de igualdade, juridicamente estabelecido.

Contudo, hoje, no Brasil, há uma liberdade religiosa como nunca antes, pelo menos para as grandes religiões. Dessa liberdade, inclusive, decorrem o aumento da violência verbal, simbólica e física, por parte de muitos atores religiosos, que buscam desqualificar religiões diferentes e, em geral, minoritárias. Outra consequência dessa liberdade de expressão religiosa e do consequente ativismo proselitista é o aumento da pressão sobre o Estado laico. Este fenômeno ocorre, por exemplo, por meio de inúmeras associações religiosas que exigem tratamento igualitário em assuntos de colaboração com o poder político, tratamento diferenciado ou isenção de obrigações tributárias. Essa pressão acontece, também, de forma permanente na imprensa, nas organizações sociais, na disputa pelo ensino religioso etc., e vale ressaltar que muitas dessas reivindicações são feitas argumentando-se direitos próprios da democracia, mas com objetivos declaradamente religiosos (RIVERA, 2015, p. 31-2).

Segundo Gasda (2015, p. 54), é possível dizer que a laicidade do Estado brasileiro hoje, depende do frágil equilíbrio entre política e religião, sendo que, quando mencionamos religião, precisamos lembrar que a tradição cristã tem um papel e um lugar de destaque.

1.3 - A relação entre religião e democracia é impossível?

Disponível em: <http://4.bp.blogspot.com/>. Acesso em: 17 Mar. 2017.

Esta é uma pergunta importante e difícil. Se partirmos da análise da Revolução Francesa, que representa um dos mais importantes momentos da democracia moderna e foi movida por um sentimento anticlerical e, poderíamos concluir que sim, esta relação é praticamente impossível. Contudo, o desenvolvimento das democracias modernas vem sendo caracterizado pela busca de uma convivência pacífica e dialogal, embora sempre partindo do pressuposto de que a convicção religiosa pertence à esfera privada da vida social, não tendo influência decisiva nas decisões comuns da sociedade organizada.

O fato a ser entendido é que a religião, por meio de seus adeptos, estão incluídos na sociedade e muitas vezes representam um número expressivo, senão majoritário, dos atores sociais e políticos. Contudo, não se pode esperar um retrocesso ao modelo medieval, quando a religião organizava a vida social e política e em muitos casos a conduzia. É isso que procuramos entender nos pontos anteriores dessa seção, demonstrando que a laicidade do Estado – que representa o povo de uma nação sob os preceitos democráticos –, age com isonomia frente aos diferentes grupos de interesse em seu interior, o que inclui os religiosos de qualquer tradição e os irreligiosos.

Em um discurso feito em 2010, em Londres, o então Papa Bento XVI afirmou que a Religião não deve ser marginalizada da vida pública e pediu respeito à liberdade dos católicos para agirem segundo sua consciência. O pontífice expressou especial preocupação pelo que considerava ser uma "crescente marginalização da religião, especialmente do cristianismo" em nações "tradicionalmente tolerantes". Ele convidou todos a um diálogo entre a fé e a razão. O pontífice falava à classe política e demais autoridades britânicas, e convidou-os a colaborar mais com as comunidades cristãs locais, convencido de que "também dentro deste país, há muitas áreas nas quais a Igreja e as autoridades públicas podem trabalhar conjuntamente pelo bem dos cidadãos" (ZENIT, 2010).

Em contrapartida, devemos entender que a necessidade de que aquelas parcelas da população que professam uma fé tenham consciência dos limites da interferência de uma determinada corrente religiosa nos assuntos públicos. Nesse sentido, o então candidato ao senado dos EUA, Barack Obama, no ano de 2006, falou sobre esse assunto, referindo-se à sua nação não como uma nação cristã, mas, também, de muitas crenças; tendo, inclusive muitos que optaram em não ter crenças religiosas. Portanto, seria difícil para o estado democrático legislar a partir de qualquer uma destas tendências e tal diversidade, principalmente devido à necessária neutralidade do Estado quanto a elas.

Em contrapartida, segundo Obama, as pessoas que são motivadas pela religião necessitam traduzir suas preocupações de caráter religioso em valores universais, ao invés de valores específicos de uma religião. Conforme ele explica:

> Eu posso ser contrário ao aborto, por exemplo, por razões religiosas, mas se eu pretendo aprovar uma lei proibindo a prática do aborto, eu não posso simplesmente recorrer aos ensinamentos da minha igreja ou invocar a vontade divina; eu tenho que explicar porque o aborto viola algum princípio que é acessível a pessoas de todas as fés, incluindo aqueles sem fé alguma" (YOUTUBE, 2008).

Para Obama, o perigo de se estabelecer políticas e práticas públicas a partir de determinadas convicções ou dogmas religiosos, está em tentar aplicar algum princípio absoluto de uma religião, que induz à obediência absoluta as pessoas que professam essa fé, a grupos outros que não têm tal compromisso ou convicção. Tal prática seria incompatível com o Estado democrático e, portanto, é necessário que cada religião venha a adequar-se à realidade democrática e ao interesse público.

Em outro discurso, já como presidente dos EUA, Barack Obama afirma que em muitos momentos é possível ver a fé conduzindo-nos a fazer o certo, mas em muitos outros, sendo distorcida e desviada, usada como arma para a prática de violência e intolerância. Ainda assim, precisamos compreender que isso não é exclusividade das crenças religiosas, mas é uma tendência perversa existente em todos os seres humanos, capaz de perverter e distorcer nossos ideais, inclusive a fé. Segundo Obama, no período em que vivemos, em que a intolerância e a violência (inclusive religiosa) tem se espalhado por todos os lados, pode ser difícil contê-las, mas "Deus nos obriga a tentar" e nessa missão, há princípios que podem nos guiar, principalmente àqueles que têm fé (YOUTUBE, 2015).

2 - Questões polêmicas da relação entre religião e estado laico

Dado esse frágil equilíbrio, vamos pensar em alguns dos pontos mais difíceis dessa relação. São horizontes nos quais não encontramos respostas fáceis, nem uma única razão, que resolva as questões. É nessa condição complexa que estes assuntos devem ser abordados. Vamos, portanto, a alguns casos exemplares que nos ajudarão a compreender o problema.

2.1 - Ensino religioso em escolas públicas

Disponível em: <http://1.bp.blogspot.com/>. Acesso em: 17 Mar. 2017.

Há duas perguntas centrais que precisam ser respondidas nessa questão: A primeira é se o ensino religioso deve existir; e segunda, caso a resposta seja positiva, é sobre como e em que condições deve ser praticado? Notem que, inclusive, dependendo da ideia que se tiver para a segunda resposta, pode-se mudar a primeira. Ou seja, muito da resistência ao ensino religioso nas escolas se deve ao modelo aplicado e não ao ensino em si. Veremos isso mais adiante. Antes, vamos recordar um pouco da história dessa matéria no Brasil.

A educação religiosa no Brasil começou com a chegada dos jesuítas, que em 1549, iniciaram o trabalho. Já no século XIX, no Império, o Brasil era considerado um Estado católico e grande parte da educação em geral era de inteira responsabilidade da religião oficial do Estado, o catolicismo, que educava as novas gerações de acordo com os dogmas e a moral católica. Esse tipo de ensino chegou a ser banido, mas retornou e o tema aparece em todas as Constituições brasileiras desde 1934. (CUNHA, 2015).

A título de comparação, nos EUA, por exemplo, a educação religiosa não faz parte da grade curricular das escolas públicas. Na França, véus muçulmanos, solidéus judaicos e crucifixos cristãos e qualquer outro símbolo religioso, estão proibidos nas escolas e em qualquer espaço público. No caso francês, vale perguntar até que ponto tirar a religião do contexto público não desestimulou a convivência e tolerância entre pessoas de crenças diferentes ou mesmo se proibir o uso de tais adereços não interfere no direito de expressão individual.

No caso brasileiro, o ensino religioso é permitido tanto nas escolas particulares e públicas. Nas primeiras, pode existir um pouco mais de liberdade por parte da instituição, mas no caso da segunda, há regras a seguir, pois a Constituição e a Lei de Diretrizes e Bases da Educação Nacional (LDB), apregoam que o ensino religioso deve ser facultativo, que precisa assegurar o respeito à diversidade de credos, e não tentar impor um dogma ou converter alguém. A questão que se coloca é sobre como podemos saber se o ensino religioso está de fato atendendo essas determinações (CUNHA, 2015).

E por que essa preocupação é importante? Principalmente devido ao acordo diplomático assinado em 2008 entre Brasil e Vaticano, que prevê

Composto por 20 artigos, este acordo foi assinado pelo Brasil e pelo Vaticano em 2008 e submetido à Câmara em 2009. O texto é polêmico, pois aborda assuntos ligados ao ensino religioso e ao casamento, trata de imunidade tributária para as entidades eclesiásticas e reforça a existência de vínculo não-empregatício entre religiosos e instituições católicas, ratificando algumas regras já existentes.

o ensino confessional e dá uma garantia jurídica para a Santa Sé Romana da manutenção do ensino religioso, "católico e de outras confissões religiosas" como disciplina facultativa das escolas públicas de ensino fundamental. Soma-se a esse acordo a apresentação de duas propostas no Congresso Nacional que propõem a retirada da autonomia dos colégios sobre o ensino religioso. O primeiro torna a disciplina obrigatória nas instituições públicas e o segundo inclui o criacionismo na grade curricular. Essas duas propostas são de autoria do deputado federal Marco Feliciano, do PSC de São Paulo.

Enfim, é preciso definir se a religião será tratada como área de conhecimento, levando em conta a predominância de adeptos religiosos na população, de forma que a escola possa ser um espaço de tolerância e convivência, onde os jovens cidadãos possam aprender sobre as diversas tradições religiosas, considerando que esse conhecimento pode colaborar para tal fim.

No caso do ensino confessional a dificuldade é que esta modalidade defende os princípios e valores de uma religião específica e pode ser ministrado por representantes dessa religião, como um padre, rabino ou pastor. Já o ensino não confessional, que poderia ser chamado de estudo das religiões, não é ligado a uma religião específica e atua na perspectiva de que as religiões são um fenômeno histórico e cultural das sociedades (CUNHA, 2015).

2.2 - Símbolos religiosos em espaços públicos

Esse debate está em andamento no Brasil e ventila-se a possibilidade da retirada de todos os símbolos religiosos dos espaços públicos. Para introduzirmos a questão, vamos observar a pesquisa realizada pelo professor Clemildo Silva (2015, p. 903), que entrevistou cidadãos e cidadãs da cidade de Porto Alegre, indagando sobre a legitimidade ou não da presença de símbolos religiosos em espaços públicos. Segundo informação do pesquisador, a pesquisa deixou claro o quanto a sociedade está dividida nessa questão e como há no imaginário popular a ideia de que esse debate é, na verdade, uma forma de perseguição religiosa ou uma tentativa de banir a religião da sociedade. Contudo, também verificou-se que há uma parte da população, para as quais os símbolos religiosos não deveriam estar presentes nos espaços públicos, por conta da laicidade do Estado.

O que justifica a presença de símbolos religiosos em nossos espaços públicos? Historicamente essa presença se deve à colonização e à presença do catolicismo como religião oficial do Império Português e aos decorrentes modos de organização da sociedade brasileira até o advento da República, apesar de, a partir desse momento histórico, o governo estatal ter sido declarado leigo (ou laico), com sua consequente isonomia frente às diferentes profissões de fé de sua população.

Nos dias atuais, a retirada dos símbolos religiosos dos espaços públicos poderia denotar sua isenção em relação às religiões. Entretando, não somente símbolos cristãos têm ocupado esses espaços, como também os de outras tradições religiosas como umbanda, candomblé, judaísmo e budismo. Um exemplo é o Dique do Tororó, em Salvador, Bahia, que comporta as imagens dos orixás Oxum, Ogum, Oxóssi, Xangô, Oxalá, Iemanjá, Nanã e Iansã.

Conforme considera Pedro Marques (2013), para muitos juristas essa questão não é fútil, já que não versa sobre a melhor forma de se decorar certos ambientes, mas sim sobre o modelo de relação entre o Estado e religião mais compatível com o ideário republicano, democrático e inclusivo, adotado pela Constituição de 88. Trata-se, em suma, de uma questão de princípios, e não de uma discussão sobre meras preferências estéticas. Vale ressaltar que esse autor considera a questão particularmente no sentido dos ambientes formais do Poder Judiciário.

Embora, nesse sentido, a opinião de especialistas também se divida, parece haver maior inclinação para a compreensão de que o Estado não pode e não deve exteriorizar qualquer tipo de fé, pois isso descaracteriza a Laicidade garantida constitucionalmente, sob pena de tornar-se um Estado Confessional, além de interferir na liberdade de crença do cidadão. E a retirada de símbolos religiosos de estabelecimentos estatais não configuraria laicismo, pelo contrário, a ela estaria preservando a liberdade de religião do indivíduo e ratificando o caráter Laico do Estado (CALADO, 2010).

Vejam que nos argumentos descritos no parágrafo anterior, não temos incluídos os espaços públicos abertos, como ruas, praças, lagos etc. Nesses lugares, possivelmente, poderíamos ver a questão mais como uma manifestação da diversidade cultural brasileira, que uma manifestação do Estado em favor de determinada religião. Mesmo assim, o debate prossegue no sentido da restrição das permissões, que poderiam ser consideradas privilégios dados a determinadas religiões em detrimento de outras, no sentido de expressarem seus símbolos em locais públicos.

Portanto, um possível eixo para essas discussões seja se a presença de símbolos religiosos em espaços públicos (abertos ou fechados) é uma maneira de determinadas instituições religiosas delimitarem ou marcarem território (em contraposição a outras), e se, muitas vezes, essa presença não vem associada a determinados privilégios.

2.3 - Liberdade religiosa e o problema das minorias

Antes de entrarmos nessa discussão, vamos procurar entender esses dois importantes conceitos. A liberdade religiosa deriva do direito à liberdade de pensamento, que por sua vez é uma conquista própria do advento da modernidade, decorrentes das revoluções Americana e Francesa. Seu objetivo é a liberdade do indivíduo frente às guerras e opressões que eram causadas por questões religiosas. Ela compreende outras três liberdades: a liberdade de crença, a liberdade de culto e a liberdade de organização religiosa. Ela também abrange a liberdade de escolha da religião, a liberdade de mudar de religião, de não aderir a religião alguma (assim como a possibilidade de ser ateu). Foi na Declaração Universal dos Direitos Humanos, adotada pelo conjunto das Nações Unidas em 1948, que se definiu a liberdade de religião e de opinião, no artigo 18, afirmando que "todo homem tem direito à liberdade de pensamento, consciência e religião".

Já o termo minoria pode ser utilizado em diferentes contextos e não possui uma única definição, uma vez que o debate sobre esse termo é realizado em diferentes campos do conhecimento, como na filosofia, sociologia e antropologia, variando de campo para campo. Para o presente estudo, usaremos o termo "minoria" para nos referirmos aos chamados hipossuficientes, ou seja, aqueles e aquelas que não são autossuficientes. Nesse sentido, minoria pode ser considerada como aquele grupo economicamente mais fraco, identificado por meio de uma característica de qualquer natureza (física, cultural, étnica ou econômica) em comum entre seus indivíduos (NUNES; OLIVEIRA, 2014).

Os homossexuais, em muitos casos, podem se enquadrar como minoria quando são discriminados, sofrem violência e são prejudicados, apesar de se tratar de uma opção sexual e de não ter ligação direta com o sucesso profissional ou econômico, mas as discriminações acabam por afetar as oportunidades e o percurso social das pessoas ofendidas. Outro grupo que se enquadra nesta análise são as minorias religiosas, como membros de grupos religiosos com pouca expressão social ou relacionados aos estratos economicamente menos favorecidos da população (NUNES; OLIVEIRA JUNIOR, 2014).

As questões que envolvem as minorias religiosas desencadeiam exclusão social, intolerância religiosa, preconceito, ataques físicos e verbais, entre outros dilemas e exigem profunda reflexão da sociedade e a adesão prática na defesa da liberdade e de direitos para esses grupos. No Brasil a minoria religiosa engloba todas as religiões não católicas, que são diversas, mas vale destacar aquelas de matriz africana, como Umbanda, Candomblé, dentre outras, que protagonizam continuados casos de violência física e simbólica. Grupos cristãos pentecostais figuram em ambos os lados, ora como agentes de violência, ou como vítimas dela.

Portanto, pouco importa se um abuso é tratado como racismo, homofobia, xenofobia etc., pois qualquer cidadão e cidadã merece ter seus direitos e garantias fundamentais protegidos, o que se torna ainda mais relevante quando se trata de uma coletividade. E, por isso, é relevante observar que o simples fato de um grupo ser hipossuficiente já requer um tratamento especial do Estado na busca da justiça, para que a vida livre e justa das pessoas seja defendida.

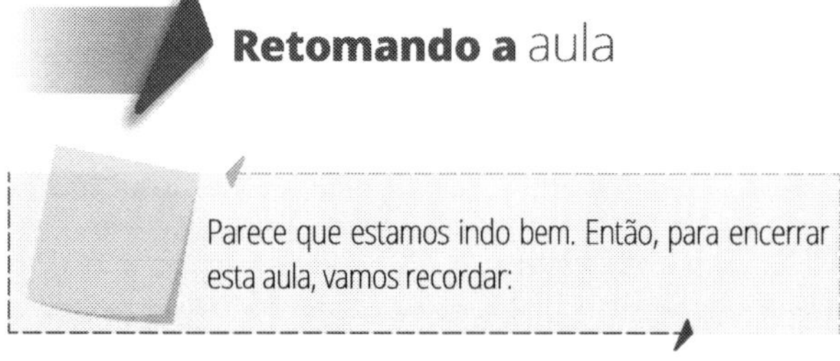

Retomando a aula

Parece que estamos indo bem. Então, para encerrar esta aula, vamos recordar:

1 – A relação entre religião e Estado laico

Na primeira seção desta aula, tratamos de um tema mais teórico, que objetivou introduzi-los na importante e delicada discussão sobre as relações entre o campo religioso e a esfera pública da sociedade. Para isso, é sumamente importante compreendermos como nossa nação se estrutura em termos jurídicos e filosóficos, para podermos analisar mais concretamente as diferentes relações entre o campo religioso e espaço público.

2 – Questões polêmicas da relação entre Religião e Estado laico

Na segunda parte da aula, nós analisamos alguns exemplos que apontam para a complexidade e inevitabilidade dessa relação, fato que nos desafia, tanto pessoalmente, como teologicamente. Se não compreendermos esses dois aspectos citados da relação entre religião e estado laico (a complexidade e inevitabilidade), poderemos crer ser possível separar rigidamente as questões religiosas e as do espaço público; ou então, ofereceremos respostas simples para questões que requerem análises complexas, realizadas a partir de diferentes perspectivas. É com esse cuidado e atitude que seguimos adiante em nosso estudo, e nas próximas aulas trataremos mais especificamente de algumas dessas esferas da relação entre religião e espaço público no Brasil.

Vale a pena

Vale a pena **ler**

GASDA, Élio E. *A laicidade ameaçada*: política, religião e teologia. In: ROSSI, Luis A. S.; JUNQUEIRA, Sérgio (org.). Religião, Direitos Humanos e Laicidade. São Paulo: Fonte Editorial, 2015.

MARIANO, Ricardo. *Laicidade à brasileira*: Católicos, pentecostais e laicos em disputa na esfera pública. Revista Civitas, Porto Alegre, v. 11, n. 2, p. 238-258, maio-ago. 2011.

RIVERA, Dario P. B. Laicidade, religião e direitos humanos. In: ROSSI, Luis A. S.; JUNQUEIRA, Sérgio (org.). *Religião, Direitos Humanos e Laicidade*. São Paulo: Fonte Editorial, 2015.

SILVA, Clemildo A. *Religião e laicidade*: A presença de símbolos religiosos em espaços públicos. Anais do Congresso ANPTECRE, v. 05, 2015.

Vale a pena **acessar**

As leis brasileiras e o ensino religioso na escola pública. Disponível em: <http://gestaoescolar.org.br/politicas-publicas/leis-brasileiras-ensino-religioso-escola-publica-religiao-legislacao-educacional-constituicao-brasileira-508948.shtml>.

CALADO, Maria Amélia Giovannini. *A laicidade estatal face à presença de símbolos religiosos em órgãos públicos*. Revista Jus Navigandi, Teresina, ano 15, n. 2565, 10 jul. 2010. Disponível em: <https://jus.com.br/artigos/16962>.

CUNHA, Carolina. *Ensino religioso na escola pública*: Ele deve existir? Em que condições? Disponível em: <http://vestibular.uol.com.br/resumo-das-disciplinas/atualidades/ensino-religioso-na-escola-publica-ele-deve-existir-em-que-condicoes.htm>.

MARQUES, Pedro V. S. *Laicidade do Estado e símbolos religiosos em repartições públicas.* Revista Jus Navigandi, Teresina, ano 18, n. 3739, 26 set. 2013. Disponível em: <https://jus.com.br/artigos/25405>.

NUNES, Guilherme; OLIVEIRA JUNIOR, Naire Leandro Tenório. *O papel do Direito na proteção das minorias* . Revista Jus Navigandi, Teresina, ano 19, n. 3996, 10 jun. 2014. Disponível em: <https://jus.com.br/artigos/28289>.

Religião não deve ser marginalizada da vida pública, diz Papa. Agência de Notícias ZENIT. Disponível em: <https://pt.zenit.org/articles/religiao-nao-deve-ser-marginalizada-da-vida-publica-diz-papa/>.

SALLA, Fernanda. *Ensino Religioso e escola pública*: uma relação delicada. Disponível em: <http://novaescola.org.br/conteudo/74/ensino-religioso-e-escola-publica-uma-relacao-delicada>.

YOUTUBE. *Barack Obama fala sobre Religião e Secularismo.* Vídeo (4min56s), 2006. Disponível em: <https://www.youtube.com/watch?v=_IHQr4Cdx88>.

YOUTUBE. *Barack Obama fala sobre religiões.* Vídeo (3min56s), 2015. Disponível em: <https://www.youtube.com/watch?v=OvqZXKmWVfQ>.

Daniel Dennett e o ensino sobre as religiões (Palestra TED) <https://www.youtube.com/watch?v=heyIjx4WZqk>.

Vale a pena **assistir**

Inherit the Wind (O Vento Será Tua Herança) – 1960 – Direção: Stanley Kramer

A história do 'Julgamento do Macaco', como ficou conhecido o caso do professor Scopes, processado criminalmente por ensinar a Teoria da Evolução de Darwin em uma escola pública do Tennessee, em 1925. Durante o julgamento, que durou onze dias e foi o primeiro a ser transmitido por rádio, a defesa foi impedida pelo juiz de apresentar cientistas como testemunhas.

Lord, Save Us from Your Followers (Deus, livrai-nos dos teus seguidores) (Documentário) – 2008 – Direção: Dan Merchant

Se você encontrar com 10 americanos pelas ruas, 9 deles irão dizer que acreditam em Deus. Então, por que o Evangelho do Amor está dividindo a América? Dan Merchant põe seu macacão adesivado e decide descobrir o motivo. Após conversar com dezenas de homens e mulheres nas ruas por todo o país, e também entrevistar muitos ativistas famosos da guerra cultural atual, Dan conclui que a discussão pública da fé não precisa ser litigiosa. É um documentário que explora o choque enter a fé e a cultura nos EUA.

When Love Is Not Enough (Quando o amor Não é suficiente) – 2010 – Direção: John Kent Harrison

A história de William G. Borchert mostra o amor duradouro de Lois Wilson, a cofundadora de Al-Anon, e seu marido Bill Wilson, o cofundador de Alcoólicos Anônimos.

Criação – 2010 – Direção: Jon Amiel

Devastado pela morte da filha Annie, Charles Darwin mergulha em uma depressão profunda e não consegue se concentrar na finalização de seu livro sobre a evolução do mundo. Enquanto a morte da filha abala a fé que o pai tem Deus, a mãe, Emma (Jennifer Connelly), fica mais próxima da religião. O cientista enfrentará um dilema em sua própria casa, já que a esposa não apoia a publicação do livro.

Minhas anotações

Minhas anotações

Aula 5º

Religião e política

Caros(as) alunos(as)!

Nesta aula continuaremos a analisar a presença da religião no espaço público, com um recorte específico, que é a política. Primeiro, faremos uma revisão histórica da presença religiosa na política e, nesse sentido, devemos recordar que quando falamos de influência da religião na política, falamos necessariamente do cristianismo – primeiro o católico romano, depois o protestante e por fim, agregado aos anteriores o pentecostalismo. Depois falaremos sobre a relação entre religião e voto, buscando compreender como o voto pode ser instrumentalizado pela religião e, depois, sobre as consequências desse processo, discutindo moral, religião e política.

Percebam que trataremos do tema por dois caminhos: primeiro, o da atuação de lideranças religiosas no universo político e seus posicionamentos e, depois, sobre a presença dos cristãos na vida política, independentemente da a em cargos públicos. De certa forma essas duas faces da questão estão interligadas e obviamente não daremos conta de exaurir esse debate em tão pequeno espaço. Nossa aula visa introduzi-los ao tema e instigá-los à pesquisa, pois nesses nossos tempos o fator religioso novamente torna-se protagonista em questões importantes da nossa sociedade, fato que nos toca como teólogos e teólogas.

Boa aula!

Objetivos de aprendizagem

Ao término desta aula, o aluno será capaz de:

- compreender como a religião vem ocupando um importante espaço no cenário político desde os primeiros momentos do período colonial;
- diferenciar os momentos históricos e a participação religiosa em cada um deles;
- identificar os principais atores políticos nesse processo;
- analisar criticamente a relação entre moral religiosa e política.

Seções de estudo

1 – Histórico da participação política das Igrejas no Brasil
2 – Religião e voto
3 – Politização da moral religiosa

1 - Histórico da participação política das igrejas no Brasil

Disponível em: <http://www.professor.bio.br/>. Acesso em: 17 Mar. 2017.

Esta seção faz um resumo histórico da participação dos grandes grupos religiosos do Brasil no cenário político. Após um longo período de hegemonia católica, veremos como protestantes e pentecostais passaram a ocupar este espaço, a partir da segunda metade do século passado. Nos anos 2000, essa atividade se intensificou, incluindo outros atores políticos relacionados a grupos de minorias religiosas ou não, que não abordaremos aqui.

1.1 - Igreja católica romana

Ainda que sejamos um país declaradamente laico, uma das principais marcas identitárias do Brasil ainda é o catolicismo. Sua legitimidade religiosa e política foi resultado de um longo processo, que acompanha a própria história do Brasil, desde 1500. No período colonial, o modelo de poder era conhecido como Cristandade, no qual a Igreja era uma instituição subordinada ao Estado e a religião oficial funcionava como instrumento de dominação social, política e cultural. A crise desse modelo, iniciada simbolicamente em 1759, com a expulsão dos jesuítas e com a progressiva hegemonia da nova mentalidade racionalista e iluminista, não foi capaz de minar sua influência (AZEVEDO, 2004).

No segundo reinado, em 1840, começou um novo período na história da Igreja no Brasil, conhecido como romanização do Catolicismo, voltado à colocação da Igreja sob as ordens diretas do Papa e não mais como uma instituição vinculada à Coroa luso-brasileira. Esse novo período inclui três fases. Na primeira, os bispos reformadores preocupam-se em imprimir ao Catolicismo brasileiro a disciplina do Catolicismo romano, investindo principalmente na formação do clero; a segunda é marcada pela nova experiência institucional, resultante da sua separação do Estado com a proclamação da República; e a terceira, também conhecida como NeoCristandade, inicia-se em 1922, no centenário da Independência e nela, a Igreja opta por atuar, com toda visibilidade possível na arena política. Esta opção implicou a colaboração com o Estado em termos de parceria e de garantia do *status quo*. A Constituição de 1934 registrou alguns resultados dessa ofensiva, tal como a instituição do ensino religioso nas escolas públicas, a presença de capelães militares nas Forças Armadas e a subvenção estatal para as atividades assistenciais ligadas à Igreja (AZEVEDO, 2004).

Um processo de mudança de paradigmas na Igreja ganhou força a partir dos anos de 1960, sob a influência do Concílio Vaticano II e nas décadas de 1950 a 1960, a Igreja no Brasil priorizou a questão do desenvolvimento. Ao contrário da posição adotada diante do regime do Estado Novo, de Getúlio Vargas, em que a Igreja assumiu uma posição conciliatória diante do regime de exceção, a Conferência Nacional dos Bispos do Brasil – CNBB, desempenhou um papel chave na articulação da sociedade civil, em defesa dos direitos humanos, das liberdades democráticas, da reforma agrária, dos direitos dos trabalhadores e da redemocratização. A prática gerada por esse processo levou a Igreja a direcionar a sua atuação, na sociedade brasileira, a partir da situação dos pobres e dos excluídos. No início dos anos de 1970 a Igreja concentrou sua atuação nas áreas econômica e política, comprometendo-se a lutar para o restabelecimento da ordem democrática (AZEVEDO, 2004).

No final dos anos de 1970, a Igreja participou intensamente do processo de transição para a democracia, atuando simultaneamente como um ator da sociedade civil e da sociedade política, no processo de pressão e de negociação com a arena estatal com vistas ao restabelecimento da plenitude democrática. Um dos principais campos do engajamento social e político da Igreja é o da defesa e promoção dos direitos humanos, e, nessa área, a Igreja, pouco a pouco, vai cedendo parte do seu protagonismo para as entidades da sociedade civil organizada. Dentro da mesma dinâmica, a Igreja participa do processo constituinte, entre 1986 e 1988, e se mobilizou em favor de emendas populares à Constituição, com ênfase para a ética na política e para a implementação de políticas sociais, como condição *sine qua non* para a estabilidade democrática (AZEVEDO, 2004).

1.2 - Protestantismo histórico

Como explicam Pedde e Santos (2009), a introdução de populações de religião protestante se inicia em meados do século XIX. Esses imigrantes só receberam status de cidadãos após a Proclamação da República, o que significa que apenas depois de três quartos de século nas terras do Império brasileiro, os protestantes foram considerados aptos a participar da vida política do país. Certamente, essa realidade trouxe consigo marcas para o autoentendimento do significado de ser brasileiro para as comunidades de imigrantes e seus descendentes.

O protestantismo missionário instalou-se no Brasil com os metodistas, entre 1835 e 1867. Esse movimento ligou-se ideologicamente ao projeto liberal, sobretudo a via pela qual pode explicitar seu anticatolicismo. Esse protestantismo de missão foi mais ativo na vida política que o protestantismo das colônias alemãs, imigradas no início do século XIX. Uma das razões para isso foi o fato de que imigrantes alemães luteranos não faziam proselitismo, pois não vieram ao Brasil motivados pela questão religiosa, mas por motivos econômicos (PEDDE; SANTOS, 2009).

Com relação aos direitos civis, os protestantes viram pelo menos parte de suas reivindicações atendidas com o advento da República e em decorrência da Constituição de 1891 e, consequentemente, os protestantes estavam praticamente ausentes da política institucional em toda a fase da República Velha (1889-1930). Com Getúlio Vargas no poder, a Igreja Católica ampliou sua influência pública, como vimos anteriormente. Essa aproximação entre a Igreja Católica e o Estado impulsionou a organização e a articulação dos evangélicos com a sociedade e assim, em 1931, os evangélicos articularam uma Confederação Evangélica e a partir de um espírito anticatólico, o Memorial inclinava-se para um esquerdismo moderado (FRESTON, 1994).

O pastor metodista Guaracy Silveira lançou sua candidatura e atuou como constituinte tanto em 1933-1934, quanto em 1946, eleito pelo Partido Socialista Brasileiro. Depois dele, e animados pelo seu exemplo, outros 29 evangélicos lançaram-se candidatos a deputado federal ou estadual no ano de 1934. Em 1947, vários protestantes elegeram-se deputados estaduais e vereadores. Em 1950, os protestantes elegeram sete deputados federais. O número de políticos protestantes chegou a 10 deputados em 1963 (SOUZA, 2003). Alguns deles obtinham apoio de lideranças das igrejas históricas, "mas nenhum tinha o endosso oficial de qualquer igreja" (FRESTON, 1994).

Durante a Ditadura Militar, as igrejas do protestantismo histórico de modo geral calaram-se; apenas a Igreja Metodista manteve alguma abertura em seus meios de comunicação, para tratar de assuntos relacionados a questões sociais e políticas, mas somente até 1968, quando recrudesceu o sistema de repressão. Em contrapartida, tanto a Igreja Presbiteriana do Brasil (IPB) quanto a Igreja Presbiteriana Independente (IPI) comprometeram-se com o golpe militar de 1964, "por causa das ligações dessa igreja [a IPI] com a classe média e por causa do prestígio que gozava nos meios políticos e militares" (FRESTON, 1994). De 1966 até 1984, 34 políticos protestantes filiaram-se ao partido governista ARENA/PDS e 34 legisladores protestantes atuaram no MDB, bem como em outros partidos de oposição. Desses legisladores, a maioria encontrava-se ligada à Igreja Presbiteriana e à Batista (AZEVEDO, 2009).

1.3 - Evangélicos pentecostais

A inserção das igrejas pentecostais na política brasileira foi mais lenta, se comparada à das igrejas protestantes, sobretudo no período que compreende desde a República Velha, prosseguindo até o fim do regime militar. Contudo, se a entrada de pentecostais na política foi demorada, pode-se aferir um expressivo crescimento de pentecostais engajados politicamente nas últimas décadas. A partir da década de 1950 os evangélicos pentecostais eram procurados por partidos políticos, apenas para apoiarem candidatos não evangélicos. Visto que nas primeiras quatro décadas de pentecostalismo no Brasil, as igrejas pentecostais adotaram uma postura apolítica. As duas grandes igrejas pentecostais - Congregação Cristã do Brasil e Assembleia de Deus, eram indiferentes quanto à inserção de seus membros na política.

A atuação política das denominações pentecostais segue posicionamentos de apoio a candidaturas conservadoras e de hostilidade à esquerda. Da grande gama de denominações pentecostais surgidas no Brasil, há três com maior protagonismo político: Assembleia de Deus, Quadrangular e Universal. As razões da politização pentecostal remontam ao Regime Militar que, a partir de 1968, procurou apoio nos evangélicos, uma vez que se desentendera com a Igreja Católica. Os evangélicos, em sua grande maioria, refutaram a Teologia da Libertação, devido à opção ideológica de esquerda (SANTOS, 2016).

No pleito de 1986, que elegeu deputados constituintes, houve grandes surpresas. As igrejas pentecostais elegeram 32 evangélicos; deste total, 14 pertenciam aos quadros da Assembleia de Deus, dois, à Igreja Quadrangular e um, à Igreja Universal. Nas eleições municipais de 1988, a tendência evangélica de ocupar espaços na política institucional confirmou-se. Foram 44 deputados federais, dos quais 17 pertenciam à Igreja Universal. Nas eleições de 2002, a Igreja Universal elegeu 20 deputados federais e 19 estaduais, além de ter alçado ao Senado Marcelo Crivela, com um fenômeno de 3.235.570 de votos. A Assembleia de Deus elegeu 23 deputados, 11 federais. Ao todo, foram 60 deputados federais ligados às igrejas pentecostais. Por conta dos escândalos, nas eleições de 2006 as denominações pentecostais elegeram apenas a metade: 30 deputados (PEDDE; SANTOS, 2009).

2 - Religião e voto

Disponível em: <http://zerohora.clicrbs.com.br/>. Acesso em: 17 Mar. 2017.

Esse é um tema que está no centro do debate sobre religião e política. Nela, algumas questões precisam ser levantadas, tais como, se realmente determinadas lideranças religiosas são capazes de mobilizar o voto do eleitor pelo simples vínculo religioso. Outra questão importante é sobre a legitimidade ou não desse processo de vinculação e ainda quais seriam os reais motivos desse fenômeno, caso possa ser evidenciado.

Nesse sentido, a análise das últimas campanhas eleitorais revelam que ainda há divergências entre cientistas políticos sobre o peso da religião nas escolhas do eleitor. Parte deles vê o cenário atual como indicador de padrões de "voto do fiel" como da ascensão política dos evangélicos, baseando-se em dados como os do último censo do IBGE, que apontou um crescimento de 15,4% para 22,2% da população evangélica no Brasil entre 2000 e 2010. Para se ter ideia, trinta anos atrás eles não eram mais do que 6,6% da população, um crescimento expressivo. E entre as diversas vertentes evangélicas, os pentecostais são de longe a que mais cresceu, com 60% desse número. Segundo analisa Eduardo Oyakawa, professor de sociologia da religião da ESPM (Escola Superior de Propaganda e Marketing), esses números mostram que os evangélicos acumularam um capital político que não pode mais ser ignorado e que irá influenciar diversas questões comuns ao povo brasileiro, pois representam uma importante parcela desse todo (PUFF, 2012).

Mas para o autor do livro *A Cabeça do Eleitor* (2008), Alberto Carlos Almeida, a presença maior da agenda pentecostal no debate eleitoral é algo muito natural, pois trata-se de um cenário normal de maior pluralismo e diversidade de forças políticas. Para ele, "é apenas mais um grupo, com sua bancada, seus representantes e seus interesses". Esse panorama atual seria esperado de uma sociedade em evolução, na qual há mais forças entrando em jogo. Ademais, Almeida alerta para o fato de que "ninguém provou até hoje, com dados concretos, que o eleitor está decidindo seus candidatos porque eles se associam a determinadas religiões".

Apesar das diferenças de opinião sobre o impacto religioso no cenário político, analistas concordam que as igrejas evangélicas estão consolidadas como uma força política com a qual todos os partidos precisam negociar. Além disso, a penetração de grupos religiosos na esfera pública nacional, por meio de canais de televisão, tem aumentado gradativamente. A cientista política da Unesp (Universidade Estadual de São Paulo), Maria Teresa Micelli Kerbauy afirma que "As igrejas evangélicas, além de grupo religioso, constituíram uma força política, vide a bancada no Congresso", ou seja, "elas querem uma inserção política", e por consequência, "só o discurso religioso não é suficiente para ganhar novos adeptos, e se essa tendência já vinha se manifestando desde a década de 1990, ela atinge seu boom agora com a eleição de São Paulo", afirma a pesquisadora (PUFF, 2012).

Hoje, existe uma disputa de diferentes grupos religiosos pelo poder político, mas é justamente entre os pentecostais que essa disputa ganha maior destaque, já que eles formam o grupo mais numeroso e poderoso dentro do universo evangélico, com cinco igrejas dominando o cenário: Universal do Reino de Deus, Assembleia de Deus, Renascer e Mundial do Poder de Deus. Não por acaso, a grande maioria dos deputados federais e senadores que integram a bancada evangélica no Congresso pertencem a esses quatro grupos.

Ainda citando Maria Teresa Micelli Kerbauy, a tendência identificada é de uma expansão da base de fiéis evangélicos e maior penetração dessas igrejas e seus representantes na política brasileira. A pesquisadora acrescenta que pode ser um exagero falar em um "projeto de poder", mas identifica um claro "projeto de participação mais intensa no sistema político brasileiro, colocando suas demandas". Entre elas estão a agenda moral conservadora da bancada em Brasília, contrária ao aborto e à união civil entre homossexuais e a luta por facilidades na obtenção de licenças de funcionamento para igrejas. Ainda para Marcia Cavallari, do Ibope Inteligência, "ainda é cedo para medir a força da religião no processo eleitoral, mas que ela está mais presente do que no passado, é um fato inquestionável". Ainda segundo ela, temos que continuar acompanhando esse processo, pois "como isso vai se dar, se vai ser um fator de influência decisivo, só poderemos observar com o tempo" (PUFF, 2012).

3 - Politização da moral religiosa

Disponível em: <https://blogdotarso.files.wordpress.com>. Acesso em: 17 Mar. 2017.

Um dos riscos do engajamento político de grupos religiosos é a questão da universalização da moral que esses grupos defendem. Para Eduardo Oyakawa, o voto em candidatos conservadores atrelados à religião se dá muito mais por conta da identificação com um sistema de valores morais do que a opção religiosa em si (PUFF, 2012).

Para introduzirmos a questão, faremos uma breve reflexão sobre a situação dos EUA, que a despeito da diferença que apresenta aquela nação para a nossa, pode servir de referência para o nosso futuro. Também analisaremos dois exemplos brasileiros, os carismáticos católicos e os pentecostais, que servirão como base para uma análise geral do engajamento cristão na política, tendo como foco a questão da pauta moral.

Nos EUA o fortalecimento da religião na política começou em meados da década de 1960, sendo na década de 70 a chamada "Nova Direita" tomou como pauta a politização das igrejas fundamentalistas, pentecostais e carismáticas sob a pauta de "Maioria Moral". Em 1980, Paul Weyrich dizia: "Estamos falando de Cristianizar a América. Estamos simplesmente falando da difusão do evangelho em um contexto político." Foi pós isso que o movimento ganhou força sob outras lideranças e em 1994 o termo "valores da família" já era associado diretamente ao Partido Republicano. Em 2004, a plataforma política de Bush colocava explicitamente a pauta de "Proteger as Famílias" como eixo eleitoral.

Nas últimas eleições presidenciais estadunidenses, o candidato republicano à presidência dos Estados Unidos, Donald Trump, voltou a apresentar-se como representante da retidão moral e religiosa em um evento de conservadores em Washington chamado *Values Voters* (Eleitores com Valores), no qual pediu "voz para as igrejas" e afirmou que se chegar à Casa Branca acabará com a chamada "emenda Johnson", que desde 1954 proíbe organizações religiosas de apoiar publicamente candidaturas políticas se quiserem manter isenções fiscais (AGÊNCIA EFE, 2016).

No Brasil, a politização de pautas morais tem sido representada por políticos ligados a grupos religiosos, principalmente em partidos como o PSC e o PRB. Mas devemos considerar que a bancada evangélica como um todo, se unida, seria o 3º maior partido brasileiro, atrás apenas do PT e do PMDB, portanto, há motivos para considerarmos que novas alianças ou fusões partidárias no futuro possam consolidar de vez as tendências religiosas.

Para Machado, (2015), observa-se entre evangélicos e carismáticos católicos um ativismo político com o propósito de restaurar ou criar uma nova cultura política no país, pois de forma geral a cultura brasileira é avaliada negativamente. Entre os carismáticos, seria possível observar a ênfase em uma "cultura de pentecostes", que ofereceria os valores que capazes de tornar os integrantes desse movimento em um "farol ético" da sociedade brasileira.

Na interpretação de Machado (2015), políticos religiosos podem adotar uma "concepção medievalista" da política que desconsidera o processo histórico de pluralização institucional e, mais especialmente, a separação entre Estado e Igreja. Nesta concepção, a política confunde-se com a moral religiosa e a ação política transforma-se em uma espécie de missão evangelizadora, com o propósito de "santificar o mundo". Eles podem ver-se e serem vistos pelos seus pares como "escolhidos do Senhor" e se imaginarem como executores do plano divino na ordem política e meros instrumentos da Sua vontade.

Sobre essa importância do ideário religioso medieval entre os carismáticos, Felipe de Aquino, apresentador de programa na TV e na Rádio da Canção Nova, mencionou-nos que a proposta dos dirigentes seria de formar:

> Um grupo como aqueles cavaleiros religiosos, os Templários que faziam voto de pobreza,

humildade e castidade. Eles se colocavam a serviço da igreja, como soldado e anjo ao mesmo tempo, para defender os peregrinos que iam para a terra santa e eram massacrados pelos muçulmanos. [...] Mudando o que deve ser mudado, a gente quer formar uma tropa de elite cristã para atuar na política. Para chegar a qualquer parlamento, em qualquer tribuna e dizer de peito aberto: "Nós somos contra isso aqui porque é contra a lei de Deus. É contra o evangelho do Nosso Senhor", e nós temos que trabalhar e/ou votar contra isso (entrevista Felipe de Aquino, 20/07/2011 em MACHADO, 2015).

Chegamos a um ponto importante de reflexão sobre o engajamento político por parte de religiosos, que é a possibilidade de instrumentalização da prática política com finalidade de fazer avançar "a lei de Deus", no sentido de instituir certas concepções específicas de seus grupos a toda a sociedade.

Como explica Machado (2015), diferentemente dos cavaleiros medievais, que protegiam os santuários da cristandade e os católicos que para ali se dirigiam, essa nova "tropa de elite cristã" ocuparia as instâncias de poder político, especialmente o parlamento, onde proposições legislativas são apresentadas e examinadas. Ou seja, embora o espírito de guerreiro deva ser mantido, o lócus da disputa e as armas utilizadas pelos combatentes cristãos são de outra natureza. Agora os cavalheiros devem ocupar os gabinetes, elaborar leis e impedir a aprovação das propostas legislativas que comprometam a hegemonia do cristianismo entre nós.

3.1 – Moral, religião e política

Diante do exposto acima, devemos refletir sobre a seguinte questão: o fato de atores políticos ligados a determinados grupos religiosos instrumentalizarem politicamente alguns temas da moral religiosa de seus grupos significa que a moral religiosa deve ser banida dos debates políticos? Sem discorrermos filosoficamente ao conceito de moral ou mesmo de ética, entendamos genericamente nesta análise a moral como aquele conjunto de normas e valores sociais com objetivo de reger o comportamento humano. No caso da moral cristã podemos dizer que ela está centrada em um núcleo de virtudes essenciais como caridade e humildade, que conduzem à eterna felicidade. De forma geral, podemos encontrar na moral religiosa, além desses princípios, os da preservação da vida, do valor e dignidade da pessoa, entre outros. É também verdade que alguns temas da moral religiosa, e no caso brasileiro principalmente a cristã, entram em conflito com a agenda de outros grupos de interesse e geral litígios que também aparecem na pauta política.

Um ponto importante a destacar é que a moralidade não é um privilégio do discurso religioso, como aponta o pesquisador Marc Hauser, da Universidade Harvard. Segundo ele, estudos em que pessoas são convidadas a opinar sobre dilemas morais hipotéticos mostram que o padrão de julgamento de religiosos é igual ao de pessoas sem religião ou ateias. Em outras palavras: a capacidade de distinguir entre certo e errado, aceitável e inaceitável, é intuitiva ao ser humano e independe da religião, apesar de ser moldada por ela em questões específicas. Segundo o pesquisador Charbel El-Hani, coordenador do Grupo de Pesquisa em História, Filosofia e Ensino de Ciências Biológicas da Universidade Federal da Bahia, isso pode sugerir como é equivocado fazer juízos sobre a moralidade das pessoas com base em suas religiões, pois entre ateus, assim como entre os religiosos, há a variabilidade usual dos humanos. Portanto, há ateus tão altruístas quanto Irmã Dulce, assim como há religiosos tão dados à desonestidade e a faltas éticas quanto pessoas não tão religiosas.

É por isso que na opinião do filósofo Michael Sandel, autor do livro *O que o dinheiro não compra:* os limites morais do mercado (2012), não devemos insistir numa separação completa entre política e convicções religiosas. Sua afirmação é baseada em dois motivos. Primeiro, mesmo sendo verdade que a religião pode trazer para a política intolerância e dogmatismo, também é verdade que não apenas as convicções religiosas trazem esses males, pois algumas ideologias seculares também geram problemas do mesmo tipo. Para ele, o que devemos isolar da política é a intolerância e o dogmatismo, seja qual for sua fonte, para que possamos nos respeitar e debater, cultivando uma ética de respeito democrático. O segundo motivo é que a política diz respeito às grandes questões e aos valores fundamentais e, portanto, ela precisa estar aberta às convicções morais dos cidadãos, não importa a origem. Alguns cidadãos extraem convicções morais de sua fé, enquanto outros são inspirados por fontes não religiosas. Por isso, não devemos discriminar as origens das convicções ou excluir alguma delas. O que importa é o debate ser conduzido com respeito mútuo. Por isso, conclui o professor de filosofia em Harvard, os princípios e a moral são bem-vindos ao debate público – mesmo que tenham origem na fé.

Vemos, com isso, como generalizações podem ser perigosas, bem como podemos entender que, embora a participação de políticos da Bancada Evangélica e da Bancada Católica possam representar o pensamento de uma parcela de cristãos, ela certamente não representa o seu todo. Também precisamos levar em conta que posicionamentos cristãos não são, necessariamente contrários aos direitos humanos e de outros temas relacionados aos direitos sociais de minorias.

Um bom exemplo disso vem de Patrícia Bezerra, vereadora reeleita em São Paulo pelo PSDB no pleito de 2016, que foi indicada pelo prefeito eleito João Dória Jr. para ocupar a Secretaria Municipal de Direitos Humanos e Cidadania a partir de janeiro de 2017. Para a vereadora e futura secretária de governo:

> Quando líderes evangélicos que estão na política se revelam racistas e xenófobos, contrários à Declaração Universal dos Direitos Humanos, isso serve para solidificar, no imaginário das pessoas, inclusive com a ajuda da imprensa, a ideia de que evangélicos estão de um lado e as bandeiras sociais, de outro.

O que para ela é um grande equívoco, pois é preciso perceber que existem evangélicos na política que jamais poderiam representar todos os demais. E ainda acrescenta ser "incrível que muita gente não nota que quando essa gente [da Bancada Evangélica] abre a boca para falar não é pensando nos valores cristãos, mas nos valores de quem os bancou para estar ali" (SAKAMOTO, 2016).

Esse importante debate sobre religião, direitos humanos e violência religiosa será aprofundado em nossa última aula.

Retomando a aula

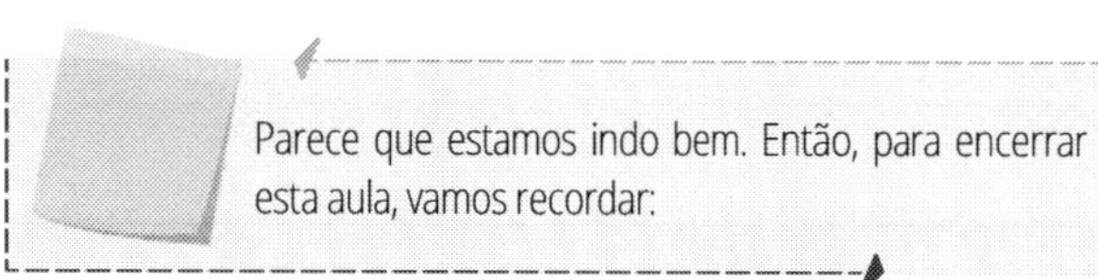

Parece que estamos indo bem. Então, para encerrar esta aula, vamos recordar:

1 – Histórico da participação política das Igrejas no Brasil

Nesta aula, fomos introduzidos no tema política e religião que, como podemos ver, tem uma historicidade importante no Brasil e vem passando por diferentes fases. Se o atual incremento de 1,6 milhões de evangélicos por ano na população continuar, em 2030 este grupo chegaria aos 50% do total de habitantes, o que poderia resultar em uma maior participação política e, consequentemente, o endurecimento do discurso religioso conservador. Contudo, não há certeza de que uma coisa resulte na outra, ou seja, que a multidão de evangélicos continue elegendo políticos como muitos dos que atualmente representam a Bancada Evangélica. Também não sabemos que tipo de acordos serão estabelecidos com a Bancada Católica e que outros serão realizados com o poder executivo e os partidos aliados de cada gestão, o que pode levar a outros resultados que não sabemos estimar.

2 – Religião e voto

Nesta seção, buscamos responder se realmente determinadas lideranças religiosas são capazes de mobilizar o voto do eleitor pelo simples vínculo religioso e sobre a legitimidade ou não desse processo de vinculação e ainda quais seriam os reais motivos desse fenômeno, caso possa ser evidenciado. Vimos que, atualmente, existe uma disputa entre diferentes grupos religiosos pelo poder político, o que torna esse cenário altamente complexo.

3 – Politização da moral religiosa

Vimos, neste tópico, como um dos riscos do engajamento político de grupos religiosos é a universalização da moral que eles defendem. Nesse sentido, no Brasil, novas alianças ou fusões partidárias podem consolidar as tendências religiosas de tais grupos.

Para finalizar, devemos considerar que será preciso avaliar o amadurecimento político dessa importante parcela da sociedade brasileira, diante do quadro político brasileiro, que também agoniza ante a necessidade de reformas. Essa é a complexa realidade dessa relação entre religião e política no Brasil. Esperamos, juntamente com Michael Sandel, que os atores políticos religiosos saibam afastar-se da intolerância e do dogmatismo, cultivando uma ética de respeito democrático na busca de soluções para as grandes questões e dos valores fundamentais da democracia.

Vale a pena

Vale a pena **ler**

AZEVEDO, Dermi. *A Igreja Católica e seu papel político no Brasil.* Dossiê Religiões no Brasil. Revista de Estudos Avançados [online]. 2004, vol. 18, n. 52, pp. 109-120. Disponível em: <http://www.scielo.br/scielo.php?script=sci_arttext&pid=S0103-40142004000300009&lng=en&nrm=iso>.

CORONATO, Marcos. *Entrevista com Michael Sandel:* "A política precisa se abrir à religião". Revista Época On-line, 2012. Disponível em: <http://revistaepoca.globo.com/ideias/noticia/2012/07/politica-precisa-se-abrir-religiao.html>.

ESCOBAR, Herton. *Moralidade independe de religião*, diz estudo. O Estadão de S. Paulo, 09 Fevereiro 2010. Disponível em: <http://www.estadao.com.br/noticias/geral,moralidade-independe-de-religiao-diz-estudo,508375>.

EUA ELEIÇÕES: Trump volta a usar carta da "retidão moral" em encontro conservador. Agência EFE Washington, 2016. Disponível em: <http://www.efe.com/efe/brasil/portada/trump-volta-a-usar-carta-da-retid-o-moral-em-encontro-conservador/50000237-3036097>.

FRESTON, Paul. *Evangélicos na Política Brasileira:* história ambígua e desafio ético. Curitiba : Encontrão, 1994.

MACHADO, Maria D. C.. *Religião e Política no Brasil Contemporâneo:* uma análise dos pentecostais e carismáticos católicos. Revista Religião e Sociedade, Rio de Janeiro, 35(2): 45-72, 2015.

MARIANO, Ricardo. *Laicidade à brasileira:* Católicos, pentecostais e laicos em disputa na esfera pública. Revista Civitas, Porto Alegre, v. 11, n. 2, p. 238-258, maio-ago. 2011.

PEDDE, Valdir; SANTOS, Everton R. *A inserção dos pentecostais na política:* uma ameaça à democracia? História Unisinos Vol. 13, No 3, setembro/dezembro de 2009.

PUFF, Jefferson. *Até que ponto a religião influencia o voto do brasileiro?* Site da BBC Brasil, São Paulo, 2012. Disponível em: < http://www.bbc.com/portuguese/noticias/2012/10/121004_religiao_eleicoes_jp.shtml>.

SANDEL, Michael J. *O que o dinheiro não compra:* os limites morais do mercado. Rio de Janeiro : Civilização Brasileira, 2012.

SANTOS, Eder W. *O PSC e a noção de "família tradicional" como identidade partidária e religiosa:* análise do processo eleitoral de 2014. São Bernardo do Campo, 2016. Dissertação de Mestrado. Universidade Metodista de São Paulo.

SAKAMOTO, Leonardo. *Evangélica, futura secretária diz que bancada religiosa não a representa.* UOL NOTÍCIAS COTIDIANO. Blog do Sakamoto. 30 novembro 2016. Disponível em: <http://blogdosakamoto.blogosfera.uol.com.br/2016/11/30/evangelica-futura-secretaria-diz-que-bancada-religiosa-nao-a-representa/>.

Vale a pena **assistir**

Zona do Crime – 2008 – Direção: Rodrigo Plá

Cidade do México, México. Alejandro (Daniel Tovar) é um adolescente que vive em La Zona, um condomínio fechado protegido por guardas particulares. No dia de seu aniversário três jovens de uma favela vizinha invadem o local, para assaltar uma das casas. Durante o assalto eles matam uma mulher, mas a empregada consegue fugir e avisa a segurança. Os guardas reagem e matam dois dos invasores, mas Miguel (Alan Chávez) consegue escapar. Logo em seguida um grupo de moradores se reúne na casa de Alejandro, onde fica decidido que nada será dito às autoridades e que eles próprios procurarão o 3º invasor pela propriedade do condomínio.

O Conclave – 2006 – Direção: Christoph Schrewe

No ano de 1458, cinco anos depois da queda de Constantinopla, dezoito homens se encontram em "cum clave" para determinar o futuro do mundo cristão. Um destes homens era um rapaz de 27 anos chamado Rodrigo Borgia um nome que ressonou durante toda a história. " O Conclave" é um drama historicamente exato, centrado em torno do primeiro conclave de Rodrigo Borgia, o conclave que lançou sua famosa carreira e o único da historia em que um dos cardeais manteve um diário secreto, permitindo um vislumbre da alma escura e perigosa do renascimento do Vaticano.

Minhas anotações

Aula 6º

Religião e questões etnico-raciais

Caros(as) estudantes,

Nesta aula vamos olhar para a constituição étnica e religiosa do Brasil e os desafios que essa realidade impõe ao fazer teológico. Somos uma nação pluricultural e plurirreligiosa, contudo, ainda enfrentamos sérios níveis de conflito e perseguição a grupos minoritários da população. Precisamos, portanto, buscar algumas explicações para esse fenômeno, bem como refletirmos sobre possíveis caminhos de enfrentamento e superação do estado atual da questão.

Para isso, inicialmente vamos entender os conceitos de etnia, raça e racismo, para depois analisarmos a situação brasileira e a relação dessas questões com o fenômeno religioso.

Boa aula!

Objetivos de aprendizagem

Ao término desta aula, o aluno será capaz de:

- diferenciar os conceitos de raça, etnia e racismo;
- compreender a formação étnico-racial do Brasil;
- compreender a relação da religião com as questões de discriminação racial, preconceito e racismo.

Seções de estudo

1 – Introdução aos conceitos de raça, etnia e racismo

2 – Religião, religiosidades e relações étnico-raciais no Brasil

1 - Introdução aos conceitos de raça, etnia e racismo

Disponíveis em: <http://www.fapema.br/>. Acesso em: 17 Mar. 2017.

É importante distinguirmos os conceitos de Raça e Etnia, pois embora muitas vezes eles sejam apresentados como sinônimos, na verdade são dois conceitos relativos a âmbitos distintos. Raça refere-se ao âmbito biológico, tendo sido utilizado historicamente para identificar categorias humanas socialmente definidas e diferenciadas. Já Etnia refere-se ao âmbito cultural, usado para definir uma comunidade humana por afinidades linguísticas, culturais e semelhanças genéticas. Já o racismo, consiste no preconceito e na discriminação com base em percepções sociais baseadas em diferenças biológicas entre os povos, pelo qual se considera que diferentes raças devem ser classificadas como inerentemente superiores ou inferiores. Abaixo procuramos detalhá-los melhor.

1.1 - Raça

Embora o desenvolvimento do conceito de raça remonte ao final do século XVII, desde a Antiguidade a desqualificação de um em favor da afirmação de outro esteve presente nas relações humanas. Edson Borges (2002) recorda que Heródoto, no século V a.C., escrevia textos sobre os não gregos chamando-os de bárbaros, baseando-se na suposta superioridade dos gregos quanto aos estrangeiros, determinando a superioridade cultural como justificativa das relações de dominação política, militar, econômica e cultural, às quais foram submetidos os povos conquistados pela Grécia.

Foi no final do século XVII que pela primeira vez se fez uma classificação dos seres humanos em raças. François Bernier publicou em 1684 a *Nouvelle division de la terre par les différents espèces ou races qui l'habitent.* Já a ideia da raça como chave da história foi sugerida por Robert Knox em *Races of Men*, em 1850, na Inglaterra, e na França por Arthur de Gobineau, em seu trabalho *Essai sur l'inégalité des races humanes*, de 1853. Foi através desses dois últimos que surgiu o mito da superioridade racial. Knox propôs a ideia do gênio racial saxão (mais tarde anglo-saxão) e por Gobineau a do gênio racial ariano. Em ambos, esses mitos eram variantes do tema geral da superioridade branca europeia sobre os não europeus de cor. Tais mitos foram inspirados por um antigo tema, derivado de Tácito, a respeito da superioridade das tribos germânicas da Antiguidade, que eram os filhos não corrompidos da natureza: viris, corajosos e amantes da liberdade.

No século XIX, vários naturalistas publicaram estudos sobre as "raças humanas". Nessa época, eles distinguiam-nas pela cor da pele, fenótipo, perfil craniano e textura e cor do cabelo, mas considerava-se também que essas diferenças refletiam no conceito de moral e na inteligência, pois uma caixa cranial maior ou mais alta representava um cérebro maior e por consequência, com maior quantidade de células cerebrais (DAVIES, 1982).

Desde o final da Segunda Guerra Mundial, principalmente por causa das atrocidades cometidas pelo nazismo, começaram a ser promovidos estudos que discutiam a ideia de raça na biologia e nas ciências sociais. Desde então, a tese de inexistência das raças biológicas humanas ganhou força. Os geneticistas descobriram que a constituição genética de todos os indivíduos é semelhante o suficiente para que a pequena porcentagem de genes que se distinguem (que inclui a aparência física, a cor da pele etc.) não justifique a classificação da sociedade em raças. Essa pequena quantidade de genes diferentes está geralmente ligada à adaptação do indivíduo aos diferentes meio ambientes (SPINELLI, 2013).

No Brasil, Sergio Pena, da Universidade Federal de Minas Gerais, em conjunto com uma série de pesquisadores, publicou dezenas de artigos científicos na área, afirmando que os estudos revelaram que em nosso país a cor avaliada pela aparência das pessoas tem uma correlação fraca com o grau de ancestralidade africana, estimada geneticamente. Em outras palavras, no Brasil, a cor, como socialmente percebida, tem pouca relevância biológica. Importantemente, cada brasileiro tem uma proporção individual única de ancestralidade ameríndia, europeia e africana. Para ele, o conceito de raça é vazio e perigoso. Vazio, porque sabemos que "raças humanas" não existem como entidades biológicas. Perigoso, porque o conceito de raça tem sido usado para justificar discriminação, exploração e atrocidades (SPINELLI, 2013).

1.2 - Etnia

O termo "etnia" deriva do grego *ethnos*, que significa "povo" ou grupo que possui um mesmo *ethos* ou costume. O conceito de etnia, conforme Cashmore (2000), refere-se a um grupo que possui algum grau de coerência, solidariedade, origens e interesses comuns. Portanto, um grupo étnico seria mais do que um ajuntamento de pessoas, devendo haver entre elas um pertencimento histórico e cultural. As etnias se distinguem das nações pela intensidade de seus vínculos, devido a solidariedade constituída que subsiste para além da dissolução do grupo que a produziu como entidade sociopolítica, e permanece como identidade e fator de distinção de outros grupos sociais (POUTIGNAT; STREIFF-FENART, 2011).

O uso do termo etnia ganhou força para se referir aos ditos povos diferentes, tais como judeus, índios, negros. A intenção era enfatizar que os grupos humanos não eram marcados por características biológicas herdadas dos seus pais, mães e ancestrais, mas por processos históricos e culturais. (SANTOS; MARQUES, 2012). No Brasil, um vocábulo que passou a ser utilizado é a expressão étnico-racial. Seu sentido abrange as tensas relações raciais estabelecidas no país, vão para além das diferenças na cor da pele e traços fenotípicos, correspondendo também à raiz cultural baseada na ancestralidade que difere em visão de mundo, valores e princípios da origem europeia

(Conselho Nacional de Educação, 2004).

A *Organização das Nações Unidas para a Educação*, Ciência e Cultura (UNESCO) explica que a sociedade brasileira é constituída por diferentes grupos étnico-raciais que a caracterizam, em termos culturais, como uma das mais ricas do mundo, embora sua história seja marcada por desigualdades e discriminações, especificamente contra negros e indígenas, impedindo, dessa forma, seu pleno desenvolvimento econômico, político e social. Segundo a UNESCO, a contribuição dos diversos povos para a construção da civilização seria um meio de favorecer a compreensão sobre a origem dos conflitos, do preconceito, da discriminação e da segregação racial que assolam o mundo (UNESCO, s/d).

1.3 - Racismo

Embora o racismo como ideologia seja um produto do século XIX, derivado das discussões sobre diferenças raciais e o exercício da dominação, seus antecedentes se estendem pela Antiguidade. A tendência de cada povo de identificar a humanidade apenas a partir de seus próprios atributos, produzindo diferentes formas de etnocentrismo, demonstram a existência de matizes raciais em suas concepções. Também é possível encontrar essa tendência nas pretensões universais de grandes civilizações. Um exemplo clássico é Aristóteles, que pensava que os bárbaros eram escravos naturais, como deixa registrado em sua obra Política (Livro I, Cap. V). Traços exemplares podem ser encontrados na civilização greco-romana e, posteriormente, na civilização cristã medieval. No colonialismo europeu, mediado pela cristandade, o debate da escravidão natural foi retomado como meio de justificar a submissão forçada dos povos nativos da América ao cristianismo e ao serviço dos colonizadores. Mesmo na Era da Razão, encontramos traços dessa postura, como em David Hume, que suspeitava que "os negros e em geral todas as outras espécies de homens... são naturalmente inferiores aos brancos. Nunca houve uma nação civilizada sem ser de compleição branca..." (DAVIES, 1982).

Durante o século XIX e a primeira metade do século XX, tanto filósofos como cientistas naturais e sociais focalizaram insistentemente o debate sobre a monogênese ou poligênese da humanidade, pois acreditavam que aceitando a descendência humana de casais diferentes, poderiam explicar a superioridade física e espiritual de uma raça sobre outra. Eles também esperavam provar que os humanos são tão diferentes uns dos outros por natureza, que alguns poderiam muito bem ser dominados por outros, como acontece com os animais. Foi nesse tipo de pensamento que formou-se o cerne da ideologia moderna do racismo. Por isso, o racismo enquanto doutrina ideológica de seleção natural e providencial de raças humanas é, na verdade, uma espécie de narcisismo pessoal projetado ao nível coletivo, tomando forma de idealismo nacional, como no caso do Nazismo (SIEBERT, 1982).

Podemos concluir que o racismo tem sido historicamente, uma força motriz da conquista europeia das Américas, África, Ásia e Austrália, do tráfico transatlântico de escravos e da formação de Estados baseados na segregação racial. Também tem sido uma parte importante da base política e ideológica de genocídios ao redor do planeta, como o já citado Holocausto Nazista, entre outros.

2 - Religião e relações étnico-raciais no Brasil

Disponível em: <https://famapisco.files.wordpress.com>.

A discussão sobre o papel da religião e das religiosidades nas relações étnico-raciais no Brasil se justifica principalmente por dois motivos. Primeiro, devido à intensa adesão da maior parte da população a alguma tradição religiosa e, em muitos casos, a mais de uma. E, segundo, porque a religião é historicamente uma das fontes de intolerância religiosa e cultural, que colabora substancialmente para a continuidade de diversas formas de preconceito. Portanto, vamos observar essa relação em dois momentos. Primeiro, compreendendo a formação étnica-cultural brasileira em sua complexidade e o estado atual da questão. Depois, daremos uma mirada em alguns temas dessa questão que envolve o elemento religioso.

2.1 - Formação étnico-racial brasileira

O Brasil é um dos países mais miscigenados do mundo e essa diversidade resulta do encontro de vários povos que contribuíram para a formação da nossa identidade, como os índios, os primeiros colonizadores portugueses, os africanos escravizados e ainda imigrantes alemães, ingleses, franceses, holandeses, italianos, japoneses, entre outros.

O antropólogo Darcy Ribeiro (1922-1997) é autor de uma das obras importantes para se compreender a formação étnica e cultural do povo brasileiro, o ensaio histórico-antropológico *O Povo Brasileiro* – A formação e o sentido do Brasil (1995). Nesta obra, Ribeiro debruçou-se sobre a formação do povo brasileiro e defendeu que a miscigenação foi um fator preponderante da diversidade que caracteriza o Brasil. Conforme Ribeiro:

> Surgimos da confluência, do entrechoque e do caldeamento do invasor português com índios silvícolas e campineiros e com negros africanos, uns e outros aliciados como escravos. Nessa confluência, que se dá sob a regência dos portugueses, matrizes raciais díspares culturais distintas, formações sociais defasadas se enfrentam e se fundem para dar lugar a um povo novo. (Ribeiro, 1995, p.19)

Uma das consequências dessa multiplicidade da formação do povo brasileiro é que ela, muitas vezes, oculta ideologias, desigualdades e estereótipos racistas. Ainda que 50,7% da população brasileira se declarem negra e 0,4% indígena, segundo dados do IBGE de 2010, persiste o imaginário étnico-racial de valorização da cultura "branca" (europeia), em detrimento da história e da cultura africana, assim como da indígena e afro-brasileira.

2.2 - Discriminação, racismo e preconceito no Brasil

Disponível em: <http://www.juniao.com.br/>. Acesso em: 17 Mar. 2017.

No Brasil, estas questões sempre fizeram parte do cotidiano no Brasil, refletindo-se sobre as populações indígenas, afrodescendentes e ainda mais sobre mulheres, homens e crianças desprotegidos social e economicamente (FERREIRA, 2008). O racismo e a consequente discriminação e preconceito, são fenômenos sociais, muitas vezes ligados à busca de justificar hegemonia política, histórica e econômica. Remontam ao período colonial, quando os portugueses trouxeram os primeiros negros, vindos principalmente da região onde atualmente se localizam Nigéria e Angola e de seu contato com os nativos. A escravidão foi seu principal veículo, sendo responsável por tremendas atrocidades contra estas populações, que ainda hoje são sentidas.

Em 1854 o decreto nº 1.331 legitimou a não admissão de escravos nas escolas públicas e em 1878 o decreto nº 7.031 determinou que os negros só poderiam estudar à noite e ainda assim, vários mecanismos foram desenvolvidos a fim de dificultar tal "oportunidade de educação" (FERREIRA, 2008). Assim, foi estabelecido um divisor étnico-racial que se enraizou nos sistemas escolares e se dissipou para toda a sociedade brasileira. Entretanto, além dos negros e dos índios, outros grupos étnicos como judeus e ciganos, também foram tratados como seres inferiores em função de sua cultura, raça ou condição social.

O preconceito é uma opinião ou julgamento irrefletido que formulamos a respeito de algo desconhecido, que estão enraizados em nossa cultura, guiando as relações interculturais e justificando o tratamento desigual dado a indivíduos e grupos. O preconceito racial e de classe, aliado ao preconceito religioso, vem atingindo esta população a partir do momento em que não há respeito aos parcos mecanismos das Leis existentes para coibição desse fato.

A discriminação é entendida como a distinção na qual segregamos indivíduos por serem de credo, raça ou gênero diferente daqueles que os excluem. A diferença entre discriminação e preconceito reside no fato de que a discriminação tem sua origem no preconceito, ou seja, o preconceito motiva a discriminação (SANTOS, 1999, p. 123).

Discriminação é um conceito mais amplo e dinâmico do que o preconceito. Ambos têm agentes diversos: a discriminação pode ser provocada por indivíduos e por instituições e o preconceito, só pelo indivíduo. A discriminação possibilita que o enfoque seja do agente discriminador para o objeto da discriminação. Enquanto o preconceito é avaliado sob o ponto de vista do portador, a discriminação pode ser analisada sob a ótica do receptor (VALLE, 2003).

De forma geral, o racismo continua ocorrendo de maneira velada, mesmo após a promulgação da Constituição de 1988, que considera o racismo como "crime inafiançável e imprescritível". Também, através da Lei n. 12.288, de 20 de julho de 2010, foi instituído o Estatuto da Igualdade Racial, que garante à população negra "a efetivação da igualdade de oportunidades, a defesa dos direitos étnicos individuais, coletivos e difusos e o combate à discriminação e às demais formas de intolerância étnica".

> Na forma do Estatuto é considerada discriminação racial ou étnico-racial: Toda distinção, exclusão, restrição ou preferência baseada em raça, cor, descendência ou origem nacional ou étnica que tenha por objeto anular ou restringir o reconhecimento, gozo ou exercício, em igualdade de condições, de direitos humanos e liberdades fundamentais nos campos político, econômico, social, cultural ou em qualquer outro campo da vida pública ou privada (ESTATUTO DA IGUALDADE RACIAL, 2010).

Entre outras coisas, o Estatuto também condena a desigualdade de gênero e raça, isto é, "a assimetria existente no âmbito da sociedade que acentua a distância social entre mulheres negras e os demais segmentos sociais" (ESTATUTO DA IGUALDADE RACIAL, 2010).

2.3 - Religião, racismo e preconceito

Desde a chegada dos colonizadores portugueses, que afetou definitivamente o modo de vida dos habitantes originais dessas terras, o choque cultural tem sido a marca característica da constituição do Brasil. Primeiramente, com as marcas do abuso colonialista e escravagista contra nativos e africanos, depois através da imigração, diversas etnias e suas respectivas culturas.

Como vimos na aula 1, cada cultura desenvolve um sistema simbólico próprio, que permite aos indivíduos se relacionarem dentro de uma mesma linguagem de mundo e a religião tem um papel muito importante nesse processo, pois ela, muitas vezes, funciona como uma fonte legitimadora do grupo cultural. Portanto, conforme nos ensina Peter Berger (1985), toda exterioridade ao sistema ordenador dessa sociedade representa um caos (ou anomia, conforme Berger), que precisa ser evitado a qualquer custo.

A centralidade e exclusividade do catolicismo marcaram as relações sociais desde o período colonial. Desde o advento da República, protestantes e pentecostais foram ocupando mais espaço durante o século XX, e sobretudo, nessas primeiras décadas do século XXI. Em contrapartida, as religiões vinculadas a etnias de origem africana e ameríndia, assim como judeus e ciganos, por exemplo, sofreram e ainda sofrem os efeitos de sua marginalidade social e política.

Ou seja, apesar de sermos constituídos como uma nação pluricultural e, consequentemente, plurirreligiosa, historicamente vivemos sob o espectro do etnocentrismo e universalismo religioso. Este segundo, embora não seja um problema em si mesmo, pois potencialmente toda

religião almeja que sua mensagem alcance a todos, em sua execução prática, principalmente quando representa um poder hegemônico, passa a oprimir todas as formas alheias de fé com as quais tem contato. Foi assim que o cristianismo, aliado ao expansionismo europeu, tratou outras formas religiosas e culturais que não coadunavam com seus preceitos e objetivos.

Devemos considerar que a religião não é um fenômeno e um movimento isolado de outras manifestações sociais, como a política. Como um dos aspectos formadores da cultura, ela interage com os demais, interpretando-os e muitas vezes legitimando-os. Outras vezes, a religião pode ocupar um lugar crítico no diálogo com a cultura, sendo parte daqueles movimentos que se oporão a determinadas formas de opressão. Eis uma relação complexa.

No caso do racismo, a religião pode ter um discurso legitimador, aliado às concepções ideológicas no interior de determinada sociedade, ou ser-lhe oponente. Nesse sentido, temos um exemplo no próprio cristianismo, que apesar de inúmeras vezes ter sido associado à opressão e ao racismo, outras vezes foi portador de um discurso libertário. Temos muitos exemplos, e podemos citar o Bispo Desmond Tuto, da África do Sul e o pastor batista Martin Luther King. Isso significa que a religião não é essencialmente promotora de opressão, mas ao associar-se a sistemas hegemônicos de controle social, quase sempre o faz.

Novamente, tomando o exemplo brasileiro, o catolicismo romano resistiu o quanto pode a processos de legitimação e liberdade para outras religiões. Um bom exemplo disso, relacionado aos africanos escravos no Brasil, é dado por João José Reis, sobre o século XIX:

> Em tempos passados, ao longo da primeira metade do século XIX, os batuques africanos tinham sido proibidos porque muitas autoridades acreditavam que serviam de ante-sala [sic] para a revolta escrava. Paralelamente a estas preocupações, as posturas municipais, as resoluções e os editais policiais justificavam a proibição pelo incômodo que os tambores causavam aos moradores de cidades e vila, além de supostamente promoverem bebedeiras, desordens e desviarem os escravos de seus afazeres. (REIS, 2009, p. 143)

O processo de opressão e negação da liberdade cultural e religiosa da população negra no Brasil, só pode ser abordado aqui exemplarmente, a fim de recordar-nos que não superamos esse triste fenômeno. Necessitamos continuar lutando contra todas as formas de racismo presentes em nossa sociedade, muitas vezes dissimuladas ou naturalizadas em nossas práticas cotidianas.

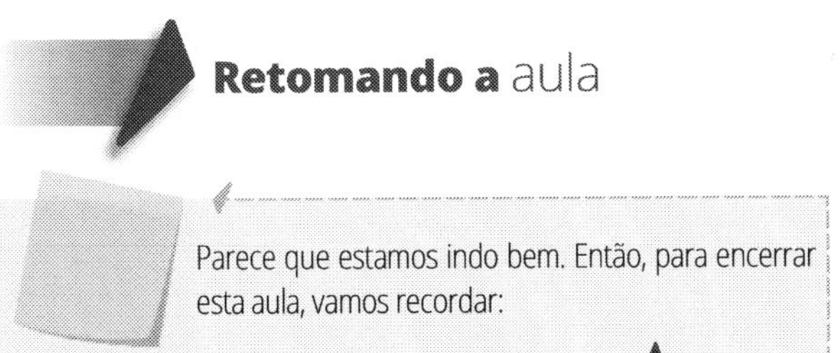

Retomando a aula

Parece que estamos indo bem. Então, para encerrar esta aula, vamos recordar:

A imensa bagagem religiosa que carrega o povo brasileiro e que repercute em sua vida diária está presente de forma graciosa na obra de Guimarães Rosa, Grande Sertão Veredas, na voz do personagem Riobaldo:

> Eu cá, não perco ocasião de religião. Aproveito de todas. Bebo água de todo rio... Uma só, pra mim, é pouca, talvez não me chegue. Rezo cristão, católico, embrenho a certo; e aceito as preces de compadre meu Quelemém, doutrina dele, de Cardérque. Mas, quando posso, vou no Mindubim, onde um Matias é crente, metodista: a gente se acusa de pecador, lê alto a Bíblia, e ora, cantando hinos belos deles. (...) Olhe: tem uma preta, Maria Leôncia, longe daqui não mora, as rezas dela afamam muita virtude de poder. Pois a ela pago, todo mês – encomenda de rezar por mim um terço, todo santo dia, e nos domingos, um rosário (1986, p. 126).

A despeito dessa luta aparentemente interminável entre grupos étnicos-religiosos que contemplamos ainda hoje, faz-se necessário que observemos mais de perto nosso mundo pluricultural e religioso.

1 – Introdução aos conceitos de raça, etnia e racismo

Não só o conceito de raças foi suplantado, também sabemos que fronteiras culturais já não existem como outrora e o convívio entre diferentes crenças não pode ser evitado. Assim, também, na religiosidade popular enxergamos uma forma de solucionar essa questão que anima-nos à reflexão. Riobaldo demonstra ser possível conviver com o diverso sem violência, sem classificação hierárquica e acima dos preceitos redutores da dignidade humana.

2 – Religião, religiosidades e relações étnico-raciais no Brasil

A despeito dessa verdade, vemos os índices de violência religiosa aumentar no Brasil. Principalmente com religiões de matriz africana, o preconceito e a violência se mostram mais presentes. Mãe-de-Santo, Gilda morreu após um enfarte seguido da violência gerada pela intolerância. Somam-se a isso, os inúmeros casos de perseguição aos Terreiros, além de atos de intolerância vivenciado por crianças e adolescentes seguidoras do Candomblé, nas salas de aula de todo o território nacional e a violência imposta ao povo de santo junto ao SUS – Sistema Único de Saúde, em função de sua crença, também em todo o país (MONTEIRO, C.R. Portal Áfricas, Julho, 2015).

Esses e outros inúmeros casos mostram a necessidade de superarmos certas categorias de classificação social e religiosa, bem como de fomentarmos uma cultura de paz, que inclui a teologia como fonte propagadora dessa mensagem. O assunto da Violência Religiosa será tema de nossa próxima aula. Até lá.

Vale a pena

Vale a pena **ler**

ARISTÓTELES. *Política*. São Paulo : Editora Martin Claret Ltda., 2007.

BERGER, Peter L. *O dossel sagrado:* elementos para uma teoria sociológica da religião. São Paulo: Paulinas, 1985.

BORGES, Edson, *et al. Racismo, preconceito e intolerância.* São Paulo: Atual, 2002.

CASHMORE, Ellis. *Dicionário de relações étnicas e raciais.* São Paulo: Summus, 2000.

Conselho Nacional de Educação. *Diretrizes Curriculares Nacionais para a Educação das Relações Étnico-Raciais e para o Ensino de História e Cultura Afro-Brasileira e Africana, 2004.* Disponível em: <http://portal.mec.gov.br/component/content/article?id=12988:pareceres-e-resolucoes-sobre-educacao-das-relacoes-etnico-raciais>.

DAVIES, Allan. *A ideologia do racismo.* In: Sociologia da Religião: A Igreja e o Racismo. Revista Concilium/171, 1982/1.

ESTATUTO DA IGUALDADE RACIAL. Presidência da República, Casa Civil, Subchefia para Assuntos Jurídicos. Disponível em: <http://www.planalto.gov.br/ccivil_03/_ato2007-2010/2010/lei/l12288.htm>.

FERREIRA, Glauciela S. C. P. *Relações Étnico-Raciais No Brasil.* Publicado em 14 de Outubro de 2008. Disponível em: <http://www.webartigos.com/artigos/relacoes-etnico-raciais-no-brasil/10132/>.

MONTEIRO. Celso R. *Intolerância Religiosa à luz do Direito:* o caso das tradições de matrizes africanas, a laicidade do Estado e o Brasil atual. Portal Áfricas, 2015.

POUTIGNAT, Philippe; STREIFF-FENART , Jocelyne. *Teorias da etnicidade.* Seguido de Grupos étnicos e suas fronteiras de Fredrik Barth. São Paulo : Editora Unesp, 2011.

RIBEIRO, Darcy. *O Povo Brasileiro* – A formação e o sentido do Brasil. São Paulo: Companhia das Letras, 1995.

SANTOS, I. A. A. Discriminação: uma Questão de Direitos Humanos. Brasília: Larraya, 1999.

SANTOS, Renato F.; MARQUES, *Diversidade étnico-racial:* conceitos e reflexões na escola. Anais do XV Encontro Regional de História da ANPUH-RIO, 2012. Disponível em: <http://docplayer.com.br/6856969-1-diversidade-etnico-racial-conceitos-e-reflexoes-na-escola-renato-ferreira-dos-santos-1-ana-jose-marques-2-introducao.html>.

SPINELLI, Kelly Cristina. *Raças humanas não existem como entidades biológicas, diz geneticista.* UOL notícias – Ciência e Saúde, São Paulo 05/02/2013. Disponível em: <http://noticias.uol.com.br/ciencia/ultimas-noticias/redacao/2013/02/05/racas-humanas-nao-existem-como-entidades-biologicas-diz-geneticista.htm>.

VALLE, Silva. *Preconceito e Discriminação.* Minas Gerais, MG : 2003.

Vale a pena **assistir**

Amistad – 1997 – Direção: Steven Spielberg

A história remonta ao ano de 1839 e é baseada em factos verídicos que ocorreram a bordo do navio La Amistad. O filme relata a luta de um grupo de africanos escravizados em território norte americano, desde a sua revolta até seu julgamento e libertação.

Malcolm X – 1992 – Direção: Spike Lee

O filme dramatiza eventos importantes da vida de Malcolm: sua carreira criminal, seu encarceramento, sua conversão ao Islã, seu ministério como membro da Nação do Islã e seu posterior desentendimento com a organização, seu casamento com Betty X, sua peregrinação à cidade sagrada de Mecca e reavaliação de seus pontos de vista sobre brancos, e seu assassinato em 21 de Fevereiro de 1965. Incidentes definidores, incluindo a morte de seu pai, a doença mental de sua mãe, e suas experiências com o racismo são dramatizados em flashbacks.

Brasil: Uma História Inconveniente (Documentário) – 2000 – Direção: Phil Grabsky

Portugal foi responsável pela maior emigração forçada da história da humanidade. De Angola chegou ao Brasil um número 10 vezes superior de escravos comparado à America do Norte. Este documentário, sobre o passado colonial do Brasil é uma verdade inconveniente da história de Portugal.

Jornada pela Liberdade (Amazing Grace) – 2006 – Direção: Michael Apted

No século XVIII, William Wilberforce, membro do parlamento inglês, e o futuro ministro William Pitt tomam para si a missão de abolir a escravidão na Grã-Bretanha. A bela Barbara Spooner é a inspiração de Wilberforce para continuar lutando.

Racismo: Uma História (Documentário) – 2007 – BBC4

O programa discute os diversos conceitos de racismo ao longo da história - desde a Grécia, passando pelo colonialismo europeu que atingiu América, África, Ásia e Oceania e pelo nazismo até o apartheid na África do Sul.

Invictus – 2009 – Direção: Clint Eastwood

A história é baseada no livro Playing the Enemy: Nelson Mandela and the Game That Made a Nation de John Carlin e na conquista da Copa do Mundo de Rugby de 1995 pela Seleção Sul-Africana de Rugby, organizada no país após o desmantelamento do apartheid. Freeman e Damon são, respectivamente, o presidente sul-africano Nelson Mandela e François Pienaar, o capitão da equipe de rugby union sul africano, os Springboks.

12 Anos de Escravidão – 2013 – Direção: Steve McQueen

Em 1841, Solomon Northup é um negro livre, que vive em paz ao lado da esposa e filhos. Um dia, após aceitar um trabalho que o leva a outra cidade, ele é sequestrado e acorrentado. Vendido como se fosse um escravo, Solomon precisa superar humilhações físicas e emocionais para sobreviver. Ao longo de doze anos, ele passa por dois senhores, Ford e Edwin Epps, que, cada um à sua maneira, exploram seus serviços.

Selma: Uma Luta pela Igualdade – 2014 – Direção: Ava DuVernay

A história da luta de Martin Luther King Jr. para garantir o direito de voto dos afrodescendentes - uma campanha perigosa e aterrorizante que culminou na marcha épica de Selma a Montgomery, Alabama, e que estimulou a opinião pública norte-americana e convenceu o presidente Johnson a implementar a Lei dos Direitos de Voto em 1965. Em 2015 é comemorado o 50o. aniversário deste momento crucial no Movimento dos Direitos Civis.

13TH - from slave to criminal with one amendment (Documentário) – 2016 – NETFLIX

Um exame aprofundado do sistema prisional nos Estados Unidos e como ele revela a história da nação de desigualdade racial.

Minhas anotações

50

Aula 7º

Intolerância religiosa

Nesta aula, trataremos de um dos mais importantes temas da relação entre religião e cultura no Brasil, a intolerância de matriz religiosa. Não precisamos vasculhar muito a internet ou nos movermos para muito longe do nosso cotidiano para encontrarmos exemplos diários desse tipo de discriminação que, aliás, é um atentado contra a dignidade da pessoa e um crime previsto na lei.

Não obstante, mesmo nós que participamos desta disciplina, podemos trazer fortes inclinações para tais práticas, se não atentamos para preconceitos constantes em nossa sociedade e muito próximas de nossa cultura familiar e religiosa. Portanto, aprender sobre este conceito e sua prática, identificando formas de violência, bem como possíveis caminhos para o seu enfrentamento, é pauta fundamental de nossa disciplina. Vamos a ela.

Boa aula!

Objetivos de aprendizagem

Ao término desta aula, o aluno será capaz de:

- compreender o conceito de intolerância religiosa;
- identificar os principais mecanismos de intolerância;
- diferenciar e identificar diferentes formas de combate à violência religiosa.

Seções de estudo

1 – O que é a intolerância religiosa
2 – Religião e seus mecanismos de exclusão
3 – Diversidade e intolerância religiosa
4 – O combate à Intolerância Religiosa

1 - O que é a intolerância religiosa

Disponível em:< http://www.oficinadegerencia.com/>. Acesso em: 20 fev de 2017.

Criticar dogmas e encaminhamentos religiosos é um direito assegurado como liberdade de expressão, mas atitudes agressivas, ofensas e tratamento diferenciado a alguém em função de sua crença ou de não ter religião são crimes inafiançáveis e imprescritíveis, classificados como crime de ódio que fere a liberdade e a dignidade humana.

Podemos dizer que a intolerância religiosa é um conjunto de ideologias e atitudes ofensivas a crenças e práticas religiosas ou a quem não segue uma religião. Em geral, o agressor ou agressora costuma usar palavras ofensivas ao se referir ao grupo religioso atacado e aos símbolos, deuses e hábitos religiosos. Há casos em que o agressor, além de desmoralizar os símbolos religiosos, destrói imagens, roupas e objetos ritualísticos. Em situações extremas, a intolerância religiosa inclui violência física e se torna perseguição.

No Brasil, a Lei nº 7.716, de 5 de janeiro de 1989, alterada pela Lei nº 9.459, de 15 de maio de 1997, e finalmente a lei nº 12.288, de 20 de julho de 2010, que institui o Estatuto da Igualdade Racial, considera crime a prática de discriminação ou preconceito contra religiões. Por meio dessas leis, são considerados crimes de discriminação ou preconceito contra religiões as práticas de:

- Impedir ou obstar o acesso de alguém, devidamente habilitado, a qualquer cargo da Administração Direta ou Indireta, bem como das concessionárias de serviços públicos;
- Negar ou obstar emprego em empresa privada;
- Recusar ou impedir acesso a estabelecimento comercial, negando-se a servir, atender ou receber cliente ou comprador;
- Recusar, negar ou impedir a inscrição ou ingresso de aluno em estabelecimento de ensino público ou privado de qualquer grau;
- Impedir o acesso ou recusar hospedagem em hotel, pensão, estalagem, ou qualquer estabelecimento similar;
- Impedir o acesso ou recusar atendimento em restaurantes, bares, confeitarias, ou locais semelhantes abertos ao público;
- Impedir o acesso ou recusar atendimento em estabelecimentos esportivos, casas de diversões, ou clubes sociais abertos ao público;
- Impedir o acesso ou recusar atendimento em salões de cabeleireiros, barbearias, termas ou casas de massagem ou estabelecimento com as mesmas finalidades;
- Impedir o acesso às entradas sociais em edifícios públicos ou residenciais e elevadores ou escada de acesso aos mesmos;
- Impedir o acesso ou uso de transportes públicos, como aviões, navios barcas, barcos, ônibus, trens, metrô ou qualquer outro meio de transporte concedido;
- Impedir ou obstar o acesso de alguém ao serviço em qualquer ramo das Forças Armadas;
- Impedir ou obstar, por qualquer meio ou forma, o casamento ou convivência familiar e social;
- Praticar, induzir ou incitar a discriminação ou preconceito de raça, cor, etnia, religião ou procedência nacional;
- Fabricar, comercializar, distribuir ou veicular símbolos, emblemas, ornamentos, distintivos ou propaganda que utilizem a cruz suástica ou gamada, para fins de divulgação do nazismo.

Isso não significa que essas sejam as únicas condutas criminosas previstas na legislação brasileiras em relação a intolerância e perseguição religiosa. Ademais, punição a incitações à violência, como agressões ou até mesmo homicídios por motivos religiosos ou não, estão previstos no Código Penal brasileiro.

2 - Religião e seus mecanismos de exclusão

Um primeiro passo na compreensão desse fenômeno tão importante e preocupante do nosso tempo é entendermos por que a religião promove violência, tanto simbólica quanto física. Temos muitos pontos importantes dessa resposta na própria história do cristianismo, islamismo e outras religiões. Talvez pudéssemos empreender essa análise começando pelas Cruzadas ou pelas guerras religiosas dos séculos XVI e XVII, no contexto do cristianismo europeu. Ou, ainda, poderíamos discutir o fundamentalismo islâmico, que tem assombrado as nações com sua violência explícita e sua intolerância. Mas vamos fazê-lo de outra forma. Vamos trabalhar esse tema conceitualmente, buscando compreender as causas inerentes ao fenômeno religioso e à teologia, que podem ajudar-nos a entender como o fenômeno da violência ocorre a partir do discurso e da prática religiosa.

1.1 - Religião, compreensão do mundo e demonização do outro

Disponível em: http://m.noticias.bol.uol.com.br/

Como já aprendemos nesta disciplina, a religião é promotora de sentido, de legitimação de uma determinada ordem social e até mesmo de unidade nacional. Como possível consequência, a compreensão que um determinado povo ou grupo tem de sua eleição por Deus pode levá-los a ter uma visão diminuta de todos aqueles que estiverem fora de sua "razão" de mundo. A partir disso, formam-se discursos autolegitimadores, que podem se constituir em ortodoxias exclusivistas ou motivadoras de ações contrárias a toda forma de expressão dissidente ou estranha à sua. Ou, como explica Meslin (1992, p. 42):

> Toda religião tem suas raízes numa comunidade humana, e ela mesma se define por sua religião. Daí decorre inevitavelmente que a religião separa o grupo humano que nela se reconhece daqueles que põem em prática uma outra fé. Toda crença, na medida em que define e diferencia uma comunidade humana, pode servir de justificação a um conflito que opõe aquela a outros grupos humanos de prática religiosa diferente. Como a guerra, a religião pode ser vivida como a manifestação violenta da solidariedade coletiva.

Com isso, é possível entender que o primeiro momento da legitimação da violência religiosa pode ser lócus de interpretação da realidade, isto é, a forma de ver-se no mundo e de ver o outro. Outro fator importante é o que Meslin chama de "solidariedade coletiva", ou seja, a forma com que determinado grupo se une em torno de uma ação de autoproteção contra alguma possível ameaça à sua existência, mesmo que tal ameaça seja uma criação mental, proveniente de outros fatores, alheios à realidade concreta. Rapidamente o discurso religioso pode ganhar ares de luta divinamente ordenada contra supostos poderes malévolos e destrutores, presentes nas práticas de outros grupos (religiosos).

Ainda segundo Meslin, o caráter ofensivo da religião se evidencia quando elas tendem a se apresentarem como realização histórica da revelação que receberam de Deus. Ou seja, o problema está na atitude explícita ou não, de determinada religião, de ser a única possível para a humanidade. Para Meslin, a razão disso está em uma certa confusão entre religião e salvação, pois estas esquecem-se que "a salvação antes de tudo é esse ato de Deus que pode vir apenas dele" e que, "a religião é, portanto, a resposta do homem a essa iniciativa divina" (MESLIN, 1992, p. 46-49), ou seja, um ato segundo o de Deus.

Ao longo da história do Brasil, a tentativa de imposição da religião sempre impediu o diálogo com o outro, que sempre precisou ser reduzido "a mim mesmo" para ser aceito. Foi assim com os indígenas, africanos e judeus novos. Continuou sendo assim no confronto interno do próprio cristianismo quando da abertura de diferentes países latino-americanos à pluralidade religiosa cristã. Catolicismo, protestantismo, mundo evangélico e, já no século XX, Pentecostalismo e Neopentecostalismo acabaram construindo suas identidades, afirmando suas verdades contra as "heresias" do outro (WACHHOLZ, 2010).

1.2 - Cristianismo guerreiro e teologia da violência

Disponível em:< http://www.paulopes.com.br/>.Acesso em: 21

No caso cristão, uma possível explicação histórica para tal comportamento pode ser oferecida pela historicidade do cristianismo que herdamos, que em todas as suas manifestações é marcado por características colonizadoras e, consequentemente, opressoras de toda alteridade. Por isso, se não olharmos o processo de evangelização das Américas sob uma ótica crítica, procurando recuperar o sofrimento daqueles que foram oprimidos por essa totalidade do sistema colono-evangelizador e, também, atentarmos para as vozes dissonantes e críticas que levantaram-se neste processo, apontando para outras vias de realização da obra da Igreja em nosso continente, provavelmente continuaremos sendo conduzidos por visões religiosas totalizantes, excludentes e violentas.

Como nos explica Lauri Wirth (2011, p. 20), há uma importância histórica fundamental no estudo da relação entre Cristandade colonial, universalismo missionário e cristianismo guerreiro, pois em nossos dias também precisamos nos perguntar de onde vêm os critérios que adotamos para estabelecer nossas práticas e, principalmente, para julgar as espiritualidades alheias, que estão fora do nosso horizonte de sentido. E para podermos ampliar nossa análise, tornando-a mais crítica, no sentido de avaliarmos quão complexos são os caminhos e opções que temos, precisamos revisitar os difíceis caminhos que impactaram o Cristianismo que herdamos na América Latina.

Ao falarmos de cristianismo guerreiro, estamos nos referindo a uma pedagogia missionária de grande impacto na América Latina, que orientou não somente a conquista espanhola, mas o colonialismo ibérico em geral. A guerra contra os índios justificava-se pelo combate à sua idolatria, suas práticas antropofágicas, sua suposta desordem social e sua bestialidade. Em sua resistência, eles deveriam ser introduzidos no cristianismo e na cultura dos europeus à força, independentemente dos meios que fossem empregados. Ou seja, o "cristianismo guerreiro" estava intimamente ligado ao julgamento que fazia-se a respeito da condição dos índios, tidos como bárbaros (WIRTH *et al.*, 2011).

Falar em teologia da violência, nesse sentido, é pensar nos mecanismos teóricos e legitimadores de agressões de qualquer espécie, através de leituras do texto sagrado. Mas isso seria possível? É óbvio que sim e a história da teologia confirma esse fato. Há uma possibilidade sempre presente nas muitas formas de interpretar livros sagrados como a Bíblia, um livro complexo, escrito com estilos linguísticos diferentes, em períodos e sob circunstâncias igualmente diferentes. Ademais, o discurso religioso sempre foi e continua sendo usado por instituições religiosas como forma de legitimar suas práticas e induzir seus adeptos.

Exemplos desse tipo de leitura teológica podem vir de linguagens belicosas, apoiadas em textos sagrados, que induzem a pensar que ao estar combatendo determinadas práticas religiosas, se está fazendo a vontade de Deus. A violência simbólica ou física é um provável resultado, como vemos no caso da menina de 11 anos, praticante de Candomblé, que foi apedrejada na cabeça e insultada por dois homens que portavam Bíblias na mão e que supostamente pertencem a igrejas cristãs evangélicas ou neopentecostais. O fato ocorreu no Rio de Janeiro, no mês de junho de 2015, que despertou a atenção pública para a intolerância religiosa na sociedade brasileira (EXTRA ON-LINE, 16/06/2015).

3 - Diversidade e intolerância religiosa

Ainda hoje temos uma hegemonia religiosa do cristianismo, pois de acordo com o IBGE, o Brasil apresenta

64,6% de católicos e 22,2% de protestantes. Desses protestantes, 60% são de origem pentecostal, 18,5%, evangélicos de missão e 21,8%, evangélicos não determinados. As religiões afro representam 0,35% e as orientais 0,31. O Censo também registrou aumento entre a população que se declarou sem religião (8%), formando o terceiro maior grupo (IBGE, 2010). Vejam que a diferença do total de cristãos para os representantes das religiões Afro, por exemplo, é imensa, apesar de sua presença em praticamente todo o território nacional.

Os resultados do Censo 2010 mostram o crescimento da diversidade dos grupos religiosos no Brasil, revelando uma maior pluralidade nas áreas mais urbanizadas e populosas do País. A proporção de católicos seguiu a tendência de redução observada nas duas décadas anteriores, embora tenha permanecido majoritária. Em paralelo, consolidou-se o crescimento da parcela da população que se declarou evangélica. Os dados censitários indicam também o aumento do total de pessoas que professam a religião espírita, dos que se declararam sem religião, ainda que em ritmo inferior ao da década anterior e do conjunto pertencente a outras religiosidades (MONTEIRO, 2016).

Essa hegemonia numérica também produz um discurso que naturaliza alguns valores cristãos, estando subjacente a ideia de que, como a maioria da sociedade brasileira é cristã, então é natural que os valores e mesmo alguns privilégios sejam direcionados à comunidade cristã. Essa forma de pensar influencia diretamente na maneira de agir dos cristãos. A maioria dos casos de intolerância religiosa tem sido causada por grupos pentecostais e neopentecostais contra as religiões afro, principalmente Umbanda e Candomblé. Todavia, é necessário destacar que a intolerância acontece em nível mundial e entre todos os grupos. Nesse sentido, há casos de intolerância envolvendo cristãos e muçulmanos, judeus e cristãos, skinheads (embora não seja um grupo religioso) e judeus, evangélicos e católicos, cristãos e ateus etc. (SILVA, 2015).

3.1 - Diversidade cultural e intolerância religiosa

Para o psicólogo Rafael Oliveira Soares, doutor em Ciências Sociais pela Universidade Federal da Bahia (UFBA), pesquisador das populações afro-brasileiras e diretor-executivo da Koinonia, entidade ecumênica que presta serviços aos movimentos sociais e é composta por pessoas de diferentes tradições religiosas, o Brasil abriga religiões cujas fronteiras se tocam e avançam umas sobre as outras, num notório sincretismo entre doutrinas, tradições e ritos, formando um caldo cultural e religioso no qual diversos conflitos de poder se instalam, cujos principais agentes ativos de ataques e enfrentamentos são religiosos de referências neopentecostais, aderindo a práticas de exorcismo e tipificações do mal como demoníacas. O cientista social destaca que os embates de contexto religioso, associam-se o racismo e o preconceito, que figuram como "instrumentos sociais de segregação de toda a sorte, especialmente da contínua redução das religiosidades dos negros e de suas herdeiras em ações do mal, 'negras' na magia, nas intenções e na fé" (BELCHIOR, 2015).

Segundo Silva e Soares (2015), tais atitudes direcionadas às religiosidades dos negros são uma herança histórica da imposição da raça branca, de sua cultura, valores e crença, em detrimento de qualquer traço religioso ou cultural da raça negra e mestiça. Este processo de aculturamento persiste até os dias de hoje, sob uma prática de repulsa e intolerância àquilo que é supostamente "inferior", negando qualquer valor à cultura de outros povos não inseridos na raça "branca", com ascendência europeia. É uma trajetória que teve início com a libertação dos escravos quando o negro foi abandonado à sua própria sorte, vivendo numa situação de extremo pauperismo, aglomerando-se em bairros pobres, em habitações em estado de total miserabilidade, trabalhando (quando podiam) em subempregos, em profissões que eram rejeitadas pelos brancos, levando uma vida social de desagregação familiar, alcoolismo e abandono. Suas manifestações culturais e religiosas tornaram-se ainda mais marginalizadas e discriminadas, impedindo a possibilidade da construção/reconstrução positiva de sua identidade.

3.2 - Crescimento de casos no Brasil

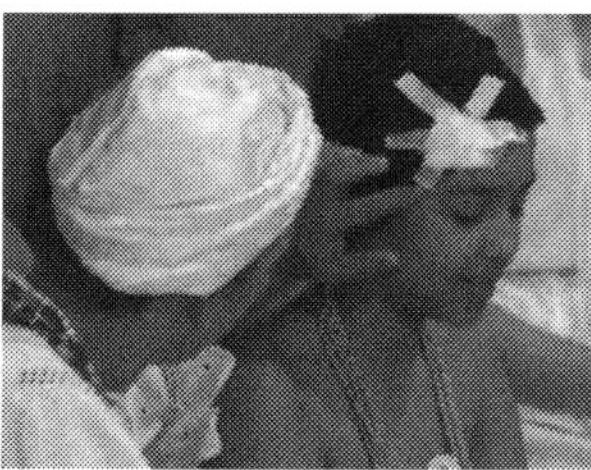

Menina atingida por uma pedrada no Rio de Janeiro, em 2015, quando voltava de um ritual de Candomblé. Disponível em:< http://g1.globo.com/>. Acesso em: 25 fev. 2017.

Em 2012, a quantidade de denúncias de intolerância religiosa recebidas pelo Disque 100 da Secretaria de Direitos Humanos da Presidência da República cresceu mais de sete vezes em relação a 2011, um aumento de 626%. O salto de 15 para 109 casos registrados no período não representa a real dimensão do problema, porque o serviço telefônico gratuito da secretaria não possui um módulo específico para receber esse tipo de queixa. Ou seja, muitos casos não chegam ao conhecimento do poder público. O número de denúncias de atos violentos contra povos tradicionais como comunidades ciganas, quilombolas, indígenas e os professantes das religiões e cultos de matriz africana relatadas à Secretaria Especial de Políticas de Promoção da Igualdade Racial – Seppir, também cresceu entre 2011 e 2012 (STECK, 2013).

Em 2013 esse número novamente aumentou, sendo 231 casos registrados. Já no ano de 2015, as denúncias de discriminação religiosa recebidas pelo Disque 100 atingiram no ano passado seu maior número desde 2011, quando o serviço passou a receber esse tipo de denúncia. Foram 252 casos reportados em 2015 ao serviço da Secretaria de Direitos Humanos do governo federal. Houve um aumento de 69% em relação a 2014, quando foram registradas 149 denúncias. Os Estados do Sudeste concentram 42,8% das queixas recebidas de todo o país. Veja a lista de denúncias por Estado abaixo:

- SP: 37
- RJ: 36
- MG: 29
- BA: 23
- RS: 12
- PE e PR: 10
- PB: 7

- DF, ES e GO: 6
- CE e PI: 4
- AM, MS, PA e SC: 3
- AL: 2
- AC, MA, MT, RN, SE: 1
- AP, RO, RR, TO: 0
- NA (Estado não especificado): 43

Especialistas apontam que pode haver subnotificação dos casos, pois boa parte das ofensas não seria reportada às autoridades. Segundo os dados da Seppir, crenças de matriz africana são as que mais sofrem ataques (AMORIM, 2016).

4 - O combate à intolerância religiosa

Esse é um problema que carece de conscientização geral e também de mobilização das diferentes esferas de atuação social, inclusive a religiosa. De forma geral, ainda há pouca formação e produção de informação a esse respeito. No plano educacional, tanto informal-popular como no âmbito formal-escolar, temos uma grande lacuna. Nesse sentido, a intervenção do Estado no plano educacional é fundamental, focando-se nos ditames da Constituição e garantindo o pleno exercício e visibilidade das minorias numéricas.

4.1 - Projetos que modificam Código Penal e regulamentam a Constituição

Entre as propostas em tramitação no Congresso para combater a intolerância religiosa está o PLC 160/2009, que dispõe sobre as garantias e os direitos fundamentais ao livre exercício da crença, à proteção aos locais de cultos religiosos e liturgias, e à liberdade de ensino religioso, buscando regulamentar a Constituição. O projeto, do deputado George Hilton (PRB-MG), está pronto para deliberação do Plenário do Senado Federal e aguarda inclusão em Ordem do Dia.

O assunto também é discutido no âmbito da proposta de reforma do Código Penal, tema de comissão especial do Senado. Um grupo de juristas preparou o anteprojeto, posteriormente apresentado como projeto (PLS 236/2012) por José Sarney (PMDB-AP). A intolerância religiosa está relacionada a assuntos do código, como os crimes contra os direitos humanos e os que podem ser praticados pela internet. O texto segue na CCJ - Comissão de Constituição, Justiça e Cidadania, sendo analisado pelo relator, o Senador Antonio Anastasia, do PSBD de Minas Gerais.

4.2 - Iniciativas sociais e religiosas

O pesquisador Clemildo A. Silva (2015) nos aponta alguns caminhos e iniciais importantes para o enfrentamento da intolerância religiosa. Primeiramente, é sumamente importante a busca do diálogo e, nesse sentido, tentar o diálogo com os pentecostais seria um grande avanço. Contudo, esse diálogo tem que ser feito a partir de algumas condições, sendo a principal delas que os dois lados queiram debater e encontrar saídas a partir do respeito à diversidade religiosa, do respeito a verdade do outro, o respeito e defesa dos direitos fundamentais, preconizado pela Constituição Federal, o compromisso com a defesa da igualdade e da liberdade e, acima de tudo, a defesa e o reconhecimento dos Direitos Humanos. Sem a aceitação dessas condições, dificilmente haverá entendimento, pois não é possível dialogar com quem não deseja dialogar.

Em segundo lugar, é necessário incentivar e criar comissões de combate à intolerância religiosa no maior número de municípios possível, incentivar e apoiar as caminhadas de combate à intolerância religiosa que acontecem em algumas cidades do Brasil, fomentar publicações de livros, cartilhas, documentários e vídeos sobre o assunto, implementar a educação em direitos humanos nas escolas públicas de ensino fundamental e médio, fomentar a criação de grupos de pesquisas nas instituições de ensino superior, enfatizar o ensino de história e cultura afro-brasileira.

Além dessas propostas, segundo Silva, ainda é preciso pensar nos meios de comunicação, pois eles são hoje um dos principais instrumentos de intolerância. Ou seja, vários programas religiosos têm contribuído para reforçar a intolerância e a exclusão. Portanto, seria justo pensar uma forma de punição aos meios de comunicação que promovam intolerância. Agindo, daríamos um grande passo no esforço para restringir discursos ofensivos e difamatórios em relação a outros grupos religiosos.

Retomando a aula

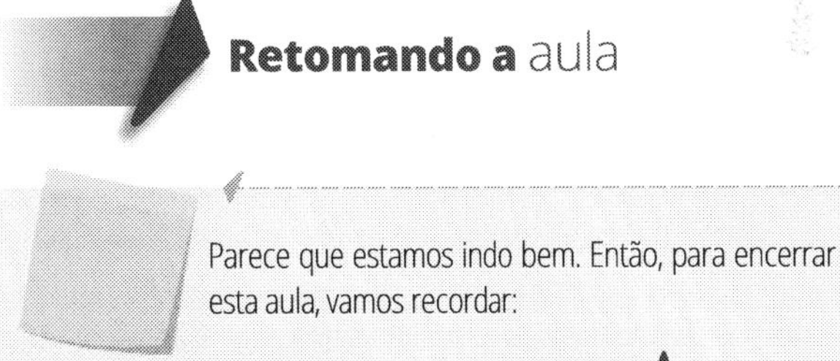

1 – O que é a intolerância religiosa

Vimos, nesta seção, que a intolerância ou injúria religiosa é crime, passível de punição pelos órgãos legais. Conceitualmente, a intolerância religiosa pode ser definida como um conjunto de ideologias e atitudes ofensivas a crenças e práticas religiosas ou a quem não segue uma religião.

2 – Religião e seus mecanismos de exclusão

Conforme vimos, a intolerância é um fenômeno que emerge a partir de determinadas compreensões teológicas excludentes e discriminatórias de outros grupos, religiosos ou não. A imposição de uma forma religiosa majoritária sobre outras, é outro fator importante no fomento da intolerância. O cristianismo, por ser religião majoritária no Brasil, desempenha um papel importante nessas e outras ações necessárias para o enfrentamento da intolerância religiosa. Internamente, ainda se faz necessário uma profunda reflexão pastoral e teológica sobre esse tema, e individualmente precisamos pensar nos assuntos apresentados aqui, como forma de progredirmos no debate.

3 – Diversidade e intolerância religiosa

Apesar de, no Brasil, o cristianismo continuar sendo uma religião majoritária, os dados das últimas pesquisas do Censo apontam para o aumento de comunidades religiosas de outras matrizes, fato que impõe a necessidade do debate sobre a intolerância.

4 – O combate à intolerância religiosa

Os dados apresentados sobre o incremento dos casos registrados de violência religiosa preocupam e podem estar apontando a fragilidade de nossas ações e o recrudescimento de posturas fundamentalistas e belicosas no interior do cristianismo, principalmente de matriz pentecostal. Nesse sentido, é mister que teólogos e teólogas sejam personagens engajados no enfrentamento a esse e outros tipos de violência, além de promoverem uma cultura de paz a partir de sua prática teológica, da docência e da pesquisa científica. Só assim, bem como com outras iniciativas do poder público, tais números poderão ser revertidos.

Vale a pena

Vale a pena ler

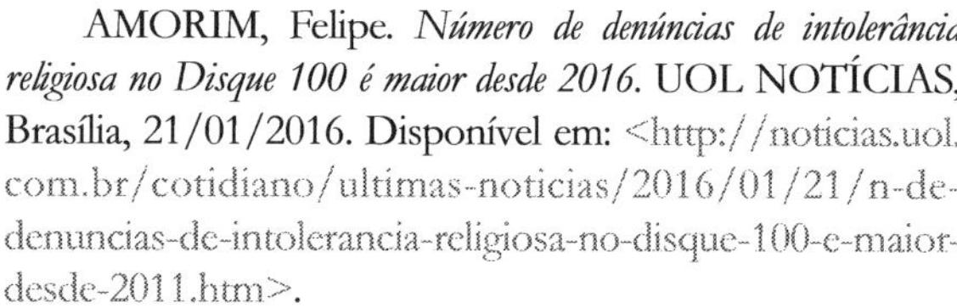

AMORIM, Felipe. *Número de denúncias de intolerância religiosa no Disque 100 é maior desde 2016.* UOL NOTÍCIAS, Brasília, 21/01/2016. Disponível em: <http://noticias.uol.com.br/cotidiano/ultimas-noticias/2016/01/21/n-de-denuncias-de-intolerancia-religiosa-no-disque-100-e-maior-desde-2011.htm>.

BELCHIOR, Marcela. *ENTREVISTA:* No Brasil, intolerância religiosa nega e tenta inibir cultura mestiça. RBA – Rede Brasil Atual. Publicado em 30/05/2015. Disponível em: <http://www.redebrasilatual.com.br/cidadania/2015/05/no-brasil-intolerancia-religiosa-nega-cultura-mestica-4514.html>.

EXTRA ON-LINE. *"Tenho medo de morrer", diz menina de 11 anos apedrejada na cabeça após festa de Candomblé.* Disponível em: <http://extra.globo.com/casos-de-policia/tenho-medo-de-morrer-diz-menina-de-11-anos-apedrejada-na-cabeca-apos-festa-de-candomble-16458389.html#ixzz4Sp2biIBA>.

HOORNAERT, Eduardo *et al. História da igreja no Brasil: ensaio de interpretação a partir do povo:* primeira época. 4. ed. Petrópolis/São Paulo : Vozes/Paulinas, 1992.

IBGE. *Censo Demográfico 2010:* Características gerais da população, religião e pessoas com deficiência. Disponível em: <http://www.ibge.gov.br/home/estatistica/populacao/censo2010/ caracteristicas_religiao_deficiencia/caracteristicas_religiao_deficiencia_tab_pdf.shtm>. Acesso em: novembro de 2015.

MESLIN, M. A experiência humana do divino: fundamentos de uma antropologia religiosa. Petrópolis: Vozes, 1992.

MONTEIRO, Celso. *Religião, religiosidade e relações étnico-raciais no Brasil segundo os Censos de 2000 e 2010.* Centro de Estudos das Relações de Trabalho e Desigualdades. 26/08/2016. Disponível em: <http://www.ceert.org.br/noticias/liberdade-de-crenca/13130/religiao-religiosidade-e-relacoes-etnico-raciais-no-brasil-segundo-os-censos-de-2000-e-2010>.

SILVA, Clemildo A. *Desafios e propostas para promoção do reconhecimento da diversidade religiosa no Brasil.* Revista Estudos de Religião, v. 29, n. 2 • 68-85 • jul.-dez. 2015.

SILVA, Lucilia C.; SOARES, Katia R. A. *A intolerância religiosa face às religiões de matriz africana como expressão das relações étnico-raciais brasileiras:* o terreno do combate à intolerância no município de Duque de Caxias. Revista EDUC-Faculdade de Duque de Caxias/Vol. 01- No 03/Jan-Jun 2015. Disponível em: <http://www.faculdadededuquedecaxias.edu.br/educ/downloads/numero3/1-artigo.pdf>.

STECK, Juliana. *Intolerância religiosa é crime de ódio e fere a dignidade. Jornal do Senado, Caderno de Cidadania.* Edição de 16 de abril de 2013. Disponível em: <http://www12.senado.leg.br/jornal/edicoes/2013/04/16/intolerancia-religiosa-e-crime-de-odio-e-fere-a-dignidade>.

WACHHOLZ, Wilhelm. *As religiões e seus mecanismos de exclusão:* um ensaio. Revista Estudos de Religião, v. 24, n. 39, 107-121, jul./dez. 2010. Disponível em: < https://www.metodista.br/revistas/revistas-ims/index.php/ER/article/view/2105 /2344>.

WIRTH, Lauri. *O universalismo missionário dos cristãos e o colonialismo:* uma visão a partir da história do cristianismo. In: SUNG, Jung Mo; WIRTH, Lauri; MÍGUEZ, Néstor. Missão e educação teológica. São Paulo : Aste, 2011.

Vale a pena assistir

O Apóstolo – 1998 – Direção: Robert Duvall

O Pastor Sonny (Robert Duvall) vive numa pequena cidade do Texas, feliz e tranquilo ao lado de sua bela esposa Jessie (Farrah Fawcett). Até o dia em que ele fica sabendo que está sendo traído por ela. Enfurecido, Sonny agride ferozmente o homem que tem um caso com Jessie, colocando-o em estado de coma. Agora ele precisa fugir. Sai da cidadezinha, viaja até o estado da Louisiana e assume um novo nome: agora ele é "O Apóstolo E.F." Mas sua vocação em pregar o Evangelho é mais forte do que tudo, e Sonny logo percebe que não consegue ficar longe de seus fiéis.

Paradise Now – 2005 – Direção: Hany Abu-Assad

Este filme conta a história de Said e Khaled, dois jovens amigos de infância de Nablus que foram recrutados para realizar um ataque suicida em Tel Aviv. O filme se foca naquilo que seriam as últimas horas dos dois juntos, uma vez que Khaled desiste e volta para casa e não é mostrado se Said detona ou não a bomba que está grudada a seu corpo.

Cafundó – 2005 – Direção: Paulo Betti, Clóvis Bueno

Ex-escravo, João de Camargo se encanta com o mundo que o cerca e, levado pela emoção, entra em um estado alterado, tendo alucinações. Ele passa a ajudar os outros tomado por um espírito de cura e restauração conhecido como Preto Velho.

Jesus Camp (Documentário) – 2006 – Direção: Heidi Ewing, Rachel Grady

O filme, segundo seu material promocional, "acompanha um grupo de crianças americanas ao acampamento 'Kid on Fire Summer Camp' onde garotas e garotos são ensinados a se tornar dedicados soldados cristãos no exército de Deus e são discipulados sobre como resgatar a América para Cristo. O filme é o primeiro retrato de um campo de trabalho intensivo onde jovens convertidos são recrutados para se tornarem parte ativa do futuro dos Estados Unidos.

Um Herói do Nosso Tempo – 2006 – Direção: Radu Mihăileanu

Salomão tem 9 anos e é um cristão negro que vive num campo de refugiados no Sudão. Com ajuda da própria mãe, ele finge ser judeu e órfão para poder ir para Israel e ter melhores chances de vida, mas a adaptação à nova realidade não é fácil.

Entre Dois Mundos – 2007 – Direção: Vic Sarin

Em plena guerra decorrente da divisão entre os territórios da Índia e do Paquistão, Gian, um soldado sikh, salva a muçulmana Naseem de ser massacrada, acolhendo-a em sua casa. O casal se apaixona e enfrenta o ódio religioso para poder se unir.

Dharm – 2007 – Direção: Bhavna Talwar

A história é baseada em Benares e é sobre Pandit Chaturvedi (Pankaj Kapoor), um sacerdote Brahmin altamente reverenciado e aprendido. Um bebê é abandonado por uma mulher e trazido a sua casa por sua filha. Ele concorda em adotar a criança devido a pedidos de sua esposa (Supriya Pathak). A vida toma uma volta quando a mãe do menino retorna: A família descobre que o menino é muçulmano depois que eles se tornaram ligados a ele. A família devolve o menino à sua mãe. Chaturvedi engolfa-se em processos de purificação para limpar seu corpo, mente e alma devido ao contato com uma alma muçulmana. Na época em que Chaturvedi pensa que está totalmente purificado, a criança reaparece buscando refúgio, devido a tumultos muçulmanos hindus.

Mundos Separados – 2008 – Direção: Niels Arden Oplev

Sara e sua família são orgulhosos praticantes de Testemunhas de Jeová. Mas quando ela se apaixona por Teis, um jovem que não segue a sua religião, ela terá que escolher entre o amor e sua família, dois mundos separados.

Besouro – 2009 – Direção: João Daniel Tikhomiroff

Besouro era o sobrenome do reconhecido capoeirista Manuel Henrique Pereira. O filme conta a história deste órfão que se transformou num dos grandes mestres da capoeira, disciplina criada por escravos africanos que eram proibidos de utilizar armas.

Santa Paciência – 2010 – Direção: Josh Appignanesi

Mahmud Nasir, um muçulmano do "East End", é um marido e pai amoroso que descobre algo chocante depois da morte de sua mãe: ele foi adotado e sua certidão de nascimento diz que ele é judeu. A descoberta desencadeia uma crise de identidade que leva Mahmud a ter aulas de judaísmo de um motorista e táxi judeu, que frequentemente está embriagado.

58

Aula 8º

Religião e questões de gênero

Nesta aula, faremos uma introdução a este importante tema, buscando compreender seus principais conceitos e alguns dos debates sobre gênero e sua relação com a religião. Trata-se de um assunto amplo e, portanto, não é possível esgotar sua complexa discussão, abordando profundamente as diferentes posições teóricas e de militância. Então, vamos nos apropriar de um conhecimento básico e importante para podermos formar nossa opinião, principalmente quanto à problemática do enfrentamento da violência de gênero no Brasil.

Boa aula!

Objetivos de aprendizagem

Ao término desta aula, o aluno será capaz de:

- conhecer os conceitos ao debate sobre gênero;
- compreender os conflitos históricos e atuais relacionados à discussão de gênero;
- compreender a importância da questão da violência de gênero e seu enfrentamento.

Seções de estudo

1 – Definições e conceitos
2 – Teologia e questões de gênero
3 – Violência de gênero e religião

1 - Definições e conceitos

Disponível em: <http://folhadovali.com.br/>. Acesso em: 17 Mar. 2017.

Os estudos de gênero formam um campo de estudos bastante recente na história da produção científica do conhecimento, o que torna difícil até mesmo uma resposta categórica sobre a definição de gênero. Contudo, o entendimento sobre alguns conceitos que envolvem o debate ajudam a elucidar os modos como estudiosos do tema se relacionam com ele. Portanto, antes de situarmos o debate, vamos entender os conceitos relacionados ao tema.

1.1 - O significado de gênero

Gênero pode ser definido como aquilo que identifica e diferencia os homens e as mulheres, ou seja, o gênero masculino e o gênero feminino. Portanto, por uma definição "tradicional", o termo pode ser usado como sinônimo de "sexo", referindo-se ao que é próprio do sexo masculino, assim como do feminino. No entanto, a partir do ponto de vista das ciências sociais e da psicologia, gênero é entendido como aquilo que diferencia socialmente as pessoas, levando em consideração os padrões histórico-culturais atribuídos para homens e mulheres. Portanto, por ser considerado um papel social, o gênero pode ser construído e desconstruído, ou seja, pode ser entendido como algo mutável e não limitado, como define as ciências biológicas.

Gênero também é uma teoria crítica e um campo de estudos interdisciplinares cujas categorias centrais de análise são as identidades, subjetividades e representações. Conforme Loyola (2016) o termo "gênero" é uma categoria de análise sociocultural, sobretudo no contexto das relações de poder. O termo quer afirmar que os assuntos das mulheres dizem respeito aos homens e vice-versa e, em decorrência, ao invés de entender-se "gênero" como sinônimo apenas de "mulheres" é melhor entendê-lo como um termo para "um corpo sexuado", para que se possa discutir a desigualdade e a igualdade de gênero. Ainda conforme Santos (2008), a ideia de gênero sublinha que as diferenças entre homens e mulheres são basicamente sociais e estruturais e tem a ver com a maneira como nos categorizamos, como nos vemos e como enxergamos o homem e a mulher no conjunto da organização social.

1.2 - Desigualdade de gênero

Conforme Santos (2008), a noção de gênero destaca a ideia de que as diferenças de gênero são predominantemente de origem social e estrutural, de modo que o homem, como uma categoria, possui mais poder social do que a mulher, também tomada como uma categoria. Por isso, as relações de gênero, ao representarem as desigualdades inscritas nas estruturas da sociedade, seriam úteis para explicá-las. Preocupações emergentes na literatura recente alertam para a importância de se dar maior atenção aos níveis elevados e crescentes de desigualdade de classe e raça entre as mulheres. Também convém considerar os elementos de unidade e diversidade subjacentes à noção de gênero como categoria sociológica. Isto é, a sociologia deve desenvolver um entendimento mais adequado de como as mulheres, diferentes em termos de circunstâncias e experiências (por exemplo, de classe, raça e idade), estão situadas dentro das dinâmicas da desigualdade de gênero.

Disponível em: <https://linhaslivres.wordpress.com>. Acesso em: 17 Mar. 2017.

Ainda segundo Santos (2008), a desigualdade de gênero tem uma de suas principais manifestação na questão do trabalho e na renda, e é um fenômeno que se manifesta em praticamente todos os países do mundo. No estudo da desigualdade social tem sido observado que as ideologias de diferença são frequentemente convertidas em ideologias de hierarquia, como a consagração do valor cultural da primazia do homem. Há, também, o processo de discriminação alocativa, que faz com que a mulher seja diferencialmente colocada em posições que oferecem menores recompensas. E a discriminação valorativa, pela qual as mulheres recebem menores recompensas apesar de estarem em situações de emprego comparáveis e possuírem requisitos de qualificação e outras características semelhantes aos homens. As formas de discriminação alocativa e valorativa implicam na segregação de homens e mulheres em diferentes ocupações. Por fim, pode-se falar em uma discriminação interna ao emprego, ou à posição, em que as mulheres recebem recompensas desiguais apesar de ocuparem a mesma posição, situada exatamente no mesmo contexto (na empresa).

1.3 - Violência de gênero

A violência de gênero é aquela que é exercida de um sexo sobre o sexo oposto. O conceito refere-se maiormente à violência contra a mulher, sendo que o sujeito passivo é uma pessoa do gênero feminino. Neste sentido, também se aplicam as noções de violência machista, violência no seio do casal e violência doméstica (designação mais usada).

Este fenômeno pode ser explicado como uma questão cultural que se situa no incentivo da sociedade para que os homens exerçam sua força de dominação e potência contra as mulheres. Dessa forma, as violências físicas, sexual e moral não ocorrem isoladamente, visto que estão sempre relacionadas à violência emocional. A violência de gênero pode ser observada como uma problemática que, necessariamente, abrange questões ligadas à igualdade entre sexos, portanto, é um tema com elevado grau de complexidade, tendo em vista que é fortemente marcada por uma elevada carga ideológica (OLIVEIRA, 2010). Voltaremos a esse assunto mais adiante.

1.6 - Movimentos Feministas

O feminismo é tanto um movimento quanto um discurso teórico de luta contra a violência ou discriminação cometidos contra as mulheres. É marcadamente plural e diverso, atingindo diferentes áreas do conhecimento, gerando desde uma arte até uma historiografia feminista.

O contexto do surgimento dos movimentos feministas foi, no século passado, a gritante desigualdade de tratamento social, político, jurídico e cultural entre homens e mulheres. Em geral, as mulheres que trabalhavam nas fábricas ganhavam apenas a metade do que os homens recebiam pelo mesmo trabalho desenvolvido. No que toca ao voto, até 1932, as mulheres não poderiam votar no Brasil e, consequentemente, influenciar as políticas públicas de defesa da mulher. Até 1962, as mulheres eram consideradas incapazes, sob a perspectiva do direito civil, sendo dependentes do marido até para receber uma herança. Até 1964, o Código Civil brasileiro proibia a mulher trabalhar fora de casa, se o marido não a autorizasse. Até metade do século passado, homens agrediam ou matavam suas mulheres, sob a alegação de "legítima defesa da honra", uma tese que geralmente era aceita nos Tribunais do Júri, composto apenas por homens.

Durante a consolidação do capitalismo industrial, no ano de 1857, centenas de operárias da indústria têxtil de Nova Iorque foram duramente reprimidas por encamparem uma greve por melhores condições de trabalho. Nos anos 1960, uma segunda onda do feminismo despontou, questionando radicalmente a naturalização dos papeis sociais de gênero. Mulheres se dedicaram a denunciar as formas como os processos de socialização ensinam meninos e meninas a cumprirem seus papéis de dominantes e dominadas. Essas feministas sustentam que há uma dimensão cultural na compreensão que possuímos, sobre o que seja o "gênero masculino" e o "gênero feminino". Para os movimentos feministas, até o século passado, os saberes científicos foram majoritariamente desenvolvidos por homens, que frequentemente ignoravam o papel da mulher na sociedade, usando a autoridade científica para legitimar hierarquias entre os sexos. Na medicina, por exemplo, inúmeros estudos se dedicavam a "provar" a inferioridade física e intelectual da mulher (BETONI, s/d). No entanto, por ser um processo histórico e não uma fatalidade biológica, a hierarquia entre os sexos pode ser combatida em todas as áreas (BETONI, s/d).

Disponível em: <http://folhadovali.com.br/>. Acesso em: 17 Mar. 2017.

Considerando esta histórica desigualdade de direitos, é de se supor que os movimentos feministas não foram bem recepcionados quando surgiram. No início do século passado, por exemplo, os movimentos feministas sufragistas foram apresentados como insurgentes, revolucionários, desobedientes à lei e à ordem, formados por mulheres com ódio aos homens, como se pode ver na charge acima.

> **_Veja outras charges em: http://historyo-ffeminism.com/anti-suffragette-post-cards-posters-cartoons/_**

Como os conceitos nem sempre são claros, vale a pena pesquisar e identificar a diferença entre cada um destes conceitos: machismo, feminismo, misoginia, misandria, sexismo, feminismo e humanismo.

No que se refere às suas principais bandeiras, os movimentos são plurais. Alguns se dedicam a lutar pela erradicação das desigualdades salariais em virtude de gênero, enquanto outros lutam pelo fim de qualquer forma de violência contra a mulher (violência doméstica, assédio e violência sexual etc.). Grupos há que se organizam a partir das suas reivindicações e experiências específicas, a exemplo das mulheres negras. Existem movimentos que lutam pela legalização indiscriminada do aborto, usando a tese de que "o corpo da mulher a ela pertente". Outros movimentos defendem o aborto como medida de saúde pública em casos emergenciais, vez que nos países periféricos, milhões de mulheres praticam abortos de forma clandestinas, com métodos que lhes levam à morte (BETONI, s/d).

1.3 - Ideologia de gênero

Esse conceito está relacionado com a ideia de identidade de gênero, que classifica os papéis do gênero como um produto histórico-cultural e político, definido ao longo da história e pautado por uma perspectiva patriarcal e heteronormativa da sociedade. Portanto, de acordo com essa ideologia, as pessoas nascem iguais e, ao longo da vida, vão construindo a sua própria identidade, seja como homem, mulher ou ambos. Segundo a professora Jimena Furlani, da Universidade do Estado de Santa Catarina, que atua na formação de educadores e profissionais da saúde e segurança pública para as questões de gênero, o termo foi usado pela primeira vez em 1998, em uma Conferência Episcopal da Igreja Católica realizada no Peru, cujo tema foi: A ideologia de gênero – seus perigos e alcances (DIP, 2016).

Atualmente, o termo tem sido amplamente utilizado, por religiosos católicos, protestantes e pentecostais, como forma de contraporem-se ao que consideram ser a difusão dessa ideologia, principalmente na educação. Conforme explica Dom Fernando Arêas Rifan, bispo da Administração Apostólica Pessoal São João Maria Vianney, Rio de Janeiro, em uma nota publicada pela Confederação Nacional dos Bispos do Brasil (CNBB) em 2015:

> AAs expressões gênero ou orientação sexual referem-se a uma ideologia que procura encobrir o fato de que os seres humanos se dividem em dois sexos. Segundo essa corrente ideológica, as diferenças entre homem e mulher, além das evidentes implicações anatômicas, não correspondem a uma natureza fixa, mas são resultado de uma construção social. (...) Os que

adotam o termo gênero não estão querendo combater a discriminação, mas sim desconstruir a família (...) e, deste modo, fomentam um estilo de vida que incentiva todas as formas de experimentação sexual desde a mais tenra idade".

Da parte de seus defensores, advoga-se que o que se busca não é a desconstrução das famílias, antes, da superação de conceitos fechados do que seja a mulher e o homem, quais são os seus papéis individuais e sociais, que acabam por justificar as desigualdades e violências cometidas contra indivíduos ou grupos sociais em virtude do gênero a que pertença.

2 - Teologia e questões de gênero

Disponível em: <http://3.bp.blogspot.com/>. Acesso em: 17 Mar. 2017.

Nesta seção, vamos analisar especificamente a relação entre o cristianismo e as questões de gênero a partir de alguns aspectos da leitura teológica, pois é na construção teológica que esta relação enfrenta seus maiores desafios. A teologia da criação e a antropologia teológica clássicas, assim como praticamente toda a teologia cristã, foram profundamente influenciadas pela filosofia grega e pela mentalidade patriarcal herdada do mundo antigo e, com isso, ela legitimou a subordinação hierárquica das mulheres aos homens, como uma das consequências da separação entre Salvação e Criação.

Um exemplo de busca de superação dessa mentalidade, conforme explica Candiotto (2011), é a busca realizada na teologia contemporânea de destacar a tese da complementariedade entre os gêneros, revitalizando a tipologia patrística de Cristo, como novo Adão (homem) cujo complemento é a Igreja, como nova Eva (mulher). Essa tipologia situa em um mesmo plano, humanidade e masculinidade, mas em planos diferentes, humanidade e feminilidade. Nesse sentido, a mediação feita através da perspectiva das relações de gênero, procura apontar os limites dessas antigas estruturas de subordinação e também possibilita teologicamente a constituição de novas subjetividades, que superem a objetivação das mulheres, predominante na teologia clássica. É nesse sentido que iremos refletir adiante através de alguns exemplos importantes.

2.1 - A leitura da criação na teologia clássica

Criação e salvação, durante muito tempo, foram situadas em planos diferentes por parte da reflexão teológica, devido à enorme influência do gnosticismo e do neoplatonismo sobre os teólogos da escola de Alexandria. Fílon de Alexandria, foi um dos primeiros pensadores que confrontaram Gn 2.7 e 18-24 com Gn 1.26-27, buscando identificar o papel do homem e da mulher na criação. Ele se inspira a interpretação judaica tardia, segundo a qual Gn 1,.26-27 deve ser lido na perspectiva de Gn 2.7, o que, por sua vez, resulta no primado de Adão e na subordinação da mulher. Com isso, o filósofo judeu-helenista distinguiu duas funções da alma humana, entre as quais uma superior que representa o homem e a outra inferior que representa a mulher (CANDIOTTO, 2011).

> ***Para saber mais sobre a influência da filosofia sobre a teologia, ver: MARASCHIN, Jaci. A Teologia dos Filósofos Gregos e a Teologia Cristã, 2004; e TILLICH, Paul. História do pensamento cristão. 4a. Ed. São Paulo : ASTE, 2007.***

O teólogo do período patrístico Agostinho de Hipona identificou-se com a interpretação do filósofo de Alexandria, o que pode ser visto em seu comentário da passagem de 1 Cor 11.7-9, que afirma que o homem "é a imagem e a glória de Deus; mas a mulher é a glória do homem, pois não é o homem que foi tirado da mulher, mas a mulher do homem. E o homem não foi criado para a mulher, mas a mulher, para o homem." (Bíblia, 1998). Ele analisa a imagem de Deus, refletida na Trindade, e argumenta:

> Como então ouvimos o Apóstolo afirmar que o varão é imagem de Deus, o que o leva a proibir cobrir a cabeça, mas não a mulher, à qual é preceituado o contrário? (1 Cor 11.7). Creio eu que a razão está no que já disse ao tratar da natureza humana, ou seja, que a mulher é com seu marido a imagem de Deus, de um modo que forma uma só imagem, a imagem de Deus, a totalidade da natureza humana. Mas enquanto é considerada como auxiliar do homem, o que diz respeito somente a ela, não é imagem de Deus. E pelo que se refere ao varão, o que se refere somente a ele, é imagem de Deus tão plena e integramente como o é em conjunto com a mulher. (Agostinho, 2008, p. 375).

Ainda que na condição de seres humanos (homo) mulheres e homens sejam imagens de Deus, o homem possui uma qualidade especial dessa imagem, sendo plenamente a imagem de Deus, enquanto a mulher, se desprovida do homem, não pode representar totalmente essa imagem. Conforme Gibellini (1988), em consequência dessa interpretação, o sexo masculino, para a teologia clássica, permanece sempre o sexo primeiro, perfeito e exemplar, ao passo que o sexo feminino é visto como sexo segundo, auxiliar e instrumental na ordem da criação: dualismo que só será abolido na perfeição escatológica.

Embora não possamos rastrear aqui todas as implicações posteriores dessa acepção, bem como possíveis afastamentos dessa lógica na teologia anterior ao século XX, podemos presumir que ela continua sendo majoritária no pensamento cristão contemporâneo.

2.2 - Androcentrismo e teologia

Androcentrismo é um termo cunhado pelo sociólogo Lester F. Ward, em 1903, e está intimamente ligado à noção de patriarcado. Entretanto, não se refere apenas ao privilégio dos homens, mas, também, à forma com a qual as experiências masculinas são consideradas como de todos os seres humanos e tidas como norma universal, sem dar o reconhecimento completo e igualitário à sabedoria e experiência feminina. É importante notar que o conceito de "androcentrismo" não é elaborado pelo movimento feminista, embora a crítica feminista seja importante para a denúncia de sua estrutura, pela qual – de maneira ingênua ou proposital – a condição humana é identificada com a condição de vida do homem adulto e do sexo masculino (MACHADO, 2007).

A teóloga Marie-Thèrèse van Lunen-Chenu (1988), descreve a presença androcêntrica na teologia clássica como sistemática, ainda em nossos dias. Segundo ela, o androcentrismo é total, sem falha e coercitivo, abrangendo todas as concepções teológicas e práticas magisteriais e ministeriais delas decorrentes. Ainda segundo a autora, a linha androcêntrica se estende das Escrituras aos enunciados dogmáticos de hoje, percorrendo todas as etapas da elaboração, interpretação, regulação, e atuando pelo jogo de uma autolegitimação constante. Isso quer dizer que o androcentrismo recorre a uma Tradição que, por sua vez, é monolítica e da qual as mulheres, de modo bastante preciso, nunca tomaram parte direta.

Nesse sentido, a teóloga Elizabeth Fiorenza propõe uma reconstrução teológica das origens cristãs, partindo de uma análise crítica histórica e teológica e de uma hermenêutica histórico-bíblica para "fazer memória" das discípulas mulheres e do que elas fizeram, tornando-se "herança" a ser lembrada e proclamada como boa nova do evangelho cristão (FIORENZA, 1992, p. 9-22).

Para um estudo mais detalhado dessa perspectiva, ver: Para uma interpretação não sexista da Bíblia, In: GIBELLINI, Rosino. A teologia do século XX. 3a. Ed. São Paulo : Edições Loyola, 2012, pp. 427-445.

3 - Violência de gênero e religião

Ao abordarmos o fenômeno da violência relacionando-o à questão de gênero e à religião, estamos entrando em um importante e difícil debate, que nos conduz a algumas importantes questões. A primeira é quanto à realidade da violência de gênero no Brasil, que muitas vezes não é enfrentada por nós por desconhecimento. A segunda é sobre como as igrejas podem ajudar a minorar o problema da violência gerada em virtude de gênero (contra a mulher, contra a comunidade gay, etc.).

3.1 - Violência contra as mulheres

Segundo levantamento realizado em 2014 pelo Sistema de Indicadores de Percepção Social (SIPS), do IPEA, 91% dos entrevistados concordaram com a afirmação "homem que bate na esposa tem que ir para a cadeia". Mas seria prematuro concluir, com base nesses resultados, que no Brasil não há tolerância à violência contra a mulher, pois na mesma pesquisa 58% dos entrevistados concordaram, total ou parcialmente, que "se as mulheres soubessem se comportar haveria menos estupros". 63% concordaram, total ou parcialmente, que "casos de violência dentro de casa devem ser discutidos somente entre os membros da família". 89% tenderam a concordar que "a roupa suja deve ser lavada em casa"; e 82% que "em briga de marido e mulher não se mete a colher" (IPEA, 2014, p. 3).

Os dados gerais da pesquisa sugerem que a aparente contradição de parte expressiva dos entrevistados que tenderam a concordar tanto com as últimas sentenças quanto com a que preconiza a prisão para o marido violento – que poderia ser visto como intromissão da "colher" do Estado na lavagem da roupa suja do casal – pode ser explicada pelo motivo de que em nossa cultura ainda prevalece "uma visão de família nuclear patriarcal", onde o homem ainda é percebido como o chefe da família (IPEA, 2014, p. 3). Ainda segundo registros do IPEA, 89% das vítimas de estupro no Brasil são do sexo feminino e em geral têm baixa escolaridade. Desse total, 70% são crianças e adolescentes e em metade das ocorrências envolvendo crianças, há um histórico de estupros anteriores. 70% dos estupros são cometidos por parentes, namorados, amigos ou conhecidos da vítima (IPEA, 2014b, p. 26).

Com relação ao patriarcalismo, é fato que ele esteja presente no próprio texto bíblico, ainda que em meio a muitas ambiguidades, visto ter sido produzido em um contexto cultural patriarcal, ele também contém, paradoxalmente, passagens libertárias que parecem favorecer a causa dos direitos das mulheres e a tese de que, em seus princípios gerais, o texto sagrado é essencialmente humanizador, em particular quando é lido contra o pano de fundo dos contextos socioculturais em que surgiram, contextos estes muito menos favoráveis às mulheres e aos oprimidos em geral (GOUVÊA, 2008).

3.2 - Homossexualidade, religião e violência

A natureza do relacionamento entre as diferentes religiões existentes e a homossexualidade, no tempo e no espaço, é marcada por razoável variação, indo desde a tolerância completa da conduta até a condenação à pena de morte dos envolvidos. Egito, Babilônia, Canaã, Grécia e Roma possuem visões plurais sobre o assunto (PEREIRA, 1981).

Herdeiro da tradição judaica e cristã, grega e romana, o Ocidente passou pela secularização do Estado, fenômeno que alterou os limites que o Estado e o Direito possuíam na determinação da vida pessoal e social de seus cidadãos. É possível observar tanto a limitação imposta ao Estado, de tentar punir a homoafetividade, como também o reconhecimento de que o Estado não possui legitimidade para impedir o casamento entre pares homossexuais, como tem sido o caso dos Estados Unidos e Brasil.

No que toca aos desafios da reflexão desta aula, as questões que entram em debate referem-se à análise dos valores religiosos em relação ao pluralismo social, à violência física sofrida pela comunidade LGBT e, por fim, aos desafios de convivência nos espaços sociais.

As violações dos direitos humanos que vitimizam a população LGBT no Brasil constituem um padrão que envolve diferentes espécies de abusos e discriminações e costumam ser agravadas por outras formas de violências, ódio e exclusão, baseadas em aspectos como idade, religião, raça ou cor, deficiência e situação socioeconômica. O homicídio é apenas uma das entre várias outras violências consideradas "menores", como discriminações e agressões verbais e físicas dos mais variados tipos. Em 2013, foram registradas pelo Disque Direitos Humanos (Disque 100) 1.695 denúncias de 3.398 violações relacionadas à população LGBT, envolvendo 1.906 vítimas e 2.461 suspeitos (SDH, 2016). (Charge: < http://desmotivaciones.es/1300144/Tolerancia >).

Neste contexto, pergunta-se à tradição cristã, quais são os valores de seu catálogo milenar podem ajudar a dirimir o problema da violência cometida contra a população LGBT. Este debate pode ser melhor elucidado, através da ilustração de Dixon Diaz, em um diálogo entre os personagens das tirinhas do Charlie Brow e Snoopy. Nos quadrinhos, Lucy afirma ao Lino que precisamos hoje voltar à pratica dos valores cristãos bíblicos. Vejamos:

Tradução:

> Lucy: A América deveria voltar aos princípios cristãos bíblicos!
> Lino: Então nós deveríamos alimentar e abrigar os pobres?
> Lucy: Não, eu não quero gastar com pessoas preguiçosas.
> Lino: Deveríamos visitar e confortar os prisioneiros?
> Lucy: Não, eles não merecem isto.
> Lino: Deveríamos pagar nossos impostos, sem nos sentirmos penalizados?
> Lucy: Não, esse é o meu dinheiro e eu o quero par mim.
> Lino: Nós deveríamos mostrar amor e misericórdia gratuitamente?
> Lucy: Não, isto aí deve ser por merecimento.
> Lino: Deveríamos evitar a violência?
> Lucy: Não, nós temos excluir/discriminar os bandidos.
> Lino: Deveríamos ser graciosos para com os imigrantes e estrangeiros?
> Lucy: Não, eles não deveriam estar aqui.
> Lino: Nós deveríamos procurar o fim da injustiça social no mundo?
> Lucy: Não, isto não é problema nosso.
> Lino: Então de que princípios você está falando?
> Lucy: Oposição ao casamento gay!

Disponível em: < http://beforeitsnews.com/opinion-conservative/2013/03/two-wonderful-cartoons-from-dixon-diaz-about-abortion-and-moral-relativism-2610946.html>. Acesso em: 20 jun. 2017.

De um lado, temos o desafio da tolerância em relação aos diferentes, em uma sociedade que é cada vez mais plural. As instituições cristãs contemporâneas conseguem separar Estado Laico, da religião cristã, e ainda lutar pelo fortalecimento da democracia, quando nisto implicar em identificar hierarquias de valores e agir a partir destas hierarquias valorativas? Ainda, o Cristianismo alinha-se aos regimes totalitários, negadores da alteridade, das diferenças culturais e morais, caindo indiferente em relação à discriminação e violência cometida contra grupos sociais vulneráveis, ou se insere dentro das grandes tradições e instituições garantidoras da dignidade humana, marcadas pelo pluralismo e diferenças culturais?

De outro lado, temos o desafio da ação afirmativa em prol de grupos estigmatizados e discriminados. Deve o Cristianismo juntar-se ao Estado na luta contra a discriminação que a população LGBT sofrem em seus locais de trabalho, ambientes de estudos, lugares públicos e privados, entre outros?

3.3 - Religião e enfrentamento da violência de gênero

Historicamente, as religiões pouco têm protagonizado em prol de mudanças sociais no que se refere à superação da noção de subordinação feminina. Não raras vezes, reforçam representações de subordinação. Isso tem implicações diretas sobre a representação e autorrepresentação das mulheres como sujeitos sem direito, o que afeta diretamente o campo sociopolítico da produção e execução de políticas públicas. Porém, os discursos e ritos religiosos contemporâneos, particularmente os cristãos, têm se rearranjado a partir das novas demandas trazidas pela modernidade, inclusive no que se refere aos aspectos de gênero (SOUZA, 2007).

Portanto, a religião (e mais particularmente o cristianismo) tem papel fundamental na produção social de significados. Ela exerce uma importante função de produção e reprodução de sistemas simbólicos que têm influência direta sobre as relações sociais de sexo. As representações sociais acerca do homem e da mulher, portanto, não podem ser entendidas sem lançarmos o olhar sobre a religião e suas implicações sobre a construção social desse homem e dessa mulher (SOUZA, 2007). Para Vilhena (2013), a teologia constitui-se uma poderosa e efetiva ferramenta para a construção saudável de relações de gênero, nas quais homens, mulheres e instituições devem estar focados em erradicar a violência. Portanto, o desafio igreja é repelir toda estrutura autoritária, que venha tolerar a presença de violências, inclusive as de gênero. Os púlpitos não podem desprezar os índices alarmantes apresentados acima.

3.4 - Estabelecimento de políticas públicas

Políticas públicas são diretrizes e princípios norteadores de ação do poder público que, ao mesmo tempo, se transformam ou se organizam em regras, procedimentos e ações entre o poder público e a sociedade. Elas estabelecem relações/mediações entre atores da sociedade e do Estado e, dessa forma, se constituem em uma das formas de interação e de diálogo entre o Estado e a sociedade civil, por meio de diretrizes e princípios norteadores de ações, regras e procedimentos que alteram a realidade social. Vale ressaltar que a articulação de tais ações com a perspectiva de gênero é recente no Brasil. Historicamente, elas eram desenhadas e aplicadas por grupos sociais que dominavam a sociedade – geralmente composta por homens brancos, com alta escolaridade e concentração de renda. As mulheres não estavam presentes na política, nem na tomada de decisões, tampouco como suas destinatárias específicas .

A dificuldade de estabelecimento de políticas públicas voltadas para mulheres ou para a comunidade LGBT esbarra, entre outros fatores, nos sentidos de gênero que se produzem e reproduzem na sociedade, sentidos que guardam em si violências sutis de um contexto de dominação institucionalizada e subjetivada (SOUZA, 2007). O desafio enfrentado pelos cristãos, nesse sentido, é de considerar o todo de seu catálogo de valores morais e doutrinários, e fazer sobressair aqueles princípios capazes de construir uma sociedade onde a intolerância e a violência sejam cada vez mais desestimulada, e as pessoas sejam cuidadas independente de suas diferenças individuais.

Para isso, é preciso pensar a teologia e a espiritualidade como fomentadoras de acolhimento, respeito e tolerância ao diferente, incluindo nos discursos e práticas religiosas a promoção da segurança desses grupos. São espiritualidades que pensam o ser humano em sua integralidade, buscando a superação da violência como instrumento da manifestação do Reino de Deus, marcada pela simplicidade, pelo amor solidário, pela compaixão e pela teologia da graça.

3.5 - Educação e violência de gênero

Se as desigualdades e violências provenientes das relações de gênero são resultantes de constructos sociais que necessitam ser enfrentados e desnaturalizados, a educação ocupa um lugar preponderante nesse processo. Tais questões podem ser amplamente discutidas no processo educacional e nas relações escolares, sendo um campo propício para se articular um profundo debate. Ao mesmo tempo, as desigualdades de gênero tradicionalmente permeiam a história educacional, continuando até nossos dias, como reflexo das estruturas sociais que resistem a mudanças.

As práticas em sala de aula e no cotidiano escolar precisam privilegiar discussões no campo da saúde, da sexualidade, da noção de papel social de homens e mulheres, com o objetivo de fomentar uma cultura de respeito, igualdade e convivência com o diferente na sociedade. Segundo pesquisa da Universidade Federal de São Carlos (UFSCar), 32% dos homossexuais entrevistados afirmaram sofrer preconceito em sala de aula e que os educadores não souberam reagir apropriadamente diante das agressões ocorridas no ambiente escolar. A professora e pesquisadora Viviane Melo de Mendonça, organizadora da pesquisa, afirma que é preciso "pensar em ações na escola em uma perspectiva da educação para diversidade e, desse modo, para uma educação que combata a discriminação, os preconceitos e as violências de gênero". Ainda conforme a pesquisadora, a escola tem que ser um espaço aberto à reflexão e de acolhimento aos alunos em sua individualidade e liberdade de expressão, para a promoção da diversidade e dos direitos humanos nas escolas (GELEDÉS, 2017).

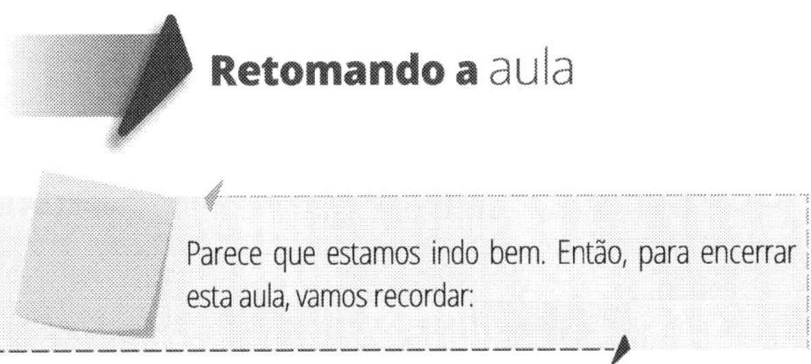

1 – Definições e conceitos

Nessa seção, vimos o debate sobre gênero surgido a pouco mais de um século e tem se tornado importante nas questões que envolvem o pensamento religioso e, consequentemente, a teologia. Nesse sentido, as teologias feministas têm lutado em busca de hermenêuticas que superem a discriminação da mulher e promovam novas leituras do texto Sagrado. Contudo, essas teologias são diversas, tendo correntes mais conciliadoras e outras mais críticas, que estabelecem forte confronto com áreas conservadoras do cristianismo.

2 – Teologia e questões de gênero

É na construção teológica que a relação entre cristianismo e as questões de gênero enfrenta seus maiores desafios, pois a teologia cristã, foi profundamente influenciada pela filosofia grega e pela mentalidade patriarcal herdada do mundo antigo e com isso, ela legitimou a subordinação hierárquica das mulheres aos homens, como uma das consequências da separação entre Salvação e Criação.

3 – Violência de gênero e religião

Nessa seção, nosso objetivo foi sensibilizá-los sobre como a violência de gênero é um tema importante em nossa sociedade e, graças a conceitos muito naturalizados e sedimentados na cultura, muitas vezes é tratada de forma descuidada, ou mesmo conivente pelos atores sociais. Vale ressaltar que tanto no caso das mulheres como dos homossexuais, uma das consequências da falta de sensibilidade ao tema tem sido a crescente onda de violência, que pode ser motivada por preconceitos de origem religiosa. Outro ponto importante para nossa reflexão é sobre como a religião e a teologia subjacente à ela podem ser tanto legitimadoras da violência como trabalhar contra ela, dependendo das opções hermenêuticas e práticas tomadas.

Embora o debate sobre as questões de gênero possa ser desconfortável, ele é indispensável à prática teológica, o que requer aprofundamento teórico e conceitual, bem como uma reflexão contínua na busca de alternativas às polarizações e radicalismos que impossibilitam o diálogo.

Vale a pena

Vale a pena **ler**

AGOSTINHO. *A Trindade.* São Paulo: Paulus, 2008.

BARRETO, Maria Cristina R.; OLIVEIRA, José E. *A inclusão de homossexuais no protestantismo.* Revista Brasileira de História & Ciências Sociais, Vol. 4 No 8, Dezembro de 2012. Disponível em: <https://www.rbhcs.com/rbhcs/article/download/160/154>.

BARROS, Marcelo. *O parto difícil de uma profecia erótica:* o fundamentalismo religioso e a questão de gênero. Revista Mandrágora - Gênero, Fundamentalismo e Religião, n. 14, 2008. Disponível em: <https://www.metodista.br/revistas/revistas-ims/index.php/MA/article/view/700/701>.

BETONI, Camila. *Feminismo.* InfoEscola, s/d. Disponível em: <http://www.infoescola.com/sociologia/feminismo/>.

BEDINELLI, Talita. *Católicos e evangélicos em cruzada contra a palavra gênero na educação.* EL PAIS On-Line. São Paulo 11 Jun. 2015. Disponível em: <http://brasil.elpais.com/brasil/2015/06/11/politica/1434059650_940148.html>.

CANDIOTTO, Jaci F. S. *A leitura da criação e da antropologia teológica a partir das relações de gênero.* INTERAÇÕES - Cultura e Comunidade / Uberlândia / v. 7 n. 11 / p. 147-163 / jan./jun., 2011. Disponível em: <http://periodicos.pucminas.br/index.php/interacoes/article/view/6194/5720>.

Conceito de violência de gênero – *O que é, Definição e Significado.* Disponível em: <http://conceito.de/violencia-de-genero#ixzz4Tb522Top>.

DIP, Andrea. *Existe "ideologia de gênero"? Agência de reportagem e jornalismo investigativo, Pública, Direitos Humanos.* Disponível em: <http://apublica.org/2016/08/existe-ideologia-de-genero/>.

GÊNERO. *Dicionário de significados.* Disponível em: <https://www.significados.com.br/genero/>.

GELEDÉS – *Instituto da Mulher Negra.* Não é 'ideologia de gênero', é educação e deve ser discutido nas escolas, diz pesquisadora. 26/03/2017. Disponível em: <https://www.geledes.org.br/nao-e-ideologia-de-genero-e-educacao-e-deve-ser-discutido-nas-escolas-diz-pesquisadora/#gs.lzULHnA>.

GIBELLINI, Rosino. *A outra voz da teologia:* esboços e perspectivas de teologia feminista. In: LUNEN-CHENU, M. T.; GIBELLINI, R. Mulher e Teologia. São Paulo: Loyola, 1988.

______. *A teologia do século XX.* 3a. Ed. São Paulo : Edições Loyola, 2012.

GOUVÊA, Ricardo Q. *A condição da mulher no fundamentalismo:* reflexões transdisciplinares sobre a relação entre o fundamentalismo religioso e as questões de gênero. Revista Mandrágora, n. 14, 2008. Disponível em: <https://www.metodista.br/revistas/revistas-ims/index.php/MA/article/view/693>.

FIORENZA, Elisabeth S. *As origens cristãs a partir da mulher:* uma nova hermenêutica. São Paulo : Edições Paulinas, 1992.

IPEA. *Tolerância social à violência contra as mulheres.* SIPS – Sistema de indicadores de percepção social. 2014. Disponível em: <http://ipea.gov.br/portal/images/stories/PDFs/SIPS/140327_sips_violencia_mulheres.pdf>.

_______. *Estupro no Brasil:* uma radiografia segundo os dados da Saúde. Nota técnica n. 11, 2014b. Disponível em: <http://www.ipea.gov.br/portal/images/stories/PDFs/nota_tecnica/140327_notatecnicadiest11.pdf>.

LUNEN-CHENU, Marie-Thèrèse van. Mulheres, feminismo e teologia. In: LUNEN-CHENU, M. T.; GIBELLINI, R. *Mulher e Teologia.* São Paulo: Loyola, 1988.

LOYOLA, José R. A. *A mulher e a realidade Latino-Americana:* uma análise da teoria da dependência a partir da perspectiva de gênero. Revista Mandrágora, v.22. n. 1, 2016, p. 45-68. Disponível em: <https://www.metodista.br/revistas/revistas-ims/index.php/MA/article/view/5983/5203>.

MACHADO, Marta M. A. *Para uma Hermenêutica dos Poderes:* Sobre discursos da teologia feminista e Escritura. Âncora - Revista Digital de Estudos em Religião, Volume 2 - Junho 2007. Disponível em: <http://www.revistaancora.com.br/revista_2/02.pdf>.

MARASCHIN, Jaci. *A Teologia dos Filósofos Gregos e a Teologia Cristã.* Revista Eletrônica Correlatio n. 5 - Junho de 2004. Disponível em: <https://www.metodista.br/revistas/revistas-metodista/index.php/COR/article/download/1779/1764>.

OLIVEIRA, Glaucia Fontes de. *Violência de gênero e a lei Maria da Penha.* Conteúdo Jurídico, Brasília-DF: 06 out. 2010. Disponível em: <http://www.conteudojuridico.com.br/?artigos&ver=2.29209>.

PEREIRA, Aldo. *Vida Intima* - Enciclopédia do amor e do sexo. Vol. 3. São Paulo : Abril Cultural, 1981.

SANTOS, José Alcides Figueiredo. *Classe social e desigualdade de gênero no Brasil.* Dados [online]. 2008, vol.51, n.2, pp.353-402. Disponível em: <http://www.scielo.br/scielo.php?script=sci_arttext&pid=S0011-52582008000200005&lng=en&nrm=iso>.

SDH – *Secretaria Especial de Direitos Humanos do Ministério das Mulheres, da Igualdade Racial e dos Direitos Humanos.* Relatório de Violência Homofobia no Brasil: ano 2013. Brasília, 2016.

SOUZA, Sandra D. *Violência de gênero e religião:* alguns questionamentos que podem orientar a discussão sobre a elaboração de políticas públicas. Revista Mandrágora, v. 13, n. 13, 2007. Disponível em: <https://www.metodista.br/revistas/revistas-ims/index.php/MA/article/view/5538>.

TILLICH, Paul. *História do pensamento cristão.* 4a. Ed. São Paulo : ASTE, 2007.

VIULA, Sergio. *Candomblé e pessoas LGBT.* AASA: Ateus e Agnósticos – Sociedade Ateísta, 2015. Disponível em: <https://aasaoficial.wordpress.com/2015/01/31/candomble-e-pessoas-lgbt/>.

Vale a pena **assistir**

Revolução em Dagenham – 2010 – Direção: Nigel Cole

Este é um filme baseado na Greve de 1968 na fábrica de automóveis da Ford em Dagenham, onde as mulheres trabalhadoras lutaram e protestaram pelos seus direitos e contra a discriminação sexual.

Terra Fria – 2005 – Direção: Niki Caro

Mãe solteira, Josey Aimes, é parte do grupo das primeiras mulheres a trabalharem em minas de ferro, em Minnesota. Os homens ficam ofendidos por terem que trabalhar com mulheres. Assim, trabalhadores das minas em Eveleth, submetem Josey a assédio sexual. Consternada com o fluxo constante de insultos, linguagem sexual explícita, e abuso físico, ela decide, apesar de ser advertida pela família e amigos, abrir uma histórica ação judicial contra assédio sexual.

Preciosa - Uma História de Esperança – 2009 – Direção: Lee Daniels

Grávida de seu próprio pai pela segunda vez, Claireece "Preciosa" Jones de 16 anos, não sabe ler nem escrever e sofre abuso constante nas mãos de sua mãe. Instintivamente, Preciosa vê uma chance de mudar de vida quando ela tem a oportunidade de ser transferida para uma escola alternativa. Sob a orientação firme e paciente de sua nova professora, Sra. Rain, Preciosa começa a viagem da opressão para autodeterminação.

Que Horas Ela Volta? – 2015 – Direção: Anna Muylaert

A pernambucana Val se mudou para São Paulo com o intuito de proporcionar melhores condições de vida para a filha, Jéssica. Anos depois, a garota lhe telefona, dizendo que quer ir para a cidade prestar vestibular. Os chefes de Val recebem a menina de braços abertos, porém o seu comportamento complica as relações na casa.

As Sufragistas – 2015 – Direção: Sarah Gavron

Inspirado no movimento sufragista do final do século XIX e início do XX, na Inglaterra, o drama "As Sufragistas" retrata a vida de um grupo de mulheres que resistia à opressão de forma passiva, sendo ridicularizadas e ignoradas pelos homens. A partir do momento em que começam a encarar uma crescente agressão da polícia, elas decidem se rebelar publicamente. Um dia, após sair da lavanderia em que trabalha, Maud se assusta com o caos de um protesto e acaba reconhecendo uma companheira de trabalho entre os manifestantes. A partir desse momento, a personagem decide reivindicar seus direitos como mulher e a lutar por sua dignidade.

Minhas anotações

Aula 9º

Religião e desigualdade social

Nesta aula, partirmos do pressuposto de que existem relações inexoráveis entre religião e questões sociais relacionadas à justiça e a igualdade entre os seres humanos. O conceito de desigualdade social é um guarda-chuva que compreende diversos tipos de desigualdades, como de oportunidade, escolaridade, renda, gênero etc. De modo geral, a mais conhecida é a desigualdade econômica, que é chamada imprecisamente de desigualdade social. Porém, ela é muito importante, pois estimativas mostram que 1% da população mundial possui tanto dinheiro líquido e investido quanto os 99% restantes da população mundial, segundo a Organização para a Cooperação e o Desenvolvimento Econômico (OCDE). Essa enorme disparidade entre privilegiados e o resto da Humanidade, longe de diminuir, continua aumentando desde o início da Grande Recessão, em 2008.

No Brasil, a desigualdade social tem sido um cartão de visita para o mundo, pois é um dos países mais desiguais que temos notícia. Segundo dados da ONU, em 2005 o Brasil era a 8º nação mais desigual do mundo. O índice Gini, que mede a desigualdade de renda, divulgou em 2009 que a do Brasil caiu de 0,58 para 0,52 (quanto mais próximo de 1, maior a desigualdade), porém, esta ainda é gritante. Nossa aula procura refletir sobre essa situação e o papel da religião em seu combate.

Boa aula!

Objetivos de aprendizagem

Ao término desta aula, o aluno será capaz de:

- compreender o contexto e a situação desigualdade social no mundo e no Brasil;
- diferenciar os conceitos de desigualdade social;
- compreender o conceito de justiça social como forma de engajamento nas questões sociais a partir da religião;
- compreender o problema da corrupção como agente de produção de desigualdade social.

Seções de estudo

1 – Desigualdade social no Brasil – causas e consequências
2 – Religião e justiça social
3 – Pode a religião contribuir para a paz e justiça social?

1 - Desigualdade social no Brasil – causas e consequências

As desigualdades que encontramos no complexo social podem ter diferentes causas e origens, tais como posses materiais, raça, sexo, cultura, entre outros. Em nossa sociedade, podemos ver indivíduos e grupos que vivem em absoluta miséria e outros que vivem em mansões rodeados de luxo e ostentação, com mesa farta todos os dias, enquanto muitos não têm sequer o que comer. Em cada sociedade existem desigualdades em maior ou menor grau, e elas assumem feições distintas porque são constituídas por um conjunto de elementos econômicos, políticos e culturais próprios de cada sociedade e que variam em diferentes períodos de sua história.

Segundo relatório da ONU de 2010, as principais causas da desigualdade social são a falta de acesso à educação de qualidade, políticas fiscais injustas, baixos salários e dificuldade de acesso aos serviços básicos, tais como saúde, transporte público e saneamento básico.

1.1 - Breve contexto histórico da desigualdade

Disponível em: <https://3.bp.blogspot.com>. Acesso em: 17 Mar. 2017.

A origem da desigualdade social na humanidade está diretamente ligada às relações de poder, entre outros fatores, que desde sempre estiveram presentes nas relações humanas. No ser humano primitivo, estava presente pelo uso da força e da inteligência, pelas quais se estabelecia domínio e liderança sobre os demais, gerando, assim, as primeiras relações de desigualdade social conhecidas no mundo. Uns detinham as melhores partes da caça, as melhores companheiras sexuais, as melhores habitações, enquanto que outros eram fadados a morrer de fome ou nos próprios enfrentamentos, com os seus semelhantes mais fortes e inteligentes.

Ao longo dos séculos, com a evolução da humanidade e as consequentes mudanças ocorridas, essas relações desiguais também apresentaram um aumento, como reflexo dessas mudanças. Na sociedade do período medieval os tipos de desigualdade se davam na relação de poderio entre senhores e vassalos, monarquia e plebe. Com o advento das relações comerciais, os tipos de desigualdades sociais foram se tornando mais e mais complexos e crescentes, principalmente após a revolução industrial que potencializou as relações comerciais em todo o mundo.

Jean-Jacques Rousseau, em sua obra Discurso sobre a origem e os fundamentos da desigualdade entre os homens (1754), dividiu a desigualdade social em dois tipos: a física ou natural, que é estabelecida por fatores como força física, de idade, condições de saúde e até mesmo a qualidade de espírito do indivíduo; e a desigualdade moral e política, que era mais uma espécie de senso comum entre a sociedade, que uma convenção autorizada e consentida pela maioria das pessoas. Na concepção de Karl Marx, a desigualdade social é um fenômeno causado pela divisão de classes, na qual as classes dominantes se utilizavam da miséria gerada pela desigualdade social como instrumento de manter o domínio estabelecido sobre as classes dominadas, numa espécie de ciclo. Para Marx, a desigualdade é sempre ditada por aqueles que detêm os meios de produção, sobre os que detinham apenas a sua força de trabalho.

Fonte: http://desigualdade-social.info/contexto-historico.html

1.2 - Desigualdade social no Brasil

A desigualdade social no Brasil remonta ao período colonial, em que Portugal detinha os recursos advindos do próprio Brasil, como a exploração do pau-brasil, da cana-de-açúcar e posteriormente do ouro, além da produção agrícola da era do café. Tais recursos eram administrados por pessoas designadas pela coroa, cuja relação de desigualdade dava-se entre os senhores e os escravos. Com o fim da escravatura no Brasil, a economia passou a girar em torno da produção agrícola, e até a década de 1930, era a principal fonte de recursos do país, que funcionava no sistema de agro-exportação, que devido à grande riqueza do país em ter uma produção agrícola elevada, foi dando meios para que o estado fornecesse as ferramentas políticas e financeiras necessárias para implantação da indústria no Brasil. Junto com o desenvolvimento econômico, cresceu também a miséria, as disparidades sociais, a flagrante concentração de renda, o desemprego, a fome e as consequentes desnutrição e mortalidade infantil, a baixa escolaridade e a violência. Essas são expressões do grau a que chegaram as desigualdades sociais no Brasil.

Ibidem.

1.3 - Consequências e enfrentamento da desigualdade social

Embora a desigualdade social seja um problema presente em praticamente todos os países, no Brasil é um problema que afeta grande parte dos brasileiros, embora nos últimos anos as estatísticas apontem para sua diminuição. Resultados da Pesquisa Nacional por Amostra de Domicílios (Pnad-2011) na avaliação do Instituto de Pesquisa Econômica Aplicada (Ipea), demonstram a diminuição da pobreza e consequentemente da desigualdade social no Brasil. Os dados mostram que apesar de termos sido ranqueados entre as oito potências econômicas do mundo, também estamos entre os oito países com maior índice de desigualdade econômica do mundo.

A análise da situação brasileira revela que de seus mais de 200 milhões de habitantes, apenas uma pequena quantidade, ou menos de 20%, possui hoje condições de educação e padrão de vida que podem ser comparados a países desenvolvidos. Os outros 80% encontram-se em níveis mais modestos, podendo em alguns casos ser comparados aos padrões dos países com os piores índices de miséria do mundo. Como consequência da desigualdade social, temos os grandes problemas que nos afetam diretamente, tais como:

- aumento das favelas nas grandes cidades, com proliferação nas cidades do interior;
- crescimento de fome e de miséria em todos os centros urbanos;
- altos índices de mortalidade infantil, desemprego e da criminalidade;
- atraso no desenvolvimento econômico da nação;
- dificuldade de acesso a serviços básicos de saúde, transporte público, saneamento básico e educação.

Como sociedade, o Brasil deve entender que sem um efetivo Estado democrático não teremos condições de combater ou reduzir a desigualdade social. Cabe ao conjunto da sociedade criar meios para o desenvolvimento social e estabelecimento de regras que minimizem a atual situação de desigualdade e injustiça.

Fonte: Desigualdade Social no Brasil e no Mundo. Disponível em: <http://portalsuaescola.com.br/desigualdade-social/>

1.4 - Desigualdade e corrupção

Depois de entendermos as possíveis causas históricas da desigualdade social no Brasil, devemos abordar provocativamente uma questão que marca nossa nação durante o presente período – a corrupção e sua influência sobre a desigualdade social. Nesse sentido, devemos introduzir a discussão perguntando se a corrupção é causa ou consequência da desigualdade econômica, com reflexo em todas as esferas da desigualdade social.

Disponível em: <http://1.bp.blogspot.com/>. Acesso em: 17 Mar. 2017.

Para Michael Sandel, autor de dois livros publicados em português, "Justiça – O que é fazer a coisa certa" (2012) e "O que o dinheiro não compra: Os limites morais do mercado" (2012), a corrupção cresce e a democracia sofre na medida em que as desigualdades aumentam em uma sociedade. Para ele, o abismo social que existe no Brasil é a grande fonte da corrupção, pois em uma sociedade em que as pessoas de diferentes origens e modos de vida não possam compartilhar as mesmas experiências – as mesmas escolas, opções de moradia, de lazer e outras – a democracia é enfraquecida de muitas formas. Suas leis, por exemplo, podem se tornar distantes da realidade vivida pelas comunidades marginalizadas (WEISS, 2016).

Entidades como o Banco Mundial chegaram à conclusão de que a corrupção emperra o desenvolvimento e, portanto, "há uma relação muito clara entre a corrupção e a pobreza", diz o economista Daniel Kauffman, do Banco Mundial. Essa linha de raciocínio é corroborada pela cientista política Susan Rose-Ackerman, da Universidade de Yale, nos Estados Unidos, ao afirmar que um país com alto nível de corrupção pode até ter crescimento econômico - mas tende a ser ineficiente e afastar investidores estrangeiros. Portanto, para a pesquisadora, a corrupção não apenas emperra o crescimento da economia, mas tende a aumentar as desigualdades sociais em um país.

O Banco Mundial afirma ter indicações estatísticas que apontam para uma relação direta entre a corrupção e as distorções encontradas em uma sociedade. Novamente citando o economista Daniel Kauffman: "Nossos dados mostram que os países que conseguiram controlar a corrupção têm uma renda per capita quatro vezes mais alta do que aqueles que ainda têm altos índices de corrupção". Ele ainda acrescenta que "menos corrupção também está relacionada a menores índices de analfabetismo e de mortalidade infantil, além de maiores fluxos de investimento" (GOMEZ; AMARAL, 2002).

Destarte, mesmo a partir de uma análise tão sucinta como a nossa, pode-se concluir que a corrupção está presente, endemicamente, na manutenção da desigualdade social e dificulta seu combate. O economista Claudio Considera explica que:

> Quando existe a corrupção, o governo deixa de fazer o que deveria. No caso das obras públicas, por exemplo, quando desvia-se dinheiro para pessoas corruptas, a empresa também deixa de cumprir com suas obrigações. Isso faz com que uma obra de saneamento por exemplo, saia muito mais cara. A empresa executora acaba cobrando um valor muito mais alto pela obra.

Portanto, para ele, a corrupção é um fator preocupante da vida pública brasileira e contribui para a péssima qualidade dos serviços públicos essenciais como educação, saúde, moradia, saneamento básico, mobilidade urbana oferecidos à população. Ele cita como exemplo, o caso do Mensalão: "Tem-se um desvio direto comprovado de R$ 55 milhões, mas esse valor representaria apenas uma parcela do total desviado, que seria de R$350 milhões". O economista ainda adverte que quando uma empresa paga suborno a um administrador público ela também recebe valores muito maiores do que ela receberia se não houvesse corrupção. Portanto:

> O recurso desviado para a corrupção é muito significativo, na medida em que o agente público deixa de fiscalizar um serviço ou uma obra, ao mesmo tempo em que a empresa que está no esquema acaba cobrando a mais. Esse "ganhar a mais" também é muito grave". Na análise do economista, o suborno pago ao agente público somado ao que as empresas recebem a mais representam o custo pago pela sociedade. "A população não se dá conta de que o custo econômico da corrupção é muito alto" (MILLENIUM, 2016).

2 - Religião e justiça social

O conceito de justiça social parte do princípio de que todos os indivíduos de uma sociedade têm direitos e deveres iguais em todos os aspectos da vida social. Nesse sentido, há garantia de todos os direitos básicos, como saúde, educação, justiça, trabalho e manifestação cultural. Tal conceito parte da ideia de que não é possível falar em desenvolvimento social considerando apenas o crescimento econômico e, portanto, a

Disponível em: <http://queconceito.com.br/>. Acesso em: 17 Mar. 2017.

noção de justiça social está atrelada à construção do que é chamado de Estado de Bem-Estar Social, isto é, um tipo de organização política que prevê que o Estado de uma nação deve prover meios de garantir seguridade social a todos os indivíduos sob a sua tutela, o que significa que o acesso a direitos básicos e as ações de seguridade social devem ser estendidos a todos (RODRIGUES, s/d).

2.1 - Influência da religião na sociedade

Como vimos nas três primeiras aulas, depois de milênios no centro da vida social, nos dois últimos séculos a religião foi sendo relegada, pois previa-se que, com o avanço da sociedade moderna sua influência seria profundamente reduzida e, conforme alguns autores, ela poderia desaparecer. Contudo, nesse início de milênio, o que vemos não corresponde a essas previsões. O mundo não deixou de ser religioso, embora a religião, de forma geral, esteja se transformando e ganhando novos aspectos e ocupando lugares diferentes. Apesar disso, não se pode negar que ela continua sendo fundamental para grande parcela da população mundial, inclusive no Brasil, para a formação de sua visão de mundo.

Como explicou Émile Durkheim, em "As formas elementares da vida religiosa" (1996), a verdadeira função da religião não é nos fazer pensar, enriquecer nosso conhecimento, mas sim nos fazer agir e nos ajudar a viver. Portanto, podemos afirmar que a religião norteia as ações de seus adeptos, difundindo valores que estão arraigados na cultura, inclusive na nossa. Em sua dimensão institucional, em conformidade com os sociólogos, a religião também serve como fonte de controle social. Ela, portanto, pode ser instrumentalizada para conduzir o pensamento de um grupo para uma determinada direção, que depende da vontade de seus líderes.

Como vimos em aula anterior, um desses caminhos pode ser a intolerância e a consequente violência de caráter religioso, ou mesmo a intensificação da violência de gênero, pois o fundamentalismo e a intolerância nascem do radicalismo e da ausência de respeito mútuo entre adeptos de religiões diferentes. Há, também, na relação institucional entre religião e política, a possibilidade de instrumentalização da religião para fins políticos, através da tentativa de manipulação da opinião dos adeptos, bem como da indução do voto. Estes e outros exemplos servem-nos para introduzir a reflexão sobre o papel da religião no combate à desigualdade social.

Particularmente no cristianismo e mais especificamente no caso brasileiro, a intervenção social e o discurso crítico sobre as questões sociais variou, dependendo dos jogos de poder entre as tradições religiosas mais importantes numericamente e os poderes políticos. Na segunda metade do século XX, o advento de teologias como a da Libertação (TdL) e a da Missão Integral (TMI), demonstram o interesse e a preocupação de que teoria e práxis religiosa não estejam alienadas dos temas urgentes da sociedade.

2.2 - Teologia e justiça social

Na Bíblia, a justiça é apresentada com vários sentidos diferentes e complementares. No Antigo Testamento, um primeiro sentido é o das preposições legais do Pentateuco como sinal da fidelidade à aliança com Deus, ou ainda como os costumes morais presentes na Lei. Pode também ser entendida como a ordem justa da sociedade, cuja prática é uma obrigação moral. Decorrente disso, a justiça obriga a preocupar-se com as crianças, os pobres, viúvas, órfãos e estrangeiros, por exemplo. Já no Novo Testamento a justiça divina tornou-se o fundamento para julgar a injustiça da sociedade. Em Mateus 25.31-46 Jesus denuncia o fato de que as necessidades básicas estão sendo ignoradas e o Evangelho clama por ações que saciem a fome dessa vítimas (BOSCH, 2002). Nesse sentido, John Stott comenta em Tive Fome (2003, p.18): "fome de um sistema que garanta educação de qualidade para todos; fome de saúde de qualidade; fome de justiça social; fome de respeito às instituições, a começar pela cidadania".

A questão da justiça para com os que sofrem exclusão social aparece profundamente nesse texto Mateus, e ela é tão grande, a ponto de definir os súditos do Reino de Deus, que através do evangelho reproduziram as características de Jesus em suas vidas. Nesse sentido, observa-se a importância de uma releitura da Escritura e da prática cristã a partir do tema da justiça social, a fim de encontrarmos luzes para as questões do nosso tempo. O teólogo Russel Shedd adverte que a sensível negligência de muitos cristãos com a justiça social deve-se ao modo como eles compreendem a Bíblia, portanto, ela precisa ser compreendida e aplicada com relevância à complexidade das situações do indivíduo e do mundo (SHEDD, 1984).

Em nossos dias, há um insistente trabalho da teologia, em busca de conciliação entre as questões da propagação da mensagem evangélica e do exercício da justiça social, sem que ambas tenham que divorciar-se. No Primeiro Testamento, a justiça social era central na tradição profética, mas no contexto sociopolítico em que a igreja dos primeiros séculos, o engajamento na missão era outro. Na teologia de Agostinho de Hipona houve uma tendência de dividir a realidade rigidamente em dois opostos irreconciliáveis, erigindo um contraste entre "a radiância da santidade divina e a tenebrosidade do mundo". Esta tendência foi expressa de forma inequívoca em sua obra A cidade de Deus (426 d.C.). Esse legado foi passado do catolicismo ao protestantismo e, decorrentemente, para todas as tradições cristãs, consolidando a perspectiva de que o mundo era mau e não haveria como salvá-lo; portanto, mudar suas estruturas não pertencia realmente à esfera de responsabilidade da igreja.

A Missão entendida como busca de justiça (que inclui a proclamação do evangelho como sua demonstração), significa que não há evangelização sem solidariedade cristã, que não implique em compartilhamento do conhecimento do reino como a promessa de Deus aos pobres da terra. Segundo esta perspectiva, somos desafiados a ouvir o clamor da sociedade e não tapar os ouvidos, bradando diante das injustiças sociais e exercendo o papel de igreja profética, inspirada pelos exemplos dos profetas Elias e João Batista, que não se calaram, mas colocaram em risco suas próprias vidas por causa da justiça. Consequentemente, a relevância da teologia da missão revela-se quando a igreja faz a diferença como agenciadora da graça de Deus.

3 - Pode a religião contribuir para a paz e justiça social?

Introduzimos esta última seção com o questionamento feito pelo Frei Clodovis Boff (2011):

Perguntar pela contribuição da teologia à paz e justiça sociais supõe colocar uma questão prévia: há contribuição da religião à sociedade. E para isso é preciso indagar se é possível uma sociedade realmente humana sem religião alguma, pergunta para a qual a resposta é não, conforme Boff. Obviamente, essa é uma posição que está hoje longe de ser consensual, e é preciso compreender que a tese da necessidade da religião para toda boa sociedade foi pretexto de abusos vários, especialmente à intolerância para com os sem-religião e os "livres pensadores", devendo, por isso, ser adequadamente revista. Contudo, creio ser possível afirmar que seu núcleo racional continua válido também para os dias de hoje.

Do outro lado dessa questão são colocados argumentos como do sociólogo estadunidense Phil Zuckerman (2008), que afirma ser balela o conceito segundo o qual a sociedade que não cultua Deus está condenada a atrocidades de toda ordem. Ele constatou que os países menos religiosos são os que tendem a ser mais saudáveis, morais, igualitários e livres. Por outro lado, onde há forte presença das religiões, há mais corrupção, pobreza e crimes. Ele chegou a essa conclusão após ter comparado a Dinamarca e a Suécia, os dois países mais irreligiosos do mundo, com nações cuja população tem forte fé em Deus. Zuckerman disse que esses dois países, onde morou por mais de um ano para estudá-los, apresentam o menor índice de crença na vida após a morte, na ressurreição de Jesus, no céu e no inferno etc. E no entanto são as sociedades mais prósperas e igualitárias.

Ainda segundo o pesquisador, Dinamarca e Suécia estão no topo da civilização. Nesses países é onde mais se respeita as crianças, os velhos, a natureza, e onde mais se cuida da saúde, da democracia e do combate à criminalidade. De modo contrário, em países onde há forte a influência das religiões existe um conformismo manifesto, no sentido de que tudo, afinal, "está nas mãos de Deus". Nesse sentido ele cita o Brasil como exemplo de país injusto socialmente, embora seja forte em religiosidade. "Vocês [brasileiros] têm taxas de pobreza e de criminalidade elevadas, níveis muito altos de desigualdade, de corrupção política, um sistema de saúde pobre, centenas de milhares de pessoas vivendo nas ruas, milhares de crianças pedindo comida", afirma Zuckerman (IHU On-line, 2008).

Embora a pesquisa de Zuckerman aponte um dado empírico claro, isto é, que uma nação pode ser altamente justa sem ter a presença do fator religioso, não significa que ela não pode ser falseada. Isso porque comparar a Dinamarca com o Brasil para concluir que uma é justa e igualitária e a outra não, e com isso deduzir que a causa dessa distinção é a presença da religião, significa deixar de lado uma série de fatores históricos e circunstanciais de ambas. Não é possível compararmos a Dinamarca, que embora seja considerado o país com o menor índice de desigualdade social do mundo e menos corrupto, tem a população total menor do que a da cidade de São Paulo e uma extensão territorial cinco vezes menor do que a desse estado. Ademais, a Dinamarca tem uma história que remonta, pelo menos, a um milênio. Estes são apenas alguns dados que demonstram ser extremamente frágil a afirmação do sociólogo Phil Zuckerman.

Destarte, as críticas quanto à ineficácia da presença da religião na sociedade, como promotora do bem-estar social e da justiça, não devem ser desconsideradas. Conforme explica Clodovis Boff (2011), a religião historicamente tem sido parte integrante da sociedade humana, e quando é contestada, como no caso apresentado acima, isso se refere mais a questões de ordem prática que teóricas. Ou seja, o processo histórico de marginalização e mesmo do alijamento paulatino da religião em relação à sociedade tem uma de suas raízes nas "guerras de religião", e aos rios de sangue que foram vertidos "em nome de Deus".

Para Boff, na gênese da crítica e da aversão à religião que contemplamos hoje, estão os próprios cristãos, que, como declara o Concílio Vaticano II, "por faltas na sua vida religiosa, moral e social... mais escondem que manifestam a face genuína de Deus e da religião" (Gaudium Et Spes, 19.3). Ou seja, as opressões sociais provocadas pela religião não se deram propriamente por causa de seus princípios, mas apesar deles. Por isso, embora a religião, do mesmo modo que a irreligião, tenha sua parte de responsabilidade na desumanização social do ser humano, não há paridade qualitativa entre ambas (BOFF, 2011).

Ainda segundo Boff, é preciso dizer que a religião pode adoecer, mas não é uma doença para a sociedade; e como todo organismo vivo, a religião precisa ser, ela mesma, saudável. E quais são os sinais de que uma religião goza de boa saúde social? Primeiro: justiça. Uma religião é sadia e boa quando humaniza as pessoas e os povos, desaliena e liberta os pobres. Portanto, uma religião se legitima socialmente quando suscita fraternidade e libertação, compaixão e solidariedade. E segundo: paz. Ela é sadia e boa quando promove a não violência e o amor à paz, expressões de respeito pela liberdade das pessoas. Isto é o que se chama uma religião "libertária", ou seja, a religião amante da liberdade, tanto para si mesma, como para os outros (BOFF, 2011).

3.1 - Cristianismo e corrupção

No ranking da corrupção mundial, o Brasil está em pior colocação que algumas nações africanas, como Namíbia e Botsuana. Os escândalos envolvendo a Petrobrás ajudaram a rebaixar o país, que caiu do 69º lugar para o 76º, na edição atual do ranking das nações mais corruptas, segundo a ONG Transparência Internacional. Nas últimas posições, figuram os países como a Coreia do Norte e a Somália, com apenas 8 pontos cada, e no extremo oposto, entre os países menos corruptos, aparecem a Dinamarca (91 pontos) e a Finlândia (90 pontos). Para além dos conflitos e guerras, a fraca governança, instituições públicas débeis (como a polícia e o judiciário) e a falta de independência da mídia caracterizam os países que ocupam as piores posições (EXAME.COM, 2016).

Já segundo o índice de corrupção do Fórum Econômico

Mundial, o Brasil é a quarta nação mais corrupta do mundo, ficando atrás do Chade, Bolívia e Venezuela, que lidera o ranking. A corrupção é um dos elementos que a organização suíça inclui em seu índice anual de competitividade, baseado em uma pesquisa com 15.000 líderes empresariais de 141 economias do mundo (ALTAMIRANO, 2016).

No dia a dia do cidadão brasileiro, são apontados dez atos de corrupção mais presentes, segundo o Promotor de Justiça, Jairo da Cruz Moreira. São eles, não dar nota fiscal; não declarar Imposto de Renda; tentar subornar o guarda para evitar multas; falsificar carteirinha de estudante; dar/ aceitar troco errado; roubar assinatura de TV a cabo; furar fila; comprar produtos falsificados; no trabalho, bater ponto pelo colega; falsificar assinaturas. Para o promotor, "aceitar essas pequenas corrupções legitima aceitar grandes corrupções" e, seguindo esse raciocínio, "seria algo como um menino que hoje não vê problema em colar na prova ser mais propenso a, mais para frente, subornar um guarda sem achar que isso é corrupção" (SOUZA JUNIOR, 2013).

Baseando-nos nas reflexões introduzidas na primeira parte dessa seção, associando-as aos dados apresentados nesta aula sobre corrupção, podemos deduzir que os cristãos no Brasil precisam refletir sobre seu papel na busca pela justiça social, contudo, precisam refletir primeiro sobre o adoecimento de sua prática cristã, conforme referencia o Frei Clodovis Boff (2011) levando em conta os efeitos da corrupção. Isso porque a corrupção não é apenas moralmente errada, ela mina o desenvolvimento econômico, distorce a lisura na tomada de decisões e destrói a coesão social. Ela está no âmago de nossos conflitos sociais pela justiça desonra a Deus. Ademais, ela é uma antítese do amor ao próximo.

Conforme alerta Souza Junior (2013):

> Ainda que a violência em forma de corrupção possa ser manifestada através de sistemas, esquemas e estratagemas, sabemos que a fonte será sempre o coração corrupto do homem. E é muito bom entendermos isso porque nos ajuda a colocar as coisas em perspectiva e a compreendermos pelo menos duas coisas: 1) que, potencialmente, todos nós estamos sujeitos aos descaminhos e precisamos ser cuidadosos em como vivemos a vida; 2) que a corrupção é uma questão de decisão pessoal, e não o fruto de um sistema sem rosto. Cada escolha, uma responsabilidade.

A Igreja precisa comprometer-se com um posicionamento ético que identifique os frutos de justiça produzidos pela ação do Espírito Santo na vida daqueles que se dizem participantes da nova criação. Isso significa que precisamos admitir que a igreja pode ser parte do problema da nação, a partir do momento que ela se identifica como uma instituição corrompida e corruptora não tem o que dizer em matéria de ética na governança pública. Contudo, ela pode e deve se mover na direção de uma maior incidência pública na busca do cumprimento ou criação de leis que contribuam para a construção de um ambiente social onde se garanta um mínimo de justiça e paz. Como afirma Carlos Queiroz (2013), argumentando em favor de um engajamento da igreja nas questões de justiça e paz no mundo dos homens:

> A justiça de Deus é bem maior que o conceito de justiça do ser humano. É baseada em valores como mansidão, sensibilidade, misericórdia e amor. Mas isso não quer dizer que a justiça de Deus é menor do que o mínimo exigido pela justiça humana, como o direito à habitação, alimentação, saúde, educação, lazer, liberdade de exercer a vocação humana (QUEIROZ, 2013).

Concluindo, podemos afirmar que um cristão e, consequentemente, uma igreja socialmente responsável, se utilizarão dos instrumentos democráticos para que a sua espiritualidade em missão tenha incidência nas políticas públicas, nos direitos do cidadão e nos testemunhos de boas obras e prática da justiça.

Retomando a aula

Parece que estamos indo bem. Então, para encerrar esta aula, vamos recordar:

Nesta aula, buscamos refletir sobre as questões sociais que envolvem a desigualdade e a necessária prática da justiça, ressaltando o papel do cristão e da igreja nesse campo de batalha.

1 – Desigualdade social no Brasil – causas e consequências

Nesta seção, vimos que a desigualdade social no Brasil remonta ao período colonial, e que com o fim da escravatura no Brasil e com o desenvolvimento econômico, cresceu também a miséria, as disparidades sociais, a flagrante concentração de renda, o desemprego, a fome e as consequentes desnutrição e mortalidade infantil, a baixa escolaridade e a violência. Essas são expressões do grau a que chegaram as desigualdades sociais no Brasil.

2 – Religião e justiça social

Vimos que o conceito de justiça social parte do princípio de que todos os indivíduos de uma sociedade têm direitos e deveres iguais em todos os aspectos da vida social. Particularmente no cristianismo e mais especificamente no caso brasileiro, a intervenção social e o discurso crítico sobre as questões sociais variou, dependendo dos jogos de poder entre as tradições religiosas mais importantes numericamente e os poderes políticos. Na teologia cristã, a justiça é apresentada com vários sentidos diferentes e complementares, buscando conciliação entre as questões da propagação da mensagem evangélica e do exercício da justiça social, sem que ambas tenham que divorciar-se.

3 – Pode a religião contribuir para a paz e justiça social?

Vimos que para respondermos essa questão, devemos

antes perguntar se é possível uma sociedade realmente humana sem religião alguma, pergunta para a qual a resposta ainda é não, embora, obviamente, essa posição está hoje longe de ser consensual. E as críticas quanto à ineficácia da presença da religião na sociedade, como promotora do bem-estar social e da justiça, não devem ser desconsideradas.

Obviamente são muitas as questões que ficaram sem resposta, além de pontos não abordados devido ao limite de nosso espaço. Contudo, fomos provocados ao debate sobre o papel do cristianismo na prática da justiça social, em tempos tão secularizados e de tantos embates teológicos sobre as prioridades da Igreja. A verdade é que podemos encontrar subterfúgios teológicos tanto para o engajamento quanto para o afastamento dessas questões. Devemos, portanto, fazer nossas opções.

Vale a pena

Vale a pena **ler**

As desigualdades sociais e a corrupção. Instituto Millenium. 19/10/2012. Disponível em: <http://www.institutomillenium.org.br/blog/as-desigualdes-sociais-corrupcao/>.

ALTAMIRANO, Claudia. *Brasil é o 4° país mais corrupto do mundo, segundo Fórum Econômico Mundial.* El País On-line. Internacional. 6 Out. 2016. Disponível em: <http://brasil.elpais.com/brasil/2016/10/03/internacional/1475517627_935822.html>.

BOFF, Clodovis M. *Contribuição da teologia à paz e à justiça social.* Disponível em: <http://santoantoniopatos.com.br/post/catequese/1326/contribuicao-da-teologia-a-paz-e-a-justica-social-1-parte>.

BOSCH, David J. *Missão transformadora:* mudanças de paradigma na teologia da missão. São Leopoldo, RS: EST, Sinodal, 2002.

Constituição Pastoral Gaudium Et Spes: *Sobre a Igreja no mundo atual.* In: Documentos do Concílio Vaticano II. Disponível em: <http://www.vatican.va/archive/hist_councils/ii_vatican_council/documents/vat-ii_const_19651207_gaudium-et-spes_po.html>.

DURKHEIM, Émile. *As Formas Elementares da Vida Religiosa.* São Paulo : Martins Fontes, 1996.

Estes são os 40 países mais corruptos do mundo. Exame.com, 27 janeiro 2016. Disponível em: < http://exame.abril.com.br/mundo/estes-sao-os-40-paises-mais-corruptos-do-mundo/>.

GOMEZ, Rafael; AMARAL; Rodrigo. *Corrupção faz aumentar pobreza e desigualdade.* BBC Brasil.com, 02 de setembro de 2002. Disponível em: < http://www.bbc.com/portuguese/noticias/2002/020826_eleicaocorrupcao1ro.shtml>.

QUEIROZ, Carlos. *Reflexão.* 6 de julho de 2013. Disponível em: <http://prcarlosqueiroz.blogspot.com.br/2013_07_01_archive.html>.

RODRIGUES, Lucas O. *Justiça social.* Brasil Escola. Disponível em <http://brasilescola.uol.com.br/sociologia/justica-social.htm>. Acesso em 26 de dezembro de 2016.

SANDEL, Michael J. *Justiça* – O que é fazer a coisa certa. 6a. Ed. Rio de Janeiro: Civilização Brasileira, 2012.

_____. O que o dinheiro não compra. *Os limites morais do Mercado.* Rio de Janeiro: Civilização Brasileira, 2012.

SHEDD, Russell P. *A justiça social e a interpretação da Bíblia.* São Paulo: Edições Vida Nova, 1984.

Sociedades sem Deus: por que os países menos religiosos são os mais satisfeitos socialmente. Entrevista especial com o sociólogo Phil Zuckerman. Revista IHU On-line, 22 Dezembro 2008. Disponível em: <http://www.ihu.unisinos.br/index.php?optio...ta&id=18992>.

STOTT, John. *Tive Fome* – Um desafio a servir a Deus no mundo. Belo Horizonte: Visão Mundial, 2003.

WEISS, Ana. *Entrevista:* A desigualdade social é a base da corrupção. Revista Isto é On-line, nº 2428, 17.06.2016. Disponível em: <http://istoe.com.br/desigualdade-social-e-base-da-corrupcao/>.

SOUZA JÚNIOR, Daniel A. *Corrupção:* aspectos sociais, bíblicos e teológicos. Revista Ultimato On-line. Opinião. 24 de maio de 2013. Disponível em: <http://www.ultimato.com.br/conteudo/corrupcao-aspectos-sociais-biblicos-e-teologicos>.

ZUCKERMAN, Phil. *Society without God:* what the least religious nations can tell us about contentment. New York: New York University Press, 2008.

Vale a pena **acessar**

O Auto da Compadecida – 2000 – Direção: Guel Arraes

O filme se desenvolve com ambientação no Sertão Nordestino (especificamente no sertão da Paraíba, numa cidade próxima a Taperoá, em torno de dois personagens principais: João Grilo (Matheus Nachtergale), sertanejo mentiroso, e Chicó (Selton Mello), maior covarde da região. Ambos são muito pobres e sobrevivem de pequenos negócios e golpes, enquanto vagam pelo sertão. Em um desses golpes, eles se envolvem com Severino de Aracaju (Marco Nanini), temido cangaceiro, que os persegue pela região. Com mistura de drama e comédia, o filme também aborda aspectos culturais e religiosos do Nordeste do Brasil.

Uma nova esperança (Documentário) – 2013 – Direção: Brian Maya

Este documentário conta a trajetória de Papa Francisco, de Buenos Aires para o Vaticano, por meio de entrevistas com familiares e amigos.

Os Miseráveis – 2012 – Direção: Tom Hooper

Na França do século 19, o ex-prisioneiro Jean Valjean, perseguido ao longo de décadas pelo impiedoso policial Javert por ter violado sua liberdade condicional, busca redenção pelo seu passado e decide acolher a filha da prostituta Fantine.

Aula 10º

Religião e meio ambiente

Nesta última aula abordaremos um assunto que, em geral, também permanece às margens da discussão teológica e religiosa – a questão da biodiversidade. Para a maioria dos cristãos, esse não é exatamente um tema da teologia que seja necessário ser problematizado no debate religioso, no sentido de se saber o que Deus quer de nós quanto a ele. Mas, perguntamos porque no cristianismo há esse distanciamento ou pelo menos uma indiferença com a exploração indiscriminada dos recursos naturais, que produzem a destruição do ecossistema e o comprometimento futuro das condições necessárias para o bem estar da vida humana. Também devemos entender como esse tema é trabalhado em outras religiões e religiosidades, bem como o que é possível aprender com elas. Finalmente, discutiremos os caminhos que temos para construir um discurso teológico e uma prática cristã que colaborem para esta luta que é de todos – religiosos ou ateus, cristãos ou praticantes de qualquer outra fé.

Boa aula!

Objetivos de aprendizagem

Ao término desta aula, o aluno será capaz de:

- compreender a gravidade do problema ecológico;
- compreender as diferenças de cada religião em sua relação com a natureza;
- compreender como o cristianismo é desafiado ao engajamento ecológico.

Seções de estudo

1 – O Alarme ecológico: ou mudamos ou morremos
2 – Religiões da terra ou religiões da natureza
3 – Cristianismo e ecologia

1 - O Alarme ecológico: ou mudamos ou morremos

Disponível em: <http://meioambiente.culturamix.com/>. Acesso em: 17 Mar. 2017.

A expressão "desenvolvimento sustentável" foi criada pela ONU em 1972, e passou a aparecer em todos os documentos oficiais dos organismos internacionais e nas políticas governamentais desde então. Junto a ela, sua correlata "sustentabilidade", que evocam a necessidade de buscarmos novas formas de exploração das riquezas do planeta, pois vivemos sob uma lógica de consumo que explora cerca de 30% mais do que a Terra pode repor. A categoria "desenvolvimento" é trazida da linguagem econômica capitalista, cuja lógica é de exploração sistemática e ilimitada de todos os recursos da Terra para atingir os objetivos fundamentais de aumentar a produção, potencializar o consumo e gerar riqueza. Tal lógica implica numa lenta, mas progressiva extenuação dos recursos naturais, devastação dos ecossistemas e considerável extinção de espécies animais e vegetais (BOFF, 2010).

O conceito de sustentabilidade sofreu uma evolução no correr dos últimos anos. Originalmente, no movimento ecológico, significava garantir a continuidade das comunidades de vida e o equilíbrio dos ecossistemas, no presente e no futuro. Tinha assim uma conotação exclusivamente ambiental. Mas o termo foi apropriado pelos gestores de empresas do mercado global, passando a significar a viabilidade e a continuidade de um negócio ou empreendimento. Também os líderes governamentais passaram a usar este termo para sinalizar se determinadas políticas tinham perspectiva de continuidade a longo prazo. O Fórum Social Mundial levantou a bandeira da "insustentabilidade" do atual mercado global, especialmente em termos sociais. E propugnou um novo mundo possível e necessário, com formas diversas de produção, consumo e inclusão. Deste conflito de interpretação nasce o termo atual, que inclui a simultaneidade de aspectos ambientais, econômicos e sociais (MURAD, 2008, p. 232).

Essa não é uma crise que atinge e requer atitudes não somente dos organismos internacionais, governos e empresas, mas de todos os seres humanos e precisa ser enfrentada também no âmbito da religião, pois conforme explica Boff "a missão do ser humano, como portador de consciência, inteligência, vontade e amor, é a de ser o cuidador da Terra, o jardineiro deste esplêndido jardim do Éden" (BOFF, 2010, p. 28).

1.1 - Consumismo e danos ambientais

Uma das críticas que podemos fazer e nos autoimpor nesse sentido, é a crítica ao consumismo, ou seja, o consumo extravagante ou espúrio de bens e serviços. É um fenômeno humano, de cunho individual, que se manifesta no comportamento quando da aquisição ou usufruto de bens. É o consumo extravagante face ao âmbito quantitativo, uma vez que excede as necessidades e demandas reais e assume também um caráter espúrio, em termos qualitativos, já que seu direcionamento e proveito são questionáveis (GIACOMINI FILHO, 2010).

Disponível em: < http://jornalggn.com.br>. Acesso em: 17 Mar. 2017.

É preciso salientar que o consumo é econômico e socialmente legítimo, portanto, a crítica é a sua distorção, o consumismo, que por sua vez causa impactos negativos nas próprias pessoas (obesidade, cultura material etc.), nas instituições sociais (usura, monetarização dos valores sociais, dentre outros) e no meio ambiente (crescimento do lixo urbano e comprometimento de recursos naturais etc.). Assim, estabelece-se uma "cultura de consumo", que ambienta-se em uma sociedade na qual os bens e o processo comercial estruturam as relações sociais. Nela, o enaltecimento dos valores materiais coloca-se em detrimento dos espirituais, de forma que os referenciais de riqueza e apego às mercadorias se sobressaem aos propósitos humanitários (SCHWARZ, 1990). Pode-se, portanto, considerar que o consumidor moderno é essencialmente hedonista; e o hedonismo é algo também funcional no moderno sistema econômico, pois estimula o consumo e a posse de bens.

Vislumbra-se um quadro preocupante para o meio ambiente e para a humanidade caso o consumismo permaneça nos padrões atuais, ou seja, cerca de 20% da população mundial consome 80% dos recursos. Ademais, novos contingentes de pessoas têm ingressado no mercado de consumo, a renda per capita mundial tem se elevado e, de acordo com projeções, a população mundial continuará crescendo até 2100, quando poderá se estabilizar em 11 bilhões de pessoas (FELDMANN, 1998). Portanto, o caminho para a sociedade é de respeitar todos os ciclos da natureza (criação, destruição, dominação e recuperação), pois cada um deles é vital para o pleno equilíbrio socioambiental. Por ser agente de destruição da Terra, o ser humano deve também aprender a ser seu cocriador, antes que a destruição se torne terminal. E para construir um mundo mais saudável é preciso igualdade: igualdade entre homem e mulher, grupos humanos, comunidades globais, espécie humana e outros membros da comunidade biótica e, finalmente, igualdade entre pessoas e posses, aqueles que possuem necessidades urgentes e aqueles que virão a tê-las (GIACOMINI FILHO, 2010).

1.2 - A crise da biodiversidade e a questão da sustentabilidade

Disponível em: <http://i.huffpost.com/>. Acesso em: 17 Mar. 2017.

Segundo Christoffersen (2010), no mundo atual, a influência das ações humanas sobre o meio ambiente têm se mostrado cada vez mais catastróficas, com prognóstico de elevação das taxas de extinção, quando comparadas a períodos geológicos anteriores. O incremento desse processo deu-se à medida que o ser humano se organizou em cidades e aumentou suas densidades populacionais. A taxa de extinção tem se acelerado dramaticamente nos últimos 50 anos, estando relacionadas à atividade humana, incluindo destruição de florestas e de outros habitats, caça e pesca, introdução de espécies exóticas, poluição e mudanças climáticas. Nesse sentido, as nações têm um grande desafio a responder, diante dos impactos que geram a globalização econômica sobre todos os setores, especialmente sobre a biodiversidade. Há reflexos inclusive no campo religioso, produzindo religiões do consumo e da prosperidade econômica. Uma das consequências é o estímulo ao individualismo radical, o que oferece riscos para o Cristianismo e as religiões.

Uma das possíveis chaves para pensarmos ideologicamente esta questão é a contraposição das ideias de "viver melhor" e "bem viver". Na lógica prevalecente em nosso modo de vida atual, a busca por uma "vida melhor" resulta na busca incessante da riqueza material, de forma que a pessoa vive melhor à medida que possui mais e mais, infinitamente. Viver melhor pressupõe uma ética do progresso ilimitado e nos incita a uma competição com os outros para criar mais e mais condições materiais para "viver melhor. De forma diferente, a noção do "bem viver" visa uma ética da suficiência para toda a comunidade e não apenas para o indivíduo. Ela supõe uma visão holística e integradora do ser humano em uma "grande comunidade terrenal", que inclui, além do ser humano, o ar, a água, o solo, as plantas e animais, na busca por um equilíbrio e comunhão. Ou seja, "no 'bem viver' há uma clara dimensão espiritual com os valores que a acompanham, como o sentimento de pertença a um Todo, compaixão com os que sofrem, solidariedade entre todos, capacidade de sacrificar-se pela comunidade" (BOFF, 2010).

2 - Religiões da terra ou religiões da natureza

Disponível em: < http://4.bp.blogspot.com/>. Acesso em: 17 Mar. 2017.

Nesta seção, primeiramente, buscaremos compreender como algumas tradições religiosas não cristãs constroem sua relação com a natureza. São exemplos pontuais que nos ajudam a pensar a relação entre religião e ecologia.

Nas religiões vinculadas à vida natural, o conjunto dessas tradições constitui aquilo que chamamos de "religiões da terra" ou "religiões da natureza". De forma bastante genérica, podemos dizer que o termo "religiões da terra" refere-se ao conjunto das tradições nas quais a divindade ou divindades são vistas como imanentes e consideradas como "estando presente e/ou sendo" um ou mais aspectos da natureza (OLIVEIRA, 2010). Em comum, possuem uma orientação mística, que aponta para uma unidade entre natureza e sociedade, operada através daquilo que Roger Bastide descreveu como um estado de participação mística com a natureza: uma relação "na qual o sujeito que contempla se identifica claramente com a coisa contemplada" (BASTIDE, 2006, p.14).

2.1 - A sustentabilidade na cultura indígena e o meio ambiente

A cultura e tradição intergeracional indígena estão diretamente relacionadas ao meio ambiente, ao cultivo e à subsistência, tendo a terra como a mãe que fornece os frutos, alimenta o povo, proporciona a vida e o bem-estar da tribo. Dessa forma, a comunidade indígena tem uma atenção especial para com o meio ambiente, os ciclos climáticos e as estações definidas, pois são elas que irão delimitar o melhor período para as plantações e cultivo. Conforme explica a Coordenadora Regional do Instituto de Estudos Culturais e Ambientais, IECAM, Denise Wolf:

> É preciso entender que as tradições e rituais dos povos indígenas estão diretamente relacionados aos ciclos ecológicos que determinam os ciclos produtivos. A dimensão social (e solidária) das economias indígenas considera as necessidades biológicas e materiais como bens não apenas de consumo, mas como necessidades espirituais e morais. Toda atividade econômica tem como função final garantir o bem-estar da coletividade. A abundância é sempre festejada, pois consideram que a abundância permite viver com intensidade a generosidade, a partilha, a solidariedade, a hospitalidade, o espírito comunitário e a reciprocidade (ECOAGÊNCIA, 2010).

O planeta Terra tem sofrido devido às contínuas agressões, das quais implicam desde a degradação do meio ambiente, a biodiversidade, destruição da camada de ozônio e dos recursos naturais, até a monocultura. A cultura indígena de cultivo foi sendo deixada de lado ao passo que agricultores e grandes companhias agrícolas foram reivindicando a terra, não respeitando as demarcações de terras indígenas. A sustentabilidade do índio e sua cultura, são cada vez mais ameaçadas, por não terem onde plantar e cultivar. Ainda assim, suas crenças a respeito do lugar da natureza em sua cosmovisão continuam presentes.

2.2 - Xamanismo e a "ecologia sagrada"

Segundo os adeptos do xamanismo, essa espiritualidade procura resgatar a relação sagrada do homem com o planeta, por meio dos festivais sazonais (Solstícios e Equinócios), por exemplo, que não marcam apenas a jornada do Sol, mas também os pontos críticos das estações, o ciclo agrícola, nossas emoções e hábitos. Assim, seria possível sentir a ligação profunda que a natureza tem com a vida, tornando-nos parte de uma comunidade global, em busca de novos horizontes, novas conquistas, de um novo ser, de uma nova vida – o início de uma vida pautada na sabedoria encontrada nas folhas, nos movimentos dos ventos, no poder transformador do fogo, nos espíritos ancestrais, na jornada da alma, na missão.

Disponível em: <www.xamanismo.com.br/o-que-e-xamanismo/>.

O xamanismo é visto como a "Religião

da Terra", sendo que tudo o que é natural na Terra é vivo e tem consciência. Com a perda de sentido do Sagrado, o ser humano esqueceu-se que a Terra é a Nossa Mãe. Dessa forma, ele desconhece os efeitos das ações irresponsáveis que pratica com a natureza, não tendo consciência dos crimes que comete por interesses econômicos. Por sentir Deus nas diferentes formas de energia, o xamanismo considera Sagrada cada uma delas; cada planta, cada pedra pode transmitir ensinamentos de cura, ajudando a reconhecer que fazemos parte de uma Grande Família Universal, que a Terra é nossa Mãe, nutrindo-nos, sustentando-nos, recebendo-nos a cada vida e nos acolhendo a cada morte.

Ibidem.

2.3 - Práticas religiosas e consciência ecológica nas religiões afro-brasileiras

Disponível em: <https://influencianegranobrasil.files.wordpress.com>. Acesso em: 17 Mar. 2017.

Obviamente, ao falarmos das religiões afro-brasileiras, estamos nos referindo a diversas denominações, das quais destacam-se a Umbanda, Candomblé e Quimbanda. Para os agentes dessas religiões, a marca diacrítica da identidade dos orixás é o fato de serem eles africanos e estarem relacionados diretamente à natureza. Disso decorrem duas maneiras principais de representá-los: ora aparecem como sendo a própria natureza, ora se diferenciando e ligando a ela, numa relação de posse. A indissociação entre os orixás e a natureza pode ser sentida pelo lugar onde eles habitam, pois a concepção de um "céu" fora deste mundo não parece ter significado no discurso dessas tradições. Os orixás habitam os sítios, considerados como seus domínios, o que nos leva a pressupor que se existe um "céu", ele está aqui mesmo na terra (BOAES; OLIVEIRA, 2011).

A concepção de uma natureza viva e dotada de poder (axé), presente nas tradições afro-brasileiras, formam um código estrito de regras, no qual a importância do respeito/permissão e a necessidade da reciprocidade constituem elementos centrais da relação entre crente e natureza. Importa ressaltar o reconhecimento de uma identidade de substância que perpassa todas as esferas do real: os seres humanos, a paisagem natural, os animais, os mortos e o cosmos. Todos estão interligados, porque compartilham de uma mesma experiência sensível. Todos são "vivos", uma vez que são habitados por uma vibração que é, em última instância, a fonte e a materialização de toda a vida. Todos são "pessoas" e formam, juntamente com os seres humanos, uma comunidade viva (BOAES; OLIVEIRA, 2011).

3 - Cristianismo e ecologia

O cristianismo, como caminho espiritual, desempenha uma importante missão nesta crise ecológica, assim como as demais religiões e espiritualidades. Cabe-lhe despertar os seres humanos para a reverência face a todos os seres e a todas as formas de vida, pois possuem um valor intrínseco e revelam dimensões do Mistério do mundo e de Deus. Isso porque o respeito e a reverência impõem limites ao poder avassalador do Sagrado, e podem transformá-lo numa potência salvadora dos

Disponível em: < http://2.bp.blogspot.com/>. Acesso em: 17 Mar. 2017.

riscos e das chagas infligidas à Mãe Terra. Se a vida constitui o supremo valor criado pelo Senhor do universo, e a consciência, a culminância de sentido e de reconhecimento daquela Energia amorosa que originou tudo e sustenta a cada um dos seres, na comunhão com essa suprema Realidade o ser humano encontrará as fontes de esperança, diante da crise que enfrentamos. Confortam-nos as palavras sagradas das Escrituras judaico-cristãs que trazem o propósito do Criador: "Tu amas todos os seres. A todos poupas porque te pertencem, ó soberano amante da vida." (Sb 11.24-26) (BÍBLIA, 1985).

3.1 - Bíblia e ecologia

A Bíblia reserva o início de seu conteúdo para a criação do Universo, colocando o ser humano como centro das atenções divinas. Para a ecologia, o ser humano não tem possibilidade de criar ou recriar habitats complexos e, por isso, deve esforçar-se na conservação dos recursos disponíveis, evitando o consumismo como modo de vida e como relação com os recursos naturais. Nas Escrituras, vários trechos mostram o ser humano com poderes limitados, até mesmo se comparado às forças naturais. Embora não se registrem como reprováveis atividades humanas diretamente relacionadas ao meio ambiente, atitudes hedonistas, possessivas, materialistas e de poder, aparecem no texto bíblico motivando a ação divina na destruição de *habitats*. Pode-se dizer que o ser humano aparece como responsável por danos ambientais quer na forma indireta, como mostra a Bíblia, quer na forma direta, como apontam os estudos atuais (GIACOMINI FILHO, 2010).

O ciclo ecológico é um postulado básico da ecologia, que encontra seus princípios respeitados no texto bíblico, já que a biodiversidade, a visão cíclica de vida e os limites do homem neste sistema são ressaltados. Nesse sentido, a qualidade de vida do homem é diretamente afetada por ocorrências ambientais, tanto negativas como positivas, em que é dado nos textos bíblicos peso maior aos desastres e catástrofes. A atividade moderada do trabalho e do consumo, a convivência coletiva, o sentido humanístico e o espírito de igualdade entre os seres humanos também retratam o teor para a qualidade de vida, presentes em muitos textos bíblicos. Ao tratar de forma predominantemente condenatória o individualismo, o hedonismo, os valores materiais e a possessividade, a Bíblia revela boa sintonia com muitos paradigmas do movimento ambiental moderno, pois tais atitudes humanas associam-se ao consumismo, em muitas de suas manifestações. De forma geral, os conteúdos bíblicos não se mostram partidários do individualismo, de forma que também emitem um tom de reprovação para a cobiça dos bens alheios. Quanto ao hedonismo, os versículos revezam-

Os quatro processos ecológicos fundamentais dos ecossistemas são o ciclo da água, os ciclos biogeoquímicos (ou de nutrientes), o fluxo de energia e a dinâmica das comunidades, ou seja, como muda a composição e estrutura de um ecossistema após uma perturbação (Disponível em: <http://www.biodiversidad.gob.mx/ecosistemas/procesose.html>.)

se em tons condenatórios e permissivos, embora o primeiro se mostre enfático ao longo de toda a obra. As mensagens bíblicas condenam os valores materiais e a possessividade, e há tolerância para a posse de terras e bens dentro de uma finalidade utilitária, portanto, não ostentatória (GIACOMINI FILHO, 2010).

3.2 - Teologia e ecologia

Nas últimas décadas cresceram no pensamento teológico cristão reflexões engajadas, que têm buscado responder (ou, ao menos, formular melhor) questões referentes à promoção de um modo de vida mais saudável e sustentável. Nesse sentido, a teologia do processo, o ecofeminismo e a teologia ecológica latino-americana, representam o atual estado da pesquisa teológica nessa emergente preocupação ecológica. Este encontro entre teologia e ecologia requer o reconhecimento, a partir da perspectiva da Revelação e da fé, que tudo no cosmos está reciprocamente relacionado, buscando uma nova concepção cosmológica.

Ademais, falar da relação entre teologia e ecologia também nos impulsiona a colocarmos em relevo a singular importância que a teologia cristã teve na contribuição da construção do paradigma do ser humano na pós-modernidade. Nesse sentido a relação entre teologia e ecologia é também uma relação tensa, de interpelação, já que sobre a primeira recai a acusação de pertencer a uma tradição causadora da destruição do meio ambiente (COSTA JÚNIOR, 2014).

Por outro ponto de vista, a teologia ecológica se encontra numa condição muito parecida com a da teologia da libertação, em décadas passadas, por adotar conceitos radicalmente novos, perguntando pela legitimidade e limite do uso destes conceitos. Contudo, Conforme explicam Libanio e Murad (1998, p. 135), "a dessemelhança reside no acento: não mais na práxis libertadora, de cunho eminentemente social, mas na postura ética e na mística que animam a existência" (LIBANIO, MURAD, 1998, p. 135).

Assim, a ecoteologia instiga à produção um novo conhecimento, por meio da superação da fragmentação dos saberes e de uma abordagem holística, que procura integrar emoção e razão, experiência e contextualização. Por consequência, a espiritualidade também é influenciada, pois se a criação é obra das mãos de Deus, com seus processos constitutivos e está fundada na Palavra Criadora do Filho e sustentada pelo Espírito Santo, ela adquire um valor espiritual; e desta forma pode-se revalorizar a comunhão com o ecossistema e redescobre-se sua sacralidade (OLIVEIRA; NASCIMENTO, 2015).

Para a teologia, a ecologia se apresenta não como um objeto, mas como um grande desafio, conforme explica Guattari:

> Não haverá verdadeira resposta à crise ecológica a não ser em escala planetária e com a condição de que se opere uma autêntica revolução política, social e cultural reorientando os objetivos da produção de bens materiais e imateriais. Essa revolução deverá concernir, portanto, não só às relações de forças visíveis em grande escala, mas também aos domínios moleculares de sensibilidade, de inteligência e de desejo (GUATTARI, 2001, p. 36).

É nesse sentido que as questões ambientais não podem ficar à margem do desafio do diálogo entre a fé e as ciências. Pois é neste sóbrio diálogo que cada ciência, junto à teologia, deve apresentar suas conclusões e por consequência, suas contribuições. Um olhar para o meio ambiente, tendo por base uma perspectiva teológica, é resultado do estabelecimento de uma relação profunda entre o ser humano religioso e o mundo como um todo (COSTA JÚNIOR, 2014). A esplêndida manifestação de Pierre Teilhard de Chardin sobre universo que caminha para um ponto final de amadurecimento e perfeita união com a realidade divina, inspira a teologia ecológica:

Foi um padre jesuíta, teólogo, filósofo e paleontólogo francês, que viveu de 1881 a 1955, e tentou construir uma visão integradora entre ciência e teologia.

> Eu vos agradeço, meu Deus, por ter, de mil modos, conduzido o meu olhar, até fazê-lo descobrir a imensa simplicidade das coisas! Neste momento (...) vou saborear (...) a forte e calma embriaguês de uma visão da qual não consigo esgotar a coerência e as harmonias (...) Como o monista, eu mergulho na Unidade total. Mas a Unidade que me acolhe é tão perfeita que nela sei encontrar, perdendo-me, a realização última de minha individualidade. Como o pagão, adoro um Deus palpável (...) Mas, preciso ir sempre mais longe, sem jamais poder em nada repousar, a cada instante arrebatado pelas criaturas, e a cada instante ultrapassando-as, em contínua acolhida e em contínua despedida. Como o quietista, deixo-me deliciosamente embalar pela divina Fantasia. Ao mesmo tempo, contudo, sei que a Vontade divina não me será revelada (...) a não ser no limite do meu esforço (...) Eu não saberia dizer, perdido no mistério da Carne divina, qual é a mais radiosa destas duas bem-aventuranças: ter encontrado o Verbo para dominar a Matéria, ou possuir a Matéria para alcançar e submeter-me à luz de Deus (...) Se creio que tudo, ao redor de mim, é o Corpo e o sangue do Verbo, então para mim (...) se produz a maravilhosa diafania que faz objetivamente transparecer na profundidade de todo fato e todo elemento o calor luminoso de uma mesma Vida1 (TEILHARD DE CHARDIN, 1994, p. 27-9).

A proximidade com a causa ecológica pode enriquecer a teologia e, consequentemente, a espiritualidade cristã e trazer uma contribuição ímpar para a sociedade contemporânea. Para Murad (2008), por um lado, ajudará muitos homens e mulheres a fazerem um caminho místico original, transformando a busca pelas energias cósmicas no encontro com Deus, fonte da Vida; por outro, conceber o mundo como Casa Comum e cultivar a ecoespiritualidade fortalecerá nos cristãos uma mística encarnada e integradora, antídoto para o crescente espiritualismo escapista com suas tendências dualistas, fruto de teologias que insistem em separar o ser humano de sua responsabilidade com o cosmos.

Segundo Moltmann (2012), o clímax desse uso correto e racional do mundo e da criação carrega em si dimensões escatológicas, onde o eixo da escatologia é deslocado: da projeção ao além-morte para a promessa e o futuro. A comprovação dessa escatologia eminentemente histórica se consolida na medida em que aquela antiga concepção de teologia, tipicamente ascética e a mística carregada de tons cinzentos, devem ser encaradas como uma espécie de sonho que acabou.

Ainda segundo Murad (2008), na busca de um saber integrador, ecologia e teologia possuem semelhanças importantes, pois, ambas apontam os limites da ciência moderna, com seu caráter segmentado do conhecimento. Elas também propugnam o desenvolvimento do saber na linha da teoria da complexidade: encharcado de sabor, aberto a novas sínteses, integrado com outros saberes, dialogal, inter e transdiciplinar, assumido em sua provisoriedade. Assim, à luz da ecologia, a teologia revê sua forma de elaborar e transmitir o conhecimento sobre a fé cristã, sendo estimulada a produzir um saber para além de disciplinas isoladas e áreas do conhecimento "encasteladas". Enfim, um saber interdependente, relacional, conectado à prática pastoral, à espiritualidade e às grandes questões do mundo contemporâneo.

3.3 - Em busca de uma consciência ética-ecológica cristã

Carlos Mesters (1983), ao falar sobre o projeto de Deus para o ser humano e para o mundo criado, desafia-nos a pensar em uma ação e em uma ética cristãs que impliquem em relacionamentos sem dominação, na recuperação da fertilidade da terra, num trabalho que não é instrumento de opressão, na restauração da harmonia entre fauna, flora e o ser humano e também na construção de uma nova história, na qual Deus e os homens são amigos.

Tomando a proposta de Mesters como base, entendemos que a responsabilidade ética da Igreja para a questão da ecologia não pode se limitar apenas na proteção da fauna, da flora e dos ecossistemas, mas deve visar a superação teológica e cultural da dicotomia entre o homem e natureza ("antropocentrismo arrogante"), de modo que haja uma consciência ecológica, ética e cristã de que o ser humano é parte da fauna e está inserido na criação como parte dela, com privilégios e também com as responsabilidades inerentes desses privilégios. Evitando assim "tanto a desumanização do super-homem moderno, fechado na própria subjetividade, dominador dos mais fracos e destruidor do meio ambiente, quanto a desumanização implicada na mera adaptação do ser humano aos mecanismos impessoais da evolução cósmica" (DIKE et al., 1999).

Portanto, a ética cristã deve tratar o ser humano e a cultura do homem como parte de sua preocupação ecológica também. Não podemos ter uma visão e um pensamento ético que não considerem o ser humano e seu contexto social e cultural dentro do contexto maior e como parte do meio ambiente. Ou seja, tão justa quanto a preocupação com preservação de espécies como tartaruga-pente ou mico-leão-dourado ou jacaré do papo amarelo, deve ser também a preservação da espécie humana (MAGALHÃES, 2013).

3.4 - Um caso emblemático na Idade Média

Ao longo dos séculos, muitos cristãos cultivaram um modo de vida de serviço fiel ao projeto do Deus da Vida, na perspectiva da sensibilidade com todos os seres vivos do planeta, antecipando-se ao que chamamos hoje de Ecologia. Um exemplo magistral vem de Francisco de Assis (1181/2 – 1226), que em sua busca de fidelidade ao Evangelho de Jesus de Nazaré, viveu uma experiência de profunda ligação com toda a obra da criação. Tal fraternidade cósmica passou por várias esferas: primeiro, por meio da solidariedade para com as pessoas (sobretudo com as destituídas de sua dignidade), por meio de uma opção radical pelos mais pobres; segundo, por meio de profunda sintonia com a vida, em suas múltiplas formas no ecossistema. Assim, ao compor o Cântico do Irmão Sol ou Cântico das Criaturas, Francisco traduziu em versos toda a admiração que teve pela natureza. Sua vida é uma crítica profunda ao contexto de sua época (Europa do século XII / XIII) e continua sendo para o nosso.

Para compreendermos melhor o grito ecológico que o Cântico ao Irmão Sol representa, devemos levar em conta algumas manifestações místicas dos séculos XI e XIII que pregavam que as belezas da natureza eram uma manifestação diabólica para desviar os homens do caminho do Bem (CAMPOS, 2008). Francisco se opôs a essa visão pessimista com um hino de louvor às criaturas:

> Quero cantar louvores ao Senhor por suas criaturas / louvado sejas, meu Senhor, por todas as tuas criaturas / que no céu formaste / por nossa irmã e mãe Terra [...] Pela irmã água, a qual é muito útil e preciosa e casta / louvai e bendizei a meu Senhor e rendei-lhe graças / por nossa irmã e mãe Terra, que nos alimenta e governa e produz variados frutos e coloridas flores e ervas / louvado sejas, meu Senhor, pelo Irmão Sol / pela irmã Lua e as estrelas / louvado sejas, meu Senhor, por todas as tuas criaturas / louvado sejas, meu Senhor, por todos aqueles que perdoam pelo teu amor (STRABELI, 1993, p. 19).

O cântico expressa mais uma experiência íntima, espiritual, do que uma cosmologia. É a experiência da fraternidade entre os homens e os elementos cósmicos, a experiência da reconciliação do homem consigo mesmo e sua abertura ao ser que é pleno. O hino canta a comunhão com a natureza, como um hino de louvor. Francisco não se atem somente às coisas da natureza, mas, por elas, alcança o Criador (CAMPOS, 2008).

Retomando a aula

Parece que estamos indo bem. Então, para encerrar esta aula, vamos recordar:

1 – O Alarme ecológico: ou mudamos ou morremos

Nesta seção, pudemos ver como a lógica do desenvolvimento implica numa lenta, mas progressiva extenuação dos recursos naturais, devastação dos ecossistemas e considerável extinção de espécies animais e vegetais, tornando-se uma crise que atinge e requer atitudes não somente dos organismos internacionais, governos e empresas, mas de todos os seres humanos e precisa ser enfrentada também no âmbito da religião.

2 – Espiritualidades da Terra

Com essa abordagem, buscamos compreender como algumas tradições religiosas não cristãs constroem sua relação com a natureza, procurando identificar caminhos para a reflexão e crítica dos modelos atuais de discurso teológico que ausentam a questão da defesa ecológica.

3 – Cristianismo e ecologia

Vimos nesta seção, como o cristianismo desempenha uma importante missão nesta crise ecológica, assim como as demais religiões e espiritualidades, cabendo-lhe despertar os seres humanos para a reverência face a todos os seres e a todas as formas de vida, pois possuem um valor intrínseco e revelam dimensões do Mistério do mundo e de Deus.

Vale a pena

Vale a pena **ler**

BASTIDE, Roger. *O sagrado selvagem e outros ensaios.* São Paulo : Companhia das Letras, 2006.

BÍBLIA. Português. *A Bíblia de Jerusalém.* Nova edição rev. e ampl. São Paulo: Paulus, 1985.

MAGALHÃES, José G. *Biodiversidade.* Publicado em 13 Set. 2013. Disponível em: <http://www.metodista.org.br/biodiversidade>.

BOAES, Antonio G.; OLIVEIRA, Rosalira S. *Religiões afro-brasileiras e ética ecológica:* Ensaiando aproximações. Dossiê Questões teórico-metodológicas no estudo das religiões e religiosidades. Revista Brasileira de História das Religiões. ANPUH, Ano III, n. 9, Jan. 2011.

BOFF, Leonardo. *Ecologia, mundialização, espiritualidade.* A emergência de um novo paradigma. São Paulo : Ática, 1993.

_____. *Cuidar da Terra, proteger a vida:* como evitar o fim do mundo. Rio de Janeiro : Record, 2010.

CAMPOS, Pedro C. *Ecologia humana:* O pressuposto da ética na preservação do meio ambiente. Breve história sobre origens e conceitos do movimento ambientalista. Revista Perspectiva teológica. v. 40, n. 112, 2008. Disponível em: <http://faje.edu.br/periodicos/index.php/perspectiva/article/view/123/209>.

CHRISTOFFERSEN, Martin L. *Evolução, religião e ambiente.* Dossiê: Biodiversidade, Política e Religião. Revista Horizonte, Belo Horizonte, v. 8, n. 17, p.109-124, abr./jun. 2010.

COSTA JÚNIOR, Josias. *Teologia e ecologia:* Considerações a partir de produções atuais. Revista Observatório da Religião. V. 1, N. 1, 2014. Disponível em: <http://paginas.uepa.br/seer/index.php/Religiao/article/view/302>.

Debate "sustentabilidade socioambiental": a questão indígena no RS e no Brasil. Ecoagência. Disponível em: <http://www.ecoagencia.com>.

DIKE, Fred Van; MAHAN, David C.; SELDON, Joseph K. e BRAND, Raymond H. *A criação Redimida.* São Paulo : Cultura Cristã, 1999.

FELDMANN, Fábio (ed.). *Consumo sustentável.* São Paulo: Consumers International; PNUD; Secretaria do Meio Ambiente do Estado de São Paulo; IDEC, 1998.

GUATTARI, Félix. *As três ecologias.* Campinas: Papirus, 1990.

GIACOMINI FILHO, Gino. *Consumismo e meio ambiente:* discursos e conexões no campo religioso. Estudos de Religião, v. 24, n. 38, 52-74, jan./jun. 2010. Disponível em: < https://www.metodista.br/revistas/revistas-ims/index.php/ER/article/view/1982/2025>.

LIBANIO, J. B. MURAD, A. *Introdução à teologia* – perfil, enfoques, tarefas. 2a ed. São Paulo: Loyola, 1998.

MESTERS, Carlos. *Paraíso Terrestre* – saudade ou esperança? Petrópolis : Editora Vozes, 1983.

MOLTMANN, Jürgen. *Ética da Esperança*. Petrópolis : Editora Vozes, 2012.

MURAD, Afonso. *Fé cristã e ecologia:* O diálogo necessário. Revista Perspectiva teológica. v. 40, n. 111, 2008. Disponível em: <http://faje.edu.br/periodicos/index.php/perspectiva/article/view/145/253>.

OLIVEIRA, Cassiano A.; NASCIMENTO, Kelly T. L. *Teologia e ecologia:* Uma ética para a preservação ambiental. Revista Diversidade Religiosa, v. 1, n. 2, 2015. Disponível em: <http://periodicos.ufpb.br/ojs/index.php/dr/article/view/25475>.

OLIVEIRA, Rosalira S. *Religiões da terra e ética ecológica.* Revista Horizonte, Belo Horizonte, v. 8, n. 17, p.26-44, abr./jun. 2010.

SCHWARZ, Doroty. *Ecologia:* alternativa para o futuro. Rio de Janeiro: Paz e Terra, 1990.

SOTER – Sociedade de Teologia e Ciências da Religião (Org.). Sustentabilidade da vida e espiritualidade. São Paulo: Paulinas, 2008.

STRABELI, M. *Subsídios para uma Leitura Franciscana* da Bíblia. Piracicaba: Centro Franciscano de Espiritualidade, 1993.

TEILHARD DE CHARDIN, Pierre. *Hino do Universo.* São Paulo: Paulus, 1994.

Vale a pena **assistir**

A Última Hora – 2007 – Direção: Nadia Conners, Leila Conners Petersen

The 11th Hour é um documentário norte-americano que conta com a contribuição de mais de 50 cientistas, ativistas ambientais e políticos, incluindo o ex-líder soviético Mikhail Gorbachev, o físico Stephen Hawking, a vencedora do Nobel da Paz Wangari Maathai e o jornalista Paul Hawken, o documentário relata os graves problemas que os sistemas de vida da Terra estão enfrentando.

Uma Verdade Inconveniente – 2006 – Direção: Davis Guggenheim

O documentário mostra que ele tem viajado por todo o mundo levando sua mensagem. Surpreende ver como Gore mostra-se inteligente, entendido e passional sobre o assunto, diferente da forma como aparecia em sua campanha presidencial. Gore explica o problema de forma clara e simples, usando citações de Mark Twain e Upton Sinclair. Por meio de gráficos e estatísticas atmosféricas sobre milhões de anos lado a lado com fotografias da Patagônia, do Kilimanjaro, dos Alpes e da Antártida, entre outros locais, mostra o impacto produzido pelo homem durante anos no meio ambiente. Mostra como os meios de comunicação podem ser influenciados pelo lobby de certos grupos poderosos citando o exemplo furacão Katrina.

Referências bibliográficas

BERGER, Peter L. *O dossel sagrado*: elementos para uma teoria sociológica da religião. São Paulo: Paulinas, 1985.

DOWELL, João A. M. *Experiência religiosa e cultura moderna*. In: Interações – Cultura e Comunidade, revista de Ciências da Religião da Faculdade Católica de Uberlândia, v. 3, n. 4, 2008.

ESTRADA, Juan A. *Deus nas tradições filosóficas*: da morte de Deus à crise do sujeito. Vol. 2. São Paulo: Paulus, 2003.

FEUERBACH, Ludwig. *A essência do cristianismo*. Campinas: Papirus, 1988.

FREUD, Sigmund. *O futuro de uma ilusão*. Porto Alegre, RS: L&PM, 2011.

GIDDENS, Anthony. *As consequências da modernidade*. São Paulo : Editora UNESP, 1991.

LOWY, Michael. *A guerra dos deuses*: religião e política na América Latina. Petrópolis : Vozes, 2000.

MARX, Karl. *Para a crítica da filosofia do direito de Hegel*. Coleção textos clássicos Lusosofia. Universidade da Beira Interior. Portugal: Lusosofia Press, 2008.

NIETZSCHE, Friedrich. *A gaia ciência*. São Paulo: Companhia das Letras, 2001.

______. ECCE HOMO. *Como se chega a ser o que se é*. Textos clássicos de filosofia. Universidade da Beira Interior. Portuga: Lososofia Press, 2008.

PIERUCCI, A. F. *O Desencantamento do mundo*: Todos os passos do conceito em Max Weber. São Paulo: 34, 2003.

SCHLUCHTER, Wolfgang. *O desencantamento do mundo*: a visão do moderno em Max Weber. Revista EDUC-Faculdade de Duque de Caxias. Vol. 01- N. 02, Jul-Dez 2014.

WEBER, Max. *Ciência e Política*: Duas vocações. São Paulo: Editora Pensamento-Cultrix, 2011.

ZILLES, Urbano. *Situação atual da Filosofia da Religião*. Revista Telecomunicação, v. 36, n. 151. Porto Alegre: Mar. 2006, p. 239-271.

BITTENCOURT FILHO, José. *Matriz Religiosa Brasileira*: religiosidade e mudança social. Petrópolis: Vozes, 2003.

BOURDIEU, Pierre. *Gênese e estrutura do campo religioso*. In: BOURDIEU, Pierre. A economia das trocas simbólicas. São Paulo: Perspectiva, 2011.

CAMURÇA, Marcelo Ayres. A realidade das religiões no Brasil no censo do IBGE 2000. In: TEIXEIRA, Faustino; MENEZES, Renata. *As religiões no Brasil*: continuidades e rupturas. Petrópolis: Vozes, 2006.

GEERTZ, C. *O futuro das religiões*. Folha de S. Paulo, Caderno Mais!, 14 maio 2006, p. 10.

GIDDENS, Anthony. *As consequências da modernidade*. São Paulo: Editora UNESP, 1991.

_______; BECK, Ulrich.; LASH, Scott. *Modernização reflexiva*: Política, tradição e estética na ordem social moderna. São Paulo : Unesp, 1997.

HERVIEU-LÈGER, Danièle. *O peregrino e o convertido*: a religião em movimento. Petrópolis, RJ : Vozes, 2015.

HUFF JÚNIOR, Arnaldo. *Campo religioso brasileiro e história do tempo presente*. CADERNOS CERU, série 2, v. 19, n. 2, dezembro de 2008

MOREIRA, Alberto S. *O deslocamento do religioso na sociedade contemporânea*. Revista Estudos de Religião, Ano XXII, n. 34, 70-83, jan/jun. 2008.

RIBEIRO, Claudio O. *Um olhar sobre o atual cenário religioso brasileiro*: possibilidades e limites para o pluralismo. Revista Estudos de Religião, v. 27, n. 2 • 53-71 • jul.-dez. 2013.

RIVERA, Paulo B. Desencantamento do mundo e "saída da religião". In: Tradição, transmissão e emoção religiosa. *Sociologia do protestantismo na América Latina*. São Paulo : Olho d'Água, 2001.

SANCHIS, Pierre. *As religiões dos brasileiros*. Revista Horizonte, v. 1, n. 2, p. 28-43, 1998.

STEIL, Carlos Alberto. "Oferta simbólica e mercado religioso na sociedade global". In: MOREIRA, Alberto da Silva & DIAS DE OLIVEIRA, Irene (orgs.). *O Futuro da Religião na Sociedade Global*. São Paulo: Paulinas/UCG, 2008.

VELHO, G.; CASTRO, E. B. V. *O Conceito de Cultura e o Estudo das Sociedades Complexas*: uma perspectiva antropológica. Artefato: Jornal de Cultura. Rio de Janeiro: Conselho Estadual de Cultura, n. 1, Jan. 1978.

WEBER, MAX. *A ética protestante e o espírito do capitalismo*. São Paulo : Martin Claret, 2013.

GASDA, Élio E. *A laicidade ameaçada*: política, religião e teologia. In: ROSSI, Luis A. S.; JUNQUEIRA, Sérgio (org.). Religião, Direitos Humanos e Laicidade. São Paulo: Fonte Editorial, 2015.

MARIANO, Ricardo. *Laicidade à brasileira*: Católicos, pentecostais e laicos em disputa na esfera pública. Revista Civitas, Porto Alegre, v. 11, n. 2, p. 238-258, maio-ago. 2011.

RIVERA, Dario P. B. Laicidade, religião e direitos humanos. In: ROSSI, Luis A. S.; JUNQUEIRA, Sérgio (org.). *Religião, Direitos Humanos e Laicidade*. São Paulo: Fonte Editorial, 2015.

SILVA, Clemildo A. *Religião e laicidade*: A presença de símbolos religiosos em espaços públicos. Anais do Congresso ANPTECRE, v. 05, 2015.

BERGER, Peter L. *O dossel sagrado*: elementos para uma teoria sociológica da religião. São Paulo: Paulinas, 1985.

CUCHE, Denys. *A noção da cultura nas ciências sociais*. 2 ed. Bauru: EDUSC, 2002.

ELIADE, Mircea. *Mito do eterno retorno*. São Paulo : Mercuryo, 1992.

GERTZ, Clifford. *A interpretação das culturas*. 1. ed. Rio de Janeiro : LTC, 2013.

KROEBER, Alfred e KLUCKHOHN, Clyde. *Culture*: A Critical Review of Concepts and Definitions. New York: Vintage Books, 1952.

Mazzarolo, I. *Religião ou espiritualidade*. Revista Brasileira de História das religiões. Maringá- PR: v.III, n.9, jan. 2011.

MELANDER FILHO, Eduardo. *A Cultura Segundo Edward B. Tylor e Franz Boas*. São Paulo: Gazeta de Interlagos, 2009.

OTTO, Rudolf. *O Sagrado*. Lisboa: Edições 70, 1992.

PICH, Roberto H. *Religião como forma de conhecimento*. In: Compêndio de ciências da religião / João Décio Passos, Frank Usarski (org.) – São Paulo : Paulinas : Paulus, 2013.

BASTIDE, Roger. *O sagrado selvagem e outros ensaios*. São Paulo : Companhia das Letras, 2006.

BÍBLIA. Português. *A Bíblia de Jerusalém*. Nova edição rev. e ampl. São Paulo: Paulus, 1985.

MAGALHÃES, José G. *Biodiversidade*. Publicado em 13 Set. 2013. Disponível em: <http://www.metodista.org.br/biodiversidade>.

BOAES, Antonio G.; OLIVEIRA, Rosalira S. *Religiões afro-brasileiras e ética ecológica:* Ensaiando aproximações. Dossiê Questões teórico-metodológicas no estudo das religiões e religiosidades. Revista Brasileira de História das Religiões. ANPUH, Ano III, n. 9, Jan. 2011.

BOFF, Leonardo. *Ecologia, mundialização, espiritualidade*. A emergência de um novo paradigma. São Paulo : Ática, 1993.

_____. *Cuidar da Terra, proteger a vida:* como evitar o fim do mundo. Rio de Janeiro : Record, 2010.

CAMPOS, Pedro C. *Ecologia humana:* O pressuposto da ética na preservação do meio ambiente. Breve história sobre origens e conceitos do movimento ambientalista. Revista Perspectiva teológica. v. 40, n. 112, 2008. Disponível em: <http://faje.edu.br/periodicos/index.php/perspectiva/article/view/123/209>.

CHRISTOFFERSEN, Martin L. *Evolução, religião e ambiente*. Dossiê: Biodiversidade, Política e Religião. Revista Horizonte, Belo Horizonte, v. 8, n. 17, p.109-124, abr./jun. 2010.

COSTA JÚNIOR, Josias. *Teologia e ecologia:* Considerações a partir de produções atuais. Revista Observatório da Religião. V. 1, N. 1, 2014. Disponível em: <http://paginas.uepa.br/seer/index.php/Religiao/article/view/302>.

Debate "sustentabilidade socioambiental": a questão indígena no RS e no Brasil. Ecoagência. Disponível em: <http://www.ecoagencia.com>.

DIKE, Fred Van; MAHAN, David C.; SELDON, Joseph K. e BRAND, Raymond H. *A criação Redimida*. São Paulo : Cultura Cristã, 1999.

FELDMANN, Fábio (ed.). *Consumo sustentável*. São Paulo: Consumers International; PNUD; Secretaria do Meio Ambiente do Estado de São Paulo; IDEC, 1998.

GUATTARI, Félix. *As três ecologias*. Campinas: Papirus, 1990.

GIACOMINI FILHO, Gino. *Consumismo e meio ambiente:* discursos e conexões no campo religioso. Estudos de Religião, v. 24, n. 38, 52-74, jan./jun. 2010. Disponível em: < https://www.metodista.br/revistas/revistas-ims/index.php/ER/article/view/1982/2025>.

LIBANIO, J. B. MURAD, A. *Introdução à teologia* – perfil, enfoques, tarefas. 2a ed. São Paulo: Loyola, 1998.

MESTERS, Carlos. *Paraíso Terrestre* – saudade ou esperança? Petrópolis : Editora Vozes, 1983.

MOLTMANN, Jürgen. *Ética da Esperança*. Petrópolis : Editora Vozes, 2012.

MURAD, Afonso. *Fé cristã e ecologia:* O diálogo necessário. Revista Perspectiva teológica. v. 40, n. 111, 2008. Disponível em: <http://faje.edu.br/periodicos/index.php/perspectiva/article/view/145/253>.

OLIVEIRA, Cassiano A.; NASCIMENTO, Kelly T. L. *Teologia e ecologia:* Uma ética para a preservação ambiental. Revista Diversidade Religiosa, v. 1, n. 2, 2015. Disponível em: <http://periodicos.ufpb.br/ojs/index.php/dr/article/view/25475>.

OLIVEIRA, Rosalira S. *Religiões da terra e ética ecológica*. Revista Horizonte, Belo Horizonte, v. 8, n. 17, p.26-44, abr./jun. 2010.

SCHWARZ, Doroty. *Ecologia:* alternativa para o futuro. Rio de Janeiro: Paz e Terra, 1990.

SOTER – Sociedade de Teologia e Ciências da Religião (Org.). Sustentabilidade da vida e espiritualidade. São Paulo: Paulinas, 2008.

STRABELI, M. *Subsídios para uma Leitura Franciscana* da Bíblia. Piracicaba: Centro Franciscano de Espiritualidade, 1993.

TEILHARD DE CHARDIN, Pierre. *Hino do Universo*. São Paulo: Paulus, 1994.

O Auto da Compadecida – 2000 – Direção: Guel Arraes

O filme se desenvolve com ambientação no Sertão Nordestino (especificamente no sertão da Paraíba, numa cidade próxima a Taperoá, em torno de dois personagens principais: João Grilo (Matheus Nachtergale), sertanejo mentiroso, e Chicó (Selton Mello), maior covarde da região. Ambos são muito pobres e sobrevivem de pequenos negócios e golpes, enquanto vagam pelo sertão. Em um desses golpes, eles se envolvem com Severino de Aracaju (Marco Nanini), temido cangaceiro, que os persegue pela região. Com mistura de drama e comédia, o filme também aborda aspectos culturais e religiosos do Nordeste do Brasil.

Uma nova esperança (Documentário) – 2013 – Direção: Brian Maya

Este documentário conta a trajetória de Papa Francisco, de Buenos Aires para o Vaticano, por meio de entrevistas com familiares e amigos.

Os Miseráveis – 2012 – Direção: Tom Hooper

Na França do século 19, o ex-prisioneiro Jean Valjean, perseguido ao longo de décadas pelo impiedoso policial Javert por ter violado sua liberdade condicional, busca redenção pelo seu passado e decide acolher a filha da prostituta Fantine.

AMORIM, Felipe. *Número de denúncias de intolerância religiosa no Disque 100 é maior desde 2016*. UOL NOTÍCIAS, Brasília, 21/01/2016. Disponível em: <http://noticias.uol.com.br/

cotidiano/ultimas-noticias/2016/01/21/n-de-denuncias-de-intolerancia-religiosa-no-disque-100-e-maior-desde-2011.htm>.

BELCHIOR, Marcela. *ENTREVISTA:* No Brasil, intolerância religiosa nega e tenta inibir cultura mestiça. RBA – Rede Brasil Atual. Publicado em 30/05/2015. Disponível em: <http://www.redebrasilatual.com.br/cidadania/2015/05/no-brasil-intolerancia-religiosa-nega-cultura-mestica-4514.html>.

EXTRA ON-LINE. *"Tenho medo de morrer", diz menina de 11 anos apedrejada na cabeça após festa de Candomblé.* Disponível em: <http://extra.globo.com/casos-de-policia/tenho-medo-de-morrer-diz-menina-de-11-anos-apedrejada-na-cabeca-apos-festa-de-candomble-16458389.html#ixzz4Sp2biIBA>.

HOORNAERT, Eduardo *et al. História da igreja no Brasil: ensaio de interpretação a partir do povo:* primeira época. 4. ed. Petrópolis/São Paulo : Vozes/Paulinas, 1992.

IBGE. *Censo Demográfico 2010:* Características gerais da população, religião e pessoas com deficiência. Disponível em: <http://www.ibge.gov.br/home/estatistica/populacao/censo2010/ caracteristicas_religiao_deficiencia/caracteristicas_religiao_deficiencia_tab_pdf.shtm>. Acesso em: novembro de 2015.

MESLIN, M. A experiência humana do divino: fundamentos de uma antropologia religiosa. Petrópolis: Vozes, 1992.

MONTEIRO, Celso. *Religião, religiosidade e relações étnico-raciais no Brasil segundo os Censos de 2000 e 2010.* Centro de Estudos das Relações de Trabalho e Desigualdades. 26/08/2016. Disponível em: <http://www.ceert.org.br/noticias/liberdade-de-crenca/13130/religiao-religiosidade-e-relacoes-etnico-raciais-no-brasil-segundo-os-censos-de-2000-e-2010>.

SILVA, Clemildo A. *Desafios e propostas para promoção do reconhecimento da diversidade religiosa no Brasil.* Revista Estudos de Religião, v. 29, n. 2 • 68-85 • jul.-dez. 2015.

SILVA, Lucilia C.; SOARES, Katia R. A. *A intolerância religiosa face às religiões de matriz africana como expressão das relações étnico-raciais brasileiras:* o terreno do combate à intolerância no município de Duque de Caxias. Revista EDUC-Faculdade de Duque de Caxias/Vol. 01- No 03/Jan-Jun 2015. Disponível em: <http://www.faculdadededuquedecaxias.edu.br/educ/downloads/numero3/1-artigo.pdf>.

STECK, Juliana. *Intolerância religiosa é crime de ódio e fere a dignidade. Jornal do Senado, Caderno de Cidadania.* Edição de 16 de abril de 2013. Disponível em: <http://www12.senado.leg.br/jornal/edicoes/2013/04/16/intolerancia-religiosa-e-crime-de-odio-e-fere-a-dignidade>.

WACHHOLZ, Wilhelm. *As religiões e seus mecanismos de exclusão:* um ensaio. Revista Estudos de Religião, v. 24, n. 39, 107-121, jul./dez. 2010. Disponível em: < https://www.metodista.br/revistas/revistas-ims/index.php/ER/article/view/2105 /2344>.

WIRTH, Lauri. *O universalismo missionário dos cristãos e o colonialismo:* uma visão a partir da história do cristianismo. In: SUNG, Jung Mo; WIRTH, Lauri; MÍGUEZ, Néstor. Missão e educação teológica. São Paulo : Aste, 2011.

ARISTÓTELES. *Política.* São Paulo : Editora Martin Claret Ltda., 2007.

BERGER, Peter L. *O dossel sagrado:* elementos para uma teoria sociológica da religião. São Paulo: Paulinas, 1985.

BORGES, Edson, *et al. Racismo, preconceito e intolerância.* São Paulo: Atual, 2002.

CASHMORE, Ellis. *Dicionário de relações étnicas e raciais.* São Paulo: Summus, 2000.

Conselho Nacional de Educação. *Diretrizes Curriculares Nacionais para a Educação das Relações Étnico-Raciais e para o Ensino de História e Cultura Afro-Brasileira e Africana, 2004.* Disponível em: <http://portal.mec.gov.br/component/content/article?id=12988:pareceres-e-resolucoes-sobre-educacao-das-relacoes-etnico-raciais>.

DAVIES, Allan. *A ideologia do racismo.* In: Sociologia da Religião: A Igreja e o Racismo. Revista Concilium/171, 1982/1.

ESTATUTO DA IGUALDADE RACIAL. Presidência da República, Casa Civil, Subchefia para Assuntos Jurídicos. Disponível em: <http://www.planalto.gov.br/ccivil_03/_ato2007-2010/2010/lei/l12288.htm>.

FERREIRA, Glauciela S. C. P. *Relações Étnico-Raciais No Brasil.* Publicado em 14 de Outubro de 2008. Disponível em: <http://www.webartigos.com/artigos/relacoes-etnico-raciais-no-brasil/10132/>.

MONTEIRO. Celso R. *Intolerância Religiosa à luz do Direito:* o caso das tradições de matrizes africanas, a laicidade do Estado e o Brasil atual. Portal Áfricas, 2015.

POUTIGNAT, Philippe; STREIFF-FENART , Jocelyne. *Teorias da etnicidade.* Seguido de Grupos étnicos e suas fronteiras de Fredrik Barth. São Paulo : Editora Unesp, 2011.

RIBEIRO, Darcy. *O Povo Brasileiro* – A formação e o sentido do Brasil. São Paulo: Companhia das Letras, 1995.

SANTOS, I. A. A. Discriminação: uma Questão de Direitos Humanos. Brasília: Larraya, 1999.

SANTOS, Renato F.; MARQUES, *Diversidade étnico-racial:* conceitos e reflexões na escola. Anais do XV Encontro Regional de História da ANPUH-RIO, 2012. Disponível em: <http://docplayer.com.br/6856969-1-diversidade-etnico-racial-conceitos-e-reflexoes-na-escola-renato-ferreira-dos-santos-1-ana-jose-marques-2-introducao.html>.

SPINELLI, Kelly Cristina. *Raças humanas não existem como entidades biológicas, diz geneticista.* UOL notícias – Ciência e Saúde, São Paulo 05/02/2013. Disponível em: <http://noticias.uol.com.br/ciencia/ultimas-noticias/redacao/2013/02/05/racas-humanas-nao-existem-como-entidades-biologicas-diz-geneticista.htm>.

VALLE, Silva. *Preconceito e Discriminação.* Minas Gerais, MG : 2003.

AZEVEDO, Dermi. *A Igreja Católica e seu papel político no Brasil.* Dossiê Religiões no Brasil. Revista de Estudos Avançados [online]. 2004, vol. 18, n. 52, pp. 109-120. Disponível em: <http://www.scielo.br/scielo.php?script=sci_arttext&pid=S0103-40142004000300009&lng=en&nrm=iso>.

CORONATO, Marcos. *Entrevista com Michael Sandel:* "A política precisa se abrir à religião". Revista Época On-line, 2012. Disponível em: <http://revistaepoca.globo.com/ideias/noticia/2012/07/politica-precisa-se-abrir-religiao.html>.

ESCOBAR, Herton. *Moralidade independe de religião,* diz estudo. O Estadão de S. Paulo, 09 Fevereiro 2010. Disponível em: <http://www.estadao.com.br/noticias/geral,moralidade-

independe-de-religiao-diz-estudo,508375>.

EUA ELEIÇÕES: Trump volta a usar carta da "retidão moral" em encontro conservador. Agência EFE Washington, 2016. Disponível em: <http://www.efe.com/efe/brasil/portada/trump-volta-a-usar-carta-da-retid-o-moral-em-encontro-conservador/50000237-3036097>.

FRESTON, Paul. *Evangélicos na Política Brasileira:* história ambígua e desafio ético. Curitiba : Encontrão, 1994.

MACHADO, Maria D. C.. *Religião e Política no Brasil Contemporâneo:* uma análise dos pentecostais e carismáticos católicos. Revista Religião e Sociedade, Rio de Janeiro, 35(2): 45-72, 2015.

MARIANO, Ricardo. *Laicidade à brasileira:* Católicos, pentecostais e laicos em disputa na esfera pública. Revista Civitas, Porto Alegre, v. 11, n. 2, p. 238-258, maio-ago. 2011.

PEDDE, Valdir; SANTOS, Everton R. *A inserção dos pentecostais na política:* uma ameaça à democracia? História Unisinos Vol. 13, No 3, setembro/dezembro de 2009.

PUFF, Jefferson. *Até que ponto a religião influencia o voto do brasileiro?* Site da BBC Brasil, São Paulo, 2012. Disponível em: < http://www.bbc.com/portuguese/noticias/2012/10/121004_religiao_eleicoes_jp.shtml>.

SANDEL, Michael J. *O que o dinheiro não compra:* os limites morais do mercado. Rio de Janeiro : Civilização Brasileira, 2012.

SANTOS, Eder W. *O PSC e a noção de "família tradicional" como identidade partidária e religiosa:* análise do processo eleitoral de 2014. São Bernardo do Campo, 2016. Dissertação de Mestrado. Universidade Metodista de São Paulo.

SAKAMOTO, Leonardo. *Evangélica, futura secretária diz que bancada religiosa não a representa.* UOL NOTÍCIAS COTIDIANO. Blog do Sakamoto. 30 novembro 2016. Disponível em: <http://blogdosakamoto.blogosfera.uol.com.br/2016/11/30/evangelica-futura-secretaria-diz-que-bancada-religiosa-nao-a-representa/>.

As leis brasileiras e o ensino religioso na escola pública. Disponível em: <http://gestaoescolar.org.br/politicas-publicas/leis-brasileiras-ensino-religioso-escola-publica-religiao-legislacao-educacional-constituicao-brasileira-508948.shtml>.

CALADO, Maria Amélia Giovannini. *A laicidade estatal face à presença de símbolos religiosos em órgãos públicos.* Revista Jus Navigandi, Teresina, ano 15, n. 2565, 10 jul. 2010. Disponível em: <https://jus.com.br/artigos/16962>.

CUNHA, Carolina. *Ensino religioso na escola pública:* Ele deve existir? Em que condições? Disponível em: <http://vestibular.uol.com.br/resumo-das-disciplinas/atualidades/ensino-religioso-na-escola-publica-ele-deve-existir-em-que-condicoes.htm>.

MARQUES, Pedro V. S. *Laicidade do Estado e símbolos religiosos em repartições públicas.* Revista Jus Navigandi, Teresina, ano 18, n. 3739, 26 set. 2013. Disponível em: <https://jus.com.br/artigos/25405>.

NUNES, Guilherme; OLIVEIRA JUNIOR, Naire Leandro Tenório. *O papel do Direito na proteção das minorias .* Revista Jus Navigandi, Teresina, ano 19, n. 3996, 10 jun. 2014. Disponível em: <https://jus.com.br/artigos/28289>.

Religião não deve ser marginalizada da vida pública, diz Papa. Agência de Notícias ZENIT. Disponível em: <https://pt.zenit.org/articles/religiao-nao-deve-ser-marginalizada-da-vida-publica-diz-papa/>.

SALLA, Fernanda. *Ensino Religioso e escola pública:* uma relação delicada. Disponível em: <http://novaescola.org.br/conteudo/74/ensino-religioso-e-escola-publica-uma-relacao-delicada>.

YOUTUBE. *Barack Obama fala sobre Religião e Secularismo.* Vídeo (4min56s), 2006. Disponível em: <https://www.youtube.com/watch?v=_IHQr4Cdx88>.

YOUTUBE. *Barack Obama fala sobre religiões.* Vídeo (3min56s), 2015. Disponível em: <https://www.youtube.com/watch?v=OvqZXKmWVfQ>.

Daniel Dennett e o ensino sobre as religiões (Palestra TED) <https://www.youtube.com/watch?v=heyIjx4WZqk>.

MAYOS, G. *El problema sujeto-objeto en Descartes.* Prisma de la Modernidad. Pensamiento. Revista Investigación e Información Filosófica, 1993, vol. 49, núm. 195, p. 371-390. Disponível em: <http://portalrecerca.csuc.cat/3331717>. Acesso em: 28 out. 2016.

CAMARGO, Orson. *"Sociedade"*; Brasil Escola. Disponível em: <http://brasilescola.uol.com.br/sociologia/sociedade-1.htm>. Acesso em: 09 de outubro de 2016.

TYLOR, Edward B. *Primitive Culture.* Londres: 1871. Disponível em: <https://archive.org/details/primitiveculture01tylouoft>. Acesso em: 09 out. 2016.

BERGER, Peter. *Dessecularização do mundo:* uma visão global. Disponível em: <http://www.uel.br/laboratorios/religiosidade/pages/arquivos/dessecularizacaoLERR.pdf>.

As desigualdades sociais e a corrupção. Instituto Millenium. 19/10/2012. Disponível em: <http://www.institutomillenium.org.br/blog/as-desigualdes-sociais-corrupcao/>.

ALTAMIRANO, Claudia. *Brasil é o 4º país mais corrupto do mundo, segundo Fórum Econômico Mundial.* El País On-line. Internacional. 6 Out. 2016. Disponível em: <http://brasil.elpais.com/brasil/2016/10/03/internacional/1475517627_935822.html>.

BOFF, Clodovis M. *Contribuição da teologia à paz e à justiça social.* Disponível em: <http://santoantoniopatos.com.br/post/catequese/1326/contribuicao-da-teologia-a-paz-e-a-justica-social-1-parte>.

BOSCH, David J. *Missão transformadora:* mudanças de paradigma na teologia da missão. São Leopoldo, RS: EST, Sinodal, 2002.

Constituição Pastoral Gaudium Et Spes: *Sobre a Igreja no mundo atual.* In: Documentos do Concílio Vaticano II. Disponível em: <http://www.vatican.va/archive/hist_councils/ii_vatican_council/documents/vat-ii_const_19651207_gaudium-et-spes_po.html>.

DURKHEIM, Émile. *As Formas Elementares da Vida Religiosa.* São Paulo : Martins Fontes, 1996.

Estes são os 40 países mais corruptos do mundo. Exame.com, 27 janeiro 2016. Disponível em: < http://exame.abril.com.br/mundo/estes-sao-os-40-paises-mais-corruptos-do-mundo/>.

GOMEZ, Rafael; AMARAL; Rodrigo. *Corrupção faz aumentar pobreza e desigualdade.* BBC Brasil.com, 02 de setembro de 2002. Disponível em: < http://www.bbc.com/portuguese/noticias/2002/020826_eleicaocorrupcao1ro.shtml>.

QUEIROZ, Carlos. *Reflexão.* 6 de julho de 2013. Disponível em: <http://prcarlosqueiroz.blogspot.com.br/2013_07_01_archive.html>.

RODRIGUES, Lucas O. *Justiça social.* Brasil Escola. Disponível em <http://brasilescola.uol.com.br/sociologia/justica-social.htm>. Acesso em 26 de dezembro de 2016.

SANDEL, Michael J. *Justiça* – O que é fazer a coisa certa. 6a. Ed. Rio de Janeiro: Civilização Brasileira, 2012.

_____. O que o dinheiro não compra. *Os limites morais do Mercado.* Rio de Janeiro: Civilização Brasileira, 2012.

SHEDD, Russell P. *A justiça social e a interpretação da Bíblia.* São Paulo: Edições Vida Nova, 1984.

Sociedades sem Deus: por que os países menos religiosos são os mais satisfeitos socialmente. Entrevista especial com o sociólogo Phil Zuckerman. Revista IHU On-line, 22 Dezembro 2008. Disponível em: <http://www.ihu.unisinos.br/index.php?optio...ta&id=18992>.

STOTT, John. *Tive Fome* – Um desafio a servir a Deus no mundo. Belo Horizonte: Visão Mundial, 2003.

WEISS, Ana. *Entrevista:* A desigualdade social é a base da corrupção. Revista Isto é On-line, nº 2428, 17.06.2016. Disponível em: <http://istoe.com.br/desigualdade-social-e-base-da-corrupcao/>.

SOUZA JÚNIOR, Daniel A. *Corrupção:* aspectos sociais, bíblicos e teológicos. Revista Ultimato On-line. Opinião. 24 de maio de 2013. Disponível em: <http://www.ultimato.com.br/conteudo/corrupcao-aspectos-sociais-biblicos-e-teologicos>.

ZUCKERMAN, Phil. *Society without God:* what the least religious nations can tell us about contentment. New York: New York University Press, 2008.

AGOSTINHO. *A Trindade.* São Paulo: Paulus, 2008.

BARRETO, Maria Cristina R.; OLIVEIRA, José E. *A inclusão de homossexuais no protestantismo.* Revista Brasileira de História & Ciências Sociais, Vol. 4 No 8, Dezembro de 2012. Disponível em: <https://www.rbhcs.com/rbhcs/article/download/160/154>.

BARROS, Marcelo. *O parto difícil de uma profecia erótica:* o fundamentalismo religioso e a questão de gênero. Revista Mandrágora - Gênero, Fundamentalismo e Religião, n. 14, 2008. Disponível em: <https://www.metodista.br/revistas/revistas-ims/index.php/MA/article/view/700/701>.

BETONI, Camila. *Feminismo.* InfoEscola, s/d. Disponível em: <http://www.infoescola.com/sociologia/feminismo/>.

BEDINELLI, Talita. *Católicos e evangélicos em cruzada contra a palavra gênero na educação.* EL PAIS On-Line. São Paulo 11 Jun. 2015. Disponível em: <http://brasil.elpais.com/brasil/2015/06/11/politica/1434059650_940148.html>.

CANDIOTTO, Jaci F. S. *A leitura da criação e da antropologia teológica a partir das relações de gênero.* INTERAÇÕES - Cultura e Comunidade / Uberlândia / v. 7 n. 11 / p. 147-163 / jan./jun., 2011. Disponível em: <http://periodicos.pucminas.br/index.php/interacoes/article/view/6194/5720>.

Conceito de violência de gênero – O que é, Definição e Significado. Disponível em: <http://conceito.de/violencia-de-genero#ixzz4Tb522Top>.

DIP, Andrea. *Existe "ideologia de gênero"?* Agência de reportagem e jornalismo investigativo, Pública, Direitos Humanos. Disponível em: <http://apublica.org/2016/08/existe-ideologia-de-genero/>.

GÊNERO. *Dicionário de significados.* Disponível em: < https://www.significados.com.br/genero/>.

GIBELLINI, Rosino. *A outra voz da teologia:* esboços e perspectivas de teologia feminista. In: LUNEN-CHENU, M. T.; GIBELLINI, R. Mulher e Teologia. São Paulo: Loyola, 1988.

______. *A teologia do século XX.* 3a. Ed. São Paulo : Edições Loyola, 2012.

FIORENZA, Elisabeth S. *As origens cristãs a partir da mulher:* uma nova hermenêutica. São Paulo : Edições Paulinas, 1992.

LUNEN-CHENU, Marie-Thèrèse van. *Mulheres, feminismo e teologia.* In: LUNEN-CHENU, M. T.; GIBELLINI, R. Mulher e Teologia. São Paulo: Loyola, 1988.

LOYOLA, José R. A. *A mulher e a realidade Latino-Americana:* uma análise da teoria da dependência a partir da perspectiva de gênero. Revista Mandrágora, v.22. n. 1, 2016, p. 45-68. Disponível em: <https://www.metodista.br/revistas/revistas-ims/index.php/MA/article/view/5983/5203>.

MACHADO, Marta M. A. *Para uma Hermenêutica dos Poderes:* Sobre discursos da teologia feminista e Escritura. Âncora - Revista Digital de Estudos em Religião, Volume 2 - Junho 2007. Disponível em: <http://www.revistaancora.com.br/revista_2/02.pdf>.

MARASCHIN, Jaci. A *Teologia dos Filósofos Gregos e a Teologia Cristã.* Revista Eletrônica Correlatio n. 5 - Junho de 2004. Disponível em: <https://www.metodista.br/revistas/revistas-metodista/index.php/COR/article/download/1779/1764>.

OLIVEIRA, Glaucia Fontes de. *Violência de gênero e a lei Maria da Penha.* Conteúdo Jurídico, Brasília-DF: 06 out. 2010. Disponível em: <http://www.conteudojuridico.com.br/?artigos&ver=2.29209>.

PEREIRA, Aldo. *Vida Intima* - Enciclopédia do amor e do sexo. Vol. 3. São Paulo : Abril Cultural, 1981.

SANTOS, José Alcides Figueiredo. *Classe social e desigualdade de gênero no Brasil.* Dados [online]. 2008, vol.51, n.2, pp.353-402. Disponível em: <http://www.scielo.br/scielo.php?script=sci_arttext&pid=S0011-52582008000200005&lng=en&nrm=iso>.

TILLICH, Paul. *História do pensamento cristão.* 4a. Ed. São Paulo : ASTE, 2007.

VIULA, Sergio. *Candomblé e pessoas LGBT.* AASA: Ateus e Agnósticos – Sociedade Ateísta, 2015. Disponível em: <https://aasaoficial.wordpress.com/2015/01/31/candomble-e-pessoas-lgbt/>.

Minhas anotações

Graduação a Distância

Teologia

5º Semestre

ESTÁGIO SUPERVISIONADO I

UNIGRAN *- Centro Universitário da Grande Dourados*
Rua Balbina de Matos, 2121 - CEP 79.824 - 9000
Jardim Universitário
Dourados - MS
Fone: (67) 3411-4141 / Fax: (67) 3411-4167

Graduação a Distância

Teologia

ESTÁGIO SUPERVISIONADO I

Ronel Dias Pereira

PEREIRA, Ronel Dias. **Estágio supervisionado I**. Ronel Dias Pereira. Dourados: UNIGRAN, 2020.

150 p.: 23 cm.

1. Estágio supervisionado.

Ronel Dias Pereira

Possui graduação em Teologia pela Faculdade Teológica Batista Ana Wollerman (2006) , graduação em Serviço Social pelo Centro Universitário da Grande Dourados (2010), especialização em Metodologia do Ensino Superior pelo Centro Universitário da Grande Dourados (2011), mestrado em Teologia Prática pela Faculdade Teológica Batista do Paraná (2016).

Sumário

Conversa Inicial 9

Aula 01
Definições e considerações sobre o estágio supervisionado I 11

Aula 02
Como elaborar um projeto de estágio supervisionado 33

Aula 03
Áreas que o estágio supervisionado poderá contemplar 61

Aula 04
O estágio supervisionado e a missão integral 93

Aula 05
Exemplos de projetos de estágio supervisionado I 117

Referências 149

Conversa Inicial

Olá caros alunos bem vindos/as, é com enorme alegria que caminharemos juntos nesta disciplina de Estágio Supervisionado I! Creio ser sabido de vocês acerca da importância de realizarmos bem o nosso exercício de estágio supervisionado, tendo em vista que por meio deste temos a oportunidade de colocar em prática um pouco do aprendizado adquirido no decorrer do nosso curso de Teologia.

É meu desejo que consigamos ter boa compreensão do papel fundamental do estágio no processo de formação e que possamos nesta disciplina aproveitar a oportunidade de propor, bem como de executar ações da Teologia Prática que seja relevante ao público alvo na comunidade e/ou contexto que cada um de vocês esteja inserido.

Na disciplina de Estágio Supervisionado I, trabalharemos juntos a partir dos seguintes temas: 01- Definições e considerações sobre o estágio supervisionado I; 02- Como elaborar um projeto de estágio supervisionado; 03- Áreas que o estágio supervisionado poderá contemplar; 04- O estágio supervisionado e a missão integral; 05- Exemplos de projetos de estágio supervisionado I.

Nos temas propostos apresentaremos de forma objetiva o que julgamos de mais relevante sobre o Estágio Supervisionado e suas principais contribuições no processo de ensino-aprendizado no curso de Teologia da Unigran Net, nossa expectativa que ao final da disciplina tenham suas habilidades ampliadas e sintam-se em plenas condições de desenvolver de forma mais consistente e consciente suas práticas teológicas.

Que tenhamos êxito nas nossas realizações e que consigamos fazer do nosso exercício de ensino-aprendizado verdadeiras experiências fraternas de cooperação. Que a soma dos nossos conhecimentos se agreguem ao saber experiencial de cada um e sejam unidos em prol da elevação da vida e da expansão de reino de Deus.

Desejo sucesso e boa leitura a vocês!

Prof. Ronel Dias Pereira

Aula 01

DEFINIÇÕES E CONSIDERAÇÕES SOBRE O ESTÁGIO SUPERVISIONADO I

Caros(as) alunos e alunas!

Estaremos, no decorrer desta nossa aula, fazendo algumas considerações sobre o significado e a relevância do Estágio Supervisionado para o nosso processo de ensino-aprendizado no curso de Teologia.

Afinal, vocês sabem e/ou lembram o que a lei estabelece como Estágio Supervisionado? O que é o Estágio Supervisionado? Quais contribuições o Estágio Supervisionado poderá proporcionar ao nosso aprendizado e prática teológica?

Pois bem! Serão com vistas a essas interrogações que desenvolveremos nossa aula, no desejo de auxiliar vocês a terem uma melhor compreensão dos significados da disciplina de Estágio Supervisionado, bem como perceber as contribuições que o exercício teórico-prático do Estágio poderá proporcionar.

Compra a verdade e não a vendas; compra a sabedoria, a instrução e o entendimento (Pv 23:23)

Que tal! Vamos prosseguir? Acredito que irão gostar, pois aprender é sempre necessário e alegra os corações sábios!

Objetivos de aprendizagem

Ao término desta aula, o aluno e a aluna serão capazes de:

• conhecer e/ou conceituar Estágio Supervisionado;

• compreender a relevância do exercício teórico-prático da disciplina no curso de graduação em Teologia;

• perceber as contribuições do Estágio Supervisionado para o seu processo de aprendizado.

Seções de estudo

• **Seção 1** - *Conceitos sobre o Estágio Supervisionado*

• **Seção 2** - *A relevância do Estágio Supervisionado na graduação em Teologia*

• **Seção 3** - *Contribuições do Estágio Supervisionado para o processo de aprendizado*

Seção 1 - Conceitos sobre o Estágio Supervisionado

O texto poderá ser lido na íntegra no endereço: <http://www.planalto.gov.br/ccivil_03/_ato2007-2010/2008/lei/l11788>. Acesso em: 15/02/2011

De acordo com a **lei nº 11.788, de 25 de setembro de 2008**, o Estágio Supervisionado é assim conceituado:

Art. 1º Estágio é ato educativo escolar supervisionado, desenvolvido no ambiente de trabalho, que visa à preparação para o trabalho produtivo de educandos que estejam freqüentando o ensino regular, em instituições de educação superior, de educação profissional, de ensino médio, da educação especial e dos anos finais do ensino fundamental, na modalidade profissional da educação de jovens e adultos.

§ 1º O estágio faz parte do projeto pedagógico do curso, além de integrar o itinerário formativo do educando.

§ 2º O estágio visa ao aprendizado de competências próprias da atividade profissional e à contextualização curricular, objetivando o desenvolvimento do educando para a vida cidadã e para o trabalho.

Art. 2º O estágio poderá ser obrigatório ou não obrigatório, conforme determinação das diretrizes curriculares da etapa, modalidade e área de ensino e do projeto pedagógico do curso.

§ 1º Estágio obrigatório é aquele definido como tal no projeto do curso, cuja carga horária é requisito para aprovação e obtenção de diploma.

§ 2º Estágio não obrigatório é aquele desenvolvido como atividade opcional, acrescida à carga horária regular e obrigatória.

Sei que vocês observaram que o Estágio poderá ser obrigatório ou não. No caso do curso de Bacharel em Teologia pela UNIGRAN, essa disciplina faz parte da grade curricular, o que a torna um dos requisitos obrigatórios para a obtenção de certificado de conclusão do curso.

Bom, se está na lei e é disciplina obrigatória do curso de Teologia, então vamos nos dedicar e realizar bem as atividades de Estágio Supervisionado! Combinado?

Acredito que vocês acharam sugestiva a ideia de que o Estágio Supervisionado seja realizado com dedicação. Para tanto, vejamos mais algumas considerações e conceituações acerca do Estágio Supervisionado. Vamos nessa?

Sobre esse assunto, Bianchi (2002, p.15) destaca que é de suma importância que vocês alunos e alunas compreendam e tenham condições de conceituar o Estágio Supervisionado, o qual na sua conceituação é compreendido como "período de estudos práticos, exigidos dos candidatos ao exercício de certas profissões liberais".

Podemos, com isso, considerar que o significado de Estágio se deve a um período de dedicação em estudos práticos, visando ao aperfeiçoamento da aprendizagem que envolve "supervisão, revisão, correção e exame cuidadoso".

Vejam, caros(as) alunos e alunas, estudantes de Teologia, que algumas expressões da autora nos chamam a atenção acerca da importância de desenvolvermos com esmero o nosso Estágio Supervisionado, pois será nesse exercício que vocês terão a oportunidade de colocar em prática parte do que aprenderam teoricamente ao longo do curso de Teologia da UNIGRAN, até chegar ao quinto semestre.

Ainda de acordo com Buriolla (2001, p.13) podemos perceber a seguinte consideração sobre o Estágio Supervisionado:

> O estágio é concebido como um campo de treinamento, um espaço de aprendizagem do fazer concreto [...] onde um leque de situações, de atividades de aprendizagem profissional se manifestam para o estagiário, tendo em vista a sua formação. O estagiário é o *locus* onde a identidade profissional do aluno é gerada, construída e referida; volta-se para o desenvolvimento de uma ação vivenciada, reflexiva e crítica e, por isso, deve ser planejado gradativamente e sistematicamente.

Eis, portanto, alunos(as), a responsabilidade bem como o privilégio de cada um/a em fazer dessa experiência estagiária um tempo de verdadeiro "período de estudos práticos", de trocas de experiências, de oportunidades para novos conhecimentos e aprendizagem, com excelência e dedicação no que for realizar.

Tudo quanto te vier à mão para fazer, faze-o conforme as tuas forças, porque no além, para onde tu vais, não há obra, nem projetos, nem conhecimento, nem sabedoria alguma. (Ec 9:10)

Seção 2 - A relevância do Estágio Supervisionado na graduação em Teologia

Acredito que, depois de propormos as primeiras abordagens conceituais sobre o Estágio Supervisionado, vocês já perceberam algumas contribuições dessa disciplina para o processo de formação, de ensino e aprendizado na graduação em Teologia.

É claro que não lhes daríamos o trabalho desse árduo exercício se não tivéssemos verdadeira compreensão de que serão recompensados/as pelas belas experiências que certamente terão quando estiverem colocando em prática o que aprenderam ao longo de quatro semestres de muitas leituras e trabalhos teóricos.

Ufaaaaaah!!!! Quanta leitura!
Não vejo a hora de realizar trabalhos práticos, pois estou com a cabeça a mil de tantas informaçõõõõõõões!!!

Bem, posso imaginar que estejam bastante interessados/as em colocar em prática as muitas e importantes teorias com as quais tiveram contato até essa altura do curso. Sei que as muitas informações, às vezes, os deixam um pouco apreensivos e pode levá-los até mesmo ao questionamento: e agora o que vou fazer com isso???

Fiquem calmos e não <u>esquentem a cabeça</u>, pois nesta disciplina de Estágio I, poderão exteriorizar em ações práticas parte dessas informações e conhecimentos adquiridos que estão aquecendo o cérebro de vocês.
Não há motivos para preocupações, vai dar tudo certo!!!

O fato de chegarem ao final desta disciplina, bem como do curso, e perceberem que todas as experiências transcorridas contribuíram para a formação de vocês é algo inquestionável, mesmo que por algum momento duvidem e/ou não tenham total compreensão dessa verdade, pois como acadêmicos de Teologia e bons estudantes das Escrituras:

Sabemos que todas as coisas cooperam para o bem daqueles que amam a Deus, daqueles que são chamados segundo os seus propósitos (Rm 8:28)

Ter essa compreensão, meus caros(as) alunos e alunas, nos faz necessário, pois nos ajudará a perceber que mesmo em meio aos desafios da prática desta disciplina e de outras que o curso nos permite experienciar, a certeza do chamado e a decisão frente aos propósitos que entendem haver pela realização do curso de Teologia os farão superar os obstáculos.

Estão encorajados? Vamos prosseguir? Precisamos ainda teorizar e refletir um pouquinho mais sobre a relevância dessa disciplina para sua formação de bacharelado em Teologia.

Julgo como um aspecto muito pertinente para essa compreensão o fato de perceber a oportunidade que vocês terão para colocar em prática seus conhecimentos nas diversas áreas da Teologia, de maneira que possam vivenciar no dia a dia como estagiários experiências solidificadoras de conceitos com as quais seja possível confirmar sobre suas preferências, escolhas profissionais e ministeriais.

O Estágio Supervisionado, quando realizado com reais interesses de aprendizado e não por meras exigências acadêmicas, propiciará a vocês estagiários aprendizados práticos nas dimensões sociais, educacionais, relacionais, profissionais e culturais, isso implica estar adquirindo capacidade para uma prática teológica criativa, reflexiva, com consistência e relevância social.

Devo ainda lembrá-los, caros alunos e alunas, de mais um aspecto importante relacionado ao Estágio em Teologia, para tal, utilizaremos uma estupenda recomendação de Bianchi (2002, p. 92). Vejam o que ela nos recomenda!

> A postura do aluno é fator de suma importância: credenciado pela instituição, irá representá-la durante sua permanência na organização. A linguagem, a polidez, isto é, a gentileza para com as pessoas, o horário respeitado rigorosamente e tudo mais que for exigido no estágio são fundamentais para ser seguido. O estagiário tem de ter em mente que é um aprendiz e que qualquer

> atitude de prepotência pode determinar resultados desfavoráveis ao que foi projetado.

Não que eu duvide da postura acadêmica e ética de vocês, queridos alunos e alunas. Se chegaram ao quinto semestre de Teologia tiveram que vencer e renunciar algo, isso demonstra que são capazes e merecem o que já conquistaram. Mas recomendo que não se esqueçam desses princípios de fundamental importância no campo de estágio como nos sugere Bianchi, pois do contrário, as portas para o nosso exercício prático tão necessário no processo de formação em Teologia poderá se fechar a nós.

Acredito não ser isso que desejamos, considerando o fato que estejam com muitas informações e excelentes conhecimentos, os quais praticados de forma ética, com responsabilidade e compromissados com a elevação da vida da comunidade em que estiverem inseridos poderão em muito cooperar na promoção da dignidade humana e justiça social.

Dito isso, tomemos nota novamente do texto de Bianchi (2002), posto anteriormente, e não nos esqueçamos de suas belas palavras, que as escrevamos e as atemos ao nosso pescoço, pois se não as esquecerem em meio aos exercícios do Estágio Supervisionado poderão evitar constrangimentos e desencontros pela aplicabilidade destes princípios tão fundamentais:

> A postura do aluno é fator de suma importância: credenciado pela instituição, irá representá-la durante sua permanência na organização. A linguagem, a polidez, isto é, a gentileza para com as pessoas, o horário respeitado rigorosamente e tudo mais que for exigido no estágio são fundamentais para ser seguido. O estagiário tem de ter em mente que é um aprendiz e que qualquer atitude de prepotência pode determinar resultados desfavoráveis ao que foi projetado.

Seção 3 - Contribuições do Estágio Supervisionado para o processo de aprendizado

É importante destacar, caros(as) alunos e alunas, que o Estágio Supervisionado, conforme Bianchi (2002, p.16), deve ser desenvolvido com boas perspectivas pelos estagiários, como sugere:

> O estágio, quando visto como uma atividade que pode trazer imensos benefícios para a aprendizagem, para a melhoria do ensino e para o estagiário, no que diz respeito à sua formação, certamente trará resultados positivos. Estes tornam-se ainda

> mais importantes quando se tem consciência de que as maiores beneficiadas serão a sociedade e, em especial, a comunidade a que se destinam os profissionais egressos da universidade.

Essa autora também aponta para o fato de que o exercício de Estágio Supervisionado deve ser visto por vocês como uma tarefa na qual sejam os principais responsáveis por seu bom desempenho, cabendo à instituição de ensino e ao professor dar as orientações necessárias. Assim, Bianchi (2002, p.16-17) destaca:

> Compete ao aluno estar atento, demonstrar seu conhecimento pela teoria aprendida, realizar seu trabalho com dignidade procurando, dentro da sua área de atuação, demonstrar que tem competência, simplicidade, humildade e firmeza, lembrando-se que ser humilde é saber ouvir para aprender, ser simples é ter conceitos claros e saber demonstrá-los de maneira cordial.

Vejam! O que Bianchi disse é muito importante! Afinal, ser humilde e saber ouvir para aprender quando julgamos que sabemos é muito difícil. Não é mesmo?

Posso acreditar que não nos restam dúvidas quanto ao fato de ser o Estágio Supervisionado uma oportunidade para que vocês coloquem em prática os conhecimentos adquiridos teoricamente em outras disciplinas do curso de Teologia, de maneira que possam vivenciar no dia a dia de estagiários a teoria sendo disseminada em ações concretas.

Nesse sentido, podemos admitir que o Estágio Supervisionado seja um complemento indispensável no aprendizado do curso de Teologia, pois as atividades que serão desenvolvidas por vocês estagiários devem ser entendidas como aquisição de experiências que rumam para uma caminhada futura próxima, profissional e/ou ministerial com êxito.

Bem, sei que já entenderam diante disso que a finalidade do Estágio Supervisionado também se deve a integração de vocês com o meio social, contribuirá para o seu real envolvimento com sua comunidade, propiciando o seu desenvolvimento, bem como oportunizando para que sejam propositivos, com práticas teológicas dignas de excelentes frutos, dos quais fomos comissionados e se espera que produzamos para expansão do reino de Deus. Digo de forma especial a aqueles que cursam Teologia visando ao ministério.

Não fostes vós que me escolhestes a mim; pelo contrário, eu vos escolhi a vós outros e vos designei para que vades e deis fruto, e o vosso fruto permaneça... (Jo 15:16a)

Até aqui tranquilos? Tudo esclarecido? Pois bem! Para uma melhor compreensão das unidades acima trabalhadas, escolhi e proponho a seguir um texto de Silva (2010) o qual irá abordar sobre o Estágio Supervisionado nas Faculdades de Teologia, especificando-se nas experiências da Faculdade Metodista, em São Bernardo do Campo-SP, mas que expressa total relevância ao assunto da nossa aula.

Observem que o autor estará também conceituando o Estágio Supervisionado, observando seu surgimento e legislação conforme exigências do MEC, destacando sobre elaboração e procedimentos para o projeto de Estágio Supervisionado, apontando para as experiências do Estágio Supervisionado no processo de ensino-aprendizado em Teologia.

São esses alguns dos pontos em destaque no texto, além de outros, que pelo exercício da leitura, vocês poderão usufruir. Isso implica ser de extrema importância que todos leiam, pois será para a elevação do vosso aprendizado, aprofundamento e esclarecimentos acerca da relevância do Estágio Supervisionado, também aplicável ao curso de Teologia da UNIGRAN, o qual vocês são privilegiados por realizar.

Tenham todos uma excelente leitura!
Esperá-los-ei no final do texto para as considerações finais da nossa primeira aula.
Até lá!!!!

O Estagio Supervisionado nas Faculdades de Teologia: teoria e prática de um dos componentes curriculares.

Geoval Jacinto da Silva

Geoval Jacinto da Silva
Bispo Honorário Metodista. Teólogo, Mestre em Ciências da Religião pela Universidad Biblica Latinoamericana/ Costa Rica (1978) e Doutor em Teologia Pastoral pela Pontifícia Universidade Católica de Salamanca (1988). Graduado em Teologia pela Faculdade de Teologia da Igreja Metodista (1974). Professor do Programa de Pós-Graduação em Ciências da Religião/ Universidade Metodista de São Paulo. Concentra suas pesquisas e atuação docente em Teologia Pastoral, principalmente nos seguintes temas: Missão, Teologia Prática, Administração Eclesiástica, Ministério, Liturgia. É docente dos cursos de Teologia (Graduação Presencial) e Teológico Pastoral.

Introdução

O presente ensaio tem por objetivo apresentar pautas do estágio supervisionado como um dos componentes curriculares do curso de teologia oferecidos pelas faculdades de teologia e a reflexão da maneira como os/as alunos/ as podem realizá-lo. Com o advento, em 2000, do reconhecimento do Curso de teologia, pelo Ministério de Educação e Cultura (MEC), como curso de nível superior, as instituições tiveram que adaptar a grade curricular incluindo o estágio supervisionado. O estágio supervisionado em qualquer curso de graduação faz parte da grade curricular e por sua natureza tem legislação própria. Ao abordar o tema do estágio supervisionado nos cursos de teologia, vez ou outra neste artigo, será feita referência direta a experiência que é desenvolvida na Faculdade de Teologia da Universidade Metodista, que além de sua experiência com o estágio realizado pelos/as alunos/as antes do reconhecimento do curso, têm hoje uma estrutura de Coordenação de estágios supervisionados para o curso presencial e outras modalidades.

1. Faculdade de Teologia da Universidade Metodista e seu processo histórico de ensino e prática do estágio

1.1 Definição de estágio supervisionado

O estágio supervisionado favorece a relação teoria-prática a partir da interação entre a reflexão oriunda da academia e atuação em situações concretas da realidade socioeconômico-religioso-cultural do País (Regulamento de Estágio Supervisionado – Teologia/2001). Moraes Bianchi afirma que:

> O estágio quando visto como uma atividade que pode trazer imensos benefícios para a aprendizagem, para a melhoria do ensino e para o estagiário, no que diz respeito a sua formação, certamente trará resultados positivos. Estes tornam-se ainda mais importantes quando se tem consciência de que as maiores beneficiadas serão a sociedade e, em especial, a comunidade a que se destinam os profissionais egressos da universidade (BIANCHI, 2003, p. 8).

1.2 Um pouco de história da prática do estágio supervisionado na Faculdade de Teologia da Igreja Metodista

Segundo Silva (2010) o processo de ensino e aprendizagem desenvolvido pela Faculdade de Teologia da Igreja Metodista é marcado por uma dinâmica própria, tão logo que iniciou sua trajetória acadêmica em São Bernardo do Campo, SP, em 1938, como junção das duas Faculdades de Juiz de Fora, MG, e Porto Alegre, RS. Procurou desenvolver o Estágio Supervisionado nas Faculdades de Teologia suas atividades na perspectiva ensino-aprendizado teoria e prática.

Nestes anos de funcionamento da Faculdade de Teologia desenvolve com os(as) alunos(as) a dimensão do ensino-aprendizado e a prática que no decorrer dos anos foi sendo estruturada como estágio prático. Estes estágios práticos eram realizados nas comunidades próximas à faculdade onde os(as) alunos(as) a partir do primeiro ano escolar eram motivados a se envolverem gradualmente na vida de uma igreja local. Isto porque, já entendia os educadores, que não era possível, nem recomendável, o ensino puramente teórico, em que a parte prática era limitada aos laboratórios. Era indispensável que o(a) aluno(a) pudesse ver no campo todos os diferentes aspectos da cultura. Desta forma, uma prática simples como dirigir uma reunião pode "converter-se em uma prática amena e cheia de interrogações, fazendo com o que o aluno pense no porquê da tarefa realizada e desenvolva sua iniciativa" (Regulamento de Estágio Supervisionado Teologia/2001).

Observem que a prática do Estágio não é uma questão apenas de obrigatoriedade, mas, principalmente, de cuidado com a boa formação dos/as estudantes de Teologia!

Por se tratar de uma instituição com finalidade primeira de formação do quadro de pastores(as) para a Igreja Metodista, a modalidade de estágio era bem absorvida e desenvolvida pelos(as) alunos(as), em especial aos sábados e domingos nas comunidades onde eles/elas realizavam sua prática. Embora em sua origem não havia o caráter estrutural de estágio supervisionado, o(a) aluno(a) tinha que realizar uma prática na comunidade, onde muitas destas eram realizadas com o acompanhamento de um professor-pastor ou o(a) aluno(a) estava sempre acompanhado de um(a) pastor(a) responsável por uma comunidade.

É importante destacar que o processo de ensino-aprendizagem era composto de uma parte teórica em sala de aula e uma prática progressiva em uma comunidade local. Desta forma, o ensino sustentado por uma prática possibilitava a reflexão do teórico sobre as ações realizadas pelos/as estudantes.

O ensino-aprendizagem tinha um caráter objetivo e o(a) aluno(a) era levado/a a aprender diretamente no campo de ações, praticando ele/ela próprio/a as tarefas relacionadas à sua formação. O teórico da sala de aula era vivenciado pelo/a estudante e ele/ela mesmo era motivado(a) a desenvolver sua prática em uma comunidade. O(a) aluno(a) tinha que "ver e tinha que fazer".

No decorrer dos anos e com o aperfeiçoamento do processo ensino-aprendizagem e prática, a Faculdade de Teologia com o advento, em 2000, do reconhecimento do Curso de Teologia, pelo Ministério de Educação e Cultura (MEC), como curso de nível superior estabelece a modalidade acadêmica do estágio supervisionado que possibilitou o início e o crescimento de novos conhecimentos nas diversas áreas do saber e das relações humanas.

Desta forma, amplia-se as possibilidades do estudante da Faculdade de Teologia realizar estágios supervisionados ampliando seu universo teórico e relacionando o mesmo com outras disciplinas interligadas com sua formação visando o ministério pastoral.

O curso superior da Faculdade de Teologia, conforme está desenhado, pauta-se por uma metodologia participativa, que estimula o(a) aluno(a) ao exercício do pensamento e da elaboração e formulação de discurso que dê conta do específico religioso em que está inserido. Para tanto, na construção do saber, a consulta as fontes, as leituras e a pesquisa devem ser elementos fundamentais no trabalho extraclasse. O estágio realizado pelos/as estudantes tem priorizado áreas que exigem do povo cristão uma participação mais consciente para a qual, nem sempre, ele se encontra devidamente preparado.

Embora a Faculdade de Teologia esteja voltada para atender o ministério pastoral, a mesma reconhece a diversidade de ministérios existentes nas comunidades cristãs e tem enfatizado, em particular, aquelas áreas que requerem a atenção especial da Igreja em nossos dias. Assim sendo, para os cursos de teologia, o estágio supervisionado deve ser entendido como um processo de aprendizagem que envolve projeto, pesquisa e a inserção e intervenção do aluno na realidade. Nesta direção, Bianchi declara que:

> as tarefas a serem desenvolvidas durante o período de estágio supervisionado devem envolver uma organização tal que parta da elaboração de um projeto, cujo resultado culmine com um Relatório circunstanciado das ocorrências vivenciadas e nele projetadas, com linguagem científica e dados estatísticos comprobatórios. Tal processo de elaboração do estágio compreende a organização, o planejamento, a análise e a redação dos diferentes dados pelos quais se pôde aprender e produzir conhecimentos novos. Assim sendo, o estágio supervisionado deixa de ser uma atividade meramente formal para se constituir como um verdadeiro aprendizado. O estágio é, nesta perspectiva, uma maneira peculiar de fazer pesquisa e ao mesmo tempo inserir na realidade de maneira a intervir (BIANCHI, 2003, p. 7).

Neste contexto histórico, a Faculdade Teologia, inicialmente conhecida como Faculdade de Teologia da Igreja Metodista, de certa forma é pioneira em desenvolver no contexto acadêmico a proposta de ensino, aprendizagem e prática. O estágio era por certo interpretado como um ponto de convergência do curso de Bacharel em Teologia. Tal procedimento de ensino, aprendizagem e prática, possibilitavam uma aproximação das disciplinas que foi aperfeiçoando a proposta de ensino e pesquisa nos estudos de grupos. Possibilitando não só o envolvimento do(a) aluno(a) no processo ensino-aprendizagem como também envolvendo os professores na interdisciplinaridade acadêmica.

Imagino que pela leitura até aqui muitas outras informações foram agregadas sobre o Estágio, mas precisam prosseguir para saber mais!
Aprender nunca é demais, não é verdade?
Vamos nessa?

2. Estágio supervisionado: histórico e legislação do MEC

2.1 Quando e como surge o estágio acadêmico?

Na primeira parte, foi visto como se organizou e se desenvolveu o processo do estágio na Faculdade de Teologia da Igreja Metodista. Portanto, o estágio, como prática de ensino, tem uma história que remonta a um período anterior às discussões sobre o tema em várias esferas do ensino profissional, em especial na área da formação dos(as) pastores(as).

Podemos dizer que a Faculdade de Teologia se antecipou ao implantar o estágio em seu curso sem que isso viesse como uma imposição por meio da legislação do MEC, uma vez que é recente o reconhecimento do curso. O curso da Faculdade de Teologia, a partir do ano 2000, recebeu o reconhecimento oficial do MEC, portanto, passa a fazer parte da estrutura da Universidade Metodista. Com a nova estrutura, iniciou-se o processo de reformulação do estágio acadêmico.

Neste sentido, buscou-se acompanhar a legislação que orienta o estágio como parte da formação profissional. No início da década de 70, ocorreu em Brasília o 1º Encontro Nacional de Professores de Didática. Na ocasião, as discussões apontavam para a necessidade de inserção dos/as estudantes no mercado de trabalho em suas áreas afins para um contato prévio do que viria a ser o exercício em sua profissão. No contexto do encontro, tanto o coordenador do evento professor Valnir Chagas, como o Ministro, senador Jarbas Gonçalves Passarinho, discorreram, com um não contido entusiasmo, sobre a legislação que tornava obrigatório o estágio de estudantes (Bianchi, 2003, p. 10). Anteriormente, a data citada, em 1966, por ocasião do Encontro Nacional do Estágio Supervisionado de Administração (Enaescar) foram estabelecidas as diretrizes para a implantação do estágio supervisionado contemplando os itens abaixo que podem com os devidos cuidados serem aplicados nas instituições de ensino teológico:

1. os trabalhos de Estágio deverão desenvolver em função das exigências das organizações, direcionadas às áreas de interesse dos alunos e das respectivas IESs às quais pertencem;

2. os trabalhos e a orientação de Estágio deverão ter acompanhamento e avaliação sistemática, previamente definidos em Regulamento da Instituição;

3. o Estágio deverá ser interpretado como ponto convergente do curso, devendo ter como critérios orientadores a excelência, a praticidade, a qualidade e a utilidade da produção acadêmica;

4. o trabalho de Estágio deverá gerar um banco de dados no qual estejam inseridos conhecimentos, por parte do aluno, de forma que possam ser relacionadas e aplicados em outra Organizações e outras Instituições de Ensino;

5. o trabalho de Estágio deverá ser um elo facilitador no ajustamento natural do aluno no campo profissional dos Administradores;

6. a avaliação do trabalho de Estágio deverá contemplar, simultaneamente, o produto final gerado e o processo que conduziu a este produto;

7. as horas dedicadas ao trabalho de Estágio deverão ser distribuídas em atividades teóricas e de campo;

8. as IESs deverão gerar sistemas de controle para o processo de acompanhamento e avaliação dos conhecimentos teóricos e práticos dos alunos adquiridos no Estágio;

9. o produto final do Estágio deverá ser em forma de relatório, conforme metodologia específica da IES, atendendo a normatização da ABNT, e defendido perante banca examinadora;

10. o Estágio deverá ser realizado após um processo cumulativo, de acordo com o projeto pedagógico de cada IES, vinculado-se a área específica à conclusão do estudo da matéria pertinente;

11. a sistemática do Estágio deverá ser avaliada periodicamente e os resultados documentados;

12. cada IES editará o seu Manual de Estágio Supervisionado;

13. o estagiário deverá estar respaldado por um instrumento legal, celebrado com a Organização concedente e a interveniência da Instituição de Ensino, remunerando ou não e com seguro de acidentes pessoais obrigatório (BIANCHI, 2003, p. 11-12).

Essas diretrizes representam orientações a fim de que as IES possam desenvolver procedimentos para que os/as estagiários/as realizem a contento a prática do estágio supervisionado, entretanto, diversas legislações, decretos e documentos complementares já foram emitidos com a finalidade de aperfeiçoar o exercício do estágio. Entre todos os procedimentos legais até então em vigência a Lei de Diretrizes e Bases da Educação Nacional (LDB), 1996, no artigo 82, afirma que:

> Os sistemas de ensino estabelecerão as normas para a realização dos estágios dos alunos regularmente matriculados no ensino médio ou superior em sua jurisdição". Com objetivo de ajudar na administração e relacionamento do estágio com empresas ou outras instituições o Boletim IOB – Informações Objetivas, afirma: Item 9 – Estágio não é emprego. O estágio de Estudantes não se confunde e não se deve confundir com emprego, quer

> de caráter temporário, quer de duração indeterminada. São figuras totalmente distintas. O estágio, desenvolvido ao longo do curso do estudante, em atividades correlacionadas à sua área de formação profissional, não é, portanto, emprego. Logo, não cria vínculo empregatício entre as partes e é regulamentado por legislação específica. Item 14 – Estágio no próprio emprego. O empregador que, por ser estudante, necessitar da realização de um período de estágio, pode fazê-lo nas dependências da própria empresa, sem perder a condição de empregado. Nestes casos, se o período de estágio ocorrer no horário ou áreas distintas do expediente normal de trabalho do empregado, a empresa deve formalizar o estágio com a documentação legal exigida e com a interveniência obrigatória da instituição de ensino, para comprovação perante a fiscalização trabalhista (IOB – 40/93 (BIANCHI, 2003, p. 13-14).

Segundo Bianchi (2003), o conhecimento da legislação facilita ao(à) aluno(a) a caracterização do estágio como parte da formação profissional que requer o acompanhamento e a avaliação por parte dos supervisores responsáveis. Há uma distinção significativa, pois o objetivo principal da inserção do estágio desde o início do curso superior oportuniza a familiarização do/a aluno/a com a sua profissão. Também, é um elemento facilitador ao processo reflexivo quanto ao compromisso ético e social necessário ao exercício profissional. Para dirimir dúvidas quanto à caracterização do estágio e à diferença da relação do trabalho formal desenvolvido por profissionais já habilitados com vínculo empregatício, por meio de legislação própria é garantido o direito de ambas as partes.

Ao recordarmos os instrumentos legais sobre o estágio supervisionado aos(às) alunos(as) possibilitamos conhecimentos e oferecemos as garantias legais quando de sua inserção no mundo do trabalho. Chamamos a atenção, pois o fundamental é a clareza de que o processo de estágio supervisionado tenha como característica principal a abertura para que os/as alunos/as possam experenciar a práxis, entendo práxis como ação refletida e transformadora (FLORISTAN, 2003, p. 180).

O estágio é a oportunidade específica no qual ao mesmo tempo em que atuam, também podem refletir sobre suas futuras atividades. O estágio supervisionado é uma oportunidade oferecida aos(às) alunos(as) de entrarem em contato com a realidade na qual desenvolverão seus ministérios; assumindo assim, com responsabilidade o compromisso de participação em seu processo de formação. A educação pressupõe essa parceria em que os(as) alunos(as) são sujeitos de seu processo educativo.

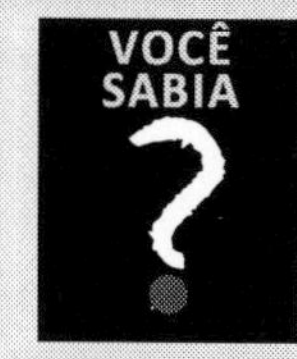

Vocês sabiam da importância de estarem atentos às normativas legais do Estágio? No começo da aula falamos disso, lembram? É importante que todos os estagiários saibam dos seus direitos e deveres. Não é mesmo? Vejam como é necessário ler e refletir sobre o que está posto!

3. Elaboração do projeto de estágio supervisionado – procedimentos na realização

3.1 Orientações para o supervisor local e acadêmico

A forma de organização do estágio supervisionado no curso de teologia proporciona um crescente aprendizado que o(a) aluno(a) possa ir familiarizando-se com a realidade na qual desenvolverá a intervenção de sua prática. Neste momento do curso, espera-se do(a) aluno(a) o manejo dos pressupostos que embasam um trabalho científico. Na sua formação acadêmica já cursou disciplinas que permitem a construção de um conhecimento que saia do senso comum.

A partir da observação científica, há o levantamento dos dados necessários para o passo inicial da elaboração do projeto de estágio. É um momento importante da formação do(a) aluno(a), pois o modo de aproximação das instituições nas quais irá intervir pressupõe embasamento teórico e capacidade de desenvolver um olhar interrogativo. As leituras orientadas permitem a construção de um caminho para a realização do estágio efetivo como passo seguinte à elaboração do projeto.

Neste momento, o(a) aluno(a) deve buscar orientação de leitura específica nas áreas que irá elaborar o seu projeto. Por exemplo, para caracterizar o espaço religioso ou a ONG precisa levantar o histórico da instituição, objetivo, recursos (materiais, humanos e outros), disponibilizados para atendimento do objetivo institucional, formas de comunicação, fontes de conflito, recursos da comunidade. É necessário que o(a) aluno(a) não se atenha apenas à apresentação dos dados concretos. Exige-se a capacidade de saber ler essas informações à luz da literatura disponível nas disciplinas cursadas e pesquisas bibliográficas específicas à área que propôs realizar seu estágio. Por meio do acompanhamento dos(as) supervisores(as) acadêmicos(as) a feitura do projeto vai culminar com a apresentação da versão final para ser submetida à aprovação do colegiado do curso. Após a aprovação o(a) aluno(a) está autorizado(a) a receber o encaminhamento oficial para as instituições onde realizará seu estágio acadêmico.

Vejam! Sem base teórica e esmero na pesquisa será impossível elaborar um bom projeto de Estágio.
Devo enfatizar que não basta ter boas intenções, é preciso desenvolver a capacidade que o exercício ministerial ou profissional irá exigir em breve de vocês. Aproveitem esta oportunidade!

3.2 O que é o projeto de estágio?

Uma das maneiras de superar certas barreiras na vida e no processo de ensino-aprendizagem é ter clareza no que deseja alcançar, para tanto é oportuno ter em vista um projeto como resultado de um bom planejamento. Neste sentido, o estágio supervisionado requer um projeto que indique o caminho onde as diversas atividades serão desenvolvidas de forma clara, detalhada e com prazos bem definidos para o seu cumprimento:

> o projeto é um trabalho de elaboração mental e de apresentação que tem por finalidade guiar os passos do/a aluno/a e demonstrar, em linhas gerais, o que pretende fazer, como deve fazê-lo e onde poderá chegar. Preparar o projeto é planejar. Planejar é um caminho de desenvolvimento das atividades, de forma clara, detalhada e rigorosa, incluindo-se a escolha de bibliografia, métodos, técnicas e recursos (BIANCHI, 2002, p. 19).

O estágio supervisionado pode ser desenvolvido a partir de diversas possibilidades de atuação. No caso da Faculdade de Teologia, tem-se atuado em duas áreas com duas possibilidades de prática de estágio supervisionado: prática ministerial e promoção humana, formando para efeitos acadêmicos uma só junção de horas. O estágio supervisionado em prática ministerial consiste em possibilitar o(a) aluno(a) envolver-se e ter conhecimento das ações realizadas no ministério pastoral e na vida da igreja nas áreas: missão e evangelização, docentes, administrativas e do serviço social. Já o estágio supervisionado em promoção humana permite que o(a) estagiário(a) tenha conhecimento e atuação em situações limites que o ser humano pode vivenciar. Nesse sentido, os hospitais, lares de idosos, casas de recuperações de pessoas dependentes químicas, escolas, creches, ONGs e outros constituem espaços privilegiados para a realização do estágio. O estágio supervisionado é um momento fundamental para a formação profissional e para isso é necessário que o/a aluno/a assuma o compromisso de realizá-lo com seriedade e competência.

O encaminhamento dos/as alunos/as às igrejas, instituições (ONG's, hospitais etc.), tem por objetivo estabelecer parceria com esses segmentos, uma vez que a experiência só pode ser realizada nos espaços específicos que oportunizam ao discente a aprendizagem por meio da atuação/reflexão. Nesse sentido, busca-se estabelecer esse caminho de diálogo entre a academia e os futuros espaços de atuação profissional dos(as) nossos(as) alunos(as). A forma de organização do estágio foi pensada para atender as necessidades dos(as) alunos(as) nesse período de formação, que é acompanhado pela coordenação de estágio supervisionado da Faculdade de Teologia.

CURIOSIDADE

No curso de Teologia da UNIGRAN, vocês cumprirão 200hs aula de Estágio: 100hs em Estágio I para elaboração do Projeto e 100hs em Estágio II para execução do Projeto.
Isso deve ser encarado com seriedade e dedicação, pois sei que todos almejam ter êxito!!!

3.3 Estrutura do estágio supervisionado na Faculdade de Teologia da Metodista

A partir do ano de 2000, o curso Bacharel em Teologia da Metodista passou a ser reconhecido pelo MEC. Para adequar o mesmo às exigências da legislação atual, foi necessário organizar o projeto pedagógico dentro dos novos parâmetros curriculares. Um dos itens importantes que consta na formação do/a aluno/a diz respeito ao estágio supervisionado. O processo de estágio supervisionado tem os seguintes passos:

• 1º ano do curso: o estágio tem seu início a partir da realização de disciplinas específicas e acompanhamento supervisionado no trabalho de observação de campo;

• 2º ano: o/a aluno/a recebe orientação para a observação do futuro local para realizar o estágio e acompanhamento para a elaboração do projeto de estágio em prática ministerial e promoção humana;

• 3º ano: o/a aluno/a está apto/a a exercer, sob a supervisão acadêmica e local o que propôs em seu projeto de estágio.

3.4 Etapas do estágio

• 1º ano = 20h de observação do local em que se pretende realizar o estágio;

• 2º ano = 70h de observação e preparação do projeto de estágio supervisionado;

• 3º ano = 180h de inserção, observação e supervisão – 30h de supervisão: local e Faculdade Teologia – totalizando 300h, para efeito de aprovação curricular.

Esse momento da formação é significativo, pois nele o/a aluno/a poderá experienciar a superação da aparente dicotomia entre a teoria e a prática. É um período que requer do(a) aluno(a) a seriedade necessária para o preparo teórico e a capacidade de propor e realizar atividades práticas.

Devo lembrá-los pessoal que o nosso curso é na modalidade EaD, em razão disso são apenas 200hs aula de Estágio, mas é suficiente para a proposta de aprendizado basta que nos dediquemos.
Eu sei que posso esperar isso de vocês!

3.5 Competências do local do estágio supervisionado: igreja, entidade, instituição, empresa ou outros

• respeitar o contexto básico da profissão e plano de estágio acordado com o/a aluno/a e a faculdade;

• assinar o termo de compromisso de estágio supervisionado e o convênio proposto;

• designar um/a responsável para realizar os contatos com o(a) aluno(a), igreja, instituição, empresa e a faculdade no que se refere à questão do estágio supervisionado;

• comunicar à faculdade qualquer alteração ou interrupção no estágio supervisionado;

• solicitar, se necessário, a presença do(a) coordenador(a) do estágio supervisionado para discussão e solução de problemas comuns;

•conceder à faculdade a oportunidade de acompanhamento do(a) aluno(a) na igreja, instituição etc., sempre que houver necessidade;

• preencher a ficha de acompanhamento e avaliação do(a) aluno(a) (regulamento de estágio supervisionado – Teologia/2001).

3.6 Competências do/a supervisor/a local da prática ministerial e promoção humana

a) conhecer o projeto de estágio supervisionado que será desenvolvido pelo/a aluno/a, após aprovação pela coordenação de estágio da Faculdade de Teologia;

b) facilitar a aproximação do/a aluno/a com os segmentos onde o estágio supervisionado está sendo realizado;

c) reunir-se com o/a aluno/a para fornecer as orientações necessárias quanto a horário, amplitude e limitações do local onde será feito o estágio supervisionado;

d) apoiar o/a aluno/a no que for necessário, esclarecer dúvidas e apontar as oportunidades de crescimento na realização do estágio supervisionado;

e) comunicar à autoridade local qualquer alteração ou interrupção no estágio supervisionado;

f) preencher a ficha de estágio que consta: local, atividade realizada, horário e assinatura;

g) preencher, assinar e carimbar a ficha, quando o/a aluno/a concluir suas atividades de estágio supervisionado.

4. Estágio supervisionado uma experiência de duas vias

Segundo Lima e Olivo (2007), um dos maiores desafios enfrentados por lideranças acadêmicas comprometidas com a formação do(a) aluno(a) consiste em criar condições que auxiliem os/as estudantes de graduação a articular as dimensões teóricas e práticas.

O tempo e a experiência mostram que, na prática do estágio, o(a) aluno(a) pode contribuir com novas experiências adquiridas no estágio supervisionado e aplicar os conteúdos adquiridos por meio das diversas disciplinas cursadas, possibilitando assim que seja possível um novo olhar sobre determinado tema tanto da parte do/a aluno/a, como do/a professor/a. Portanto, Bianchi considera que:

> estagiar é tarefa do aluno; supervisionar é incumbência da instituição de ensino que está representada pelo/a professor/a. Acompanhar, fisicamente se possível, tornando essa atividade incomum, produtiva é tarefa do professor, que visualiza com o/a aluno/a situações de trabalho passíveis de orientação". Afirma mais que: "Compete ao/a aluno/a estar atento, demonstrar seu conhecimento pela teoria aprendida, realizar seu trabalho com dignidade procurando, dentro da sua área de atuação, demonstrar que tem competência, simplicidade, humildade e firmeza, lembrando-se que ser humilde é saber ouvir para aprender, ser simples é ter conceitos claros e saber demonstrá-los de maneira cordial (BIANCHI, 2003, p. 8).

Considerando essa via de mão dupla no estágio supervisionado "é importante ressaltar que a validade do estágio supervisionado está diretamente ligada a "quanto o estudante e o professor foram capazes de desaprender e reaprender com a realidade vivenciada" (LIMA; OLIVO, 2007, p. 11). Em se tratando de um curso de teologia a imersão do estagiário nas mais diversas realidades poderá oferecer novas ferramentas para suas futuras ações pastorais que possam responder as exigências de uma prática pastoral contextual.

Observem que as experiências do Estágio devem ser valorizadas para o nosso aprendizado. Mas para isso precisamos ser humildes como sugere Bianchi!
"A humildade precede a honra" (Pv 15:33b)

Conclusão

O histórico do processo ensino-aprendizagem e prática tocupam especial parcela de orientação por parte das IES, por meio dos seus diversos segmentos.

Atualmente, os cursos de nível superior desenvolvem diversos processos que possibilitem aos/às estudantes sua aproximação com sua futura área de atuação. Com o reconhecimento do curso de teologia pelo MEC, como curso de nível superior tal preocupação também se faz presente nas faculdades de teologia, daí então decorre a necessidade das faculdades responderem a demanda do ensino-aprendizagem e prática pela implantação, desenvolvimento e supervisão do estágio supervisionado. Neste sentido, o estágio deverá ser acompanhado e avaliado sistematicamente por meio de regulamento próprio estabelecido por cada instituição.

O estágio supervisionado é parte do processo de ensino-aprendizagem e prática; ele não pode ser visto como um apêndice dentro do curso, isto porque a legislação o inclui com parte da grade curricular, neste sentido exigem-se novas posturas e novos olhares dos três segmentos: instituição, professor(a) e aluno(a).

Atenção, muita atenção!!!

Sei que perceberam que o compromisso com o Estágio deve acontecer mutuamente: instituição de ensino, professor e aluno. Diante disso, recomendo que se esforcem, sejam comprometidos e realizem bem o que cabe a vocês, estagiários.
Nós estaremos dedicando o nosso melhor, pois acreditamos no potencial de cada um e desejamos cooperar para o seu sucesso ministerial e/ou profissional!

Não to mandei eu? Sê forte e corajoso; não temas, nem te espantes, porque o Senhor, teu Deus, é contigo por onde quer que andares (Js 1:9)

Retomando a conversa inicial

Acredito que foi traquilo até aqui e já estamos chegando ao final da nossa 1ª aula!
Que tal retomar o início da nossa conversa e relembrar?
Vamos lá?

• Seção 1 - Conceitos sobre o Estágio Supervisionado

Nesta seção, destacamos que:

O estágio visa ao aprendizado de competências próprias da atividade profissional e à contextualização curricular, objetivando o desenvolvimento do educando para a vida cidadã e para o trabalho.

O Estágio Supervisionado é um período de estudos práticos, exigidos dos candidatos ao exercício de certas profissões liberais.

O estágio é concebido como um campo de treinamento, um espaço de aprendizagem do fazer concreto.

• Seção 2 - A relevância do Estágio Supervisionado na graduação em Teologia

Nesta seção, observamos que:

O estagiário tem de ter em mente que é um aprendiz e que qualquer atitude de prepotência pode determinar resultados desfavoráveis ao que foi projetado.

• Seção 3 - Contribuições do Estágio Supervisionado para o processo de aprendizado

Nesta seção percebemos que:

O estágio supervisionado favorece a relação teoria-prática a partir da interação entre a reflexão oriunda da academia e atuação em situações concretas da realidade socioeconômica-religiosa-cultural.

Assim, o Estágio Supervisionado é um complemento indispensável no aprendizado do curso de Teologia.

Sugestões de leituras e *site*

Leituras

BIANCHI, Anna Cecília de Moraes. *Manual de orientação*: estágio supervisionado. São Paulo: Pioneira Thomson Learning, 2002.

BURIOLLA, Marta Alice Feiten. *Estágio supervisionado*. 3. ed. São Paulo: Cortez, 2001.

Site

• <http://www.planalto.gov.br/ccivil_03/_ato2007-2010/2008/lei/l11788.htm>.: Acesso em: 15/02/2011

Obs.: Se houver dúvidas ao final desta aula poderão ser sanadas através das ferramentas **fórum ou quadro de avisos e chat**. Ou poderão ainda enviar para o e-mail ronel.pereira@unigran.br

Aula 02

COMO ELABORAR UM PROJETO DE ESTÁGIO SUPERVISIONADO

Bem-vindos(as) a nossa segunda aula de Estágio Supervisionado I!

Nesta aula, estaremos trabalhando para juntos desenvolvermos nossas habilidades na elaboração do Projeto de Estágio no curso de Teologia para que por meio deste vocês possam, além de cumprir com as exigências da nossa disciplina, propor e executar práticas teológicas de relevância social na comunidade em que estão inseridos.

Podemos prosseguir? Estão preparados para mais uma aula de muito aprendizado?

Então vamos nessa!

Para tanto, algumas interrogações nos sejam necessárias: o que é um projeto de estágio? Quais são as etapas de um projeto de estágio? Como devemos elaborar um projeto de estágio? Qual a relevância para o ensino-aprendizado em Teologia?

Gostariam de sugerir outras interrogações? Sei que não podem fazê-las agora, mas nos nossos "bate-papos e trocas de figuras" pelas ferramentas virtuais da plataforma da UNIGRAN Net (Fórum, Quadro de avisos e Chat) terão total liberdade para fazer questionamentos e dar suas contribuições.

Só devo lembrar que para participar é imprescindível que leiam o material e tenham muita disposição para aprender e disso eu não tenho dúvidas, pois do contrário não estariam no 5º semestre do curso. Vocês sabem que não foi fácil chegar até aqui, não é verdade? Por isso, sintam-se merecedores das vitórias até aqui alcançadas!

Bem, é por seus méritos que vocês chegaram a esta altura do curso e estão bem próximos do final, pois restam apenas dois semestres. Busco refrescar a memória de vocês para que percebam que em breve serão bacharéis em Teologia e a comunidade ou igreja que compõem irá requerer dos senhores propostas e ações dignas de quem cursou nível superior.

Não é minha intenção assustá-los, mas provocar uma séria reflexão sobre a importância de aprendermos e desenvolvermos nossa capacidade de percepção ou análise de conjuntura com criticidade e habilidades para práticas teológicas que sejam exteriorizadas também por meio de projetos bem elaborados e executados em favor da vida e dignidade humana.

A maior condenação a que estamos sujeitos no futuro será por omissão, porque meios para se fazer muitas coisas lindas e impossíveis existem.
(Amyr Klink)

Objetivos de aprendizagem

Ao término desta aula, vocês serão capazes de:

- conhecer e dar definições sobre o projeto de Estágio Supervisionado;
- perceber quais as principais etapas de um projeto de Estágio Supervisionado;
- saber como elaborar um projeto de Estágio Supervisionado;
- compreender a relevância do projeto de Estágio Supervisionado para o processo de ensino-aprendizado e prática teológica.

Seções de estudo

- **Seção 1** - *Definições sobre o Projeto de Estágio Supervisionado*
- **Seção 2** - *Etapas que compõem o Projeto de Estágio Supervisionado*
- **Seção 3** - *O Projeto de Estágio Supervisionado e sua relevância para o ensino-aprendizado em Teologia*

Seção 1 - Definições sobre o projeto de Estágio Supervisionado

Pois bem, vamos a algumas definições de Projeto de Estágio Supervisionado ou Projeto Social para que estejamos atentos quanto a sua conceituação, pois não basta que aprendamos elaborar é preciso que saibamos também o que estamos elaborando. Concordam? Então, vamos lá!

CONCEITO

Conforme o Dicionário Aurélio, projeto é "uma ideia que se forma de executar ou realizar algo no futuro; plano, intento desígnio"; um "empreendimento a ser realizado dentro de um determinado esquema; redação ou esboço provisório de um texto" ou ainda "esboço ou risco de obra a se realizar".

Segundo Woiler (1996, p.34), "um projeto pode ser entendido como um conjunto de informações, que são coletadas e processadas, de modo que simulem uma dada alternativa de investimento para testar sua viabilidade".

Para Bianchi (2002, p.29) a elaboração de um projeto de estágio requer disciplina, planejamento e criatividade:

> Toda atividade humana deve ser planejada para que se possa atingir os fins com maior rapidez e satisfação. No estágio, esta atividade se chama projeto. Projetar é elaborar um caminho prévio de desenvolvimento das atividades, de forma clara, detalhada e rigorosa.

O projeto é um trabalho de apresentação que tem por finalidade guiar os passos do aluno e demonstrar, em linhas gerais, o que pretende fazer.

Observem que a elaboração de um projeto é algo abrangente e envolve algumas dimensões, pois nasce de uma ideia ou de determinado interesse/desejo da realização de algo que tenha relevância social, vale ressaltar que essa ideia toma forma através de uma elaboração lógica, a qual deve ser submetida a reformulações que julgamos necessárias ao seu bom desempenho.

Observem que a elaboração de um projeto requer coerência e boa organização! Não é difícil, mas demanda empenho.

Armani (2008, p.18) entende que "projeto é uma ação planejada, estruturada em objetivos, resultados e atividades baseados em uma quantidade limitada de recursos". Precisamos entender a partir dessa abordagem do autor que quando nos referimos aos recursos para um projeto eles podem ser: materiais, humanos, financeiros e também o próprio tempo dispensado para a realização das atividades propostas.

Podemos ainda entender, caros(as) alunos(as), a partir do que nos sugere o autor que o nosso Projeto de Estágio não deve ser elaborado apenas em cumprimento às exigências da disciplina do curso ou documento meramente formal, apenas para captação de recursos.

Na sua definição sobre o assunto, Cohen (1993, p.85) também dá-nos sua contribuição ao afirmar que "projeto é um empreendimento planejado que consiste num conjunto de atividades inter-relacionadas e coordenadas para alcançar objetivos específicos dentro dos limites de um orçamento e de um período de tempo dados".

Isso sugere que ao elaborar e/ou apresentar o Projeto de Estágio, vocês precisarão ter o cuidado para que seja uma proposta teológica ética, comprometida com pessoas e organizações para auxiliá-las no enfrentamento de desajustes ou problemas sociais.

Que sejam também expressas por vocês estagiários(as) de Teologia, durante o processo de elaboração e também de execução do projeto a capacidade de organização, agilidade e comprometimento com a prática teológica em favor da vida, além de muita disposição para aprender com os relacionamentos que serão estabelecidos.

Somos o que fazemos, mas principalmente, o que fazemos para mudar o que somos.
(Eduardo Galeano)

Observaremos ainda de acordo com Armani (2008, p.19) algumas considerações e benefícios que poderemos obter por atuarmos por meio de projetos sociais na nossa comunidade:

> • Ações sociais seriamente formuladas, com objetivos a atividades bem definidos, gerenciadas de forma sistemática e participativa tem muito mais chance de "funcionarem". É o que chamamos de eficácia.
> • Ações desse tipo mobilizam mais gente para participar, promovem parcerias e motivam o grupo participante, facilitando a administração mais racional e transparente dos recursos. É o que chamamos de eficiência.

> • As ações sociais através de projetos com melhores resultados a menores custos geram confiança por parte da sociedade. É o que chamamos de legitimidade e credibilidade.
> • Uma contínua e progressiva reflexão sobre a experiência durante a sua execução é condição importante para o seu êxito. Dessa forma, podem-se testar, de forma sistemática, hipóteses sobre a temática em questão, produzindo-se conhecimento relevante para este e para outros projetos similares. É isso que chamamos de produção coletiva de conhecimento a partir da sistematização de experiências.
> • Ações sociais planejadas e estruturadas favorecem a participação efetiva de todos os setores envolvidos com a ação, especialmente daqueles que serão beneficiados, na medida em que exige objetivos, metas e critérios de avaliação bastante claros. Surge, então, espaço para ações de interesses e visões diferentes e de negociação e construção de consensos, assim como o fortalecimento de protagonismo dos setores excluídos. A esse processo chamamos de empoderamento (ou "empowerment").
> • Por fim, ações sociais desenvolvidas através de projetos tem maior consistência técnica, aumentando as chances para parcerias e o envolvimento organizado dos beneficiários, resultando em mudanças mais duradouras e sustentáveis. A isso chamamos de impacto.

Acho bom que tomem notas das vantagens possíveis pela prática teológica através de projetos!

Aqui são apresentados aspectos de caráter positivo sobre projetos sociais, no entanto, se faz necessário que consideremos também que em alguns aspectos poderá apresentar limitações em termos de resultados esperados pelo exercício do nosso Projeto de Estágio. Será preciso que estejam preparados para possíveis desencontros em termos de resultados. Ok?

Conforme Armani (2008, p.19), algumas limitações na aplicabilidade do projeto poderá ocorrer:

> • É preciso levar em conta que o enfoque de projetos tende a assumir que o "futuro" pode ser previsto e definido com um razoável grau de precisão (definição de objetivos e resultados), o que tende a impor uma grande rigidez aos processos que, ao contrário, podem gerar resultados que não se esperam dada a natureza dinâmica e complexa das relações sociais.
> • Os projetos impõem limitações de ordem temporal (prazos) e financeira (orçamento total e cronograma de desembolsos) ao fluxo da intervenção, o que não tem relação direta com os tempos, ritmos e processos reais vividos pelos envolvidos no bojo de processos de mudança social.
> • No atual contexto brasileiro, em que está em curso uma redução relativa do papel do Estado em garantir direitos sociais

> universais, há um risco muito grande de as organizações da sociedade civil caírem na armadilha de encarar os projetos como substitutos à ação social do Estado; nesse caso, eles poderiam, no máximo, criar uma "rede de proteção social mínima", mas não contribuir para e resolução efetiva dos problemas.

Vejam caros alunos(as), se faz necessário, com a reflexão do texto acima, reconhecer que o Projeto de Estágio que irão elaborar e desenvolver poderá não surgir de imediato os resultados almejados, pois o Estágio em Teologia irá contemplar a dimensão "complexa das relações sociais", como apresenta o texto.

Isso não significa abrir mão das boas expectativas e cuidado na excelência da elaboração e execução do projeto, mas deverão estar esclarecidos que o projeto de vocês irá cooperar em alguma dimensão social e/ou espiritual da comunidade que estiverem inseridos, porém, sem a preocupação ou obrigação de "mudar o mundo".

> Não ter a obrigação de "mudar o mundo" não significa ficar "com a boca escancarada cheia de dentes esperando a morte chegar", como cantou Raul Seixas.
> Vamos continuar nossa tarefa!

Chamo ainda a atenção de vocês para que observem comigo como Baptista (s/d, p.57-58) nos ensina sobre o assunto em questão:

> O projeto é o documento que sistematiza e estabelece o traçado prévio da operação de uma unidade da ação. É, portanto, a unidade elementar do processo sistemático de racionalização de decisões. Constitui-se da proposição de produção de algum bem ou serviço, com emprego de técnicas determinadas e com o objetivo de obter resultados definidos.

Como planificação da ação, o projeto pressupõe a indicação dos meios necessários à sua realização e à adequação desses meios aos resultados perseguidos. É o instrumental mais próximo da execução, devendo detalhar as atividades a serem desenvolvidas, estabelecer prazos, especificar recursos humanos e materiais, e estruturar receitas e custos.

Observemos também esta ponderação de Armani (2008, p.21), pois afirma que "os projetos ainda são, e tudo indica que continuarão a sê-lo por um bom tempo, a forma mais adequada para promover a viabilidade e o êxito das ações sociais transformadoras".

Observem! As afirmações mencionadas acima precisam encorajá-los a desenvolver suas habilidades para a elaboração e execução do Projeto de Estágio e, consequentemente, adquirir experiências para a práxis teológica ministerial e/ou profissional com competência, seriedade e responsabilidade social.

Para Refletir

O fato é que um dos componentes importantes do êxito numa atividade não é o que a gente sabe, mas sim a capacidade de aprender. A capacidade de buscar informações e aprender é que faz a diferença. (Domingos Armani)

Seção 2 - Etapas que compõem o Projeto de Estágio Supervisionado

Imagino que estejam um pouco preocupados, pois acredito que perceberam que a elaboração de um projeto não chega a ser uma tarefa muito complicada, mas exige que tenhamos alguns cuidados importantes como observamos juntos na seção anterior.

No desejo de auxiliá-los nesse exercício que alguns de vocês estejam achando complicado, iremos desenvolver juntos "etapa por etapa ou passo a passo" de um projeto, pois entendemos que a partir desse exercício até mesmo quem pensa ser difícil a elaboração de um Projeto de Estágio, verá que não é nenhum "bicho de sete cabeças".

Continuem a leitura com atenção e verão que será fácil, fácil elaborar seu Projeto de Estágio!

Sugiro, portanto, que de fato leiam cuidadosamente este material, pois daremos tempo suficiente para tal, observem bem cada etapa; não tenho dúvidas que elaborarão um excelente projeto. Eu acredito nisso! E você acredita também no seu potencial? Ou estão se permitindo a experiência da síndrome do peru "morrendo na véspera" como dizem no adágio popular?

Ainda estamos vivos, mas se os nossos planos forem frustrados, o nosso planejamento falhar e o projeto não sair, acredito que não alcançaremos o próximo Natal!

Bem, não sei se os/as encorajei ou os/as auxiliei a voltarem um pouco no tempo e trazer à memória alguma lembrança de situações no próprio curso de Teologia em que pensaram não haver condições para realizar certas tarefas, mas se estão no quinto semestre isso testifica que foram capazes. Em razão disso, continuo acreditando que "tirarão de letra" mais essa etapa.

Ah! Também chegarão ao final do ano com muitas razões para comemorar, pois dará tudo certo!

Então, vamos observar as etapas do nosso projeto? Antes, porém, devo lembrá-los de que estaremos apresentando uma estrutura de projeto igual a que iremos solicitar como trabalho avaliativo para esta disciplina, e essa estrutura será disponibilizado na ferramenta Arquivos para que a utilizem na elaboração do seu projeto.

Preciso também destacar que existem formas/modelos diferentes de projetos, mas trabalharemos o que julgamos pertinente para o nosso estágio em Teologia. Portanto, o modelo que apresentaremos a seguir, repito, será o que esperamos que elaborem. Então, muita atenção, combinado?

Caso queiram aprofundar mais sobre a elaboração de projetos, bem como conhecer outras formas e modelos também para outras áreas do conhecimento e práticas, poderão realizar as leituras que irei propor como sugestões, além de um texto ainda no final desta aula que irá abordar sobre a elaboração de projetos.

Ok? Podemos caminhar para as etapas do nosso projeto? Estamos entendidos até aqui? Sei que não poderão me responder de imediato, pois ainda falta chegar ao final da aula, mas fiquem calmos, pois estará tudo bem explicadinho!!!

2.1 Um exemplo prático de elaboração do Projeto de Estágio

1 IDENTIFICAÇÃO

- **Nome do aluno:** (Completo) **RGM-** (Correto)
- **E-mail:** (Correto) **Fone:** (Correto)
- **Instituição Alvo do Projeto:** (Nome completo)
- **Endereço da Instituição/Organização:** (Completo e Correto)
- **Nome do Responsável pela Instituição/Organização:** (Completo)
- **Nome do Professor de Estágio:** (Completo)
- **Título do Projeto:** (Completo e Correto)

Vejam! As informações solicitadas neste item são simples e poucas, mas necessárias. Será importante, caros alunos, que de fato forneçam todas essas informações completas e corretas, pois ao ocorrer falhas poderá haver desencontros para contatos que se fizerem necessários. Considerando que o professor ou professora da disciplina de Estágio II poderá, se necessário, ter acesso aos projetos que irão elaborar em Estágio I para executar em Estágio II.

Portanto, é importante observar que desde o primeiro item do projeto que elaborarão serão avaliados(as), e mais que avaliação, será a forma concreta que teremos para perceber a capacidade de elaboração, organização, interação, criatividade e compromisso com a excelência acadêmica, os quais também exteriorizarão através do projeto apresentado às instituições alvo.

Temos o compromisso na prestação de serviço para uma educação de qualidade, na certeza de que somos e seremos bem representados no que realizarem enquanto estagiários, líderes e profissionais.
Vamos continuar a nossa caminhada juntos?

2 INTRODUÇÃO

Neste item, vocês deverão apresentar de forma breve e objetiva a sua intenção para a realização do Projeto de Estágio, apresentar as principais razões para a escolha do tema que pretendem abordar, bem como suas motivações para o exercício desse trabalho na instituição alvo (recomendo que a introdução seja feita por último, pois com as outras partes do projeto elaboradas terão condições de apresentar melhor sua proposta de estágio).

3 JUSTIFICATIVA

Faz-se necessário argumentar, caros alunos(as), acerca dos motivos que os impulsionaram à elaboração e futura execução do Projeto de Estágio, ser claro na intenção e relevância do projeto para a instituição alvo, mencionar no mínimo dois referencias teóricos para justificar o tema proposto no seu projeto.

Ressalto ainda que devem escrever de forma convincente, coesa, e isso se faz lendo e citando bons referenciais teóricos relacionados ao tema que escolheram para elaborar e executar na disciplina de Estágio Supervisionado. Sugiro, portanto, que procurem fazer a escolha certa, dando preferência a áreas que tenham mais afinidade para realizar suas tarefas estagiárias.

Então, pessoal, as leituras relacionadas ao tema que desejam elaborar o projeto serão imprescindíveis!
Vamos que vamos!!!

Ah, mais uma observação! Se ainda não definiram e/ou estão com dúvidas sobre a área que realizarão o trabalho prático de vocês, continuem na busca, mas nada de desespero, pois na próxima aula daremos algumas sugestões. Ok? Vamos aos nossos objetivos?

4 OBJETIVOS

4.1 Geral

Aqui apresentarão uma visão geral do que pretendem alcançar/realizar com o projeto, apontam para o alvo principal do exercício de estágio junto à comunidade e/ou instituição. Ressalto que devem apresentar esse objetivo ou alvo principal/geral em apenas um parágrafo.

Nada de tentar explicar seu objetivo. Aqui, deverão apresentar de forma direta, sem rodeios, pois o lugar adequado para argumentar, mencionar teóricos que comprovem ou reforcem seu argumento é na Justificativa e sei que a essa altura já o fez com muito esmero e clareza. Entendidos?

4.2 Específicos

Os objetivos específicos são ações menores desenvolvidas na execução do projeto para alcançar o objetivo geral, especifica ações concretas... (Ex. realizar; escolher; auxiliar; incentivar; desenvolver...).

Pensem comigo da seguinte forma: aqui iremos mencionar a prática, que somadas resultará na concretude do objetivo geral. Esses objetivos específicos devem ser mencionados em tópicos e contendo no máximo duas linhas.

Conforme Baptista (s/d., p. 44) os objetivos específicos:

> Expressam uma decomposição do objetivo geral; determinam as ações pelas quais os objetivos gerais serão alcançados. Representam a previsão das características desejáveis do sistema, quanto a sua extensão, sua estrutura e seus resultados, em um tempo determinado e em função de critérios específicos. Devem ser explicitados em metas concretas e se constituir em um todo coerente e viável.

Assim ficou claro? Compreenderam que os objetivos específicos, como sugere a autora, são partes do objetivo geral sendo desenvolvidas? Ainda sugiro que proponham entre três a seis objetivos, pois é relativamente o necessário, mas podem até optar por mais que seis e não menos que três, desde que tenham clareza dessa necessidade.

5 METODOLOGIA DE AÇÃO

É a forma como irão executar tarefas e/ou atividades para atingir seus objetivos, são caminhos, meios para chegar e/ou atingir o que deseja com o Projeto de Estágio. É importante que vocês tenham bem definido como será o processo de execução das atividades do projeto para que elas sejam realizadas obedecendo ao planejamento proposto por vocês.

6 RECURSOS

6.1 Humanos

Quem ou quais pessoas irão trabalhar na execução do projeto? Será apenas você? Irá convidar alguém a participar das atividades? Será uma participação esporádica ou efetiva? Em suma, quem irá desenvolver o projeto?

6.2 Materiais

Que tipo de material será necessário? Que material será possível adquirir?

Devo lembrá-los de que esse material deve constar no item Orçamento (com quantidade e preço detalhadamente).

Um outro detalhe! Costuma-se em boa parte dos projetos de execução mencionar os recursos materiais (de consumo e permanentes), no nosso caso não faremos essa divisão, vamos apenas mencionar em Orçamento para que possam saber qual será o custo para a viabilização do Projeto de Estágio que irão elaborar e executar.

Lembrando que vocês são os principais responsáveis em viabilizar recursos para a execução do projeto. Isso não impede que tenham a parceria da instituição alvo do projeto ou busquem em outras instituições auxílios materiais ou financeiros para a viabilização do projeto, se julgarem necessário.

Mas lembrem-se, caros(as) alunos(as), para isso, repito, será necessário que elaborem com excelência o Projeto de Estágio, com boa argumentação teórica, coerência das ideias, utilização correta das normas de redação e formatação do texto, também estejam dispostos a dar satisfações dos resultados quando de seu exercício prático.

Mais um pouquinho do exercício de leitura vai bem ao aperfeiçoamento da elaboração e argumentação com coerência.
Que tal pesquisar um pouco mais?

7 SISTEMA DE CONTROLE E AVALIAÇÃO

Aqui vocês precisarão apresentar como saberão se conseguiram atingir os objetivos que propuseram. Que instrumentos de avaliação utilizarão para averiguar os resultados (questionários; testes; avaliações oral e/ou escrita; outros...)?

De acordo com Baptista (s/d., p. 61-62):

> Em planejamento, o controle pode ser definido como a fase em que se processa o acompanhamento, a mensuração e o registro do trabalho executado, tendo em vista: a) a verificação de sua correspondência com o planejado, em termos de meio e de produto; b) a identificação e a correção de desvios e bloqueios na execução, em relação ao estabelecido no planejamento; c) o fornecimento de subsídios para avaliação e para planejamento da ação.
> A avaliação, no processo de planejamento, corresponde à fase em que o desempenho e os resultados da ação são examinados a partir de critérios determinados, com vistas à formulação de juízos de valor.
> O exercício da avaliação se realiza tendo em vista assegurar o ajustamento constante do planejamento e da execução às variações e aos desafios permanentes da situação trabalhada, à medida que possibilita o reconhecimento da natureza dos erros, desvios e bloqueios da ação planejada. Desta maneira, subsidia as decisões relacionadas com o prosseguimento, retração, expansão e/ou reformulação do empreendimento.

Diante do exposto, observem que será necessário pensar e elaborar cuidadosamente quais os mecanismos que utilizarão para o processo de controle e avaliação do Projeto de Estágio, pois, quando colocá-lo em prática, precisarão saber para dar pareceres sobre os resultados, sejam eles positivos ou não, conforme os objetivos propostos.

8 CRONOGRAMA DE EXECUÇÃO

AÇÕES / PROCEDIMENTOS	**ANO:**											
	MESES											
	J	**F**	**M**	**A**	**M**	**J**	**J**	**A**	**S**	**O**	**N**	**D**
Aula inaugural, atividades...		**X**										
Aulas, palestras, vídeo, oficina, dinâmicas em grupo...			**X**	**X**								
Considerações, avaliações dos resultados, encerramento...					**X**							

Os dados que apresento na tabela são apenas ilustrativos, observem que menciono as atividades em Ações/Procedimentos e sinalizo com um **X** no mês que pretendo realizar esta/s atividade/s. Já é sabido por vocês que terão de cumprir com os exercícios da disciplina de Estágio Supervisionado em dois momentos: Estágio I para elaboração do Projeto e Estágio II para execução do Projeto, estão lembrados?

Lembram também que a duração de cada período da disciplina de Estágio é de três meses? Ah, não sabiam ou esqueceram-se de olhar quais disciplinas terão em cada semestre? Tudo bem! De acordo com a matriz curricular do curso de Teologia da UNIGRAN, Estágio I acontece no 5º semestre e Estágio II no 6º semestre.

Com essa informação, vocês poderão prever o período que estarão realizando o Estágio II e executando as atividades propostas no projeto elaborado em Estágio I. Isso os ajudará a perceber como as atividades poderão ser distribuídas no Cronograma correspondente aos meses em que transcorrerá o período de Estágio II.

Tudo bem? Imagino que estejam querendo perguntar: mas teremos todo esse trabalho na elaboração de um projeto que vai durar apenas três meses de exercício? Bem, se de fato gostariam de saber, posso responder que dependerá de cada um de vocês.

Afinal, elaborarão um projeto para apenas cumprir com as exigências da disciplina ou conseguem enxergar nessa tarefa uma oportunidade para uma prática teológica de grande relevância social e ministerial?

Se de fato não houver na elaboração e execução desse projeto apenas meras atividades acadêmicas, mas propostas e ações preocupadas com a elevação da vida da comunidade em que estão inseridos, não tenham dúvidas de que cumprirão sim com as exigências acadêmicas necessárias no processo de formação de vocês, mas inevitavelmente se estenderá frutificando.

No entanto, acreditem que poderão ir mais além e fazer com que esse trabalho tenha continuidade na dimensão ministerial ou profissional de vocês. Fazendo com que este também contribua significativamente para a promoção da vida, da dignidade humana e da justiça social.

Digo com isso, que os nossos projetos podem chegar ao tamanho da capacidade que temos para sonhar.
Qual será o tamanho do seu projeto?

9 ORÇAMENTO

ITENS A SER ADQUIRIDOS	V./UNID. R$	QUANT.	TOTAL R$
Cartazes	0,10	100	10,00
Canetas	0,20	20	4,00
Cadernos	5,00	20	100,00
Apostilas	1,50	20	30,00
Papel A4	12,00	1	12,00
TOTAL			**156,00**

Vejam que o Orçamento deve conter a discriminação de todos os materiais que utilizarão na execução do projeto. No caso de projetos que precisam buscar recursos de mantenedores se faz necessário pelo menos três orçamentos diferentes, visando à redução de custos.

Nesta disciplina não adotaremos esse critério, considerando que os estagiários(as) são responsáveis pela viabilização dos recursos, mas se julgarem necessário buscar parcerias numa relação direta entre alunos/as e instituições ou organizações poderão fazê-lo.

Segue uma planilha modelo de Orçamento para que possam ter um breve exercício de como discriminar os materiais comparando com a que mencionamos acima, com dados apenas ilustrativos.

ITENS A SER ADQUIRIDOS	V./UNID. R$	QUANT.	TOTAL R$
Total			**R$**

10 REFERÊNCIAS BIBLIOGRÁFICAS

Relembro que o Projeto de Estágio Supervisionado deve ser embasado teoricamente com no mínimo duas referências bibliográficas. Já falamos sobre isso no item Justificativa, estão lembrados? Mas estou relembrando para não passarem por desavisados.

Na verdade é inadmissível que acadêmicos do 5º semestre de um curso superior tentem se desculpar dizendo não encontrar algum referencial teórico sobre o tema que se pretende elaborar e executar um projeto, não é mesmo?

Se não for possível mencionar pelo menos dois referenciais teóricos sobre o que intencionam trabalhar, vocês acham que esse Projeto de Estágio merece credibilidade?

Bem, acho pouco provável, mas se alguém não pensou direito e respondeu sim, preciso discordar e terei a desagradável experiência de caracterizar tal Projeto como inadequado ou sem aproveitamento.

Lembram que conversamos na aula anterior sobre senso comum? É isso que acontece quando tentamos justificar nosso tema ou ideia de projeto a partir apenas das nossas convicções ou dos nossos "achismos", desprovidos de cientificidade.

Atenção para mais esta recomendação!!!

Preciso ainda destacar que só devem constar em Referências Bibliográficas obras que foram citadas na elaboração do projeto, nada de mencionar obras não utilizadas, combinado?

Seção 3 - O Projeto de Estágio Supervisionado e sua relevância para o ensino-aprendizado em Teologia

A essa altura, acredito que tiveram uma boa percepção da importância ou relevância de desenvolver habilidades para a elaboração de projetos no curso de Teologia. Principalmente pelo fato de estarem na reta final do curso, sabendo que o exercício ministerial ou profissional os espera com algumas oportunidades e surpresas que demandarão ações bem planejadas.

Pensando nessa inacabada tarefa de ensino-aprendizado que estamos experienciando nesta disciplina, proponho a seguir um texto de Bianchi (2002) que nos dará mais alguns ensinamentos sobre elaboração de projetos.

É importante que leiam este texto buscando compreender a relevância de suas informações para a elaboração do seu Projeto de Estágio, pois não será possível produzir conhecimentos sem antes desenvolver a capacidade de organizar informações.

O entendimento é fonte de vida para aqueles que o têm, mas a insensatez traz castigo aos insensatos.
(Pv 16:23)

Desejo a todos(as) uma boa leitura e continuaremos a nossa "prosa" após a sua apreciação do texto, para nossas considerações finas. Até lá!

Este texto corresponde ao 2º capítulo da obra: BIANCHI, Anna Cecília de Moraes. *Manual de orientação*: estágio supervisionado. São Paulo: Pioneira Thomson Learning, 2002. p.29-43

A Elaboração do Projeto
Anna Cecília de Moraes Bianchi

Toda atividade humana deve ser planejada para que se possa atingir os fins com maior rapidez e satisfação. No estágio, esta atividade se chama projeto. Projetar é elaborar um caminho prévio de desenvolvimento das atividades, de forma clara, detalhada e rigorosa.

O projeto é um trabalho de apresentação que tem por finalidade guiar os passos do aluno e demonstrar, em linhas gerais, o que pretende fazer.

Embora o indivíduo esteja sempre projetando em sua vida – seja uma viagem ou uma carreira profissional -, essa atividade é, em geral, feita de maneira espontânea; mas no momento de elaborar um projeto dentro de determinadas regras, este pode parecer ao principiante uma perda de tempo. Assim, o aluno universitário tende a querer dar início imediatamente ao estágio, sem nem mesmo saber o que pretende.

Porém, pode-se assegurar, sem dúvida alguma, que ao elaborar o projeto o aluno terá traçado um caminho eficaz para a consecução de seus objetivos, porque este o orienta no sentido de responder as perguntas: Quem? O quê? Porquê? Quando? Onde? Como?

Além disso, o futuro estagiário irá se deparar com a necessidade de escolhas que se impõem a todo momento, valendo-se dos conhecimentos teóricos apreendidos até então.

Neste manual, não se pretende esgotar o assunto, mas apenas dar diretrizes que possam ser seguidas pelo aluno. Observa-se que o projeto é um elemento fundamental; pode-se até mesmo dizer que é a apresentação da "mercadoria que queremos vender", portanto, se bem feito, poderá abrir as portas de muitos lugares.

Os segredos dos projetos brilhantes estão exatamente em encontrar soluções óbvias e simples. Essas soluções são as mais difíceis. (Domingos Armani)

2.1 Delimitação da área

As áreas do conhecimento são inúmeras e por isso devem ser claramente definidas. Por exemplo: a Administração é composta por um corpo complexo de atividades intrinsecamente ligadas, gerando uma divisão, mesmo que funcional, em várias áreas, tais como: Administração Geral, Recursos Humanos, Marketing, Finanças e outras.

Apesar de esse fato ser claro no desenvolvimento das disciplinas, o aluno, ao iniciar o estágio, muitas vezes sente-se perdido, não conseguindo definir limites. Daí a necessidade de delimitar a área na qual pretende aprofundar-se, a fim de que se possa escolher a organização, bem como iniciar a pesquisa bibliográfica, de arquivos, fichamentos e documentos para facilitar a escolha do tema. Uma vez que o projeto deve ser transformado em um trabalho final relevante para a sociedade e o aluno, é necessário também que seja definido claramente o tipo de projeto a ser adotado, de maior consonância como que é almejado.

De acordo com Roesch (1996:65), os projetos podem ser:

• de pesquisa aplicada, visando a gerar soluções para os problemas humanos;

• de avaliação de resultados, julgando a efetividade de um plano ou programa;

• de avaliação formativa, como propósito de melhorar um programa ou plano, acompanhando sua implementação;

• de proposição de plano, objetivando a apresentação de soluções para problemas já diagnosticados;

• de pesquisa-diagnóstico, que é a exploração do ambiente, levantando e definindo problemas.

O tipo de estágio será determinado pelo interesse do aluno, além das determinações das organizações empresa e escola, mas, sobretudo, há de salientar-se que é preciso uma postura madura e racional condizente com o profissional que se pretende ser.

Dessa forma, projetar é escolher, tomar posição, decidir e planejar, determinando o caminho a ser seguido. Delimitar a área é definir um campo de atuação ou de observação.

2.2 Delimitação do tema

Definida a área, o passo seguinte é a escolha do assunto a ser trabalhado que deverá estar diretamente ligado à área que se pretende trabalhar e ao tipo de projeto escolhido. Responde, juntamente com o problema, a pergunta: o quê? É uma das etapas mais difíceis, porque exige conhecimento, maturidade e tomada de decisão.

Em sua escolha, devem-se considerar alguns pontos, como: conhecimento sobre o assunto, relevância para o estagiário, a empresa e a sociedade, disponibilidade de material, adequação ao tempo do estágio e custo.

O tema é o assunto e deve ser delimitado, a fim de que a realização do trabalho se torne possível. Delimitar significa selecionar apenas um aspecto a ser abordado. Temas amplos podem deixar o trabalho superficial.

Tal delimitação exige que o aluno faça uma exploração das condições da bibliografia, que fornecerá subsídios para que possa avaliar a sua viabilidade, verificando, inclusive, o acesso a fontes confiáveis.

Ao delimitar o tema, o aluno deve considerar o tempo e o espaço em que o estágio será realizado. É comum confundir tema com área, ou com título; assim, por exemplo, ele diz que seu tema é administração financeira ou recursos humanos (áreas), ou Qualidade total: uma meta necessária (título). Nessas áreas que constituem o campo de ação do administrador e a divisão racional de atividades, há uma infinidade de temas que podem ser delimitados, para que possam ser abordados em profundidade, contribuindo de fato com o avanço do conhecimento.

Exemplos:

- o sistema de incentivos nas organizações educacionais particulares;
- o reflexo da desburocratização nas empresas médicas;
- a conveniência da utilização dos recursos da informática nas relações horizontais.

Dependendo da área e do tipo de estágio que se pretende, o tema deverá estar adequadamente expresso, de maneira que permita a sua compreensão e o direcionamento correto do problema a ser levantado.

Quanto ao título, em geral, ele é apenas ilustrativo, tendo como finalidade chamar a atenção do leitor. No projeto de estágio, não há necessidade de sua presença.

Entenderam sobre a delimitação da área e do tema para o Projeto de Estágio? Sabem de fato o que desejam realizar? Então vamos prosseguir nossa leitura!

2.3 Problema

O homem é um ser em dúvida constante, insatisfeito e buscador de respostas novas às suas necessidades. O estágio constitui um momento ímpar para que ele possa exercitar essa capacidade, pois está no meio do caminho, entre um estudante em vias de finalizar um curso e um indivíduo no início da vida profissional.

Assim, é fundamental que perceba a realidade social na qual está inserido visando a compreendê-la para manter seu equilíbrio, ou modificá-la de acordo com as necessidades emergentes. Em qualquer área de atuação, esta condição é necessária para que o profissional possa atuar.

A definição do problema tem se apresentado aos alunos como uma barreira intransponível. Este fato resulta do desconhecimento e da falta de familiaridade com a área e o assunto escolhido.

De acordo com Rudio (1978, p.75)

> Formular o problema consiste em dizer, de maneira explícita, clara, compreensível e operacional qual a dificuldade, com a qual nos defrontamos e queremos resolver (...)

Para a resolução de uma dificuldade, pode ser necessária a realização de uma pesquisa e esta só é viável se o fenômeno puder ser verificado por métodos que comprovem o que se buscou durante o estágio.

O problema pode ou não apresentar-se em forma de pergunta, mas é sempre um questionamento.

Com referência à hipótese, no projeto de pesquisa científica, costuma-se formulá-la como urna resposta provável e provisória obtida pela observação do fenômeno. No projeto de estágio, que muito se assemelha ao científico, sua indicação dependerá do tipo de trabalho a ser desenvolvido, de acordo com os interesses do aluno, da escola e da organização escolhida. Porém, em geral, não há necessidade de se proceder ao levantamento da hipótese, porque o estagiário é um aprendiz.

O problema, tal como o tema, deve ser especificado em seus limites para que a resposta possa ser obtida.

2.4 Objetivos

A definição dos objetivos responde à pergunta: o quê? O que eu pretendo com esse trabalho? Qual a finalidade de sua realização?

Ao estabelecer os objetivos do trabalho, o estudante prevê onde quer chegar e ao mesmo tempo quais as etapas que o levarão a isto. Nesse momento, é bom que não se confundam os objetivos da organização, ou mesmo aqueles que se pretende alcançar, com a implantação de algo ou a mudança, com os objetivos do projeto de estágio. Por exemplo, ninguém pode querer com o estágio aumentar as vendas, mas pode objetivar a implantação de ações que possibilitem o aumento de vendas.

É por meio dos objetivos alcançados, ou não, que se pode avaliar o estágio. Eles podem ser, genericamente, divididos em dois grupos: gerais e específicos.

Os **objetivos gerais** são mais amplos e estão ligados diretamente ao conhecimento que se pretende alcançar, desenvolver ou ampliar com o estágio. São expressos pelas idéias como: ampliar, implantar, analisar ou propor algo.

Já os **objetivos específicos** referem-se às ações que serão desenvolvidas pelos estagiários a fim de que possam atingir os objetivos gerais, demonstrando, assim, como o projeto será desenvolvido. Por exemplo: identificar elementos constitutivos dos fenômenos, verificar documentação, classificar, levantar dados sobre algo, comparar, etc. Observe-se que os objetivos específicos determinam a ação do pesquisador e seu processo de aprendizagem.

2.5 Justificativa

Ninguém faz estágio por diletantismo. O estágio tem uma função prático-educacional, mas para que seja aprovado precisa convencer a instituição educacional da qual o aluno parte e aquela a que se destina.

Na justificativa o autor do projeto apresenta argumentos convincentes que possam auxiliá-lo na consecução de seu projeto. É o momento em que se apresentam as razões pelas quais se deve aceitar o projeto, respondendo à questão elaborada (Por quê?). De acordo com Roesch (1996, p. 91), três elementos são necessários na justificativa: importância, oportunidade e viabilidade.

Na justificativa que deve ser elaborada de acordo com as expectativas do estagiário, este explicita as razões de seu trabalho, devendo apontar sua importância pessoal (geralmente ligada à necessidade de verificar na prática aquilo que se aprendeu na sala de aula e nos livros) e social (baseada nas contingências político-econômico-sociais das organizações e da sociedade). É o momento de convencer o outro de que “seu produto é bom e necessário”. De que é um sujeito consciente e comprometido com o que faz.

Uma vez que o sistema é dinâmico, cabe ao estagiário perceber a importância da realização de seu trabalho naquele momento e apresentá-lo, escolhendo temas e problemas adequados.

É preciso que na justificativa fique clara a viabilidade da realização do projeto que se propõe desenvolver, incluindo-se aí as questões econômicas e políticas, bem como o tempo disponível, ou outro elemento que for necessário. Em um mundo em que “tempo é dinheiro”, a clareza na justificativa pode significar a aprovação ou não de um projeto. Sobretudo os argumentos nela apresentados devem ser convincentes e claros, demonstrando ao avaliador a capacidade e o conhecimento do estagiário.

2.6 Revisão bibliográfica

Para ter credibilidade, um trabalho acadêmico deve fundamentar-se em teorias reconhecidas.

> Teoria é explicação, descrição e interpretação geral das causas, formas, modalidades e relações de um campo de objetos conhecidos graças a procedimentos específicos, próprios à natureza dos objetos investigados. (Chauí, 1995, p. 157)

No mundo atual, costuma-se dizer que não há mais descobertas, mas sim invenções, ou seja, reelaboração de conceitos, teorias e ações.

Portanto, para que o aluno possa atingir seus objetivos, tem de revisar a literatura, ou seja, ler o que foi publicado anteriormente, apresentando seu trabalho apoiado em base sólida de conhecimentos e práticas reconhecidas. As ciências, o conhecimento e as áreas de atuação modernos são alvo constante de revisões que permitem seu crescimento.

O estágio não é um momento de criação exclusiva do aluno, é antes a aplicação dos inúmeros conhecimentos apreendidos, consolidando-os. Em todas as áreas, há unia variedade de linhas teóricas: deve-se optar por uma delas, explorando-a.

Neste momento, o aluno deve revisar a literatura sobre o assunto escolhido, comparando autores e optando por uma determinada linha, embora esta deva ser apresentada de forma breve no projeto, antecipando como as idéias ou ações serão desenvolvidas no estágio.

Sugere-se que toda leitura a ser feita seja de primeira mão, ou seja, a edição do próprio autor, porque quando outros escrevem sobre as idéias de alguém, estas já passaram por um filtro teórico, o que pode provocar distorções ou empobrecer o trabalho.

A seleção de textos relevantes exige persistência e dedicação, constituindo um importante momento para que reveja, com mais maturidade, o que aprendeu.

É no corpo da revisão bibliográfica que se definem e conceituam termos, identificando autores que os consagraram. Isto determina uma linguagem única, evitando problemas de comunicação.

Para que a leitura seja proveitosa, o aluno deve fazer anotações e fichamentos de elementos importantes que serão utilizados em seu trabalho, ou seja, deve documentar as ideias que considera relevantes.

Devo lembrar que no nosso Projeto a revisão bibliográfica será feita na Justificativa, mas chamo a atenção também para a necessidade que a autora aponta em elaborar o Projeto com boa fundamentação teórica.
Portanto, é imprescindível que realizem citações bibliográficas. Combinado?

2.7 Procedimentos metodológicos

Uma vez que a pesquisa é aplicação dos conceitos teóricos apreendidos, no projeto é o momento de demonstrá-los, de maneira metódica, garantindo que o caminho seguido pelo estagiário possa ser repetido por outros que obterão o mesmo resultado.

Com isso, fica claro que a criatividade permitida e necessária no estágio tem limites a serem seguidos para garantir a credibilidade. Portanto, o aluno deve definir procedimentos metodológicos, os quais são também conhecidos como metodologia. É um conjunto de instrumentos que deverá ser utilizado na investigação e tem por finalidade encontrar o caminho mais racional para atingir os objetivos propostos, de maneira mais rápida e melhor.

- Métodos

Método é o caminho a ser seguido a fim de que as metas sejam atingidas. Desde o início do mundo, quando o homem procurou respostas às suas angústias, ele desenvolveu métodos. O método serve para não haver ilusão com a aparência dos fatos.

O método é mais abstrato, é recurso mais mental, é posição teórica, é esquema de referencial de conhecimento prévio. (Megale, 1989, p. 67)

A palavra método vem do grego: methodos - meta e hodos – caminho.

Usar um método é seguir regular e ordenadamente um caminho através do qual uma certa finalidade de um certo objetivo é atingida. (Chauí, 1994, p. 17)

Portanto, todo trabalho deve ser proposto, calcado em métodos que assegurem ao autor a possibilidade de chegar a conclusões bem definidas sobre o que se propôs realizar ou investigar.

Métodos de abordagem

O aluno deve definir métodos de abordagem e de procedimento. O de abordagem é aquele escolhido para a investigação do fenômeno, referindo-se ao plano geral do trabalho.

De acordo com Andrade (1997, p. 111)

...os métodos de abordagem são exclusivos entre si, embora se admita a possibilidade de mais de um método de abordagem ser empregado em uma pesquisa.

São métodos de abordagem, entre outros: o dedutivo, o indutivo, o hipotético-dedutivo e o dialético.

A dedução é um procedimento racional que leva do conhecido ao ainda não conhecido. A partir de uma verdade já conhecida, demonstra-se como aplicá-la a casos particulares.

O método dedutivo é aquele que, partindo de leis gerais que regem os fenômenos, permite chegar aos fenômenos particulares, podendo-se prevê-los. Em geral, aconselha-se aos alunos utilizar o método dedutivo no estágio, por ser, de certa forma, a primeira vez que eles irão observar na prática e de maneira metódica os fenômenos apreendidos nos livros de teoria geral.

Exemplo: Todos os homens pensam. José é um homem; logo, José pensa.

Com o método indutivo, o caminho é oposto. Da constatação de regularidades em inúmeros fenômenos particulares, com as mesmas características chega-se a leis gerais. Esse método é bastante utilizado nas ciências médicas, quando em face de fenômenos ainda não estudados, como no caso de viroses não conhecidas. Compreende as seguintes etapas: observação, hipótese, experimentação, comparação, abstração e generalização.

Devido ao pouco tempo do estágio e experiência do aluno, ele não é utilizado, mas pode ser aplicado dependendo do tipo de pesquisa a ser feita, como no caso da pesquisa aplicada, que envolva comparação entre várias empresas.

O método hipotético-dedutivo muito se assemelha ao indutivo, de casos, exigindo a experimentação de um número exaustivo, mas vai além do indutivo porque pode gerar novas leis e teorias.

O método dialético aborda a realidade de maneira dinâmica, investigando os fenômenos em seu movimento, isto é, percebendo a unidade, sua transformação e negação, que gera uma nova unidade. Exige tempo e maturidade do investigador, para que compreenda as transformações constantes dos fenômenos. Pode ser utilizado na área de Recursos Humanos, quando se trabalha, por exemplo, satisfação dos empregados.

É lógico que a escolha do método será de acordo com os interesses do aluno e do orientador, mas sugere-se que o estagiário use o dedutivo, por ser mais fácil de ser aplicado.

Métodos de procedimentos

Os métodos de procedimentos estão relacionados com o plano geral do trabalho e respondem a questão: como o fenômeno vai ser analisado?

São métodos de procedimentos: histórico, comparativo, estatístico, funcionalista, estruturalista, estudo de caso etc.

Com o método histórico, os fenômenos são investigados buscando-se suas influências hoje e, assim, a natureza dos fenômenos atuais.

O comparativo procura semelhanças e diferenças entre os fenômenos no tempo ou no espaço.

O estatístico abrange aspectos diferenciados. É fundamental na análise de dados emergentes de quaisquer processos em que haja variabilidade. O seu uso implica conhecimento das formas de utilizar os dados, por isso o aluno encontrará maiores esclarecimentos no capítulo específico.

A análise da sociedade como um todo, em que todas as partes estão intrinsecamente ligadas e qualquer alteração em uma delas acarreta mudanças nas demais, essa análise faz parte do método funcionalista.

No método estruturalista, a realidade social é vista como uma estrutura composta por níveis sobrepostos. Ele parte do concreto, cria um modelo ideal a partir do qual se compreende o real e se volta, dessa forma, para o concreto. Nas análises weberianas encontra-se a presença do método estruturalista juntamente com o histórico.

Dá-se o nome de monográfico ao estudo de caso. A partir de uma realidade segmentada, procuram-se generalizações É bastante sua unidade e características específicas. Hoje, a Administração faz muito uso desse método para identificar problemas e soluções adotadas.

Técnicas de pesquisa

Toda pesquisa busca esclarecimento sobre algo desconhecido. O aluno pesquisador, ao iniciar seu trabalho, traz na sua bagagem todo um referencial teórico desenvolvido em sala de aula, que não é suficiente; o estágio, sendo realizado no mercado de trabalho, o complementa. Isso significa que a teoria será observada na prática.

As técnicas referem-se ao instrumento a ser utilizado para a coleta de dados. Andrade (1997, p. 115) define:

Técnicas são conjuntos de normas utilizadas especificamente em cada área das ciências, podendo-se afirmar que a técnica é a instrumentação específica da coleta de dados.

Podem ser divididas em coleta de dados e análise de dados. As técnicas de coleta de dados mais utilizadas são: documentação indireta e direta. A primeira refere-se à pesquisa bibliográfica e documental, na qual o aluno deve se preocupar com a confiabilidade das fontes. Assim, a escolha da bibliografia e dos documentos deve ser criteriosa. A técnica de documentação direta envolve: questionários, entrevistas, testes, histórias de vida, observação sistemática e assistemática etc. Sua escolha está subordinada ao tipo de pesquisa que será realizada e antecede a análise.

• questionário — é bastante utilizado nas pesquisas quantitativas, tendo por finalidade mensurar um fenômeno, por isso deve-se ter cuidado ao utilizá-lo, pois nem sempre os dados são quantificáveis. Sua elaboração exige um trabalho intelectual anterior à sua aplicação e um pré-teste, para verificar a relevância das questões elaboradas, bem como para corrigir distorções apontadas, que podem comprometer a análise final. Sugere-se que o estudante que pretenda utilizá-lo procure um livro de Técnicas de Pesquisa para orientar-se, verificando suas vantagens e desvantagens;

• entrevistas — são muito utilizadas nas pesquisas de mercado e de opinião. Sua elaboração exige trabalho intelectual prévio e objetividade do pesquisador, isto é, aquele que está fazendo a entrevista deve cuidar para que suas pré-noções não interfiram nas respostas. Em geral, têm um custo mais elevado do que o questionário e exige mais tempo para a coleta de dados e a análise;

Assim como o questionário, a entrevista exige a elaboração e um pré-teste. Deve-se ter um roteiro para ela a fim de que o objetivo não se perca.

• testes — são bastante utilizados, entre outras situações, para medir satisfação dos participantes e no processo de seleção, tirando-se deles uma média que permite observar o normal e o desviante;

• histórias de vida — embora sua utilização seja controvertida, pois as pessoas tendem a interpretar os fatos de acordo com a influência que estes exerceram sobre si, as histórias de vida vêm sendo utilizadas como instrumento de pesquisa, principalmente pela história e pela educação.

Cabe ao pesquisador compará-las e tirar conclusões, isentando-as das influências e estados de ânimo. É bastante custosa e demorada.

• observação — pode ser dividida em assistemática e sistemática. A primeira não é estruturada. Esta técnica é muito utilizada quando o pesquisador trabalha no local onde está realizando a pesquisa, mas deve ser combinada com outras para evitar distorções e conclusões pré-concebidas, sobretudo quando se trata de observação-participante, que é aquela na qual o observador atua na realidade como membro.

A observação sistemática exige uma prévia estruturação que possa assegurar o controle da pesquisa.

Técnicas de análise

Dois são os tratamentos que podem ser aplicados aos dados coletados. Podem ser analisados do ponto de vista qualitativo ou quantitativo.

A análise quantitativa está apoiada em dados estatísticos que a delimitam, comprovando o que se pretende demonstrar.

Já na análise qualitativa, a abordagem será feita por fatores intrínsecos apresentados nos fenômenos, que devem ser captados pelo pesquisador e classificados, o que exige bastante maturidade para controlar suas opiniões, não deixando que estas interfiram no processo. Por isso, depende de um olhar cuidadoso sobre o objeto.

O tipo de análise a ser feita está diretamente vinculado ao tipo de técnica utilizado para a coleta de dados.

Retomando a conversa inicial

Acredito que aprenderam muito mais sobre projeto de estágio com a leitura desse texto.

Vamos recapitular alguns pontos importantes da nossa aula?

• Seção 1 - Definições sobre o Projeto de Estágio Supervisionado

Nesta seção, destacamos:

Sobre projeto conforme apresentado no Dicionário e também apresentamos algumas definições de projeto na perspectiva de alguns autores. Buscamos com isso esclarecer sobre os principais significados de um Projeto de Estágio.

• Seção 2 - Etapas que compõem o Projeto de Estágio Supervisionado

Nesta seção, sugerimos:

Como elaborar um projeto passo a passo, utilizando um exemplo prático de elaboração do Projeto de Estágio e comentando cada etapa.

• Seção 3 - O Projeto de Estágio Supervisionado e sua relevância para o ensino-aprendizado em Teologia

Nesta seção apresentamos:

O texto **A Elaboração do Projeto** de *Anna Cecília de Moraes Bianchi*, com o qual tivemos esclarecimentos sobre o assunto, considerando que o tema é abordado de forma simples e profunda pela autora, que também destacou sobre pontos relevantes sobre o processo de elaboração do Projeto de Estágio.

Para Refletir

Portanto, meus amados irmãos, sede firmes, inabaláveis e sempre abundantes na obra do Senhor, sabendo que, no Senhor, o vosso trabalho não é vão (ICo 15, p. 58).

Sugestões de leituras

Leituras

ARMANI, Domingos. *Como elaborar projetos?*: Guia prático para elaboração e gestão de projetos sociais. Porto Alegre: Tomo Editorial, 2008.

BURIOLLA, Marta Alice Feiten. *Estágio supervisionado*. 4. ed. São Paulo: Cortez, 2006.

Obs.: Se houver dúvidas ao final desta aula poderão ser sanadas através das ferramentas **fórum ou quadro de avisos e chat**. Ou poderão ainda enviar para o e-mail ronel.pereira@unigran.br

Aula 03

ÁREAS QUE O ESTÁGIO SUPERVISIONADO PODERÁ CONTEMPLAR

Olá, caros alunos e alunas, bem vindos/as a nossa terceira aula de Estágio Supervisionado I!

Nesta aula, estaremos apontando algumas áreas nas dimensões eclesiástica, educacional, social e organizacional nas quais seja possível elaborar e executar projetos de Estágio Supervisionado de Teologia.

Devo destacar que faremos alguns apontamentos no desejo de auxiliar vocês, mas não significa que estaremos mencionando todas as áreas nas quais haja possibilidades para o exercício do Estágio em Teologia, pois reconhecemos que dimensões e organizações novas que não sejam mencionadas e/ou do nosso conhecimento possam também ser ambientes apropriados para que realizem projetos de prática teológica.

Iremos, portanto, apresentar, nesta aula, áreas que comumente temos sabido ser possível desenvolver projetos do exercício estagiário no campo da Teologia, buscando identificar o que são e quais suas principais relevâncias para a sociedade no desejo que você querido/a estagiário/a, tenha condições de perceber quais as contribuições do exercício de um projeto de estágio que realizará em cumprimento às exigências da sua formação em Teologia, poderá expressar na sua comunidade.

Acredito que no decorrer do curso e no exercício das disciplinas anteriores a esta, vocês tenham tido alguns questionamentos, do tipo: o que iremos fazer com tanta teoria? Quando colocaremos em prática essas leituras que realizamos? Como será a experiência de propor ações da teologia prática na minha comunidade? Qual área da teologia que mais me identifico? E assim por diante.

Pois bem, é chegada a hora de tomar algumas decisões para agir teologicamente, pois nesta disciplina irá experimentar a sensação de sentar-se para elaborar um Projeto de Estágio e levantar-se para executá-lo na sua comunidade, no seu bairro, na igreja que congrega, no local de trabalho, nos hospitais, na organização que te recebe, na escola que lhe abre as portas e demais espaços públicos ou privados que demandam ações da teologia prática em favor do melhoramento social, educacional e espiritual favorável ao estabelecimento do reino de Deus e, consequentemente, a elevação da vida no meio em que estiver inserido(a).

Sei que estão apressados, mas tenham calma, pois é necessário decidir bem em que área será elaborado e executado seu projeto de estágio. É preciso procurar conhecer as diversas realidades possíveis para que sua decisão e ação não sejam meramente para cumprir com obrigações acadêmicas, mas que sejam demonstradas pelo seu empenho na elaboração e execução do projeto que houve de fato uma identificação com o que se propôs realizar, fazendo valer as muitas leituras realizadas e o aprendizado adquirido ao longo do curso de Teologia.

Na aula anterior, falamos um pouco sobre a importância de terem uma boa percepção do meio em que estão inseridos, que sejam capazes de estabelecer uma boa análise de conjuntura para que a proposta do exercício teológico por meio do estágio não seja irrelevante, mas venha ao encontro dos profundos anseios e necessidades da comunidade.

Eis, portanto, uma das razões de propormos, nesta aula, alguns apontamentos para áreas que poderão dedicar seu projeto de estágio, sem intencionar com isso, como afirmado anteriormente, esgotar as possibilidades de indicações para a realização de estágio no campo da Teologia que reconhecemos não estar limitadas às nossas percepções.

Objetivos de aprendizagem

Ao término desta aula, vocês serão capazes de:

• compreender e conceituar áreas de atuação da Teologia;

• identificar áreas apropriadas para a realização do projeto de Estágio Supervisionado;

• perceber quais áreas da prática teológica mais se identifica;

• analisar dimensões na comunidade que demandam intervenções da teologia prática.

Seções de estudo

- **Seção 1** - *Identificando áreas de atuação do Projeto de Estágio Supervisionado*
- **Seção 2** - *O ministério comunitário e o Estágio Supervisionado*
- **Seção 3** - *O ministério pastoral e o Estágio Supervisionado*

Seção 1 - Identificando áreas de atuação do Projeto de Estágio Supervisionado

Creio ser sabido por vocês, caros alunos e alunas, que há muitas possibilidades de atuação teológica através do Estágio Supervisionado, o qual, sendo bem realizado, poderá abrir as portas para uma efetiva prestação de serviços e/ou desenvolvimento ministerial.

Para tanto, será necessário que, juntos, identifiquemos e abordemos sobre algumas áreas que apresentam certa familiaridade com a atuação teológica, fazendo com que esta seja relevante e aceitável ao contexto em que o/a estagiário/a estiver inserido(a).

Vejamos algumas abordagens sobre capelania!

1.1 O ministério da Capelania

CONCEITO

Precisamos saber antes de qualquer coisa que **capelania** significa: **Dignidade, atividade especial de um capelão. Esta definição nos leva também à necessidade de saber que capelão é um sacerdote, pastor ou padre, a quem se confia de modo estável o cuidado pastoral, ao menos parcial, de alguma comunidade ou grupo peculiar de fiéis.**

Segundo Nogueira (2011), Capelão é um ministro religioso devidamente preparado, autorizado a prestar assistência religiosa e a realizar cultos religiosos em comunidades religiosas, conventos, colégios, universidades, hospitais, presídios, corporações militares e outras organizações. Ao longo da história, muitas cortes e famílias nobres tinham também o seu capelão.

O Rev. Elias Batista Nogueira é experiente, com mais de 10 anos de Ministério na direção e fundação de igrejas, na Educação Teológica e nas Obras Evangelística e Missionária. Tem pregado, vivido e cooperado com a expansão do Evangelho e de várias outras obras sociais e culturais. Educador; Músico; Teólogo; Filósofo; Psicanalista e Conferencista.

O Capelão com a habilidade que tem de transmitir o evangelho, tem como função primária completar o atendimento dispensado ao indivíduo por parte dos médicos e enfermeiros. O capelão pode incutir nos familiares o senso de tranquilidade e confiança, preparando-a psicologicamente, para o tratamento que se seguirá. Esses familiares precisam de amizade, compreensão e amor, e elas esperam encontrar tudo isso no capelão.

São atribuições do capelão fixo nas entidades: a) coordenar todo o serviço de Capelania Cristã e/ou Evangélica, respondendo diretamente junto às entidades hospitalares públicas e privadas, estabelecimentos prisionais civis ou militares, sanatórios, quartéis das forças armadas e auxiliares; b) designar os capelães-auxiliares no atendimento a pacientes e a funcionários; c) dirigir e coordenar os serviços dos capelães-auxiliares; d) organizar as atividades da capelania; e) aprovar todo material impresso a ser distribuído; f) estabelecer praxes acerca dos deveres e direitos dos pastores e leigos visitadores; g) empreender conferências hospitalares e comunitárias, cabendo-lhe a seleção de conferencistas de fora; h) observar o cumprimento dos regulamentos da capelania, zelando pelo bom convívio com outros religiosos e pessoal da equipe de saúde; i) escrever ou aprovar artigos para publicação e boletins do hospital ou da capelania; j) dirigir ofícios fúnebres a pedido da família do paciente ou do hospital; k) convocar reuniões com a equipe da capelania.

Também segundo Nogueira (2011), Capelania trata-se de uma assistência religiosa prestada por ministro religioso garantida por lei em entidades civis e militares de internação coletiva como dispositivo previsto na Constituição Brasileira de 1988 nos seguintes termos: "é assegurada, nos termos da lei, a prestação de assistência religiosa nas entidades civis e militares de internação coletiva" (CF Art. 5º, VII).

Capelania é uma atividade cuja missão é colaborar na formação integral do ser humano, oferecendo oportunidades de conhecimento, reflexão, desenvolvimento e aplicação dos valores e princípios ético-cristãos e da revelação de Deus para o exercício saudável da cidadania.

Imagino caros(as) alunos(as), que já puderam perceber que, de fato, há grandes expectativas por parte das pessoas em relação ao exercício da capelania.

Veremos a seguir, algumas dimensões que o ministério da capelania poderá exercer, ou dimensões que podem ser contempladas pela capelania.

1.2 Capelania Hospitalar

Nogueira (2011) afirma que a Capelania Hospitalar é a organização responsável, junto aos hospitais, pela transmissão dos cuidados pastorais às pessoas que estão em crise. Através da capelania tem-se a oportunidade de ministrar o evangelho, como também, de descobrir os meios de auxiliar as pessoas que estão com problemas, a enfrentar séria e realisticamente as suas frustrações, medos e desapontamentos. É um trabalho de assistencialismo, com enfoque espiritual.

É assegurada nos termos da lei, a prestação de assistência religiosa nas entidades civis e militares de internação coletiva (Art. 5º da CF). Para fins de dar assistência religiosa, foi assegurado, na constituição vigente, tal direito substanciado no serviço de capelania, que poderão funcionar dentro do próprio hospital.

É uma prestação de serviço religioso ministrado aos enfermos em hospitais da rede pública ou privada, também garantida por lei federal e leis estaduais. Importante destacar que, embora a entrada de ministro religioso seja facultada por lei, esse tipo de serviço não deverá trazer nenhum tipo de prejuízo aos enfermos no seu leito de internação coletiva. A equipe médica determinará sobre a possibilidade de um paciente, dadas as circunstâncias, estar apto ou não a receber a assistência religiosa.

A Capelania Hospitalar desdobra-se no atendimento a vários tipos de enfermos: soropositivos, cancerosos, infantes, pacientes terminais, pacientes graves, etc. Para cada tipo de paciente requer-se um preparo e sensibilidade do capelão. É sempre uma linguagem diferenciada e apropriada.

A capelania legalmente constituída, representada por capelães preparados para tal função, usando-se o princípio do bom senso, a maneira de trajar-se, a maneira no trato pessoal, a boa formação acadêmica e, sobretudo, espiritual e respeitadas as normas próprias de cada instituição, é assegurado o direito de entrar e sair a qualquer hora. Levar conforto e apresentar o plano da salvação aos aflitos e necessitados.

É um ministério de evangelização e consolo, trabalhando junto aos médicos, psicólogos, psiquiatras, enfermeiros, visando a um atendimento às pessoas que sofrem, levando lhes conforto em hora de aflição e transmitindo ensinos bíblicos de que cada pessoa que passe pelo hospital tenha um encontro pessoal com Jesus Cristo. Nos hospitais o trabalho é realizado com os pacientes internados (leito a leito), seus familiares, e também com os funcionários, ajudando-os a encontrar o caminho, Jesus Cristo.

Faz-se necessário lembrar, conforme Nogueira (2011), sobre a importância que Jesus deu à visitação a enfermos quando disse: estava enfermo e me visitastes... (Mt 25, p. 36). A enfermidade torna o homem sensível, levando-o a pensar em Deus, buscando comunhão profunda e íntima com o Senhor, abrindo o seu coração e a sua mente para ouvir sobre o amor de Jesus.

O Ministério de capelania tem como objetivo junto às entidades hospitalares públicas e privadas, estabelecimentos prisionais civis ou militares, sanatórios, quartéis das forças armadas e auxiliares, prestar aos internados: a) Atendimento diário diuturnamente leito a leito; b) Cultos com pacientes e familiares e servidores; c) Aconselhamento bíblico e estudos bíblicos; d) Atendimento psicológico aos familiares; e) Aconselhamento aos pacientes terminais; f) Programação especial em datas comemorativas; g) Palestras para profissionais de saúde e servidores que voluntariamente manifestarem o desejo de estudar a bíblia, gratuitamente.

Observaremos ainda algumas abordagens acerca da capelania no texto que segue, o qual foi escrito pela capelã Eleny Vassão de Paula Aitken presidente da Associação de Capelania Evangélica Hospitalar (ACEH).

Eleny Vassão de Paula Aitken é capelã-missionária da Igreja Presbiteriana do Brasil. É licenciada em Artes Plásticas e Teologia e Mestre em Aconselhamento Bíblico. Presidente da Associação de Capelania Evangélica Hospitalar (ACEH) é também capelã evangélica-titular do Instituto de Infectologia Emílio Ribas e do Hospital do Servidor Público do Estado de São Paulo. Autora dos livros: Aconselhamento a pacientes terminais; No leito da enfermidade; Consolo; Mal em Bem; A missão da igreja frente a AIDS; Esperança para vencer; O poder do amor; Dor na alma; Aconselhamento a pessoas em final de vida; No leito da enfermidade (para pacientes)

O que é Capelania?

"O ministério de Capelania Hospitalar Evangélico é a prática do amor por Cristo e pelo próximo, vestido em roupas de trabalho."

É levar esperança aos aflitos, quando esses relatam suas dores e medos aos ouvidos atentos de quem experimentou na pele a dor e a perda e, consolado por Deus, se dispõe a levar o consolo a outros. Um trabalho humanitário de solidariedade, uma tênue luz de esperança, confortando e ajudando o enfermo a lidar com a enfermidade, a engajar-se ao tratamento médico indicado, e até mesmo a preparar-se para enfrentar a morte, quando não há expectativas de cura, é sempre a graça, a misericórdia e o amor de Deus, em Sua busca por amizade e comunhão com o ser humano através de Cristo, que nos oferece o perdão e a vida abundante e eterna.

Missão da Capelania

A Capelania tem como missão atuar nos hospitais através de voluntários capacitados que levam amor, conforto e esperança aos pacientes, familiares e profissionais da saúde, vivendo a fé cristã através do atendimento espiritual, emocional, social, recreativo e educacional, sem distinção de credo, raça, sexo ou classe social, em busca contínua da excelência no ensino e no ministério de consolo e esperança eternos.

Os benefícios para os hospitais

Os hospitais que contam com este ministério são mais bem conceituados por terem visão holística, renovando a esperança e a força para lutar e trazendo novo desejo de vida aos pacientes hospitalizados ou em tratamento ambulatorial. Em muitos casos, a Capelania ajuda a preparar o paciente terminal e sua família para enfrentar a morte próxima, trazendo-lhes consolo e esperança da vida eterna.

O impacto da fé sobre a saúde física e mental

Pesquisas científicas têm sido publicadas reafirmando o impacto da fé sobre a saúde física e mental de pessoas que têm uma fé intrínseca e demonstram frequência a uma comunidade religiosa. Nestas pesquisas, torna-se evidente que o grupo dos cristãos ocupa o centro das respostas favoráveis, o que nos faz lembrar que muito além da "fé na fé", estas pessoas têm em Cristo a resposta para suas vidas, sendo ajudados e sustentados por Ele em todos os momentos.

O Dr. Harold Koenig, psiquiatra, geriatra e pesquisador da Universidade de Duke, nos EUA, conclui em seus livros, que as pessoas que têm fé em Deus, frequentam regularmente uma igreja e cultivam um bom relacionamento com Deus apresentam os seguintes resultados: melhor engajamento ao tratamento médico, melhor aceitação ao tempo de hospitalização, aumento da imunidade orgânica, pressão arterial mais estável, menos problemas estomacais e de cólon, menores índices de ataques cardíacos, menor tempo de recuperação de cirurgias, menos dor, níveis mais baixos de stress, menores índices de depressão e ansiedade, maior auto-estima, menores níveis de ansiedade, de envolvimento com drogas e álcool, de suicídios, etc.

Observaram que estagiar em capelania hospitalar pode ser uma excelente oportunidade de aprender e contribuir para que alguém volte a sorrir???

1.3 Capelania militar

Conforme Nogueira (2011), a Capelannia Militar pode também ser chamada de capelania castrense. Esta tem regulamentação própria. O capelão militar é um ministro religioso encarregado de prestar assistência religiosa a alguma corporação militar (exército, marinha, aeronáutica, polícia militar, polícia civil, corpo de bombeiros).

O texto que segue sobre Capelania Militar é também do Rev. Elias Batista Nogueira, anteriormente citado. Fizemos apenas algumas mudanças na formatação do texto e retiramos partes que julgamos irrelevantes para nossa aula. O texto pode ser acessado na íntegra em: http://cefip1.blogspot.com/2009/01/estudos-sobre-capelania.html.

No Brasil, este serviço estende-se também às Polícias Militares e aos Corpos de Bombeiros Militares. Nos países de maioria católica, como no Brasil, por força da proporcionalidade, na prática, desdobra-se em capelanias católicas e capelanias de outras confissões religiosas, e estas, na maioria das vezes, capelanias evangélicas.

Dado o limite de efetivo para os quadros de oficiais capelães nas diversas armas e forças auxiliares, as confissões não católicas ficam com pequena, ou nenhuma, representação nos chamados «Serviços de Assistência Religiosa». A Constituição Federal de 1988 prevê em seu Art. 5º, inciso VII que «é assegurada, nos termos da lei, a prestação de assistência religiosa nas entidades civis e militares de internação coletiva.»

A lei 6.923, de 29/6/1981, alterada pela lei 7.672, de 23/9/1988, organizou o Serviço de Assistência Religiosa nas Forças Armadas.

A partir desta legislação temos definido que: 1) «O Serviço de Assistência Religiosa tem por finalidade prestar assistência religiosa e espiritual aos militares, aos civis das organizações militares e às suas famílias, bem como atender a encargos relacionados com as atividades de educação moral realizadas nas Forças Armadas.» (Lei 6.923, art. 2º) 2) «O Serviço de Assistência Religiosa será constituído de Capelães Militares, selecionados entre sacerdotes, ministros religiosos ou pastores, pertencentes a qualquer religião que não atente contra a disciplina, a moral e as leis em vigor.» (Lei 6.923, art. 4º) 3) «Cada Ministério Militar atentará para que, no posto inicial de Capelão Militar, seja mantida a devida proporcionalidade entre os Capelães das diversas regiões e as religiões professadas na respectiva Força.» (Lei 6.923, art. 10).

1.3.1 Capelania Militar Católica

A Capelania Militar Católica no Brasil é garantida por força do acordo diplomático celebrado entre o Brasil e a Santa Sé, assinado no dia 23/10/1989. Por força deste acordo a Santa Sé criou no Brasil um Ordinariato Militar para assistência religiosa aos fiéis católicos, membros das Forças Armadas. Este Ordinariato Militar é canonicamente assimilado às dioceses, e é dirigido por um Ordinário Militar. Este prelado goza de todos os direitos e está sujeito a todos os deveres dos Bispos diocesanos.

O Ordinário Militar deve ser brasileiro nato, tem a dignidade de Arcebispo e está vinculado administrativamente ao Estado-Maior das Forças Armadas, sendo nomeado pela Santa Sé, após consulta ao Governo brasileiro. O Estatuto do Ordinariato Militar foi homologado pelo decreto Cum Apostolicam Sedem, de 02/01/1990, da Congregação dos Bispos.

1.3.2 Normas católicas

A assistência religiosa aos militares católicos é prevista no Concílio Ecumênico Vaticano II no Decreto Christus Dominus, de 28 de outubro de 1965, que assim definiu: "A assistência espiritual aos militares exige cuidados especiais. Por isso, deve-se estabelecer um vigário castrense para toda a nação. Vigário e demais capelães cooperem com os bispos diocesanos na árdua tarefa a que se dedicam. Os bispos devem ceder ao vigário castrense um número suficiente de sacerdotes aptos ao exercício dessas funções e favorecer as iniciativas em favor do bem espiritual dos militares."

O Código de Direito Canônico em seu cânon 569 limitou-se a determinar que "os Capelães militares regem-se por leis especiais". Este assunto foi regulamentado pela Santa Sé através da Constituição Apostólica Spirituali Militum Curae, de 21 de abril de 1986.

Nesta Constituição Apostólica, foram estabelecidas "certas normas gerais, válidas para todos os Ordinariatos Militares - chamados até agora de

Vicariatos Castrenses - que devem depois ser completadas, no quadro desta lei geral, com os estatutos instituídos pela Sé Apostólica para cada Ordinariato".

1.3.4 Capelania Militar Evangélica

O primeiro pastor protestante a servir os militares brasileiros foi o alemão Luterano Friedrich Christian Klingelhöffer, fundador da Igreja Evangélica Alemã do Campo Bom, Rio Grande do Sul, em 1828. Dez anos depois Klingelhoeffer morreu atuando em uma batalha na Revolução Farroupilha. A Capelania Militar Evangélica foi organizada pela extinta Confederação Evangélica do Brasil em conjunto com o governo Brasileiro, para assistir os militares protestantes.

O primeiro capelão evangélico do Brasil foi o pastor batista João Filson Soren (1908-2002), atuando na Segunda Guerra Mundial, servindo a Força Expedicionária Brasileira (FEB) entre 1944 e 1945 recebendo mais de dez condecorações militares, inclusive a Cruz de Combate de 1ª Classe, a mais alta honraria do Exército.

A Capelania Militar Evangélica hoje (2005) é parte do Serviço de Assistência Religiosa das Forças Armadas. Composta, atualmente, por 08 pastores capelães no EB, 08 na MB, 03 nas FAB e muitos outros nas PM e BM dos diversos Estados brasileiros.

Hoje, a capelania militar evangélica tem sido exercida nas forças armadas e também nas instituições das polícias civil e militar e no corpo de bombeiros. Nesses casos os capelães devem ser formados em capelania e são submetidos a provas em concursos públicos e o seu trabalho é remunerado. Na execução das atividades de assistência religiosa deve ser evitado o proselitismo. Somente poderá ser integrada a prática de capelania que não atentem contra a disciplina, a moral, as leis em vigor, a tradição e os costumes das forças armadas e das polícias.

É importante que tomem nota das opções para estágio em capelania militar, seja católica ou protestante!

1.4 Capelania Escolar

Para as abordagens sobre Capelania Escolar estaremos utilizando partes do texto de um projeto para esta área do Prof. Rev. Moisés C. Bezerril, o qual irá nos ajudar a esclarecer sobre o assunto, bem como apresentar propostas para o exercício de capelania escolar, as quais podem auxiliar para elaboração do seu Projeto de Estágio, seja nesta ou em outra área da teologia prática.

É Ministro da IPB; professor de Teologia Sistemática e Novo Testamento; bacharel em Teologia pelo Seminário Presbiteriano do Norte e pela Universidade Presbiteriana Mackenzie; Mestre em Teologia Sistemática pelo Centro de Pós-Graduação Andrew Jumper-São Paulo; Pós-graduado em Docência Superior. O texto pode ser acessado na íntegra em: http://teologiaselecionada.blogspot.com/2009/04/capelania-escolar-um-projeto-de.htm

Vamos lá para mais este exercício de leitura? Já estamos bem adiantados, precisamos prosseguir! Esforça-te e tem bom ânimo!!!

ESTUDANDO EM FAMÍLIA PROJETO DE CAPELANIA ESCOLAR PARA ESCOLAS DE REDE PÚBLICA DE ENSINO

I. DA FILOSOFIA DO TRABALHO

1. Natureza - O trabalho de Capelania Escolar, proposto por este projeto, é um trabalho sem fins lucrativos, realizado por voluntários destituídos de perspectiva remunerativa, e que consiste numa modalidade humanitária de apoio familiar aos estudantes de ensino fundamental e médio da rede pública. O projeto não trabalha com categorias científicas (psicologia, psicoterapia, etc.), mas seu principal enfoque é a solidariedade humana (aproximação dos aflitos), apoio mútuo (ajuda material aos mais necessitados), e a promoção da verdadeira humanidade (orientação para a vida).

2. Finalidade - A finalidade geral deste projeto é aliviar toda sorte de sofrimento humano causado pelos fracos relacionamentos e por distúrbios nos relacionamentos de família. A finalidade mais específica do projeto consiste em direcionar este objetivo para a classe estudantil de rede pública, considerando que a sua vida acadêmica é o reflexo de sua vida em família.

Esse trabalho tem como objetivo: a) alcançar a família do estudante em crise e com baixo rendimento escolar, para fortalecer suas relações em família, na escola e no mundo, redirecionando seu interesse e suas perspectivas para a vida estudantil; b) fornecer diretrizes para viver-se a verdadeira humanidade, com vistas a um melhor relacionamento com Deus, consigo e com o próximo; c) promover o desenvolvimento psico-social e da auto estima, diminuindo o stress do homem urbano, e despertando vias para a realização pessoal.

3. Metodologia - O projeto realizar-se-á por meio do contato e da comunicação pessoal, sendo divido em três áreas: visitação, orientação, e promoção psico-social. Capelães auxiliares treinados e designados pelo capelão supervisor para uma determinada escola farão um levantamento especial naquela escola, junto à direção, buscando descobrir quais alunos estão passando por crise pessoal ou familiar que resulta num baixo interesse e baixo rendimento escolar.

O contato com o aluno pode ser voluntário (o aluno procura o capelão), ou necessário (o capelão procura o aluno). Dependendo de cada necessidade tomar-se-á as seguintes providências: Caso 1 – Se o aluno dá evidência de que sua crise é resultante de seu relacionamento familiar, a capelania será feita por meio de visitação à família do aluno em sua residência; Caso 2 – Se o aluno demonstra traços de crise causada por fatores fora da família, o serviço de capelania será feito por meio de aconselhamento e acompanhamento pessoal, sendo isto desdobrado em fortalecimento de relações pessoais, interesse pela pessoa e por sua qualidade de vida, bem como pelos seus problemas e perspectivas.

Quando o capelão decidir-se por um dos casos citados acima, ele levará um relatório de caso registrado em fichas de acompanhamento para ser estudado pelo capelão-supervisor do projeto, e, conjuntamente com outros capelães, eles farão opção por uma via de solução do caso. O serviço de capelania também é voltado para a formação do caráter, visando o aluno como pessoa, fornecendo-lhe princípios para uma vida melhor em família e na sociedade.

Esta parte consistirá na apresentação de palestras direcionadas para qualidade de vida, vida em família, relacionamento com o próximo, sexualidade, namoro, noivado e casamento. Os temas das palestras serão escolhidos a partir das necessidades que se apresentarem como fruto do acompanhamento dos alunos. A capelania também é responsável pela recreação da alma, a integração, a interação, e o interesse pela vida.

Passeios, pic-nics, turismo, sessões de lazer (jogos, competições, música, cinema, teatro etc.) devem fazer parte do serviço de capelania. Esta parte do serviço de capelania deve ser considerada como a primeira realização do trabalho do capelão, pois serve para fazer os primeiros contatos, estabelecer a comunicação com os alunos e adquirir a confiança dos mesmos.

4. Supervisão - A supervisão deste projeto é feito por um pastor presbiteriano com dez anos de experiência na área de serviços pastorais (visitação, aconselhamento e capelania em geral). Os capelães designados para as escolas estarão sob a supervisão e orientação do capelão-supervisor, o qual cuidará do bom andamento do trabalho, da designação dos campos e mudanças dos mesmos, captação de fundos para o projeto, estabelecimento dos contatos com a direção das escolas, formalização dos convênios, escolha dos capelães auxiliares, supervisão, acompanhamento e orientação do trabalho dos capelães auxiliares, planejamento da programação dos serviços de capelania a serem executados em cada escola.

Caberá ao capelão-supervisor reunir-se semanalmente, em local próprio e hora marcada com os capelães auxiliares para o estudo de casos, orientação dos capelães auxiliares, planejamentos e readaptação da programação de capelania. O capelão supervisor deverá ter um livro de registro de área e distribuição de trabalhos, para catalogar todos os itens necessários ao acompanhamento do trabalho de cada capelão auxiliar e a desenvoltura do trabalho na escola e para um possível relatório do projeto.

II. DA ÉTICA DA CAPELANIA

1. O capelão e o aluno - O trabalho de capelania consiste em muita comunicação e interação pessoal entre pessoas do mesmo sexo ou sexos opostos. Inevitavelmente, poderá haver um interesse maior na relação pessoal que não pertença à área de capelania. Esta possibilidade é vista pelo projeto como danosa aos objetivos propostos pelo mesmo, e é considerada uma prática reprovável e como um problema para o projeto. O capelão deverá ser uma pessoa imune a este tipo de problema, procurando policiar-se, do contrário sujeita-se a ser demitido do projeto.

2. O capelão e o trabalho de outro capelão - O serviço de capelania pode ser realizado por um ou mais capelães em uma mesma escola. Não será permitido a interferência de um capelão nos trabalhos do outro. Nenhum aluno ou família de aluno poderá ser perturbado por orientações divergentes de capelães que discordam entre si. Dois capelães designados para uma mesma escola deverão trabalhar conjuntamente em todas as áreas de trabalho que estão desenvolvendo, sem demonstrar divergência de procedimentos. Caso contrário, estarão sujeitos a serem transferidos de campo.

3. O capelão e o sigilo - A capelania é um serviço muito mais voltado a ouvir as pessoas em suas angústias, nas suas aflições, nas suas crises existenciais, e muitas vezes, nas suas confissões. O capelão deve ser a pessoa mais capaz para guardar sigilo de todas as relações estabelecidas com o aluno e sua família.

O projeto não permite e nem admite capelães que tratem das questões de capelania com outras pessoas não capelães. O sigilo por parte do capelão é a sua credencial mais poderosa para o êxito do projeto. Todo capelão que der provas de quebra de sigilo da capelania será demitido do projeto.

4. O capelão e a política - A capelania escolar é um poderoso instrumento de influência sobre os indivíduos. Os capelães nunca deverão convergir este instrumento para fins particulares ou de outros. O trabalho de capelania não poderá ter vínculos nenhum com partidos políticos, nem emitir qualquer juízo de natureza política durante os trabalhos realizados nas escolas. Qualquer capelão que durante o trabalho de capelania demonstrar evidências de propaganda política ou que estiver servindo a outros interesses fora do projeto será demitido do mesmo.

III. DO CONVÊNIO ESCOLAR

Este projeto só poderá ser executado em escolas que prontamente aceitarem o convênio com a gerência do mesmo. O convênio só poderá ser feito mediante o conhecimento prévio da natureza e funcionamento do projeto. O capelão supervisor é a pessoa responsável por coordenar toda a viabilidade do convênio, fornecendo à direção escolar cópias do projeto, apresentando a filosofia do trabalho e tirando dúvidas.

O convênio poderá ser feito por um período determinado pela direção da escola ou pelo capelão-supervisor. Compete à escola: a) Permitir a livre entrada dos capelães no estabelecimento de ensino; b) Permitir o diálogo entre capelães e professores; c) Permitir entrada esporádica dos capelães em sala de aula; d) Conceder autorização para os capelães representarem o nome da escola durante as visitas às famílias dos alunos; e) Conceder as instalações da escola para a realização de eventos da capelania; f) Fornecer ofícios solicitando à prefeitura ou ao Estado meios de transporte para os eventos de recreação da capelania; g) Permitir que as aulas vagas sejam preenchidas com palestras pela capelania; h) Fornecer informações sobre os alunos mais necessitados dos serviços de capelania; i) Ajudar no que for possível para um bom desempenho do projeto na escola. Compete à gerência do projeto: oferecer todos os serviços de capelania escolar previstos em todos os itens deste projeto.

IV. DAS ÁREAS E DISTRIBUIÇÃO DE TRABALHO

Compete ao capelão supervisor, em acordo com a direção da escola, designar o campo, a natureza, a duração e a freqüência do trabalho de capelania para cada capelão auxiliar. Desta forma, após ser feito o convênio com a escola, o supervisor do projeto, juntamente com a direção da escola, deverão responder em livro próprio as seguintes perguntas:

Qual o nome da instituição? Qual a localidade (cidade, bairro, rua)? Que tipo de escola pública: municipal ou estadual? Que tipo de ensino: fundamental ou médio? Qual curso? Qual a faixa etária da escola? Localidade urbana ou rural? Quantos capelães nesta unidade escolar? Quantos alunos por capelão? Qual freqüência estimada do capelão nas casas e na escola? Quais dias e horário de trabalho de orientação na escola? Quais dias de trabalho de visitação às famílias? Qual a principal peculiaridade caracterizadora da escola? Qual o capelão auxiliar responsável? Qual a duração dos serviços de capelania naquela escola?

V. DA PESSOA DO CAPELÃO ESCOLAR

1. A pessoa do capelão para este projeto - O capelão escolar é aquela pessoa de maior idade, de ambos os sexos, com perspectivas voltadas para a fraternidade cristã. Neste projeto, os capelães são rapazes de maior idade, casados e solteiros, alunos do curso de Bacharel em Teologia Sistemática, no Seminário Presbiteriano do Norte, rua Demócrito de Souza Filho, 208, Madalena, Recife, Pe, com experiência em relações pessoais (já trabalham com igrejas e grupos religiosos) e que estarão cumprindo estágio acadêmico como requisito de formatura de seu bacharelado.

2. Sua vocação - A vocação do capelão é considerada pelo projeto como um ponto fundamental para o êxito do trabalho. O capelão deverá ser aquela pessoa que sinta prazer em ajudar a aliviar o sofrimento do próximo. Para isto, todo capelão deverá sentir gosto pela visitação, conversação e interação humana. Ele é aquela pessoa que não se sente incomodado por ser procurado, nem desconfortável em ter que se relacionar com pessoas que nunca viu. Seu maior desejo é conseguir chegar perto dos aflitos, adquirir sua confiança, e ser-lhe um ajudador. A satisfação e a alegria que o capelão demonstra ao realizar sua tarefa é uma das credenciais mais importantes de sua vocação.

Um outro fator que referenda a vocação do capelão é seu dinamismo e sua curiosidade. O capelão deve ser aquela pessoa criativa, empolgada, que sempre tem novas idéias e sempre está em busca de realizar algo novo no seu trabalho. Para isto, ele estuda, investiga, pensa, consulta e tenta colocar em prática novas modalidades de serviços de capelania.

O capelão sempre está interessado em saber dos problemas, em fazer novas amizades, em conhecer as várias situações nas quais as pessoas se encontram, e não descansa enquanto não encontrar uma forma de ajudar. Este projeto avalia todas estas credenciais naqueles que vão fazer parte do mesmo.

3. Sua formação - Este projeto emprega como capelães somente estudantes do terceiro grau, e com formação voltada apenas para a área psico-sócio-religiosa. Devem ser pessoas que gostem da leitura de livros sobre aconselhamento e sobre interação humana. Eles também devem ser pessoas atualizadas, que lêem jornais, revistas e se interessem pelos mais variados assuntos e temas com os quais tenham que lidar. Também, espera-se, neste projeto, que o capelão tenha uma formação mínima na área ministerial de aconselhamento e visitação, ou que tenha em seu currículo cursos ou especializações em capelania.

4. Sua personalidade - O capelão escolar é uma figura animada, que ama a vida e o próximo. Ele é uma pessoa humilde, amável e educada, disposta a ouvir mais do que falar. É sempre misericordioso e bondoso com aqueles a quem serve. Tem sempre uma palavra de ânimo e estímulo para os abatidos. É uma pessoa de muita esperança e muitas perspectivas para o futuro. Sua pessoa transmite paz, estabilidade, alegria, e muita disposição para viver. O capelão é uma pessoa feliz e agradável nas relações, está sempre sorridente e sempre procurando alguém para ajudar.

5. Sua apresentação - A apresentação do capelão é um fator muito considerado por este projeto. Todo capelão deverá ser bem vestido (utilizando farda da capelania e sapatos limpos), corpo muito bem higienizado (cuidado com unhas limpas, barba feita, cabelo cortado, dentes bem escovados e odores controlados), e que saiba usar bem a língua portuguesa.

É fundamental para a sua boa apresentação que ele saiba, educadamente, se apresentar a pessoas estranhas, saiba começar um diálogo, e com facilidade, abordar uma família de aluno em sua residência. É obrigatório que nada no capelão sirva de constrangimento para as pessoas.

6. Sua família - A estabilidade da família do capelão é fator fundamental para que o mesmo tenha sucesso em seu trabalho de capelania. Este projeto não recomenda nenhuma pessoa com problemas radicais nesta área para ser capelão. Normalmente, espera-se que o capelão seja alguém que esteja pronto para oferecer ajuda, e não alguém que precise muito mais de ajuda do que tenha a oferecer. Isto é um fator contrário ao êxito da capelania escolar.

7. Sua religião - O capelão deve ser sempre uma pessoa religiosa. A religião é fator fundamental para o questionamento do sofrimento humano, para a compreensão da existência, e para cultivo do amor e da fraternidade entre os seres humanos. A religião fornece diretrizes para uma melhor qualidade de vida neste mundo, estabelece princípios que regulam a convivência social e estimula o interesse do homem pelo seu próximo. Os capelães empregados neste projeto são religiosos de denominação Presbiteriana (da Igreja Presbiteriana do Brasil), com formação teológica em seminários da própria denominação.

8. Sua missão dentro do projeto - A missão do capelão neste projeto é realizar três tarefas nas escolas para as quais foram designados: 1) Realizar um evento recreativo que tenha como objetivo fazer uma interação entre os alunos, bem como a apresentação da pessoa do capelão na escola. Isto pode ser desdobrado em passeios, viagens turísticas, filmes, apresentação de bandas musicais evangélicas, teatro, etc. Este trabalho também pode ser utilizado em datas comemorativas (comemoração de datas especiais) e feriados nacionais; 2) Realizar um trabalho de orientação pessoal em local próprio para aconselhamento (a sede do projeto oferece instalações próprias); 3) Realizar um trabalho de visitação às famílias de alunos e a alunos faltosos na escola. O total de horas de trabalho deve ser estabelecido de acordo com as necessidades do campo, em comum acordo com a direção, o capelão auxiliar e o supervisor do projeto.

9. Suas ferramentas, acessórios e horário de trabalho - As ferramentas de trabalho do capelão devem ser: a Bíblia, livros sobre aconselhamento e orientação familiar, folhetos informativos sobre qualidade de vida (drogas, sexo, saúde), livros sobre primeiros socorros e medicina comunitária (pode-se adotar livros do tipo "Onde Não há médicos").

Seus acessórios indispensáveis são: fichas de acompanhamento de casos (modelo no final do *script* do projeto), farda da capelania (camisa polo branca com detalhes coloridos do projeto, calça jeans azul ou preta, sapatos sport fino escuros), crachá com foto do capelão e o nome da escola, pasta, canetas, blocos de anotações, fichas de relatório.

O horário de trabalho da capelania escolar deve ser o seguinte: 1) Os eventos da capelania podem ser realizados em horário de aulas vagas, em finais de semana ou feriados nacionais e municipais; 2) A orientação deve ser feita com hora marcada conveniente para o aluno e o capelão; 3)A visitação à família do aluno deve ser feita em horário em que o aluno esteja em casa com a família. O capelão deverá estabelecer um horário fixo de permanência na escola uma vez por semana.

Acredito que estamos indo bem, não acha? Está percebendo quantos cuidados são necessários para o exercício de um bom projeto de estágio? Vamos um pouquinho mais?

VI. DAS MODALIDADES DE SERVIÇOS E COMPETÊNCIAS

1. Visitação - A visitação da capelania corresponde a uma assistência pessoal dada pelo capelão ao aluno na sua residência, com hora marcada previamente (ou não, no caso de alunos faltosos), em horário de folga do aluno, com sua família presente. Na visitação o capelão representa a escola na qual trabalha. Para que haja o motivo da visitação é necessário que a escola forneça dados sobre os alunos que mais necessitam deste tipo de ajuda.

O capelão fará um relatório de todos os dados sobre a visita, fará um estudo de caso juntamente com o capelão-supervisor e marcará uma segunda visita para incentivo e conscientização. O serviço de visitação do capelão neste projeto é uma forma da escola se fazer presente na vida e na família do aluno nas seguintes circunstâncias:

A. Aluno ausente - A visita do capelão tem como alvo o aluno faltoso na escola. A direção deverá fornecer uma lista dos alunos que estão acima do limite de faltas, ou que já deram sinal de desistência do ano letivo. O capelão, de posse de seu endereço fará uma visita à sua família sem avisar previamente, procurando levantar dados da causa da desistência ou falta do aluno. Uma palavra de encorajamento é fundamental na primeira visita, tentando reanimar o aluno a voltar para a escola.

Anotados todos os dados, o capelão estudará aquele caso com outros capelães para descobrir como fará e o que empregará para trazer o aluno de volta à escola ou melhorar sua frequência nas aulas. Métodos e estratégias criativas devem ser estudados para atrair novamente o aluno aos estudos escolares. Uma segunda visita será feita, desta vez com uma proposta de solucionar o problema do aluno ausente.

B. Aluno com baixo rendimento - O baixo rendimento escolar deve ser assistido pela visita do capelão, pelo fato de muitas famílias não terem o cuidado de buscar informações sobre o aluno, ou mesmo quando a escola comunica à família o baixo rendimento escolar do aluno, esta parece não ter muita preocupação com o problema ou não saber como ajudar o aluno. A capelania se propõe a visitar tal família tentando ajudá-la a acompanhar o aluno considerado fraco no rendimento escolar.

A visita do capelão servirá para levar informações e resultados sobre o processo de melhoria do aluno em seu rendimento. Este serviço consiste de acompanhamento da frequência, das notas e da interação do aluno na escola. O capelão fará um estudo específico sobre o histórico daquele aluno, consultando professores, pedagogos ou psicólogos, e repassando para a família sugestões que ajudem a resolver o problema.

C. Aluno convalescente - Os alunos enfermos são alvos prioritários da capelania escolar. O capelão escolar é responsável por visitar no hospital ou em casa (mediante aviso prévio) os alunos que recuperam-se de enfermidades simples ou graves, bem como aqueles que recuperam-se de ato operatório ou acidentes. O capelão pode ser acompanhado de uma pessoa amiga do aluno ou mesmo familiar. Nesta visita, é mister linguagem alegre e palavra de otimismo.

O capelão sempre falará em nome da escola, desejando o mais rápido restabelecimento da saúde do aluno, levando sempre em mãos um presente da turma, ou da direção, ou do próprio projeto de capelania escolar (quando julgar-se a turma ou a escola sem recursos para tal).

D. Família convalescente - É alvo dos serviços de capelania o aluno com caso de enfermidades graves na família. O capelão, acompanhado do aluno, prestará um serviço de visitação àquela família, buscando confortar o aluno e a família, reanimando a alma de todos os que lidam com o enfermo. É importante que o capelão busque informações com a direção da escola sobre os alunos com caso de enfermidade na família e como isto tem afetado sua vida escolar.

E. Desestruturação da família - Alunos que foram vítimas da separação dos pais, ou deserção de um deles, ou abandono por parte dos pais devem ter assistência especial da capelania escolar. Para este tipo de problema o capelão deverá obter informações em como isto prejudica a vida escolar do aluno e buscar uma aproximação maior do aluno e da sua família por meio da visitação.

Várias sessões de aconselhamento podem ser marcadas para local próprio da capelania. O aluno membro da família desestruturada deve receber um acompanhamento especial, ser fortalecido e incluso em programas especiais de recreação social.

F. Crise na família - O capelão também é responsável para acompanhar alunos que estejam passando por crises familiares por conta de turbulências nas relações familiares, bem como em caso de morte. Este trabalho somente será possível se houver uma abertura do aluno para ser ajudado, pois ele precisa passar informações para o capelão sobre o problema do seu lar. O capelão trabalhará com sessões de aconselhamento à família com visitas, sempre levando em conta as consequências dessa crise familiar no perfil estudantil do aluno.

2. Orientação - O trabalho de orientação da capelania escolar consiste em palestras especiais com temas voltados para as questões mais problemáticas na vida dos alunos, bem como em sessões de aconselhamentos em local próprio. Esta modalidade restringe-se mais ao contato com o aluno na escola ou em local de aconselhamento. Este trabalho pode ser sugerido pela direção, indicando os alunos que mais precisam ser assistidos por uma palavra amiga que lhes dê direção certa na vida, ou pelo próprio tato do capelão com os estudantes.

Como o próprio nome sugere, a orientação visa fornecer horizontes, por meio de diretrizes gerais (conversando e orientando o grupo) ou por meio de uma abordagem específica (aconselhando o aluno particularmente), para alunos perturbados e confusos em suas relações humanas, indicando o melhor caminho a ser seguido para um bom êxito na vida escolar enquanto pessoa.

A. Relações familiares - Sobre este tema, o capelão poderá ministrar palestras sobre os referenciais de convivência familiar, ensinando a cada um a reconhecer o seu papel dentro da família, a respeitar o papel do outro e incentivar a cada parte a cumprir suas responsabilidades nas relações familiares.

Além desses referenciais, uma forte ênfase deverá ser dada nos princípios unificadores e fortalecedores da relação familiar, como o amor, a humildade, a amizade, a lealdade, e o altruísmo. Nas sessões do aconselhamento sobre questões dentro deste tema o capelão se utilizará dos mesmos princípios norteadores das palestras.

B. Crise nas relações de família - Quando as relações familiares são ameaçadas por crises de várias tonalidades, afetando a vida escolar do aluno, o capelão orientará o aluno no melhor caminho para ele superar as dificuldades provocadas pela crise. Esse tipo de ajuda pode ser procurada pelo aluno, ou sugerida pelo próprio capelão ao aluno. Necessário se faz marcar sessões de aconselhamento e haver disposição por parte do aluno em ser ajudado. Nenhum trabalho de orientação desta natureza deverá ser imposto ou forçado.

C. Crise em relações mútuas - O aluno intrigado com amigos da escola, com professores, com a direção ou coordenação devem ser assistidos pela capelania escolar. Este trabalho dificilmente partiria de iniciativa dos próprios alunos, sendo, portanto um trabalho mais árduo e que exige mais paciência por parte do capelão.

A orientação em casos de crise de relações mútuas é um trabalho que deve partir da iniciativa exclusiva da capelania ao perceber a falta de interação entre determinados alunos dentro da escola ou ao obter informações sobre o relacionamento de tais alunos. Os princípios utilizados nesta orientação são apenas conscientizadores de uma perspectiva de melhor relacionamento entre as partes.

D. Sexualidade, casamento, e filhos - Alunos que iniciaram vida sexual cedo e por causa disto sofrem de alguma anomalia na alma (angústia, depressão, sentimento de culpa, medo, compulsões etc.) são alvos da assistência da capelania escolar. O capelão tratará o caso visando diminuir o fardo de sofrimento psíquico do aluno por meio de aconselhamento e acompanhamento com supervisão.

Alunos jovens que contraíram geração de filhos de forma indesejável também deverão ser assistidos pelo capelão escolar. Neste caso, o trabalho do capelão consiste em fazer o aluno aceitar o fato, amadurecê-lo, para que, mesmo em tenra idade, possa entender e aceitar o papel de pais de família. O capelão é responsável por formar uma mentalidade sobre a importância do casamento e sua finalidade na sociedade, o papel do sexo na vida dos seres humanos, e os princípios para a construção de uma família estável e sadia (princípios para a boa escolha do cônjuge). O objetivo desta modalidade pode ser alcançado por meio de palestras sobre cada tema já abordado neste projeto.

E. Aluno em crise existencial - O capelão escolar é responsável por alunos sem perspectivas de futuro, depressivos, tímidos, solitários, viciados e antinomianos (fora da lei). Sua tarefa consiste em ajudar esses alunos a encontrar uma perspectiva para o futuro, conscientizando-lhes da necessidade de uma vida profissional e financeira, bem como da necessidade de se tornarem financeiramente independentes de suas famílias.

É mister que o capelão ajude o aluno em sua crise vocacional, dando derivas sobre aquilo que ele gostaria de fazer como profissional. Tarefa delicada para o capelão é a de cuidar dos alunos tímidos, solitários e depressivos. Para estes deverá haver um acompanhamento especial com avaliação semanal do quadro destes alunos. O trabalho da capelania deverá envolvê-los em atividades e ativismos dentro e fora da escola, de maneira que eles sintam-se úteis e amados pelo grupo onde estão envolvidos.

Tarefa árdua do capelão será trabalhar com viciados e antinomianos (alunos depreciadores da instituição pública). Com estes deve haver muitos cuidados especiais. O capelão deverá buscar apoio em outros profissionais da área (psicólogos, psicoterapeutas etc.) bem como em instituições voltadas para a recuperação de pessoas com distúrbios diversos (casas de recuperação). Um outro grupo em crise de existência são aqueles que têm crise de identidade. O capelão deverá trabalhar no sentido desses alunos assumirem suas verdadeiras identidades com personalidade estável.

Boas sessões de aconselhamento servirão para amadurecer e direcionar essas personalidades confusas. Neste sentido, o capelão é responsável em ajudar o aluno a ter uma personalidade adequada para a vivência social e aprofundar os relacionamentos com os outros. Para isto é mister que a pessoa do capelão seja de alguém com uma personalidade estável e firme.

3. Promoção psico-social (atividades sociais) - As atividades da capelania escolar corresponde também à trabalhos que promovem a interação dos alunos no grupo, o fortalecimento dos laços de amizade, lealdade, confiança, estabilidade do relacionamento pessoal, bem como o despertamento do interesse de cada aluno pelo outro mediante circunstâncias específicas criadas pela capelania escolar.

Este trabalho também tem em vista a diminuição do stress do homem urbano, a recreação da alma, e a formação de uma mentalidade com vistas à necessidade de viver-se uma vida digna de pessoa. Nesta área o serviço do capelão está voltado em promover os seres humanos como pessoa, fornecendo-lhes princípios e conhecimentos que melhorem sua qualidade de vida em todos os aspectos. Muitas informações pertinentes à manutenção de uma vida de qualidade devem ser veiculadas na relação do capelão com os alunos.

A. Palestras sobre Qualidade de Vida - O capelão deve informar os alunos sobre os princípios da boa alimentação e saúde, princípios esses que gerem uma melhor qualidade de vida. Palestras com profissionais de saúde (médicos, fisioterapeutas, engenheiro agrônomo, psicólogos, nutricionistas, etc.) devem ser organizadas pela capelania para uma data especial, visando passar informações necessárias à boa alimentação e saúde dos alunos. Cuidados específicos por faixas etárias também devem ser observados.

B. Recreação da alma - O lazer dos estudantes também é alvo da capelania. Este lazer tem em vista diminuir a preocupação, a insegurança, a solidão, a timidez, a baixa estima e o fraco relacionamento entre os alunos. Este trabalho deve ser feito não apenas para o prazer individual dos alunos, mas deve ser voltado também para que o aluno tenha uma maior interação no grupo, visando diminuir o individualismo e o egocentrismo de cada um.

A recreação da alma visa criar e aprofundar um sentimento de fraternidade humana no aluno enquanto se relaciona com pessoas dentro de um grupo, fazendo-os encontrar pontos de interesse um no outro, tornando-os mutuamente mais dependentes. As atividades que podem colaborar para este alvo são pic-nics, passeios, turismos, competições esportivas, filmes, música, feijoadas, festas de aniversário nas casas dos alunos, viagens culturais, comemorações de datas especiais, intercâmbios com grupos ou séries de outras escolas etc.

C. Eventos de dignidade humana (campanhas de altruísmo) - A capelania escolar deve promover campanhas que estimulem o interesse do aluno pela diminuição do sofrimento do seu próximo. Campanhas para ajudar alguém da escola ou vizinhos de alunos servem para estimular o altruísmo e o senso de responsabilidade humana para com o próximo.

As campanhas podem ser feitas dentro do próprio ambiente de escola ou estimulada a busca de ajuda fora da escola (indústria e comércio). Vários temas podem ser dirigidos pelo capelão: vítimas das enchentes e desabamentos, fome no sertão, menores carentes, pacientes carentes de hospitais públicos, asilos de idosos, orfanatos, etc.

MODELO DE FICHAS DE ACOMPANHAMENTO DE CASOS

MODELO 1 - ORIENTAÇÃO

1.Nome do aluno: 2.Idade: 3.Sexo: 4.Escola: 5.Série, turma e turno: 6.Endereço: 7.Nome dos pais: 8.Natureza do caso: (Descrever detalhadamente o problema do aluno, contando fatos e definindo traços de sua personalidade, bem como o estado psíquico do aluno diante de seu problema) 9.Tipo de acompanhamento:(Como está sendo feito o acompanhamento? Na casa do aluno? Na escola? No trabalho? Por meio de encontros pessoais ou envolvimento em outras atividades?) 10.Número de encontros: (Qual a assiduidade da orientação?) 11.Condição famíliar: (A família do aluno é bem estruturada? O aluno mora só com um dos pais, ou com irmãos, tios, avós? Relaciona-se bem com todos os membros da família?) 12.Número de visitas domiciliar: (Quantos encontros com a família do aluno?) 13.Procedimentos da capelania: (O que foi dado de orientação ao aluno? Quais os conselhos e sugestões dadas ao aluno?) 14.Voluntariedade do caso: (O aluno procurou o capelão ou o capelão procurou o aluno?) 15.Avaliação de resultados: (Quais os resultados preliminares da orientação? O que precisa ser mudado na orientação? O que precisa ser mudado no acompanhamento?) 16.Capelão: Data dos encontros:

MODELO 2 – VISITAÇÃO

1.Nome do aluno: 2.Idade: 3.Sexo: 4.Escola: 5.Série, turma e turno: 6.Endereço: 7.Nome dos pais: 8.Tipo de residência e localidade: (Apartamento ou casa? Urbana ou rural?) 9.Motivo da visita: (Aluno faltoso às aulas? Aluno doente? Caso de enfermidade na família? Necessidade de comunicação com os pais do aluno? Etc.) 10.Tempo de visitação: (Duração da estada na residência) 11.Receptividade da família: (Como o capelão foi recebido pela família? Deu atenção? Foi indiferente? Incentivou a capelania a voltar outras vezes?) 12.Descrição de fatos: (Descrever todos os fatos que se passaram na visita) 13.Levantamento de dados sobre o aluno: (Anotar todas as informações que a família fornecer sobre o aluno e seu problema) 14.Procedimentos da capelania:

(Anotar todas as orientações dadas à família do aluno) 15.Avaliação de resultados preliminares: (Que mudança ou progresso já pode-se observar ao final da visita?) 16.Capelão: Data da visita:

MODELO 3 – EVENTOS

1.Tipo de evento: (Interno ou externo?) 2.Descrição do evento: (Descrever detalhadamente o que vai ser realizado e como será realizado: uma palestra?, uma comemoração especial? Uma campanha? Um lazer?) 3.Propósito: (o que motivou tal tipo de evento e para que servirá dentro do serviço de capelania escolar?) 4.Data e hora: 5.Local de realização: (Descrever por nome o lugar ou instituição onde ocorrerá o evento) 6.Participação especial: (Participou algum palestrante especial como médico, psicólogo ou outros? Bandas musicais, cantores, peças teatrais?) 7.Recursos disponíveis: (O que foi disponibilizado e quem disponibilizou os recursos para tal evento?) 8.Participação da turma: (Qual o percentual de participação da turma ou da escola?) 9.Descrição e êxito do evento: (Deu tudo certo como foi planejado, ou houve improvisos? Descrever tudo o que se passou no evento) 10.Resultados: (O que pode ser percebido de alvos alcançados ao fim do evento?) 11.Capelão: Rev. Moisés C. Bezerril SUPERVISOR DO PROJETO.

Hummm! Depois dessa leitura vai ser mais fácil elaborar meu Projeto de Estágio Supervisionado, mesmo que seja em outras áreas da teologia prática! Quantas dicas legais!!!

Seção 2 - O ministério comunitário e o Estágio Supervisionado

Para as seções 2 e 3 utilizaremos o texto de Quipe (2009) que compõem as aulas 07 e 08 (p. 37-47) do Guia de Estudo de Estágio Supervisionado I, pois foi antes utilizado nesta disciplina e expressa grande relevância para o tema desta nossa aula.

Eugênio Jesus Luque Quispe é pós graduado e mestre em Aconselhamento e Psicologia Pastoral, professor da Faculdade Teológica Batista Ana Wollerman, ministrou esta disciplina no curso de Teologia EaD pela Unigran.

Desejo mais uma boa leitura a todos/as! Ah, é também uma breve leitura, pois já estamos chegando ao final da nossa aula 03. Vamos em frente sem desanimar!!!

O ESTÁGÍO SUPERVISIONADO E O MINISTÉRIO COMUNITÁRIO CRISTÃO

Outra área onde a comunidade eclesiástica pode desenvolver projetos e o aluno de estágio supervisionado pode trabalhar é a da ação social, através do ministério comunitário cristão.

Jesus Cristo nos ensina que não precisamos nos envolver somente com os problemas espirituais dentro da comunidade, mas devemos imitá-lo no amor que Ele tem demonstrado pelas pessoas, sem nenhum tipo de discriminação. Somos desafiados a sair das quatro paredes e olhar a comunidade e a sociedade que está ao nosso redor ou ao redor da sua comunidade eclesiástica, pois precisamos enxergar a sociedade de onde fazemos parte, com todas as virtudes e problemas.

A igreja de Jesus Cristo, além de resgatar o homem do pecado, precisa se preocupar com a valorização das pessoas nas suas necessidades de maneira geral, ou seja, a igreja tem o desafio de valorizar a "comunidade civil". Alberto Barrientos desafia o pastor e a comunidade a esse respeito e diz o seguinte: "O Pastor precisa considerar a comunidade em que está localizada a igreja. Ali há necessidades não apenas espirituais. Há enfermos que necessitam ser curados. Há crianças abandonadas. Há mulheres em situações difíceis. Há grupos marginalizados. Faltam centros de saúde, de educação, etc. O pastor e a igreja podem ser fatores muito importantes na solução de tais problemas".

BARRIENTOS, Alberto. Trabalho pastoral: princípios e alternativas, Unired Press,1999. p. 46.

Outra área em que precisamos investir, também, é a da comunidade carente. Um dos ministérios que podem ser aproveitados nesta área é o comunitário cristão, através dos seus membros, criando projetos capazes de ajudar na valorização do ser humano, assim como Jesus Cristo tem valorizado.

O QUE É O MINISTÉRIO COMUNITÁRIO CRISTÃO?

"É o plano pelo qual a igreja não somente se torna melhor mordoma do seu prédio, pelo múltiplo uso dele, mas também se faz presente na comunidade, como um atalaia do evangelho e exemplo vital de amor cristão, preocupando-se com os problemas do povo".

CHAPELL. Catherine Flo. Ministério Comunitário Cristão. Rio de Janeiro: UFMBB, 1991. p. 15.

Jesus Cristo tem nos ensinado que a igreja é Sal e Luz para a comunidade em que fazemos parte. Pode ser que a igreja seja alvo de críticas e de maus tratos, mesmo assim, deve marcar a sua presença na comunidade onde está inserida, para demonstrar o amor que Jesus Cristo tem pelos homens. A igreja de Jesus Cristo nunca deverá isolar-se nas suas dependências, ao contrário, precisa enxergar além das suas paredes, porque se pode fazer muito em favor da humanidade que integra a nossa sociedade.

"Se uma igreja não tem seu coração tocado pelo amor, ela não se envolve no serviço aos necessitados. O que mobiliza a igreja para o serviço não é a insistência dos líderes, nem o elaborado plano de ação, nem mesmo as ofertas generosas dos que se dispõem a sustentar projetos, mas sim o amor de Deus que enche os corações de compaixão" . A igreja deve ser motivada pelo amor de Jesus Cristo, devemos valorizar o nosso próximo integralmente, pois isso nos ensina a bíblia, especialmente a passagem do Bom Samaritano (Lucas 10:25-37), que nos mostra o que deve ser o nosso exemplo para valorizar o nosso próximo.

KIVITZ. Silvia Regina Jorge. Cadernos de ação social. São Paulo: CONSELHO DE Ação Social da convenção Batista do Estado de São Paulo, 2ª Ed, 1998, p. 15.

QUAL A FILOSOFIA DO MINISTÉRIO COMUNITÁRIO CRISTÃO?

"A filosofia básica do Ministério Comunitário Cristão está baseada no valor do homem em si e na responsabilidade da comunidade cristã em relação ao bem estar do seu semelhante".

CHAPELL. 1991. p. 15

A bíblia nos ajuda a falar brevemente sobre a filosofia do ministério cristão, que realmente fará pensar, de maneira responsável e comprometida, a obra que Jesus Cristo tem iniciado. A seguir menciono resumidamente a filosofia desse ministério:

Devemos lembrar que o ser humano foi criado à imagem e semelhança de Deus, para administrar a criação de Deus e, por conseqüência, desfrutar da maior dádiva de Deus na sua revelação, a imortalidade do ser humano;

Para exercer esse ministério se faz necessário seguir os passos e ensinos de Jesus Cristo, pois ninguém amou mais as pessoas e nem fez mais por elas do que Jesus Cristo;

As igrejas devem buscar na palavra de Deus todo o conselho de Deus, não simplesmente para ensinar, mas principalmente para viver a palavra de Deus;

O homem é um ser complexo, pois a sua personalidade é formada: mental, física, social, moral e espiritual, mas é necessário ser visto totalmente;

O homem tem se relacionado com a sociedade em que vive, ou seja, não vive fora da sociedade mas, tem sofrido a influência do mundo, assim como os outros também sofrem.

HÁ NECESSIDADE DO MINISTÉRIO COMUNITÁRIO CRISTÃO HOJE?

O homem é um ser social, por isso vive em sociedade. A partir da nossa conversão somos comprometidos com os valores do Reino de Deus. Isso tem nos preocupado e entramos em conflito com os valores que a sociedade pratica e aceita.

As igrejas precisam voltar a praticar princípios que possam transformar o mundo e a sociedade, pois se faz necessário praticar o que ultimamente tem se falado como "missão integral" da igreja, com o objetivo de tomar mais relevante o desenvolvimento da misão da igreja no mundo atual.

Catherine Flo Chapell afirma a respeito do que mencionamos acima: "Os problemas sociais de nossa sociedade são complexos e sérios demais. Ansiedade, medo, guerra, insegurança, desespero, crime, preocupação financeira, lares desfeitos, superstições e falta de paz, são as palavras-chave de hoje. A tarefa da igreja é sair em busca dessas pessoas e procurar auxiliá-las para a glória de Deus".

CHAPELL. 1991. p. 18

Então, podemos afirmar de maneira enfática que há necessidade de implantar projetos dentro das comunidades eclesiásticas das quais fazemos parte através do ministério comunitário cristão.

SUGESTÕES PARA REALIZAR PROJETOS COM ATIVIDADES CONSTANTES E COM ALGUNS GRUPOS ESPECÍFICOS

Olhando o local onde a nossa comunidade eclesiástica está inscrida, podemos ter ideias e desafios, saber quanto de atividades podem ser realizadas e que grupos podem a igreja atingir, conduzindo projetos para ajudar aos nossos semelhantes.

a) a igreja pode realizar as seguintes atividades no trabalho do ministério comunitário cristão:

- Atividades didáticas
- Artes aplicadas
- Artesanato
- Aprendizagem de um ofício
- Saúde.

b) e pode atingir também os seguintes grupos:

- Deficientes auditivos
- Deficientes visuais
- Presos
- Enfermos
- Solitários

A igreja está inserida numa comunidade local. Pode-se perceber que se faz necessário refletir e perguntar: será que como membro do reino dc Deus estou fazendo a vontade de Deus com relação à assistência as pessoas que estão ao meu redor?

A nossa comunidade eclesiástica tem grandes desafios, pois ao citar as atividades que podem ser concretizadas e os grupos que podem ser alcançados acima mencionados e outros que não foram citados aqui, realmente podemos nos perguntar: o que estou fazendo como membro dc uma comunidade local, com relação a esse ministério?

E se olharmos para a nossa comunidade, da qual fazemos parte, possivelmente podemos chegar também à seguinte conclusão: que a minha comunidade não está engajada na realização de um trabalho sério, de ação comunitária; preocupa-se somente com a evangelização e com outros eventos internos na comunidade.

Através do ministério comunitário cristão, podemos alcançar vidas preciosas para o reino de Deus, não somente na área espiritual, mas cm todas as dimensões da vida do ser humano que está inserido na sociedade. Pois esse ministério precisa ser desenvolvido por comunidades cristãs que tenham consciência e responsabilidade com a sociedade em geral, mas principalmente com a comunidade que está ao redor da nossa comunidade eclesiástica da qual fazemos parte.

Oprimir o pobre é ultrajar o seu Criador, mas tratar com bondade o necessitado é honrar a Deus (Pv 14:31)

Seção 3 - O ministério pastoral e o Estágio Supervisionado

O ESTÁGIO SUPERVISIONADO E O MINISTÉRIO PASTORAL

Alex D. Montoya, no livro Redescobrindo o ministério pastoral, afirma o seguinte: "O ministério pastoral é um chamado divino e inigualável, concedido a homens eleitos por Deus para serem ministros de sua palavra e servos de sua igreja".

MACARTHUR, Jr. John. *Redescobrindo o ministério pastoral*. Rio de Janeiro: CPAD, 1999. p. 85

Essa definição desafia-nos a afirmar que o ministério pastoral é muito importante e relevante dentro da comunidade eclesial, em que o obreiro é chamado para exercer o ministério pastoral na comunidade. O pastor, no exercício do seu ministério, tem realizado muitas funções, entre elas podemos mencionaras seguintes: mestre, conselheiro, administrador, visitador, líder entre líderes, líder que aconselha e guia, líder comunitário, exemplo no crescimento espiritual e pessoal, dirigente de culto e pregador, treinador que capacita os membros para o exercício do seu ministério e evangelista.

"A função da liderança pastoral é fornecer direção, cuidado e supervisão à igreja, de modo que ela cumpra as ordens de Cristo: evangelizar o mundo inteiro, crescer na semelhança de Cristo e viver para a exaltação e adoração a Deus".

MACATHUR, 1999, p. 99.

O pastor tem tido desafios importantes dentro do seu ministério e tem sido responsável pela realização e execução de ministérios dentro de urna comunidade eclesiástica e tem sido desafiado a exercer ministérios corno: evangelização, missões, pregação, administração, ensino (EBD) e outros ministérios.

A minha intenção é apresentar, nesta aula, alguns aspectos do ministério pastoral que o aluno de estágio supervisionado poderá planejar e executar em projeto, sendo orientado pelo pastor da sua comunidade. A seguir, mencionaremos os seguintes ministérios:

A EVANGELIZAÇÃO NO MINISTÉRIO PASTORAL

A evangelização dentro da igreja é uma ferramenta muito importante para o crescimento de uma comunidade. Através da evangelização, podemos desafiar a igreja a valorizar esse ministério, pois depende muito da conscientização dos membros da comunidade quanto à concepção do que é evangelismo e quais benefícios pode trazer para a comunidade.

Na igreja primitiva, a evangelização era um estilo de vida dos crentes daquela época e não uma atividade esporádica ou exclusiva dos líderes da igréja. Podemos entender "estilo de vida" como a nossa maneira de viver a evangelização em nossas vidas, como se fosse parte da nossa própria vida.

A evangelização não é tarefa de uma pessoa, de um grupo específico da comunidade, do pastor ou de um líder específico. Temos que conscientizar os membros da comunidade local de que é responsabilidade de toda a comunidade. Alberto Barrientos afirma: "A tarefa pastoral, então, precisa orientar-se especificamente em direção ao que lhe é imperativo: que cada igreja seja um organismo permanentemente evangelizador".

BARRIENTOS, 1999, p. 94.

Para o aluno estagiário, que estará desenvolvendo projeto na área do evangelismo, sugerimos que faça uma clínica de evangelismo ou treinamento em evangelismo, com o objetivo de treinar a igreja e levantar evangelistas dentro da sua comunidade eclesiástica.

Isso poderá trazer um despertamento para os membros que estão acomodados e que apresentam desculpas como: "não sabem evangelizar ou não sabem falar a respeito do evangelho de Jesus Cristo ou não tem jeito para evangelizar ou tem vergonha de falar de Jesus para os outros".

MISSÕES NO MINISTÉRIO PASTORAL

Outra área que o aluno de estágio supervisionado pode atuar á na de missões. Poderá desenvolver na comunidade eclesiástica da qual faz parte, diversos projetos missionários com o objetivo de despertar a comunidade para a missão da igreja.

Para refletir, vamos citar Alberto Barrientos, que afirma: "A obra missionária segue a mesma lei da vida. Se um agricultor planta arroz o que quer á colher arroz. Se um fazendeiro cria gado á para obter carne e leite. Da mesma forma, se uma igreja empreende a obra missionária deve procurar reproduzir-se em outras igrejas".

BARRIENTOS, 1999, p. 133.

Essa é a lei da vida, pois para isso acontecer nas nossas comunidades se faz necessário trabalhar para o despertamento missionário da igreja. Cada membro precisa ter consciência de que o papel da igreja á expandir a igreja. Para que isso aconteça precisamos desenvolver projetos missionários, como por exemplo:

- despertamento missionário de cada membro da comunidade;
- treinamento de promotores de missões dentro da igreja:
- oferecer seminários curtos sobre missões;
- promover encontros missionários.

Abordando um desses assuntos em projetos missionários, podemos ter grandes resultados dentro da comunidade e trazer edificação à igreja. Consequentemente, desafios concretos para que a comunidade da qual fazemos parte possa ser encorajada a executar missões na igreja. Isso leva a comunidade, com o tempo, a amar missões e a enviar missionários a outras cidades dentro do Brasil e ao mundo.

A PREGAÇÃO NO MINISTÉRIO PASTORAL

Quero iniciar com a citação que Jolin MacArthur faz no seu livro: "A obra pastoral não á simplesmente fazer contatos sociais, é também pregar. O ministro não cessa de ser pastor quando sobe ao púlpito; ali ele assume uma das tarefas mais sérias e pesadas do ministério. Às vezes ouvimos acerca de algum ministro: É um bom pastor, mas não consegue pregar". A frase é uma contradição em si. Ninguém pode ser um bom pastor se não conseguir pregar, assim como ninguám pode ser um bom pastor de ovelhas se não conseguir alimentar o rebanho. Uma parte indispensável do pastoreio é a alimentação.

Algumas das melhores e mais efetivas obras de todo o ministério pastoral são realizadas por meio do sermão, ele pode alertar, proteger, curar, resgatar e nutrir. O pastor adquire uma estatura elevada no púlpito... Quando habilitado nessa obra nunca deixa de alimentar seu rebanho".

MACARTHUR, 1999 p. 280.

Esforce-se para saber bem como suas ovelhas estão, dê cuidadosa atenção aos seus rebanhos (Pv 27:23)

Não quero aqui dar urna aula de homilética, mas a ideia é que o aluno possa ter mais uma opção de área para desenvolver um projeto. Em nosso curso temos pastores que estão cuidando de um rebanho, facilitando, pelo menos essa é a minha ideia, a execução de projetos de estágio supervisionado nessa área. Com isso, podem oferecer uma serie de mensagens ou sermões com um objetivo predeterminado e um tempo determinado.

As mensagens poderão estar relacionadas a diferentes temas ou assuntos ligados às necessidades da comunidade que está sendo pastoreada como:

- de crescimento Espiritual;
- de despertamento da comunidade;

• de mordomia cristã;
• evangelísticas e missionárias.

Coloco essas sugestões para que o aluno possa desenvolver o projeto de estágio paralelamente ao seu ministério. Não é obrigatório desenvolver especificamente nesta área. O aluno poderá optar por outras áreas que também abordadas neste material que está em suas mãos.

O ACONSELHAMENTO NO MINISTÉRIO PASTORAL

O aconselhamento pastoral tem sido um ministério muito importante dentro de uma comunidade eclesiástica, pois cabe ao pastor desenvolver o ministério de aconselhar aos que necessitam de orientação, em alguma área da vida.

A. R. Crabtree nos diz o seguinte: "Algumas pessoas ficam aflitas quando assoladas por circunstâncias inteiramente fora do seu próprio controle, enquanto outras, por falta de orientação própria, trazem sobre si, por atos impensados, problemas que não sabem resolver. Há outros crentes humildes e crédulos, que os mundanos podem facilmente explorar para os seus próprios interesses, especialmente em questões políticas e financeiras".

CRABTREE, Asa Routh. A doutrina bíblica do ministério. 2ª. Ed.Rio de Janeiro: JUERP, 1981. p. 106.

O que trago aqui, assim como as outras áreas mencionadas acima, são sugestões para desenvolver o projeto de estágio solicitado em nossa disciplina. Dentro da comunidade da qual fazemos parte, temos grandes desafios nesta área, pois os tempos modernos e as doenças modernas tem-se refletido profundamente na vida dos membros das comunidades e de seus respectivos familiares.

Como sugestão, o aluno pode desenvolver um projeto de estágio na área mencionada, seguindo grupos específicos para fazer um plano de aconselhamento com:

• doentes e familiares em hospitais;
• presos em cárceres ou prisões;
• menores que estão em orfanatos;
• adolescentes infratores;
• casais solteiros que vivem juntos;
• pessoas da terceira idade e outros grupos de interesse.

Através do aconselhamento cristão podemos fazer a diferença nesses grupos mencionados e em outros que necessitam de apoio espiritual. A experiência tem me mostrado isso. Vale a pena desenvolver projeto nessa área.

Essa sugestão, assim como mencionei acima. é valida para os alunos que já trabalham com o ministério pastoral na suas comunidades.

Concluindo, posso afirmar que dentro do ministério pastoral pode-se desenvolver projetos que são indispensáveis na vida da comunidade eclesiástica que você aluno de estágio supervisionado faz parte. Mencionamos apenas quatro, mas dentro da comunidade temos várias áreas que podem ser enfocados para mostrar que a igreja tem uma visão que alcança não somente as pessoas dentro das nossas comunidades, como também as pessoas de fora da comunidade eclesiástica.

Retomando a conversa inicial

Bem, creio que no decorrer desta aula mergulhamos juntos/as em muitas informações importantes e caberá a cada um de nós transformarmos estas, em conhecimentos úteis às nossas práticas teológicas!
Vamos relembrar os principais pontos da nossa aula?

• **na Seção 1 - Identificando áreas de atuação do Projeto de Estágio Supervisionado:** Destacamos algumas dimensões nas quais seja possível desenvolver nosso projeto de Estágio Supervisionado, enfatizamos principalmente sobre o ministério de capelania: hospitalar, militar e escolar.

• **na Seção 2 - O ministério comunitário e o Estágio Supervisionado:** Apresentamos a importância de elaborar e executar projetos sociais na comunidade em que a igreja esteja inserida, expressando pela teologia prática a valoração e desejo de crescimento integral da comunidade.

• **Seção 3 - O ministério pastoral e o Estágio Supervisionado:** Enfatizamos sobre os deveres essenciais do ministério pastoral no cuidado, bem como na capacitação dos seus liderados para o bom desenvolvimento dos ministérios eclesiásticos.

Para Refletir

Rejeite, porém, as fábulas profanas e tolas, e exercite-se na piedade. O exercício físico é de pouco proveito; a piedade, porém, para tudo é proveitosa, porque tem promessa da vida presente e da futura (1Tm 4:7-8)

Sugestões de leituras

Leituras

MACARTHUR, Jr. John. *Redescobrindo o ministério pastoral*. Rio de Janeiro: CPAD, 1999.

SHIPANI, Daniel S. *O caminho da sabedoria no processo de aconselhamento Pastoral*. São Leopoldo: Sinodal, 2003.

Obs.: Se houver dúvidas ao final desta aula poderão ser sanadas através das ferramentas **fórum ou quadro de avisos e chat**. Ou poderão ainda enviar para o e-mail ronel.pereira@unigran.br

Aula 04

O ESTÁGIO SUPERVISIONADO E A MISSÃO INTEGRAL

Olá caros(as) alunos(as), bem vindos(as) a nossa quarta aula de Estágio Supervisionado I!

Nesta aula, estaremos dialogando um pouco sobre a missão integral, buscaremos algumas definições e faremos alguns apontamentos para a prática do evangelismo e/ou evangelização (sendo essa tarefa entendida como ações que possibilitem a manifestação da igreja no exercício teórico-prático da sua missão em tornar a mensagem "boas novas" do evangelho, traduzida, conhecida e experienciada na comunidade em que estiver inserida).

Quando conversamos na aula anterior acerca de algumas áreas que podem ser contempladas por ações da teologia prática no Estágio Supervisionado, não tenho dúvidas de que nos despertamos para algumas dimensões que talvez não tivessemos pensado antes que as nossas ações e práticas teológicas poderiam contemplar.

Pois bem! Refletir acerca da missão integral e suas contribuições na tarefa evangelizadora da igreja poderá nos auxiliar ainda mais a um despertamento teológico prático, pois iremos perceber no decorrer da nossa aula que a mensagem do evangelho demanda nos nossos dias que ela seja traduzida em ações concretas de valorização e elevação do ser humano na sua integralidade.

É preciso, portanto, que tomemos consciência cada vez mais que o nosso pensar e fazer teológico não se limita em meros discursos que busquem salvação apenas para a alma humana, não nos esqueçamos de que as nossas construções teológicas se fazem na nossa relação com sujeitos históricos que nas suas ambiguidades da vida, nos dão oportunidades de traduzir nossos discursos eclesiásticos/cristãos em ações que dignifiquem a vida, fazendo que a prática da evangelização seja de fato, e não de forma sínica, um sinalizador do reino de Deus e da sua expansão por meio da solidariedade, fraternidade e justiça social para o ser humano integral.

Objetivos de aprendizagem

Ao término desta aula, vocês serão capazes de:

• compreender e conceituar a Teologia da Missão Integral;

• identificar as possibilidades de desenvolver seu projeto de Estágio Supervisionado numa perspectiva da Missão Integral;

• perceber que a evangelização, a partir da Missão Integral, é extremamente bíblica;

• analisar e perceber dimensões na sua comunidade que demandam ações teológicas integrais.

Seções de estudo

• **Seção 1** - *Algumas conceituações da Missão Integral*
• **Seção 2** - *O ministério da evangelização e a Missão Integral*
• **Seção 3** - *O Estágio Supervisionado e a Missão Integral*

Seção 1 - Algumas conceituações da Missão Integral

Podemos considerar, meus caros alunos(as), que quando pensamos no exercício da evangelização por parte da igreja numa perspectiva integral, devemos nos lembrar do que nos diz Steuernagel em Padilla (1992, p. 8) o qual afirma que: "A missão da igreja leva em conta a pessoa na sua totalidade, bem como o contexto no qual a pessoa vive. A missão veste a roupa da encarnação".

Padilla adverte que a "missão integral", ainda que esteja na moda, o modelo de missão que ela representa não é recente. Além disso, há muitas igrejas que a praticam sem necessariamente usar a expressão para referir-se ao que estão fazendo. O que aconteceu nos últimos anos foi uma recuperação da perspectiva bíblica segundo a qual não basta falar do amor de Deus em Cristo Jesus: é preciso vivê-lo e demonstrá-lo em termos de serviço e isto sim, caracteriza de fato a missão integral.

Ele também destaca que a igreja que se compromete com a missão integral entende que seu propósito não é chegar a ser grande, rica ou politicamente influente, mas sim encarnar os valores do reino de Deus e manifestar o amor e a justiça, tanto em âmbito pessoal como em âmbito comunitário.

Há também uma citação em Zwetsch (2008) na qual Padilla expressa seu entendimento acerca da missão da igreja que deseja ser sinalizadora do reino de Deus de forma integral:

> A missão da igreja hoje é aquela que sabe honrar o nome de Jesus Criso, é a missão em que se mostra uma compaixão real pelo homem integral, como pessoa e como membro de uma sociedade, em seu aspecto pessoal e em seu aspecto comunitário. Eu creio que na América Latina, por muito tempo trabalhamos como se as pessoas não tivessem corpo, só alma. Hoje as coisas estão mudando. Somos seres psicassomáticos e espirituais e, portanto, a atenção tem que ser ao homem integral na sociedade e na comunidade (ZWETSCH, 2008, p.155)

Acredito que já estamos bem entendidos acerca da missão integral, não acham? Mas proponho que ainda observemos a seguir mais algumas abordagens sobre nosso tema, conforme apresentado por Ed René em partes do conteúdo de uma de suas palestras, muito apropriada ao nosso aprendizado, vejamos com atenção!!!

Ed René Kivitz é teólogo, escritor e pastor. Mestre em Ciências da Religião pela Universidade Metodista de São Paulo.
O conteúdo da palestra pode ser encontrado na íntegra no endereço: http://www.ibab.com.br/revisao/files/teologia_missao_integral.

A Teologia da Missão Integral

O mal não está apenas no coração humano, mas também nas estruturas sociais [...] A missão da igreja inclui tanto a proclamação do evangelho quanto sua demonstração. Precisamos, pois, evangelizar, responder as necessidades humanas imediatas e pressionar por transformações sociais (WEATHON, 1983).

A **soteriologia** da missão integral é o domínio de Deus, de direito e de fato, sobre todo o universo criado; o reino de Deus em plenitude; a redenção pessoal é apenas uma parcela do que o Novo Testamento chama salvação.

Não há dicotomia bíblica entre a palavra falada e a palavra que se faz visível na vida do povo de Deus. Os homens olharão ao escutarem, e o que eles virem deve estar em consonância com o que ouvem [...] Há tempos em que nossa comunicação pode dar-se apenas por atitudes e ações, e há outros em que a palavra falada estará só: mas precisamos repudiar como demoníaca a tentativa de meter uma cunha entre a evangelização e a preocupação social.

A **eclesiologia** da missão integral é o novo homem coletivo. Deus não está apenas salvando pessoas, está restaurando a raça humana. Estar em Cristo é não apenas ser nova criatura, mas também e principalmente ser nova criação, nova humanidade

A **missiologia** da missão integral é a sinalização histórica do Reino de Deus, que será consumado na eternidade. A Igreja, o corpo de Cristo, é o instrumento prioritário através do qual Jesus, o cabeça, exerce seu domínio sobre todas as coisas, no céu, na terra e debaixo da terra, não apenas neste século, mas também no vindouro.

A missão da Igreja é manifestar aqui e agora a maior densidade possível do Reino de Deus que será consumado ali e além. A missão integral implica a ação da Igreja para que Cristo seja Senhor sobre tudo, todos, em todas as dimensões da existência humana.

A **antropologia** da missão integral é a unidade indivisível do pó da terra com o fôlego da vida; as dimensões física e imaterial do ser humano. "Corpo sem alma é defunto; alma sem corpo é fantasma".

A ação missiológica e pastoral da Igreja afeta a pessoa humana em todas as suas dimensões: biológica, psicológica, espiritual e social – a pessoa inteira em seu contexto, "o homem e suas circunstâncias".

O **kerigma**, evangelização, na missão integral é a proclamação de que Jesus Cristo é o Senhor, seguida da convocação ao arrependimento e à fé, para acesso ao Reino de Deus. A oferta de perdão para os pecados pessoais é o início da peregrinação espiritual, porta de entrada para o relacionamento de submissão radical a Jesus Cristo.

A missão histórica de Jesus somente pode ser entendida em conexão com o Reino de Deus. Sua missão aqui e agora é a manifestação do Reino como uma realidade presente em sua própria pessoa e ação, em sua pregação do evangelho e em suas obras de justiça e misericórdia (René Padilla - *A missão da igreja à luz do Reino de Deus*).

Por meio da Igreja e de suas boas obras o Reino de Deus se torna historicamente visível como uma realidade presente. As boas obras, portanto, não são um mero apêndice da missão, mas uma parte integral da manifestação presente do Reino: elas apontam para o Reino que já veio e para o Reino que está por vir (Padilla, 2005).

Em síntese pessoal, podemos afirmar que o conceito de Missão Integral é: "O EVANGELHO TODO, PARA O HOMEM TODO, PARA TODOS OS HOMENS" (Pacto de Lausanne).

Seção 2 - O ministério da evangelização e a Missão Integral

Neste segundo tópico da nossa aula, iremos destacar alguns dos principais eventos acerca da evangelização que contribuíram de forma significante para o processo de reflexão, criação e disseminação da missão integral.

Para que possamos ter melhor compreensão de alguns desses marcos e suas contribuições para o exercício e responsabilidade da proclamação do evangelho integral para o ser humano integral por parte da igreja e sua prática teológica, observaremos juntos partes do texto que compõe o primeiro capítulo da minha monografia de graduação em Teologia, no qual apresento abordagens inovadoras de autores e eventos que muito contribuíram para que a tarefa da evangelização expresse a preocupação com o ser humano na sua integralidade.

Ronel Dias Pereira. *O Evangelismo e suas Responsabilidades*. Trabalho de Conclusão de Curso Bacharel em Teologia, 2006. Faculdade Teológica Batista Ana Wollerman.

Então vamos nessa pessoal!
Desejo uma excelente leitura a todos/as!!!

I. A EVANGELIZAÇÃO SEGUNDO A ÓTICA DE ALGUNS AUTORES E EVENTOS NO SÉCULO XX E INÍCIO DO SÉCULO XXI

Neste primeiro capítulo, serão apresentadas três vertentes de fundamental importância no que se refere ao exercício do evangelismo, da evangelização e missão integral. Para tanto, o capítulo traz uma abordagem do tema proposto a partir de alguns aspectos, quais sejam: (1) a evangelização numa perspectiva mundial segundo o evento do Pacto de Lausanne; (2) a evangelização no Brasil a partir do Primeiro Congresso Brasileiro de Evangelização; (3) a evangelização associada à missão integral para o contexto brasileiro, contemplando algumas contribuições do Segundo Congresso Brasileiro de Evangelização (CBE2). Sendo assim dividido, este capítulo está elaborado partindo dos pressupostos acima mencionados e pretende apresentar as conclusões que se julgarem importantes.

O Pacto de Lausanne surgiu do Congresso Internacional de Evangelização Mundial, ocorrido em 1974, em Lausanne, Suíça, que reuniu cerca de 4.000 líderes e evangelistas de igrejas de dezenas de países para orar, estudar, debater e planejar em torno de um propósito comum: a evangelização mundial.

Este Congresso foi realizado em Belo Horizonte de 31 de outubro a 05 de novembro de 1983; foi considerado um dos mais importantes eventos da igreja evangélica no Brasil.

Este Congresso foi realizado em Belo Horizonte de 27 de outubro a 01 de novembro de 2003, com maior ênfase em missão integral especificamente para o contexto brasileiro, o qual contou com a participação e cooperação de aproximadamente 25 preletores com experiências diversas.

1.1 A EVANGELIZAÇÃO DE ACORDO COM O EVENTO DE LAUSANNE

Para falar de evangelização faz-se necessário trazer à memória e admitir que Jesus seja o modelo por excelência do ato evangelístico, e a partir Dele e dos exemplos de ministério por Ele exercidos é que se podem sugerir meios, pelos quais, seja possível tornar a mensagem do evangelho em ações práticas e concretas para o momento atual.

Em se tratando do Congresso de Lausanne, admite-se ter sido um evento de repercussão mundial e, certamente, tem muito a contribuir com o assunto em questão, pois a evangelização de um modo geral deve ser uma preocupação de todos aqueles que já foram alcançados e transformados pela mensagem salvífica das boas novas de Jesus Cristo.

De acordo com Stott (1982), a evangelização "significa trazer ou anunciar o Evangelho, as boas novas". Porém, o termo não deve ser entendido em vias de resultados estatísticos, ou seja, não significa necessariamente ganhar adeptos à fé cristã, mas exercer a tarefa de anunciar a mensagem salvadora de Jesus quer por palavras ou ação. O ato de evangelizar independe se haverá ou não uma manifestação positiva e imediata.

STOTT, Jhon. A Base Bíblica da Evangelização. In: *A Missão da Igreja no Mundo de Hoje*. As Principais Palestras do Congresso Internacional de Evangelização Mundial Realizado em Lausanne, Suíça. Belo Horizonte: ABU Editora e Visão Mundial, 1982, p. 39-40.

A tarefa evangelística precisa estar pautada em alguns princípios, afirmou Graham (1982), ele destaca que é preciso admitir certa responsabilidade com as questões sociais, mas, de forma que não reduza a missão em apenas social; a proclamação precisa também estar embasada biblicamente devendo ter convicção da ação poderosa do Espírito Santo, que por meio da mensagem das Escrituras, pode transformar as pessoas dando a elas salvação e tornando-as discípulos de Cristo, levando-as a tomarem para si a responsabilidade de ser representante da igreja de Jesus em um mundo a ser alcançado.

GRAHM, Billy. Por quê Lausanne? In: *A Missão da Igreja no Mundo de Hoje*. As Principais Palestras do Congresso Internacional de Evangelização Mundial Realizado em Lausanne, Suíça. Belo Horizonte: ABU Editora e Visão Mundial, 1982, p. 22-25.

Essa forma de entender a igreja como uma agência constituída por pessoas remidas e justificadas pela graça salvadora de Deus em Cristo, deve trazer consigo o interesse da propagação do evangelho como uma conseqüência dessa salvação. Queiroz (1995) argumenta com base no texto de Efésios 3:10-11, que é responsabilidade da igreja a tarefa de tornar conhecida a sabedoria do plano redentor de Deus em Jesus. A igreja precisa também se colocar à disposição para ser um instrumento de Deus na realização do exercício missionário. Para Queiroz, o texto de Mateus 28:19, não deixa dúvidas quanto ao propósito de Deus em convocar a igreja para que se proponha à evangelização do mundo.

Texto: *"A intenção dessa graça era que agora, mediante a igreja, a multiforme sabedoria de Deus se tornasse conhecida dos poderes e autoridades nas regiões celestiais, de acordo com o seu eterno plano que ele realizou em Cristo Jesus, nosso Senhor"*. *Bíblia Sagrada*: Nova Versão Internacional; [traduzido pela Comissão de Tradução da Sociedade Bíblica Internacional]. São Paulo: Editora Vida, 2001. (Todas as citações bíblicas seguintes serão feitas desta versão).

Texto: *"Portanto, vão e façam discípulos de todas as nações, batizando-os em nome do Pai e do Filho e do Espírito Santo"*.

QUEIROZ, Edison. *A Igreja local e missões*: incluindo uma estratégia missionária para a Igreja local. 4. ed. São Paulo: Vida Nova, 1995, p. 45-46.

Para que ocorra de fato um envolvimento da igreja com o mundo, que precisa conhecer a salvação em Jesus é indispensável que haja em cada cristão um profundo desejo de ser útil na divulgação do evangelho e consequentemente ocorrerá a expansão da mensagem de salvação àqueles ainda não alcançados.

Vale lembrar que esse compromisso da evangelização, numa perspectiva da missão integral, se faz também com ações da teologia prática que cooperam para a elevação da vida na sua dimensionalidade, sem se reduzir em apenas salvar a alma dos sujeitos.

Na igreja primitiva podem-se obter exemplos de empenho por parte dos seus componentes em divulgar as boas novas. Green (1982) comenta que os primeiros cristãos tiveram uma força revolucionária, o bastante para mudar a história do mundo em poucas décadas com a mensagem do Jesus Cristo que viveu, morreu e ressuscitou para cumprir a missão de salvar o mundo do pecado.

Ainda de acordo com Green (1982), a igreja deste século tem muito a aprender com a igreja primitiva em se tratando da disposição em evangelizar os povos não alcançados. É possível fazer menção a alguns aspectos relevantes no exercício da evangelização na igreja primitiva: 1) ela priorizava a evangelização, tendo em cada cristão o ardor missionário; 2) ela sentia profunda compaixão das pessoas não alcançadas pela mensagem salvífica de Jesus; 3) ela buscava cumprir sua missão na dependência de Deus, na unção do Espírito Santo; 4) ela não tinha a visão de que a responsabilidade evangelística estava centrada em um líder religioso, mas instruía as pessoas para que cada um fosse uma testemunha viva de Cristo; 5) ela não fazia das construções de templos algo de maior importância, pois não queriam um cristianismo centralizado ou preso a estruturas físicas; 6) ela não fazia da evangelização um ritual metódico "quadrado", mas motivava o diálogo natural com espontaneidade entre as pessoas, o que resultava no compartilhar das boas novas sem dogmatismo, em que cada cristão se sentia privilegiado em participar dessa tarefa; 7) ela não estava organizada a espera de visitantes, mas ia ao encontro das pessoas sem medir esforços, com o desejo de instruí-las e formar discípulos entre os povos; 8) nela havia uma preocupação em fazer com que cada vida pudesse produzir um impacto que demonstrasse o poder transformador de Deus, fazendo-os diferentes pela retidão e estilo de vida.

GREEN, Michael. Estratégia e Métodos Evangelísticos na Igreja Cristã. In: *A Missão da Igreja no Mundo de Hoje*. As Principais Palestras do Congresso Internacional de Evangelização Mundial Realizado em Lausanne, Suíça. Belo Horizonte: ABU Editora e Visão Mundial, 1982, p. 55-57.

O fato de que a igreja precisa tomar consciência do seu papel de anunciar e viver os valores do reino de Deus é algo inquestionável. Snyder (1982) deu algumas contribuições que são relevantes sobre o assunto, afirmando que: "a

SNYDER, Howard A. A Igreja como Agente de Deus na Evangelização. In: *A Missão da Igreja no Mundo de Hoje*. As Principais Palestras do Congresso Internacional de Evangelização Mundial Realizado em Lausanne, Suíça. Belo Horizonte: ABU Editora e Visão Mundial, 1982, p. 87.

igreja é o agente de Deus na evangelização". Portanto, não seria possível falar de igreja dissociado da ação evangelística, reconhecendo que ela é o meio criado e divinamente instituído por Deus para que seja divulgado o evangelho, de forma que as pessoas sejam impulsionadas por essa mensagem e queiram aceitar a salvação em Jesus e tornarem-se membros deste mesmo corpo, em que Ele é o membro superior.

Em se tratando da igreja numa perspectiva bíblica, Snyder entende que as Escrituras apontam para uma "finalidade cósmica", em que Deus tem o objetivo de ser glorificado por meio da unificação proposta em Cristo e pela anunciação promovida pela igreja, que é também considerada pelo autor, dentro de uma visão bíblica como "comunidade do povo de Deus". Dessa forma, compreende-se que evangelização também abrange a formação e edificação interna da igreja cristã.

SNYDER, 1982, p. 89-94.

Obviamente, que há vários motivos que legitimam o ato da evangelização, mas quando os meios e motivos evangelísticos partem de uma perspectiva bíblica genuína na formação da igreja, ela caminha para um objetivo último e essencialmente fundamental: "a glorificação de Deus".

Assim, quer vocês comam, bebam ou façam qualquer outra coisa, façam tudo para glória de Deus
(1Co 10:31)

Não haveria a possibilidade de pensar na evangelização do mundo sem admitir que o ensinamento bíblico esteja fundamentalmente envolvido, tanto para com as pessoas a serem alcançadas quanto para a igreja que precisa estar doutrinariamente instruída pela Palavra de Deus.

JOHNSTONE, Patrick. *A Igreja é Maior do que Você Pensa*. Estruturas e Estratégias para a Igreja no Século XXI. Tradução Cinthia Itiki, Deborah Belestrini e Márcia Negrão. Monte Verde – Camanducaia- MG: Missão Horizontes, 1998. Tradução de: The Church is Bigger Than You Think the Unfished Work Evangelization. p. 26-27.

De acordo com Johnstone (1998), é inadmissível que uma igreja ou denominação que defende uma doutrina pautada em princípios bíblicos não se mostre verdadeiramente envolvida com o trabalho missionário e com ações piedosas em prol de um mundo melhor e mais justo, em que pessoas possam viver com dignidade e usufruir da graça salvadora de Deus em Cristo Jesus. Caminhar na direção dos perdidos como igreja é disponibilizar de recursos financeiros; é envolver a igreja na intercessão; é enviar e sustentar pessoas vocacionadas. Pois afinal, a igreja é composta por pessoas salvas e alcançadas por missões. Contudo, não podem estar alheios à tarefa de evangelizar o mundo, uma vez que: "salvação sem missão seria uma mensagem incompleta".

Na concepção de Smith (1994), quando se trata da evangelização do mundo, está se falando de uma tarefa suprema da igreja. É mister observar que o próprio Deus deu o seu Filho para resgatar o mundo e que este morreu para a salvação do mundo. Sugere, com isso, que os propósitos de Deus em relação à missão da igreja não se limitam em apenas uma comunidade, cidade, aldeia ou bairro. Sendo assim, o autor afirma que o trabalho da evangelização não é restrito, mas precisa ser desenvolvido a partir de uma visão abrangente que possa ser acessível a todas as tribos, povos e raças, pois foi por todos estes que Cristo morreu, ressuscitou e está a contemplar.

SMITH, Osvaldo. *O Clamor do Mundo*. Tradução João Marques Bentes. 14. ed. São Paulo: Editora Vida, 1994. Tradução de: The Cry of the World. p. 21-25.

A mensagem bíblica precisa ser relacional, interativa e de acordo com cada realidade cultural. Padilla (1982) comenta que o evangelho de Cristo também deve ser propagado de forma pessoal, entendendo que Deus se relaciona com as pessoas e isso impulsiona o relacionamento entre elas, tendo em vista que o próprio Deus conhece cada um pelo nome. O evangelho também se apresenta dentro de uma visão cósmica. Esse fato se dá na percepção de um Deus que tem seu propósito salvífico que é inclusivo e abrange o homem todo em todo o mundo.

Para este autor, a evangelização cristocêntrica precisa valorizar o indivíduo, levando-o a entender o plano de salvação e integração que Deus proporciona a todos quantos almejam uma nova vida identificada pelos valores comportamentais de seres humanos remidos que desde então, se regozija na plena convicção de uma vida eterna.

É importante ressaltar que, na concepção de Padilla (1982), se não houver uma preocupação com a salvação nas diversas dimensões da vida humana, será possível que haja uma má compreensão do papel e missão da igreja, pois não há harmonia em um discurso cristão que não tem percepção do mundo em que o indivíduo está inserido, bem como da sua real condição de vida.

PADILLA,René. A Evangelização e o Mundo. In: *A Missão da Igreja no Mundo de Hoje*. As Principais Palestras do Congresso Internacional de Evangelização Mundial Realizado em Lausanne, Suíça. Belo Horizonte: ABU Editora e Visão Mundial, 1982, p. 131.

Ainda, Padilla entende que mesmo admitindo que Deus desejasse salvar todo o mundo, a ponto de entregar o seu próprio Filho, não se deve confundir a universalidade salvadora com o universalismo que entende a salvação como sendo para todos, sem considerar suas atitudes diante de Deus. Portanto, para o autor, a salvação não é simplesmente dizer que todos a têm, e sim, que pela fé e confiança na obra redentora de Cristo, todos poderão usufruir deste beneficio tão singular que não se resume em apenas adquirir seu passaporte para, mas de experienciar uma vida de novos princípios e valores que possibilitam sua elevação integral.

PADILLA, 1982, p. 134.

Esse sentimento convicto da salvação anunciada na pessoa de Jesus Cristo, não está dissociado de uma vida reta e íntegra. Escobar (1982) adverte aos integrantes do cristianismo que a necessidade de proclamar o evangelho não deve comprometer a seriedade e integridade do mesmo. Ele é enfático ao afirmar que o evangelho precisa ser apresentado a partir de princípios biblicamente fundamentados. Isso implica que não deve reduzir por meio da mensagem evangelística as exigências bíblicas que levem o ser humano a produzir frutos do arrependimento e uma vida transformada pelo poder de Deus, pois é perigoso quando se apresenta a obra salvadora de Cristo preocupando-se apenas com o crescimento quantitativo da igreja sem as devidas informações e preocupações éticas, morais, sociais e espirituais.

Não se deve esquecer também que a mensagem da evangelização precisa possuir não apenas teorias dissociadas de um ambiente contextual, ou seja, as pessoas que recebem essa mensagem possuem expectativas, esperam algo de que necessitam e certamente, não é significativa uma abordagem que fala de salvação sem atingir as questões que estão interiorizadas no ser humano e no meio em que vive, ainda que seja nas mais diversas experiências da vida. Quando o amor de Deus alcança as pessoas pode levá-las não só ao arrependimento, mas também, a um comportamento que evidencie uma transformação de caráter para uma nova vida em Cristo, como afirma o autor:

> Essa força transformadora do Evangelho é que o distingue da simples religiosidade. Em muitas religiões, a palavra "salvação" é concebida como uma espécie de fuga às vicissitudes da vida político-social e material. Poderíamos compará-la a uma droga que propiciasse às pessoas uma fuga imaginária da realidade. Mas Jesus cria um novo homem dentro dessa mesma realidade, e através do novo homem a transforma. Deus tinha um propósito em mente na criação, e quando os homens se voltam para Cristo, neles tem início um processo que os faz crescer na realização do propósito original de Deus. Essa realização envolve cada setor da vida através do qual o homem se torna capaz de amar a Deus. É algo que diz respeito a todo o seu ser: coração, alma, corpo e mente (Lc 10:27).

ESCOBAR, Samuel. A Evangelização e a Busca de Liberdade, de Justiça e de Realização pelo Homem. In: *A Missão da Igreja no Mundo de Hoje*. As Principais Palestras do Congresso Internacional de Evangelização Mundial Realizado em Lausanne, Suíça. Belo Horizonte: ABU Editora e Visão Mundial, 1982, p. 183-184.

Não se pode pensar logicamente que vidas serão assim transformadas sem que haja pessoas ou entidades/organizações eclesiásticas que sejam sinceramente compromissadas com o trabalho evangelístico e missionário, que obviamente, não se limita em apenas uma mensagem que possa livrar a alma do inferno.

A tarefa evangelizadora por parte da igreja com base nos referenciais teóricos acima mencionados requer outras responsabilidades de cunho social, educacional e política que de forma coesa, obedeça a princípios estipulados pela própria Palavra de Deus, ou seja, atitudes concretas demonstradas nos exemplos da vida de Jesus o qual se mostrou solidário e fraterno às pessoas integralmente quando experienciavam as mais diversas ambiguidades da vida. Tais exemplos são aplicáveis e indispensáveis para a evangelização em todo o tempo e lugar.

Tudo entendido e anotadinho até aqui? Acredito que estamos indo bem!
Vamos em frente para mais uma etapa do texto?

1.2 A EVANGELIZAÇÃO PARA O CONTEXTO BRASILEIRO LATINO-AMERICANO

Falar da evangelização dentro de uma perspectiva para o contexto brasileiro latino-americano torna-se uma tarefa desafiadora, pois se trata de um povo muito influenciado por outras culturas e religiões. Os desafios, porém, não devem ser vistos como obstáculos invencíveis, mas como motivos que encorajem uma busca a partir de autores, obras e experiências pertinentes ao assunto, isto é, faz-se necessário observar como melhor desenvolver um trabalho evangelístico com êxodo mesmo em meio a um contexto subdesenvolvido e com tamanhas desigualdades sociais, políticas, econômicas e religiosas, sem, contudo, perder a convicção de que Cristo deseja e pode salvar a todos independentemente da cultura ou classe social.

Por se tratar de uma sociedade influenciada por outros povos, faz-se necessário que seja observado como isso pode influenciar em termos práticos sobre o tipo de linguagem ou ação que podem ser mais bem interpretadas na propagação do evangelho, tornando-o acessível às pessoas dentro do seu contexto.

Certamente que os desafios a serem superados não se devem apenas ao contexto e suas diversidades, mas também, em como a igreja que está inserida neste meio irá se mobilizar para uma evangelização inclusiva e não exclusiva ou preconceituosa, mas que demonstre os padrões e valores ensinados por Jesus Cristo através das suas práticas eclesiásticas cotidianas.

De acordo com Fábio (1985), os cristãos brasileiros devem ser motivados ao exercício de uma evangelização transparente e honesta, que não manipule as pessoas com questões apenas de ordem social deixando de mostrar as verdades a serem refletidas no confronto do pecado com os ensinamentos das Escrituras. Para isso, é necessário que se tenha um sério compromisso com o discipulado dos novos conversos, instruindo-os na Palavra de Deus e os integrando a uma igreja para que estes possam somar na expansão do reino de Deus.

Contudo, para que isso se concretize, a igreja precisa ser consciente de que o discipulado requer disposição em continuamente formar discípulos. Isso não significa absolutizar métodos ou "regras" eclesiásticas, pois a evangelização no Brasil não é exclusivista, muito menos, um exercício a ser realizado sem a dependência da ação e mover do Espírito Santo na igreja que é salva por Cristo.

Portanto, não é possível admitir que uma igreja possa cumprir com sua missão de evangelizar, sem estar disposta a criar vínculos de relacionamento

FÁBIO, Caio D'Araújo Filho. *A Evangelização no Brasil*: Desafio e Compromisso. In: A Evangelização no Brasil: Uma Tarefa inacabada. As Principais Palestras e Seminários do Congresso Brasileiro de Evangelização. São Paulo: ABU Editora, 1985, p. 24-25.

com as pessoas. Steuernagel (1985) entende que desenvolver um relacionamento, visitar as casas, buscar uma relação mais pessoal e menos formal, compartilhar do evangelho respeitando a simplicidade das pessoas é falar uma linguagem que seja compreensível a elas.

Para que isso ocorra, faz-se necessário investir tempo na busca de conhecer melhor cada indivíduo, quais são os desafios enfrentados no seu dia-dia, suas angústias e virtudes. É preciso mencionar o texto e relacioná-lo ao contexto sem medir esforços em tornar prática e acessível essa mensagem, a exemplo de Paulo em 1 Coríntios 9:22-23. Ainda que seja uma tarefa por demais desafiadora faz-se necessário contextualizar, como diz o autor:

Texto: *"Para com os fracos tornei-me fraco, para ganhar os fracos. Tornei-me tudo para com todos, para de alguma forma salvar alguns".*

> Um dos assuntos que tem ocupado um lugar especial na agenda do mundo evangélico é a correlação entre o texto e o contexto, a Palavra e a realidade, o evangelho e a cultura. Esta seria a tarefa de contextualizar o evangelho. Na compreensão desta tarefa tem-se percebido que a Palavra deve ser compreendida dentro do mundo no qual foi expressa, e que esta mesma Palavra não pode ser anunciada de forma descomprometida, como se o evangelho fosse um pacote pronto que dispensa um vínculo de compromisso entre o que fala e o que ouve.

STEUERNAGEL, Valdir Raul. A Prioridade da Evangelização na Tarefa missionária da Igreja. In: *A Evangelização no Brasil*: Uma Tarefa inacabada. As Principais Palestras e Seminários do Congresso Brasileiro de Evangelização. São Paulo: ABU Editora, 1985, p. 34-35.

Como já admitido, Jesus é por excelência o perfeito modelo da evangelização que se encarna à realidade e o apóstolo Paulo também dá tal exemplo. Mas, para que haja um bom desempenho evangelístico, na concepção de Steuernagel, é necessário não apenas conhecer a realidade das pessoas, mas estar disposto a amar e respeitar. Para tanto, torna-se fundamental saber mais sobre o povo brasileiro; identificar quais as suas principais necessidades; se são felizes ou não, quais as causas?

Isto se dá quando há interesse e disposição para se envolver com as pessoas e suas questões existenciais, e se necessário, confrontar com a religiosidade popular e sincrética; observar os prós e contras que envolvem a má distribuição da terra e o que isso representa na formação de uma urbanização carente; não estar alheio a má distribuição da renda e as conseqüências que isso representa em termos da injustiça social, da fome, do desemprego e da falta de dignidade que é uma constante no seio dos milhares de famílias brasileiras, como destaca o autor:

> Fome, doença, angústia, desintegração, sofrimento e morte são as palavras que compõe o cardápio diário do homem brasileiro ao qual vamos anunciar o evangelho e falar do amor de Deus. Fazer este anúncio com seriedade, integridade e amor é uma tarefa que precisamos aprender a enfrentar com mais força, estudo consagração e oração.

STEUERNAGEL, 1985, p. 35.

Entendendo que estes fatos são reais no contexto brasileiro, a igreja cristã precisa estar sensível a essa realidade. Meer (1998) acredita que a exemplo do próprio Cristo a igreja precisa desenvolver qualidades que são fundamentais para o exercício evangelístico no Brasil. Faz-se necessário que a igreja missionária seja marcada pela sensibilidade em ouvir o clamor dos não adaptados à cultura; não cair no erro de achar que só basta ensinar teoricamente sem a preocupação de traduzir de forma prática; ser humilde o suficiente para não assumir uma arrogância de superioridade; exercer a piedade quando as pessoas estiverem passando por adversidades, quais sejam: "temores e frustrações, seus sofrimentos e preocupações, sua fome, pobreza e opressão, aprendendo a chorar com os que choram".

MEER, Antônia Van der. A Encarnação de Cristo. In: *II Congresso Brasileiro de Missões*: Modelos Missionários Brasileiros para o Século XXI. Guarapari: 9 a 13 de novembro de 1998, p. 25-26.

É necessário, ao falar de igreja cristã, observar o seu relacionamento com as pessoas dentro do contexto em que vivem e se há coerência entre discurso e a prática. Para Karriker (2000), um sentimento genuíno da salvação por parte da igreja se expressa na sua identidade e responsabilidade em testemunhar os valores do reino de Deus na sociedade. Com isso, a igreja manifesta uma atitude de esperança levando as pessoas a desejarem conhecer o Senhor que os cristãos buscam servi-lo com lealdade e integridade.

KARRIKER, Timóteo. *O Caminho Missionário de Deus*: uma teologia bíblica de missões. 2. ed. São Paulo: Editora Sepal, 2000, p. 272.

Ainda falando da fidelidade da igreja em relação aos desafios e responsabilidade cristã no Brasil, torna-se urgente a conscientização de seus membros do papel a ser exercido como embaixadores de Cristo na sociedade em que estão inseridos. Isso implica segundo Steuernagel (1985) que a igreja deve participar do viver no divulgar da justiça e do plano reconciliador de Deus em Jesus, sendo sinalizadora desses valores às pessoas.

Mesmo em um contexto de diversas culturas e religiões não se pode esquecer que todas as pessoas "independentemente de raça, religião, cor, cultura, camada social, sexo ou idade possui uma dignidade intrínseca, razão pela qual deve ser respeitada e servida, não explorada". Deve-se admitir que o evangelho precisa ser apresentado também em sua praxidade. Uma igreja que está instituída em um continente latino-americano, ao evangelizar, não deve estar alheia a uma manifestação de solidariedade às famílias famintas, exploradas e injustiçadas, como bem afirma Steuernagel:

> Viver numa perspectiva missionária, nestes dias, é gemer pelo profundo desrespeito aos direitos humanos; é condenar o regime de caos econômico e fome estrutural que se instala de forma assustadora; é repudiar a impossibilidade de autodeterminação dos povos; é romper com a violência da ideologia de segurança nacional; é não concordar com a perpetuação no poder, tão freqüente entre nós; é denunciar a corrupção assustadora e quase que institucionalizada. Mais do que tudo isto, porém, é sofrer pela ausência de Cristo e da vida eterna nas massas marginalizadas deste continente amado.

STEUERNAGEL, 1985, p. 39-41.

A evangelização no Brasil apresenta alguns desafios, mas também, oportunidades para que a igreja mostre em ações concretas qual o seu papel e missão de acordo com as Escrituras. Com isso, compreender o que significa evangelizar em uma sociedade marcada pela desigualdade social, pela violência, pela corrupção, pela devastação ecológica, pelo desajuste relacional e familiar torna-se necessário e prioritário.

Dentre as muitas questões a serem consideradas, Dietrich (1985) menciona a importância de não simplesmente verbalizar a mensagem, mas exemplificá-la no cotidiano de cada cristão, na doação do seu melhor com o intuito de traduzir em ações práticas o discurso teórico acerca do evangelho. O autor mostra com isso, o amor e o poder do Deus "dos cristãos" que é anunciado na evangelização, de forma que se acentue coerentemente a teoria com a prática, em que perceba a importância e o valor da vida com dignidade.

DIETRICH, José Luiz. A Evangelização e o Compromisso com os Pobres. In: *A Evangelização no Brasil*: Uma Tarefa inacabada. As Principais Palestras e Seminários do Congresso Brasileiro de Evangelização. São Paulo: ABU Editora, 1985, p. 224-25.

Em se tratando de um trabalho evangelístico no campo, ainda que seja uma abordagem pouco fomentada, Siepierski (1986) dá algumas sugestões que merecem atenção. Ele faz menção à necessidade de procurar conhecer bem as pessoas com as quais se pretendem trabalhar; conquistar o respeito e a confiança delas; conhecer sua cultura e costumes para se adequar à realidade do estilo de vida no meio em que vivem.

É ainda sugerida pelo autor a probabilidade de um melhor desempenho no evangelismo quando este se faz acompanhado de projetos sociais. Além disso, é muito importante que a pessoa evangelista ou grupo envolvido no trabalho demonstre integridade no testemunho pessoal, pois para as pessoas que vivem no campo o caráter é muito valorizado, e elas certamente, farão uma avaliação se há concordância entre o falar e o agir de cada pessoa, como afirma:

> A evangelização se realiza por muitos métodos diferentes. Alguns são diretos, outros indiretos, mas todos devem ser usados, sendo que uns complementam os outros. O testemunho da vida diária do crente é, talvez o mais eficaz de todos.

SIEPIERSKI, Paulo D. *Evangelização no Brasil*: um perfil no protestantismo brasileiro. São Paulo: Editora Sepal, 1986, p. 66-68.

Talvez seja possível admitir que todo cristão já tenha consciência da necessidade de harmonizar sua fala com os seus feitos. Se assim não for, será necessária uma tomada de consciência. De acordo com Shedd (1985) a busca de santificação e pureza não pode estar separada da evangelização, pois não faz sentido que um cristão ou pessoa evangelista fale de conversão sem que a tenha experimentado concretamente.

SHEDD, Russel. A Evangelização e a Santidade Pessoal. In: *A Evangelização no Brasil*: Uma Tarefa inacabada. As Principais Palestras e Seminários do Congresso Brasileiro de Evangelização. São Paulo: ABU Editora, 1985, p. 219.

O testemunho por parte da igreja cristã é algo indispensável. Karriker (2000) também acredita que o cristão, com base na Primeira Carta do apóstolo Pedro, precisa esforçar diligentemente para não se deixar levar pelas "paixões carnais", demonstrando que o ato da sua conversão traz como conseqüência uma vida de renúncia que se diferencia dos comportamentos "normais" da sociedade, onde o papel da igreja é se manter inconfundível na "distinção moral e participação social". Isso caracteriza um testemunho vivo e impactante na sociedade, se tornando num referencial de fidelidade e integridade, apta para o cumprimento da sua missão onde quer que seja.

KARRIKER, 2000, p. 273.

Em se tratando de um exercício missionário da igreja num contexto latino-americano, envolver-se com as pessoas é uma ação indispensável, como já afirmado. A concretude do evangelismo, afirma Zwetsch (1998), se dá na missão da igreja em "servir ao evangelho e ao povo de Deus", no que leva os cristãos a assumirem diante de Deus e das pessoas a responsabilidade de ser sal e luz, de serem identificados pelo compromisso com a solidariedade e a justiça social, admitindo, contudo, que servir a Deus e ao próximo é uma missão prazerosa. Ao se deixar instruir pelos exemplos de Jesus, os cristãos aprendem a valorizar os seus semelhantes, e com isso, as barreiras culturais, sociais, religiosas e demais diferenças ou preconceitos são desfeitos para dar espaço à inclusão dessas pessoas na comunidade cristã.

ZWETSCH, Roberto E. Missão – Testemunho do evangelho no horizonte do reino de Deus. In: SCHNEIDER, Cristoph – Harpprecht (org.). *Teologia prática no contexto da América Latina*. São Leopoldo: Sinodal; ASTE, 1998, p. 197 e 203.

Acredita-se, portanto, que é necessário observar não só a transmissão expositiva do plano de salvação, mas como este está sendo conduzido até às pessoas, quais tipos de mensageiros cristãos estão envolvidos nessa tarefa, pois é preciso que sejam indivíduos comprometidos com o reino de Deus, que sejam capazes de avaliar a profundidade do que significa uma vida na sua totalidade, que impulsionada por uma mensagem ou ação concreta da evangelização, sob a dependência de Deus, aceita o desafio de viver os valores de uma nova vida em Cristo, como sugere Escobar (1982) ao discorrer sobre a forma missionária de Jesus:

> Jesus Cristo, como modelo de missionário, não foi apenas o portador de uma mensagem; ele próprio foi a mensagem, por seu modo de ser entre os homens, pelas qualidades de seu caráter, por sua compaixão e sua presteza em se aproximar dos homens em suas necessidades. O Novo Testamento é claro na exigência de que o crente e a Igreja sejam uma expressão viva da mensagem, "carta viva", como diz Paulo em 2 Coríntios 3:1-3.

ESCOBAR, Samuel. A Evangelização e a Busca de Liberdade, de Justiça e de Realização pelo Homem. In: *A Missão da Igreja no Mundo de Hoje*. As Principais Palestras do Congresso Internacional de Evangelização Mundial Realizado em Lausanne, Suíça. Belo Horizonte: ABU Editora e Visão Mundial, 1982, p. 182.

?¿ Estão percebendo que os textos estão cada vez mais dando ênfase para uma evangelização que contemple a integralidade dos sujeitos? São expressões de ideias mais maduras no processo para a missão integral. São os frutos do Pacto de Lausanne, de 1974!

1.3 A EVANGELIZAÇÃO COM PERSPECTIVA PARA UMA MISSÃO INTEGRAL

Ao falar da evangelização a partir do Pacto de Lausanne e do Congresso Brasileiro de Evangelização, foi inevitável não fazer menção à missão integral ainda que não fossem às devidas proporções, pois se deve reconhecer que houve da parte de ambos os eventos uma preocupação em enfatizar sobre a evangelização e suas responsabilidades de ordem social.

Todavia, não se pretende fazer um levantamento histórico da missão integral, mas, julga-se necessário oferecer algumas abordagens que possam proporcionar informações não apenas conceituais, mas principalmente sua praxidade, de forma que seja relevante para uma teologia prática dentro do contexto em que se propõe um exercício evangelístico.

Acredita-se que o Pacto de Lausanne seja um referencial teórico de grande relevância quando se fala em missão integral, pois foi basicamente um dos primeiros grandes eventos de repercussão na história acerca da evangelização mundial em que diversos líderes e representantes cristãos se pronunciaram, dando evidências de uma preocupação em exercer um tipo de evangelização que contemplasse o ser humano em seus diversos aspectos e dimensões da vida.

Em sua contribuição neste Congresso, Padilla (1982) sugere que a igreja não deve entender que tem a obrigação de mudar todo um contexto, ou até mesmo, resolver todas as situações adversas que surgem e existem ao seu redor, mas é necessário que esta se comprometa em ser fiel a Deus e as pessoas com aquilo que ela possui.

Isso significa que a igreja não estando alheia às expectativas que o mundo tem a seu respeito, já pode representar grande parte daquilo que se espera ser promovido por ela. Uma comunidade que esteja disposta a servir sem preconceito ou distinção de classe social; uma comunidade receptiva e capaz de romper as barreiras que separam as pessoas de um relacionamento harmonioso entre si e consequentemente com Deus; uma comunidade afetiva que consegue ver no seu semelhante o reflexo da sua própria imagem e a beleza da criação de Deus. Que assim se faça, por meio de uma missão bíblica, em uma igreja desejosa em promover os valores do evangelho com fidelidade e amor.

PADILLA, René. A Evangelização e o Mundo. In: *A Missão da Igreja no Mundo de Hoje*. As Principais Palestras do Congresso Internacional de Evangelização Mundial Realizado em Lausanne, Suíça. Belo Horizonte: ABU Editora e Visão Mundial, 1982, p. 171.

Observa-se que o ministério de missão integral tem surgido com maior intensidade a partir dos últimos anos do século XX, afirma Padilla (1998). É notável certo comprometimento com as questões sociais que envolvem as classes mais desprovidas na América Latina, como resposta aos ensinamentos de Jesus Cristo por meio do evangelho.

Com isso, a missão integral se propõe a harmonizar o proclamar da justificação por meio da fé com a busca de uma vida de justiça, as necessidades de ordem espirituais com as questões materiais e existenciais das pessoas. O autor entende que essa conscientização com as questões sociais tem se despertado com êxodo a partir dos últimos anos do século XX, em meio ao povo evangélico da América Latina, como afirma:

> Até muito recentemente, a evangelização feita pelas igrejas evangélicas era, em boa parte, "desencarnada". Estava dirigida para a salvação da alma, mas passava ao largo das necessidades do corpo. Ela oferecia a reconciliação com Deus por meio de Jesus Cristo, mas deixava de lado a reconciliação do ser humano com seu próximo, que se baseia no mesmo sacrifício de Jesus Cristo. Ela proclamava a justificação pela fé, mas omitia toda e qualquer referência à justiça social enraizada no amor de Deus pelos pobres.

PADILLA, René. Avaliação Teológica do Ministério Integral. In: *Servindo com os pobres na América Latina*: Modelos de ministério integral. YAMAMORI, Tetsunao; RAKE, Gregório; PADILLA, René (editores). Tradução Hans Udo Fuchs. Curitiba – Londrina: Editora Descoberta, 1998. Tradução de: Servir com los pobres en América Latina: Modelos de ministerio integral, p.27-28.

Faz-se necessário, portanto, que haja de fato uma relação muito responsável entre o falar e o agir, pois Müller (1994) entende que a missão integral é uma forma de propiciar e conscientizar que o evangelho precisa ser expresso não só apenas em sua dimensão evangelística, mas se empenhar em apresentá-lo também com atitudes concretas que promovam ações de responsabilidade social.

MÜLLER, Ênio R. A Interpretação da Bíblia e a Missão Integral da Igreja. In: STEUERNAGEL, Valdir Raul (org.). *A Missão da Igreja*: uma visão panorâmica sobre os desafios e propostas de missão para a igreja na antevéspera do terceiro milênio. Belo Horizonte: Missão Editora, 1994, p. 53.

Obviamente que, em se tratando de missão integral, essas questões fundamentais da vida não podem ser omitidas, Karriker (1992) entende que para se chegar a uma teologia de missão integral que demonstre seus fundamentos a partir dos textos bíblicos, é preciso observar se de fato existe uma elaboração interpretativa na Bíblia que não seja omissa a algumas dimensões da vida.

O autor se retrata ao fato de que muitas linhas teológicas ainda existentes são negligentes a algumas áreas que devem ser contempladas pela missão em detrimento de outras, ou seja, o ser humano precisa ser visto integralmente sem que sejam eleitos apenas alguns aspectos que representam maior interesse teológico ou metodológico, visando responder ideologias que nem sempre demonstram uma coerência de interpretação das Escrituras, nem mesmo, identificação para uma tarefa missionária.

KARRIKER, Timóteo C. *Missão Integral.* Uma Teologia Bíblica. São Paulo: Editora SEPAL, 1992, p. 11.

Biblicamente falando, são notáveis inúmeras narrativas que demonstram interesse em mudanças para contextos que estavam vivendo à margem da justiça e da dignidade social. De acordo com Henrique (2005) o que se aprende com os ensinamentos bíblicos é que havia preocupação em influenciar de forma que fossem favoráveis às comunidades. O autor acredita que não haveria uma maneira mais adequada para que a igreja promovesse um trabalho missionário relevante no Brasil do que se conscientizar sobre a missão integral. Enfatiza-se com isso, que quando não há por parte da igreja uma visão mais abrangente na anunciação das boas novas, haverão de ficar lacunas nesta ação missionária.

HENRIQUE, Jorge Barro. A Integralidade da Missio Dei na Cidade: perspectivas bíblico-teológicas. In: KOHL, Manfred W; BARRO, Antonio Carlos (org.). *Missão Integral Transformadora*. Londrina: Descoberta, 2005, p. 175.

A missão cristã não deve estar desvinculada dos ensinamentos bíblicos, entendendo que nestes estão contidos exemplos de extrema importância e que representam o agir de Deus na vida das comunidades e do povo no decorrer da história. Um exemplo excelente está representado em Jesus, que sendo o Filho de Deus, não só apenas entendeu a sua tarefa e missão, mas viveu-a com intensidade. Ele demonstrou em suas diversas experiências e em contextos diferentes que uma boa ação missionária pode gerar novas perspectivas sociais.

É preciso observar que não há possibilidade de se fazer uma boa evangelização sem antes considerar as questões sociais e culturais que envolvem determinada comunidade. Padilla (2005) acredita que a proclamação do evangelho precisa dirigir-se às questões principais e específicas dos receptores desta mensagem, pois se não houver contextualização e tradução concretas do evangelho para o cotidiano das pessoas, numa perspectiva integral, esta anunciação das boas novas da Palavra de Deus pode tornar-se até mesmo irrelevante e não receptível.

PADILLA, C. René. *Missão Integral*. 2. ed. Londrina: Descoberta, 2005, p. 104.

Observa-se que em Lucas 4.18-19, de acordo com Escobar (1998), Jesus lança mão das Escrituras para enfatizar e chamar para si a responsabilidade de cumprir com sua missão já anunciada pelos profetas. Ao assumir publicamente o seu ministério, Ele não dissocia na sua iniciativa ministerial o agir de Deus no mundo a partir da sua atuação em determinado período da história de forma visível e concreta, quando se aproximou dos pobres, dos cativos, dos marginalizados, dos enfermos físicos e sociais que compunham a sociedade, dando-lhes consolo e denunciando as injustiças que também os faziam aprisionados e sem esperança.

Texto: *"O Espírito do Senhor está sobre mim, porque ele me ungiu para pregar boas novas aos pobres. Ele me enviou para proclamar liberdade aos presos e recuperação da vista aos cegos, para libertar os oprimidos e proclamar o ano da graça do Senhor".*

E assim, não apenas anunciou, mas viveu e se entregou à própria morte em defesa dos valores do reino de Deus para que o mundo fosse integralmente alcançado, como destaca o autor:

> Olhando com vinte séculos de perspectivas, podemos captar o impacto da presença de Jesus no mundo. É uma presença transformadora, sanadora, desafiadora, inquietante, profética, que convoca para mudança radical e entrega. É uma presença registrada pelas testemunhas em ações concretas de aproximação dos pobres, de cura dos enfermos, de ensino dos ignorantes, de bondade em relação às crianças, de receptividade dos marginalizados, de perdão dos arrependidos, de crítica dos poderosos e corruptos. E, no ponto culminante de tudo isto, de entrega por nossa salvação. Tudo isto no poder do Espírito.

ESCOBAR, Samuel. Missão Cristã e Transformação Social. In: *Servindo com os Pobres na América Latina*: Modelos de ministério integral. YAMAMORI, Tetsunao; RAKE, Gregório; PADILLA, René (editores). Tradução Hans Udo Fuchs. Curitiba – Londrina: Editora Descoberta, 1998. Tradução de: Servir com los pobres en América Latina: Modelos de ministerio integral, p. 61-63.

Jesus se comprometeu em exemplificar o exercício da missão com o seu próprio viver aqui na terra. Para Fernando (2001) a vida de Jesus aponta para dois aspectos relevantes. Primeiro, é que Ele pode ser visto como a própria mensagem vivida em essência. Segundo é ver que nas mais diferentes situações do seu ministério, Ele se portou com integridade devendo ser considerado como um modelo a ser seguido, pela dedicação salvífica integral.

FERNANDO, Ajith. Jesus: a mensagem e o modelo da missão. In: TAYLOR, William D. (org.). *Missiologia Global para o Século XXI*: A Consulta de Foz do Iguaçu. Londrina: Descoberta, 2001, p. 285.

Acredita-se que o tema de missão integral continua despertando interesse em grande parte dos líderes cristãos no contexto latino-americano, o que sugere que estes se empenham em dar prosseguimento em algumas atitudes da igreja que se mostrem relevantes para a sociedade, que foram discutidas e aprovadas no Congresso de Lausanne.

Realizou-se, portanto, no Brasil, o Segundo Congresso Brasileiro de Evangelização, no qual o tema de missão integral foi repensado na busca de contribuir com a igreja cristã para um melhor desempenho da sua missão a partir de uma perspectiva integral de evangelização.

Há, porém, em relação a este assunto, uma observação, pois de acordo com Grellert (2003) não se tem em nível de Brasil uma teologia totalmente pronta sobre missão integral. Isso não significa que não existam práticas que demonstrem tal atitude, ainda que não elaborada sistematicamente. Mesmo assim, não é descartável a necessidade de que algumas ações se submetam a uma possível avaliação teológica.

GRELLERT, Manfred. Prefácio. In: *Missão Integral*: proclamar o reino de Deus, vivendo o evangelho de Cristo. 2º Congresso Brasileiro de Evangelização, Belo Horizonte, 27 de outubro a 1 de novembro de 2003. Viçosa, MG: Ultimato; Belo Horizonte: Visão Mundial, 2004, p. 12.

Em entrevista à revista Soma, quando questionado acerca dos desafios enfrentados pela igreja que se propõe a viver e compartilhar um evangelho integral, Carlos Queiroz diz que a magnitude da praxidade da missão integral é que ela surpreende até grandes teóricos ao perceberem que mesmo nas regiões mais pobres do nordeste brasileiro esta ação acontece, ainda que não haja uma elaboração teórica.

Isso sugere que o fato de se ter fundamentação teórica ou teológica não significa que na prática se consiga desenvolver bem, pois o que se tem constatado é que muitas pessoas mesmo não tendo uma boa habilidade teórica, desenvolvem excelentes ações de missão integral, motivados não necessariamente por questões teológicas, mas principalmente, pelas necessidades básicas das pessoas dentro de determinado contexto, pois diz o autor:

> A igreja entre os pobres é permeada por necessidades como saneamento, saúde e escola. Então os familiares que fazem parte das igrejas mais pobres, na periferia, já são, ao mesmo tempo, da própria comunidade. Essas pessoas já se articulam para solucionar seus problemas cotidianos. A natureza da vida do pobre o faz viver em busca de uma vida integral. A missão integral está entre os pobres há muito tempo.

QUEIROZ, Carlos. Diaconia ampla. *Contextualização e justiça social. Soma*. Rio de Janeiro, ano 2. n. 5, p. 17.

Reagindo ao mesmo questionamento, Sérgio Ribeiro diz acreditar que em diversos aspectos a igreja brasileira tem buscado viver o evangelho integral. Acredita, no entanto, que grande parte dos que realizam tal missão às vezes a fazem sem propriamente reconhecer o que de fato significa teoricamente. Mas, há o outro lado da questão que se torna preocupante, pois parte dos que falam ou até mesmo descrevem e discursam sobre o assunto, não conseguem desenvolver de forma prática.

De acordo com o autor: "É muito interessante a dicotomia dos que não conseguem refletir com profundidade, mas fazem, e dos que pensam tanto que não têm tempo para fazer nada". O autor reconhece que a evangelização do sertão é desafiadora e requer forte empenho da igreja na valorização da missão integral, por ser um contexto carente.

Ainda compreende não ser coerente ensinar as Escrituras a pessoas analfabetas desprezando a necessidade de ensinar a ler, bem como não pregar o evangelho a pessoas desprovidas de alimento sem a preocupação da provisão nutricional. Porém, adverte:

> Gostaria apenas que essa ação social não se reduzisse a assistencialismo, ou que não fosse apenas um trabalho excelente de ação social de tal maneira que sufocasse o empreendimento evangelístico e que o resultado fosse de pessoas bem alimentadas, bem tratadas e que superam as dificuldades, mas que no final vão para o inferno.

RIBEIRO, Sérgio. Transformar reflexão em prática. *Contextualização e justiça social*. Soma. Rio de Janeiro, ano 2. n. 5, p. 17.

Em sua contribuição ao CBE2, René (2004) enfatiza que já foi por muito questionado sobre a importância que a missão integral representa para a igreja evangélica no Brasil. Ele entende que o movimento evangélico fora "atropelado" pelo neopentecostalismo, não conseguindo com isso, fazer com que o Pacto de Lausanne se tornasse num referencial missiológico para todos os líderes evangélicos nas décadas de 80 e 90.

Isso se deve em parte porque estes não conseguiram gerar fatos, ou seja, criar meios de uma boa divulgação de forma convincente na praxidade, como também, não se utilizou do seu "espaço na mídia". Mesmo assim, é possível olhar para a igreja e ver sua capacidade de retornar à essencialidade do cristianismo bíblico, sem perder sua identidade e cumprir sua missão de dar sinal do reino de Deus.

RENÉ, Ed Kivitz. A influência do CBE para a minha geração. In: *Missão Integral*: proclamar o reino de Deus, vivendo o evangelho de Cristo. 2º Congresso Brasileiro de Evangelização, Belo Horizonte, 27 de outubro a 1 de novembro de 2003. Viçosa, MG: Ultimato; Belo Horizonte: Visão Mundial, 2004, p. 43-45.

Para tanto, julga-se necessário uma maior busca em conhecer e servir a Deus reconhecendo-o como "Senhor da missão", se esforçando ao máximo em assumir o desafio de testemunhar como comunidade que se empenha em tornar diferente o aspecto da sociedade, se expressando de forma compatível com a fé professada e instruída pelo evangelho, buscando enxergar além dos horizontes.

LIDÓRIO, Ronaldo. A Missão Integral e os Filhos de Issacar. Idem, p. 47-49.

Isso implica em fazer com que os cristãos busquem exercer um discipulado que não esteja inerte a uma contextualização prática, que seja inserida ao meio onde as pessoas estão e inclusiva à comunidade cristã, de forma que a mensagem das boas novas seja feita com espontaneidade de comunicação rompendo as barreiras sociais, políticas e culturais na busca de torná-la acessível a todas as pessoas e permitindo que estas tenham a oportunidade de escolher um caminhar com Cristo.

QUEIROZ, Carlos. Trans-descendência integral do evangelho. Idem, p. 52-53.

Observa-se que uma proposta de missão integral por parte da igreja cristã em relação ao mundo não se resume em meros crescimentos numéricos de comunidades locais com fins internalizados. É um convite a espelhar-se nos ensinamentos de Jesus com o desejo de obediência se colocando a serviço do reino, divulgando, expandindo e fazendo com que os benefícios e os possíveis desafios de uma nova vida em Cristo sejam experimentados coletivamente na graça de Deus e no poder do Espírito. Como bem afirma:

> A missiologia da missão integral é a sinalização histórica do reino de Deus, que será consumado na eternidade. A igreja, corpo de Cristo, é o instrumento prioritário pelo qual Cristo, o cabeça, exerce seu domínio sobre todas as coisas no céu, na terra e debaixo da terra, não apenas neste século, mas também no vindouro. A missão da igreja é manifestar aqui e agora, na maior densidade possível, o reino de Deus que será consumado ali e além. O convite ao relacionamento pessoal com Deus é apenas uma parcela da missão. A missão integral implica a ação para que Cristo seja Senhor sobre tudo, todos, em todas as dimensões da existência humana.

RENÉ, Ed Kivitz. Uma Síntese Teológica da Missão Integral. In: *Missão Integral*: proclamar o reino de Deus, vivendo o evangelho de Cristo. 2º Congresso Brasileiro de Evangelização, Belo Horizonte, 27 de outubro a 1 de novembro de 2003. Viçosa, MG: Ultimato; Belo Horizonte: Visão Mundial, 2004, p. 63-65.

1.4 CONCLUSÕES

Observou-se que os autores e eventos até aqui mencionados proporcionaram contribuições que se julgam relevantes para o exercício da evangelização e missão integral, frente aos desafios que envolvem a tarefa missionária da igreja que se dispõe a anunciar e viver os valores do reino de Deus em meio à sociedade.

Percebe-se que o evento de Lausanne exerceu e continua a exercer grandes influências no que diz respeito à evangelização mundial, devendo-se ao fato de ter sido realizado de forma cooperativa, levando em consideração exemplos de diversos contextos e de várias comunidades em grande parte do mundo.

É notável também que a igreja neotestamentária representada pelos cristãos primitivos, apresenta exemplos sugestivos de evangelização integral para a igreja de hoje, entendendo que havia por parte destes uma preocupação em manter um bom relacionamento com Deus e com os seus semelhantes.

Quando se trata da evangelização para o contexto brasileiro, os desafios das diferenças se mostram em diversos aspectos, pois são estes de ordem: política, econômica, social e religiosa. Mesmo assim, estes não devem tornar-se barreiras insuperáveis para que impeçam a propagação do evangelho e a aplicabilidade dos seus ensinamentos.

A igreja de Cristo representada pelos cristãos não deve ser egoísta nem tampouco preconceituosa, não permitindo que esse tipo de comportamento possa levá-los a distanciar-se das pessoas que são o alvo principal da mensagem que transforma, que salva e pode levar o indivíduo a viver com novas perspectivas de vida.

Jesus foi por excelência o modelo para evangelização. Ele demonstrou isso na forma como abordou as pessoas em suas mais diversas experiências da vida não sendo arrogante, prepotente nem impiedoso, mas pelo contrário, demonstrou amor e misericórdia a ponto de entregar-se a si mesmo em defesa dos valores do reino.

Jesus rompeu com todas as barreiras possíveis que poderiam impedir o seu contato direto e pessoal com os indivíduos. Ele percorria os diversos lugares na busca de ensinar e compartilhar as boas novas da salvação, se preocupando com a integralidade das pessoas nas mais diversas classes sociais e religiosas da sua época.

Pode-se com isso entender que a proposta da missão integral é uma forma de convocar todas as pessoas que já foram salvas e remidas por este Cristo, a assumirem um compromisso de fidelidade com os valores e expansão do reino de Deus nesse tempo, no poder do Espírito e com profundo desejo de servir a Deus e ao seu próximo.

Ele mostrou a você, ó homem, o que é bom e o que o Senhor exige: pratique a justiça, ame a fidelidade e ande humildemente com o seu Deus (Mq 6:8)

Seção 3 - O Estágio Supervisionado e a Missão Integral

Bem, posso imaginar que depois da leitura deste texto surgiram inúmeras ideias para a elaboração e execução do projeto de Estágio Supervisionado que vocês precisarão realizar na nossa disciplina, pois percebemos que são muitas as possibilidades para que pratiquemos ações teológicas numa perspectiva da missão integral.

Vale ressaltar que caberá a cada um/a de vocês em decidir quais caminhos trilhará suas práticas teológicas. Devo lembrar meus caros alunos/as que o cumprimento com as exigências da nossa disciplina em elaborar e executar um Projeto de Estágio será apenas uma pequena parcela das muitas experiências que desejo e acredito que todos(as) terão ao longo da bela trajetória de construção e reconstrução teológica de cada um(a).

Afinal de contas, as necessidades espirituais, sociais, educacionais, políticas e relacionais das pessoas que compõem a comunidade no contexto em que estivermos inseridos(as), nos proporcionarão oportunidades de instruídos(as) pelos exemplos concretos de cuidados integrais que o próprio Jesus praticou e ensinou a sermos inspirados(as) e sensibilizados(as) às práticas teológicas que cooperem para o processo de salvamento a elevação da vida de forma integral.

Retomando a conversa inicial

Vamos para uma breve recapitulação do que lemos e conversamos na nossa aula?

• **Na Seção 1 Algumas conceituações da Missão Integral**

Abordamos sobre a missão integral e a conceituamos a partir de alguns teóricos.

• **Na Seção 2 O ministério da evangelização e a Missão Integral**

Apresentamos um texto no qual há vários referenciais teóricos que abordam sobre o exercício da evangelização e suas responsabilidades com o ser humano de forma integral.

• **Na Seção 3 O Estágio Supervisionado e a Missão Integral**

Destacamos de forma breve que caberá a vocês, a partir das leituras, percepções da realidade em que estão inseridos e das convicções teológicas, propor ações práticas da teologia voltadas à integralidade das pessoas.

Sugestões de leituras

Leituras

Missão Integral: proclamar o reino de Deus, vivendo o evangelho de Cristo. / 2. Congresso de Evangelização, Belo Horizonte, 27 de outubro a 1 de novembro de 2003. Viçosa, MG: Ultimato; Belo Horizonte: Visão Mundial, 2004.

Pacto de Lausane. Comentado por John Stott. 2. ed. Série Lusanne 30 anos. Belo Horizonte: Visão Mundial, 2003.

ROCHA, Calvino Teixeira da. *Responsabilidade Social da Igreja*. Londrina: Descoberta, 2003.

ZWETSCH, Roberto E. *Missão como com-paixão*: por uma teologia da missão em perspectiva latino-americana. São Leopoldo: Sinodal; Quito: CLAI, 2008.

Obs.: Se houver dúvidas ao final desta aula poderão ser sanadas através das ferramentas **fórum ou quadro de avisos e chat**. Ou poderão ainda enviar para o e-mail ronel.pereira@unigran.br

EXEMPLOS DE PROJETOS DE ESTÁGIO SUPERVISIONADO I

Bem, meus caros(as) alunos e alunas, quando menos esperávamos, chegamos a nossa quinta e última aula de Estágio Supervisionado I! A título de recapitulação, nas aulas anteriores, desenvolvemos sobre os seguintes temas:

***Aula 01** - DEFINIÇÕES E CONSIDERAÇÕES SOBRE O ESTÁGIO SUPERVISIONADO I;*

***Aula 02** - COMO ELABORAR UM PROJETO DE ESTÁGIO SUPERVISIONADO;*

***Aula 03** - ÁREAS QUE O ESTÁGIO SUPERVISIONADO PODE CONTEMPLAR;*

***Aula 04** - O ESTÁGIO SUPERVISIONADO E A MISSÃO INTEGRAL.*

Não tenho dúvidas de que, ao chegarmos nesta reta final das nossas leituras, sentimos a necessidade de mais alguns exemplos práticos sobre a elaboração do Projeto de Estágio. Foi justamente no desejo de auxiliá-los/as para uma excelente elaboração, que resolvemos incluir nesta última aula EXEMPLOS DE PROJETOS DE ESTÁGIO SUPERVISIONADO, dentre os quais alguns foram elaborados por alunos/as desta disciplina.

Selecionamos alguns Projetos em áreas diversas e os apresentaremos a vocês. Devo reforçar que nosso objetivo é auxiliá-los/as e não pretendemos que se limitem aos exemplos que postaremos, pois acredito que podem, a partir do que apresentarmos, usar e/ou desenvolver a capacidade de elaborar Projetos ainda melhores de acordo com a realidade contextual em que estão inseridos/as.

Objetivos de aprendizagem

Ao término desta aula, o aluno e aluna serão capazes de:

• compreender melhor a estrutura do Projeto de Estágio Supervisionado;
• identificar possíveis áreas para a elaboração do Projeto de Estágio Supervisionado;
• elaborar bem seu Projeto de Estágio Supervisionado.

Seções de estudo

• **Seção 1** - *Exemplo de Projeto na área da Educação de Jovens e Adultos*
• **Seção 2** - *Exemplo de Projeto na área de Capelania Escolar*
• **Seção 3** - *Exemplo de Projeto na área de Capacitação de Liderança de Pequenos Grupos*
• **Seção 4** - *Exemplo de Projeto na área de Evangelização com a Música*
• **Seção 5** - *Exemplo de Projeto na área de Musicalização Infantil como meio de Evangelização e Prevenção a Drogas*

Seção 1 - Exemplo de Projeto na área da Educação de Jovens e Adultos

Observem queridos(as) alunos(as) que o primeiro Projeto que iremos apresentar nós o realizamos na Igreja Batista, onde sou pastor. Vou adequá-lo à formatação padrão que irei solicitar de vocês para que possam perceber que não será difícil elaborar seu Projeto de Estágio na nossa disciplina, basta seguir as etapas que iremos observar juntos no modelo que segue. Vamos nessa?

CENTRO UNIVERSITÁRIO DA GRANDE DOURADOS
CURSO DE TEOLOGIA
ESTÁGIO SUPERVISIONADO I

1 IDENTIFICAÇÃO

- **Nome do aluno:** Ronel Dias Pereira RGM-182.453
- **E-mail:** ronel.pereira@unigran.br; Fone: ********
- **Instituição Alvo do Projeto:** Igreja Batista em Panambi-MS
- **Endereço da Instituição/Organização:** Rua Aurora Lelles da Rocha s/n, Distrito de Panambi, Dourados-MS. CEP: 79876-000
- **Nome do Responsável pela Instituição/Organização:** Pr Ronel Dias Pereira
- **Nome do Professor de Estágio:** Ronel Dias Pereira
- **Título do Projeto:** AJA – Alfabetização de Jovens e Adultos

Este projeto foi elaborado por mim Ronel Dias Pereira e Bianca A. Facco Dias, também executora do Projeto, graduada na área de Licenciatura em Pedagogia pelo Centro Universitário da Grande Dourados - UNIGRAN e Bacharel em Educação Religiosa pela Faculdade Teológica Batista Ana Wollerman - FTBAW.

2 INTRODUÇÃO

O projeto AJA tem como finalidades contribuir para que pessoas jovens e adultas membros da Igreja Batista em Panambi e outras pessoas da comunidade panambiense, tenham real oportunidade de serem alfabetizadas para que usufruam dos inúmeros benefícios que a capacidade adquirida para a leitura e a escrita pode proporcionar ao ser humano.

Oportunizar para que as pessoas jovens e adultas sejam alfabetizadas é de grande relevância e isso se expressa, desde o simples fato da comunicabilidade pela codificação escrita e a decodificação pela leitura, às oportunidades a partir da experiência com a alfabetização de galgar outros degraus rumo à conclusão do ensino fundamental, ensino médio e até mesmo um curso superior.

Acredita-se que a realização desse projeto proporcionará às pessoas jovens e adultas não alfabetizadas a indescritível experiência do contato com o saber e o conhecimento atingível pelo exercício da leitura e da escrita, associado ao conhecimento de mundo que cada indivíduo traz consigo.

Dessa forma, julga-se pertinente que a Igreja Batista em Panambi-MS abra as portas do seu espaço físico, disponha de seus recursos humanos e materiais para investir na alfabetização de algumas pessoas jovens e adultas dessa comunidade, para que possam pelo menos exercitar a leitura e a escrita, também usufruir ainda que tardiamente do seu direito à educação.

3 JUSTIFICATIVA

Acredita-se que o ato de ler e escrever sejam alguma das formas mais concretas de expressão da liberdade, dignidade e emancipação humana, considerando que a comunicação entre os seres humanos normalmente acontece por uma, entre três formas, a saber: escrita, verbal e visual.

Assim, adquirir habilidades para a leitura e a escrita se torna imprescindível para que as pessoas possam se expressar e interpretar, bem como exercer o compartilhamento de ideias e informações num gesto de comunicabilidade que contribuem para a elevação da vida.

Estima-se que cerca de 15% dos membros não são alfabetizados.

Observou-se que existem alguns membros da comunidade Batista em Panambi-MS que por motivos diversos não foram alfabetizados e por consequência disso não podem usufruir da comunicação por meio da escrita, o que também gera certas limitações para o desenvolvimento de seus talentos e ministérios em favor da expansão do Reino de Deus nesta comunidade.

Estima-se empiricamente que esta porcentagem seja também de cerca de 15% de pessoas não alfabetizadas.

Vale ressaltar que além dos membros da Igreja Batista, existem outras pessoas jovens e adultas do Distrito de Panambi que também não foram alfabetizadas e expressam interesse pelo aprendizado, ao abrir as portas do espaço físico para alfabetizar esses componentes do povo panambiense a Igreja Batista exteriorizará de forma concreta seu interesse e compromisso em investir para o bem social na dimensão educacional.

Diante disso, se julga de grande relevância o desenvolvimento do projeto AJA, pois o mesmo poderá proporcionar a essas pessoas a oportunidade da singular experiência da leitura e da escrita, pois se acredita que estas também sejam componentes fundamentais no processo de salvação integral dos sujeitos que o próprio Jesus se doou para que tivessem "vida em abundância".

Acredita-se ser papel fundamental da igreja como agência a serviço da expansão do Reino de Deus se preocupar em oferecer condições para que seus membros não alfabetizados possam sê-los bem como enxergar à sua volta que existem pessoas jovens e adultas da comunidade que podem ser beneficiadas com essa ação alfabetizadora de grande relevância social.

Conforme Rocha (2003), quando a igreja toma consciência da necessidade social e educacional da comunidade na qual está inserida, ela precisa assumir a responsabilidade de partilhar recursos como o espaço físico para educação e profissionais capazes de cooperar para a redução do analfabetismo.

De acordo com Gonçalves (2009) a Lei de Diretrizes e Bases da Educação Nacional – LDBEN n° 9.394/96 (Art. 37) prevê que a educação de jovens e adultos deve se destinar àqueles que não tiveram acesso (ou continuidade) aos estudos no ensino Fundamental e Médio na idade própria, devendo ser oferecida em sistemas gratuitos de ensino, com oportunidades educacionais apropriadas, considerando as características, interesses, condições de vida e de trabalho do cidadão.

Conforme Declaração de Hamburgo, 1997, citado em Gonçalves (2009):

> Educação básica para todos, significa dar às pessoas, independentemente da idade, a oportunidade de desenvolver seu potencial, coletiva ou individualmente. Não é apenas um direito, mas também um dever e uma responsabilidade para com os outros e com toda a sociedade.

Proporcionar a uma pessoa jovem ou adulta a oportunidade de ler e escrever significa cooperar para o seu processo libertador, pois de acordo com Freire (2005) a educação deve ser entendida como um dos principais veículos de libertação de homens e mulheres. Para tanto, se faz necessário que seja dado a estes reais oportunidades de interação e estabelecimento de diálogo através da capacitação para o ato de expressar pela escrita, bem como de interpretar através da leitura.

Freire (1996, p.130-131) também advoga acerca da necessidade de levar em consideração a formação de pessoas jovens e adultas de forma integral, não reduzindo o seu aprendizado em meras repetições que manifeste uma forma de educar "de cima para baixo", nem tampouco desvalorizar seu conhecimento de mundo e experiências vividas no decorrer de sua história. Ao se tratar de uma educação que aspira liberdade, não há lugar para métodos "silenciadores" que promovam a "domesticação" em lugar da "libertação".

De acordo com Fiori (1988, p.30), uma educação libertadora se processa de forma que promova um aprendizado interativo e que não seja conivente com as estruturas dominantes, mas não se faz apenas criticando o que se apresenta como dominação. A educação torna-se, principalmente, produtora de liberdade "na proporção em que seja aprendizado, isto é, participação ativa na práxis produtora do mundo e do homem".

Vale considerar que algumas pessoas alvo do projeto AJA, enfrentam dificuldades no seu local de trabalho em razão da inabilidade de leitura e escrita. Isso comprova que a alfabetização é algo imprescindível na vida também do trabalhador, pois proporciona condições de exercer no mínimo a leitura e a escrita, habilitando-o para uma melhor percepção sobre os fatos que ocorrem no mundo ao seu redor.

De acordo com Haddad (1986), a pessoa trabalhadora pode usufruir da educação no exercício da sua própria liberdade, como também, para desenvolver melhor seu trabalho, orientar os filhos que estudam a terem acesso a informações que sejam importantes no seu dia-dia etc., o que consequentemente, o torna mais participativo das ações e decisões de ordem social e política no meio em que estiver inserido.

Diante da necessidade detectada junto aos membros da igreja bem como de outras pessoas da comunidade panambiense, se julga de grande relevância que o projeto AJA seja desenvolvido, fazendo que estas pessoas usufruam dos inúmeros benefícios que a leitura e a escrita podem proporcionar ao ser humano, e com isso, fazer que a Igreja Batista em Panambi invista em mais uma dimensão do seu compromisso com a expansão do Reino de Deus e sua relevância social.

4 OBJETIVOS

4.1 Geral

O projeto AJA da igreja Batista em Panambi-MS, objetiva oportunizar aos seus membros não alfabetizados bem como à outras pessoas da comunidade a possibilidade em adquirir e/ou desenvolver habilidades para a leitura e a escrita, como expressão de dignidade e elevação da vida desses homens e mulheres.

4.2 Específicos

1. Alfabetizar para que sejam capazes de ler e escrever.
2. Desenvolver habilidades de escrita e criticidade para a leitura (codificar e decodificar).
3. Incentivar para que tenham motivação em continuar estudando.
4. Auxiliar para o desenvolvimento do conhecimento na sua dimensionalidade.

5 METODOLOGIA DE AÇÃO

As aulas serão ministradas na sala do departamento de Educação Infantil da Igreja Batista em Panambi, será utilizado: lousa, data show, computador, vídeos, cartazes, jogos, dinâmicas em grupo, palestras, músicas, materiais didáticos diversos e aulas expositivas.

6 RECURSOS

6.1 Humanos

Pastor **Ronel Dias Pereira** Professora e Educadora Religiosa **Bianca do Amaral Facco Dias**.

Bacharel em Teologia pela Faculdade Teológica Batista Ana Wollerman – FTBAW; Bacharel em Serviço Social e Pós-Graduando em Metodologia do Ensino Superior pelo Centro Universitário da Grande Dourados – UNIGRAN.

Licenciatura em Pedagogia pelo Centro Universitário da Grande Dourados - UNIGRAN e Bacharel em Educação Religiosa pela Faculdade Teológica Batista Ana Wollerman - FTBAW.

6.2 Materiais

Lousa, giz, televisão, aparelho DVD, computador, impressora, data show, cartolinas, livros, revistas, papel A4, tesoura, lápis, apontador, borracha, tesoura, cola e outros que se fizerem necessário.

7 SISTEMA DE CONTROLE E AVALIAÇÃO

O processo de avaliação e controle do projeto AJA se fará por meio dos resultados que se pretende identificar pela realização de tarefas diárias (avaliação continuada), exercícios, testes e avaliações, orais e escritas. De forma que os alunos tenham a oportunidade e sejam capazes de exteriorizar seu aprendizado, também contribuir para que o projeto se submeta aos devidos ajustes visando que os objetivos sejam alcançados e os alunos, consequentemente, beneficiados.

8 CRONOGRAMA DE EXECUÇÃO

AÇÕES / PROCEDIMENTOS	ANO: 2010											
	MESES											
	J	F	M	A	M	J	J	A	S	O	N	D
Levantamento de pessoas não alfabetizadas com interesse pelo projeto			X									
Início do projeto				X								
Alfabeto e números naturais				X								
Sílabas simples, unidade e dezenas					X							
Ordem alfabética e leitura de palavras simples, adição e subtração simples						X						
Recesso							X					
Letras maiúsculas e minúsculas, figuras geométricas								X				
Leitura e escrita, números pares e ímpares									X			
Frases e pontuação, antecessor e sucessor										X		
Produção de frases e textos curtos, sinônimo e antônimo, resolução de problemas											X	
Avaliações												X

9 ORÇAMENTO

ITENS A SEREM ADQUIRIDOS	V./UNID. R$	QUANT.	VALOR TOTAL R$
Tesoura pequena	1,25	05	6,25
Cartolina	0,40	10	4,00
Cola	1,00	05	5,00
Lápis	0,20	20	4,00
Borracha	0,20	20	4,00
Apontador	0,20	10	2,00
Papel A4	13,00	2	26,00
Recarga cartucho impressora	15,00	02	30,00
Televisão 21 PH	379,00	01	379,00
Aparelho DVD	90,00	01	90,00
Computador	1.100,00	01	1.100,00
Data show	916,00	01	916,00
Impressora	215,00	01	215,00
Remuneração para professora	510,00	01	510,00
Total			**R$ 3.291,25**

10 REFERÊNCIAS

FREIRE, Paulo. **Pedagogia da autonomia**: saberes necessários à prática educativa. 15. ed. São Paulo: Paz e Terra, 1996.

FREIRE, Paulo. **Pedagogia do Oprimido**. Rio de Janeiro: Paz e Terra, 2005.

FIORI, Ernani Maria. Educação Libertadora. **Revista de Educação AEC**. Brasília: Associação de Educação Católica do Brasil, ano 17, n. 67, Jan./Mar. 1988.

GONÇALVES, Jane Terezinha Santos. **Alfabetiza Brasil**: manual do alfabetizador. Curitiba: Módulo Editora, 2009.

HADDAD, Sérgio. Uma reflexão sobre a educação do adulto trabalhador. **Revista de Educação AEC**. Brasília: Associação de Educação Católica do Brasil, ano 15, n. 61, Jul/Set. 1986.

ROCHA, Calvino Teixeira da. **Responsabilidade Social da Igreja**. Londrina: Descoberta, 2003.

Bem, pessoal! Creio que perceberam que ensinar a ler e escrever pode fazer parte dos nossos projetos para expansão do reino de Deus!

Acredito que estamos indo bem! Também percebemos com exemplo acima que elaborar um Projeto de Estágio será bem tranquilo, não acham? Ok, se a resposta foi sim, melhor ainda, mas se achou um pouco complicado escolher a área que poderá direcionar seu projeto, observem mais alguns exemplos que poderá te ajudar nessa decisão e elaboração.

Os próximos projetos que iremos apresentar como antes mencionamos, serão de alunos que os elaboraram para esta disciplina de Estágio Supervisionado I e nos permitiram disponibilizá-los como exemplo para vocês. Devo apenas ressaltar que no item Identificação não serão expostos endereços eletrônicos e telefones ou celulares dos autores para preservar-lhes a privacidade, combinado? Vamos aos exemplos?

Seção 2 - Exemplo de Projeto na área de Capelania Escolar

CENTRO UNIVERSITÁRIO DA GRANDE DOURADOS
CURSO DE TEOLOGIA
ESTÁGIO SUPERVISIONADO I

1 IDENTIFICAÇÃO

- **Nome do aluno:** Miriam dos Santos Lima **RGM:** 323.1236
- **Fone:** **********
- **Instituição Alvo do Projeto:** Colégio Planeta Criança - SC
- **Endereço da Instituição:** Rua José do Patrocínio, N° 157 – Capoeiras – Florianópolis - SC
- **Nome do Responsável pela Instituição:** Patrícia Maciel - Diretora Pedagógica
- **Nome do Professor de Estágio:** Ronel Dias Pereira
- **Título do Projeto:** CEE - Capelania Escolar de Evangelização

Este Projeto foi elaborado e apresentado pela aluna como trabalho final da disciplina de Estágio Supervisionado I, em junho de 2011.

2 INTRODUÇÃO

O exercício da Capelania não é algo novo, pois já há alguns anos vem sendo desenvolvida em diversas instituições, seja na área escolar, carcerária ou hospitalar e alcançando resultados tão importantes que justificam não só a continuidade de seu exercício, mas também, o aprimoramento na execução de suas atribuições.

No entanto, embora sua importância já venha sendo reconhecida há algum tempo, nunca nos deparamos com situações tão gritantes, no que dizem respeito à necessidade de apoio espiritual à sociedade, como acontece na atualidade. Nunca ficamos tão horrorizados com os noticiários televisivos, como ficamos hoje em dia. Notícias de filhos que matam seus pais ou pais que matam seus filhos tornaram-se tão comuns e corriqueiras que, por incrível que pareça, já não chocam algumas pessoas como em tempos não muito remotos.

Podemos citar o recente e lamentável caso ocorrido na cidade do Rio de Janeiro, em que um jovem armado sem nenhum motivo aparente, invade um colégio onde já havia estudado e assassina mais de dez adolescentes, além de ferir muitos outros que ali estudavam. Mais uma notícia que aterroriza não só o Brasil, mas o mundo inteiro.

Dentro desta perspectiva, há de se destacar o objetivo deste Projeto. Assim sendo, o exercício da Capelania Escolar Evangélica que por meio da Pregação da Palavra de Deus, buscará prestar assistência religiosa aos alunos e seus familiares, bem como aos funcionários da instituição escolhida para a realização do referido projeto.

3 JUSTIFICATIVA

A Capelania Escolar possui uma atuação muito mais abrangente do que se pode imaginar inicialmente. Embora, de um modo geral, ela seja exercida no âmbito escolar, seus limites não se restringem somente a este espaço físico. Muito pelo contrário. Ela pode ser iniciada na escola e acabar alcançando vários desdobramentos no seio familiar do aluno.

Desta forma, a execução do projeto terá como pano de fundo, muitas vezes, não somente as salas de aula, os pátios escolares, auditórios ou a sala de atendimento pastoral, mas também, outro importante meio de convivência social do aluno, a saber: sua casa. Em alguns casos, fazer esta trajetória será simplesmente inevitável.

Na maioria das vezes, certas condutas inadequadas de um aluno ou até mesmo, alguns distúrbios de comportamento são verificados individualmente no meio escolar, mas precisam ser trabalhados conjuntamente no seio familiar. Com isso, a área de abrangência da Capelania Escolar, inicialmente compreendida como sendo muito restrita e limitada somente aos muros escolares, mostra-se agora muito maior, tornando esta tarefa mais investigativa, interessada e, por isto, ainda mais importante.

Outrossim, deve-se ressaltar que a atuação do Capelão Escolar vai exatamente de encontro às necessidades espirituais das pessoas, sejam elas, alunos e seus familiares ou funcionários da escola. De acordo com a Lei de Diretrizes e Bases da Educação Nacional, em seu artigo 33, fica assim estabelecido:

Lei 9394/96, de 20 de dezembro de 1996.

> O ensino religioso, de matrícula facultativa, é parte integrante da formação básica do cidadão e constitui disciplina dos horários normais das escolas públicas de ensino fundamental, assegurado o respeito à diversidade cultural religiosa do Brasil, vedadas quaisquer formas de proselitismo.

Ademais, conforme Caron (2005) o ensino religioso, reconhecido pelo Ministério da Educação como disciplina do conjunto das dez áreas de conhecimento, visa, entre outros objetivos, proporcionar ao educando o conhecimento dos elementos básicos que compõem o fenômeno religioso, a partir das experiências religiosas percebidas no contexto em que vive.

Desta forma, através do reconhecimento de que o Ensino Religioso é parte integrante da formação básica do cidadão, pode-se facilmente observar também, o reconhecimento legal, ainda que indireto, de que o ser humano precisa receber o devido apoio ao desempenho de sua espiritualidade. Para tal, numa atuação infinitamente maior do que na execução do ensino religioso, surge o serviço da Capelania.

Sendo assim, será fácil entender se logo após o início da realização do Projeto, problemas existentes e já detectados pela escola, sejam trazidos ao conhecimento deste serviço recém-estabelecido. Isto porque as necessidades são gritantes e os pedidos para solução, urgentes! Problemas ligados ao assédio de traficantes e uso de drogas, *bullying*, conflitos familiares e violência doméstica serão constituídos verdadeiros desafios ao exercício desta Capelania.

Além disso, as ações deste trabalho jamais poderão negligenciar os aspectos preventivos ligados a estes problemas e a muitos outros que a todo o momento espreitam crianças, adolescentes e jovens, membros de diversas famílias e alunos de nossas escolas. De acordo com a Bíblia Sagrada, para tanto, pode-se observar o seguinte ensinamento: "Instrui o menino no caminho em que deve andar, e, até quando envelhecer, não se desviará dele" Pv 22.6 (ARC).

4 OBJETIVOS

4.1 Geral

O projeto Capelania Escolar de Evangelização objetiva prestar assistência religiosa e espiritual aos alunos e seus familiares, bem como aos funcionários da instituição escolhida para a realização do projeto, por meio do ensino da Palavra de Deus.

4.2 Específicos

1. Promover o ensino da Palavra de Deus.
2. Prover apoio espiritual por meio da intercessão e do ensino da Bíblia Sagrada.

3. Desenvolver momentos de aconselhamento pastoral, em grupo ou individualmente.

4. Programar apresentação de palestras com embasamentos educativos e espirituais.

5. Realizar atividades recreativas para maior interação dos alunos.

5 METODOLOGIA DE AÇÃO

As atividades desta Capelania serão desenvolvidas, inicialmente, nos espaços físicos disponibilizados pela instituição escolar e adequados a cada uma delas, como por exemplo: salas de aula para os aconselhamentos em grupo, auditório para realização de palestras, pátio escolar para realização de atividades recreativas de interação, gabinete pastoral para aconselhamentos e assistência espiritual de forma individualizada, dentre outros. Posteriormente, de acordo com as necessidades detectadas, estas atividades poderão ser estendidas aos lares dos alunos, seus familiares e funcionários.

6 RECURSOS

6.1 Humanos

Diretora Pedagógica do Colégio Planeta Criança **Patrícia Maciel**, além de contar com a participação e o envolvimento de toda a equipe pedagógica e do corpo docente da instituição.

6.2 Materiais

Projetor Multimídia, Microcomputador, Aparelho de TV, Aparelho de DVD, Aparelho de CD, diversos materiais de expediente necessários aos registros individuais de atendimento, Linha Telefônica com disponibilidade para agendamentos e atendimentos à distância, dentre outros que se fizerem necessários.

6.3 Instalações

Espaços físicos a serem disponibilizados pela instituição escolar, que sejam adequados a cada uma das atividades a serem desenvolvidas pela Capelania, como por exemplo: gabinete pastoral, auditório, salas de aula, pátio escolar, etc.

7 SISTEMA DE CONTROLE E AVALIAÇÃO

O processo de avaliação e controle do projeto será realizado por meio do acompanhamento das ações iniciais, assim como das devidas ações decorrentes. Tal acompanhamento será possível através da utilização de fichas de arquivo para registro, controle e atualização dos dados relativos a cada atendimento realizado.

8 CRONOGRAMA DE EXECUÇÃO

AÇÕES / PROCEDIMENTOS	ANO: 2011											
	MESES											
	J	F	M	A	M	J	J	A	S	O	N	D
Triagem inicial junto à Orientação Educacional, e Início do Projeto								X				
Palestras Educacionais								X	X	X	X	
Atividades de Interação								X	X	X	X	
Atendimentos na Escola								X	X	X	X	
Atendimentos a Domicílio								X	X	X	X	
Avaliações Finais e Término do Projeto											X	

9 ORÇAMENTO

ITENS A SEREM ADQUIRIDOS	V./UNID. R$	QUANT.	VALOR TOTAL R$
Recursos Instrucionais Diversos	50,00	04	200,00
Materiais Expediente Diversos	50,00	04	200,00
Despesas com Locomoção	60,00	04	240,00
Aparelho de TV	X	01	X
Aparelho DVD	X	01	X
Aparelho CD	X	01	X
Projetor Multimídia	X	01	X
Microcomputador	X	01	X
Impressora	X	01	X
Total			**R$ 640,00**

Valor referente ao Gasto Mensal.

Idem.

Este material e os seguintes são de propriedade da instituição a ser disponibilizado para uso da Capelania.

10 REFERÊNCIAS

Bíblia de Estudo Pentecostal. Revista e Corrigida. Tradução: João Ferreira de Almeida. Flórida, EUA: Life Publishers, 1995.

FERREIRA, Eliane F. C. & LIMA, Terezinha Bazé de. **Métodos e Técnicas de Pesquisa**. Dourados: UNIGRAN, 2007.

Lei de Diretrizes e Bases. Lei 9394/96, de 20 de dezembro de 1996. Disponível em: <http://www.planalto.gov.br/ccivil_03/Leis/L9394.htm>. Acesso em: 17 mai. 2011.

Lei de Diretrizes e Bases. Lei 9394/96, de 20 de dezembro de 1996. Disponível em: <http://www.portal.mec.gov.br/sesu/arquivos/pdf/lei9394.pdf>. Acesso em: 17 mai. 2011.

Seção 3 - Exemplo de Projeto na área de Capacitação de Liderança de Pequenos Grupos

CENTRO UNIVERSITÁRIO DA GRANDE DOURADOS
CURSO DE TEOLOGIA
ESTÁGIO SUPERVISIONADO I

1 IDENTIFICAÇÃO

Este Projeto foi elaborado e apresentado pelo aluno como trabalho final da disciplina de Estágio Supervisionado I, em junho de 2011.

- **Nome do aluno:** José Paulo Paegle **RGM**- 323.913
- **E-mail:*********** **Fone:** **********
- **Instituição Alvo do Projeto:** Igreja Batista Santos Dumont-Criciúma-SC.
- **Endereço da Instituição/Organização:** Rua Felix De Lucca, 110, Santos Dumont, Criciúma, SC. CEP: 88804-560
- **Nome do Responsável pela Instituição/Organização:** Arthur Slengmann
- **Nome do Professor de Estágio:** Ronel Dias Pereira
- **Título do Projeto:** PLINEL – Preparo de Líderes e Implantação de Núcleos de Estudo nos Lares

2 INTRODUÇÃO

O projeto PLINEL tem como principal finalidade despertar e reavivar a Igreja Batista Santos Dumont, considerando que esta comunidade eclesiástica encontra-se um tanto quanto apática e desmotivada, o que a faz se afastar dos verdadeiros propósitos nos quais a igreja se fundamenta.

A implantação dos Núcleos de Estudos nos lares representa o alavancar de um tempo de renovação. O início desse movimento se dá com a busca de valores tais como: comunhão, unidade, compromisso e disponibilidade, tendo em vista que esses valores são imprescindíveis para o caminhar da igreja.

A realização desse projeto proporcionará aos membros da igreja e outras pessoas da comunidade em geral a oportunidade de uma maior intimidade com a Palavra de Deus, o que faz com que o indivíduo aumente sua fé, ao mesmo tempo em que poderá socializar ideias e questionamentos, ampliando seu conhecimento.

3 JUSTIFICATIVA

Acredita-se que a tarefa primordial da igreja é a proclamação do Evangelho de Jesus Cristo, pois os propósitos de Deus para sua igreja incluem o evangelismo. Assim sendo, a igreja deverá manter-se firme em relação aos propósitos aos quais ela se propõe.

A igreja Batista de Santos Dumont, em Criciúma – SC, desenvolve suas atividades desde 1990 e seu início se deu a partir de um núcleo de estudos no lar de um casal, denominado ponto de pregação, durante sete anos que naquela ocasião pertencia a primeira igreja Batista da mesma cidade. A determinação deste casal resultou na construção e consolidação deste ministério.

Ao longo desses vinte anos a igreja já contou com mais de cento e quarenta membros, chegando a ter cerca de cento e oitenta pessoas participando dos cultos de domingo e dinamizando mais de oito pontos de pregação. Porém hoje esses números foram reduzidos de forma bastante significativa: atualmente a igreja conta com pouco mais de quarenta membros.

Aliado a estes dados estatísticos, percebe-se que o compromisso e o envolvimento dos membros restringem-se basicamente a participação nos cultos dominicais quando se não, em raras ocasiões, nas reuniões de orações nas quintas-feiras. Com isto fica visível a falta de comunhão, de intimidade e de unidade entre seus membros.

Diante disso surge uma preocupação, e porque não dizer uma motivação, no sentido de reverter esta realidade. Acredita-se que a igreja deva ser uma instituição viva, dinâmica e com a capacidade de ultrapassar os limites de seu espaço físico para alcançar novos horizontes.

Warren (1998) afirma que, durante as últimas três décadas, muitas igrejas têm se preocupado com seu crescimento biológico e por transferência de membros o que não se considera de extrema importância. As igrejas do século XXI deverão estar totalmente voltadas ao crescimento através de conversões de almas.

> Ele estimula as igrejas a penetrarem em nossa sociedade materialista e humanista com a mensagem transformadora de Cristo, usando métodos contemporâneos, sem comprometer as verdades bíblicas. Uma Igreja com Propósitos ajudara todas as igrejas, independente de seu tamanho, a recuperarem a missão da igreja neotestamentária. (WARREN, 1988, p.14).

Acredita-se ser papel fundamental da igreja enquanto agência a serviço da expansão do Reino de Deus, entre tantas outras ações, promover núcleos de estudos nos lares, bem como capacitar líderes para o desenvolvimento e crescimento do ministério como foi na igreja primitiva de Atos dos Apóstolos que se reuniam no templo, nos lares e tinham tudo em comum.

> E perseveravam na doutrina dos apóstolos e na comunhão, no partir do pão e nas orações. Em cada alma havia temor; e muitos prodígios e sinais eram feitos por intermédio dos apóstolos. Todos os que creram estavam juntos e tinham tudo em comum. Vendiam as suas propriedades e bens, distribuindo o produto entre todos, à medida que alguém tinha necessidade. Diariamente

> perseveravam unânimes no templo, partiam pão de casa em casa e tomavam as suas refeições com alegria e singeleza de coração, louvando a Deus e contando com a simpatia de todo o povo. Enquanto isso, acrescentava-lhes o Senhor, dia a dia, os que iam sendo salvos. (Atos 2:42-47).

O desenvolvimento do projeto PLINEL se julga de grande relevância para o despertar da igreja e a retomada de práticas que proporcionem a seus membros a realização do Ide de Jesus. Através desse projeto as pessoas terão a oportunidade de desenvolver atividades que promovam a comunhão, favoreçam seu crescimento espiritual e lhes possibilitem receber alimento de qualidade, ou seja, a Palavra de Deus em primeira mão.

Segundo Vos (2005), o ministério da igreja tem que ser contínuo até o fim do mundo e em nenhum momento a igreja pode parar e pensar que chegou ao final, sem que possa seguir mais adiante. A igreja triunfante só poderá fazer uso dessa fala no céu.

O primeiro passo para consolidação do projeto PLINEL consiste em alistar seguidores, fazendo-os colocar em prática seus dons. Esses seguidores alistados, a partir de agora chamados de líderes dos núcleos, deverão estar conscientes de sua missão, da importância dela para a igreja e principalmente devem mostrar prontidão em servir. Com o preparo de líderes e a implantação dos núcleos de estudos todos irão se beneficiar: a igreja porque poderá contar com o desenvolvimento de um trabalho qualificado e seus membros porque poderão usufruir deste trabalho.

De acordo com Nogueira e Buscarato (2010), dentre tantas especificações, o líder precisa ter a visão do que deve ser buscar pessoas e manter o grupo motivado para o cumprimento dos objetivos aos quais se propuseram.

O líder buscará desenvolver aquilo que a igreja mais necessita no momento: uma maior comunhão aliada a uma unidade restaurada.

> Precisamos, mais que nunca, de uma reforma relacional na igreja. Muitas vezes encontro irmão sinceros e devotados que nunca experimentaram relacionamentos profundos e significativos. Ou encontro comunidades animadas, cheias de programas e atividades, mas cujos vínculos são superficiais, impessoais. (LUDOVICO, 2007, p.26-27)

A Bíblia nos afirma que o grande mandamento é amar a Deus, ao próximo e a si mesmo. Isso implica em estabelecer laços profundos de intimidade e amizade com Deus, com o próximo e consigo. Assim sendo, priorizar os relacionamentos não se trata de uma opção, mas sim do cumprimento da essência do Evangelho. Acredita-se que um dos lugares para que isso aconteça possa ser os núcleos de estudo.

4 OBJETIVOS

4.1 Geral

O projeto PLINEL da Igreja Batista Santos Dumont em Criciúma-SC, tem como objetivo capacitar líderes que auxiliarão na implantação dos Núcleos de Estudos Bíblicos nos lares a fim de desenvolver a comunhão, a intimidade, a unidade e o possível crescimento do corpo de Cristo.

4.2 Específicos

1. Selecionar pessoas para atuarem como líderes frente aos núcleos de estudos.
2. Capacitar os líderes para que possam coordenar as atividades nos núcleos de estudos.
3. Disponibilizar aos líderes materiais para que possam desenvolver as atividades dos núcleos de estudos.
4. Incentivar os líderes para que tenham motivação constante no desenvolvimento do seu trabalho.
5. Acompanhar o desenvolvimento do trabalho nos núcleos de estudos.

5 METODOLOGIA DE AÇÃO

Os núcleos de estudos serão organizados por bairros, totalizando quatro grupos. De cada grupo formado será selecionado um membro para desempenhar a função de líder e assim coordenar as atividades frente ao seu respectivo núcleo.

Os líderes de cada núcleo de estudos e o coordenador do projeto se reunirão semanalmente em uma das salas de aula do templo a fim de planejar o trabalho a ser desenvolvido nos núcleos. O coordenador disponibilizará materiais tais como livros, textos, referências bíblicas, vídeos, CDs, cartazes.

O acompanhamento do trabalho desenvolvido nos núcleos de estudos dar-se-á basicamente de duas maneiras: mensalmente o coordenador do projeto visitará os núcleos de estudos e semanalmente, nas reuniões com os líderes será feito uma avaliação do desenvolvimento das atividades de cada núcleo de estudos.

6 RECURSOS

6.1 Humanos

Acadêmico em Teologia **José Paulo Paegle**.

Graduando em Teologia pelo Centro Universitário da Grande Dourados - UNIGRAN

6.2 Materiais

Bíblia, livros, revistas, computador, impressora, pastas de arquivos, papel A4, caneta, lápis, aparelho de som, CD, aparelho de DVD, televisão, DVD, violão, e outros materiais que se fizerem necessário durante a execução do projeto.

7 SISTEMA DE CONTROLE E AVALIAÇÃO

O processo de controle e avaliação do projeto PLINEL será feito por meio de duas ações básicas. A primeira delas consiste em reuniões semanais entre coordenador e líderes de grupos a fim de planejar e, principalmente, avaliar o desenvolvimento das atividades nos grupos. Essa avaliação será oral e individual e irá contribuir para que o projeto se submeta a possíveis ajustes visando que os objetivos sejam alcançados. A segunda ação dar-se-á através de visitas mensais do coordenador aos Núcleos de Estudos.

8 CRONOGRAMA DE EXECUÇÃO

AÇÕES / PROCEDIMENTOS	ANO: 2011											
	MESES											
	J	F	M	A	M	J	J	A	S	O	N	D
Apresentação do projeto PLINEL para a igreja								X				
Seleção de membros da igreja para desempenhar a função de líderes dos núcleos de estudos								X				
Capacitação inicial dos líderes dos núcleos de estudos								X				
Capacitação semanal dos líderes dos núcleos de estudos								X	X	X	X	
Encontros semanais nos núcleos de estudos								X	X	X	X	
Considerações finais, avaliações de resultados e encerramento											X	

9 ORÇAMENTO

ITENS A SEREM ADQUIRIDOS	V./UNID. R$	QUANT.	VALOR TOTAL R$
Bíblia	3,00	30	90,00
Livros	15,00	05	75,00
Revista	2,50	06	15,00
Computador	980,00	01	980,00
Recarga cartucho impressora	25,00	02	50,00
Impressora multifuncional	280,00	01	280,00
Pasta arquivo	1.80	05	9,00
Papel A4	12,00	02	24,00
Caneta	0,50	10	5,00
Lápis	0,30	10	3,00
Aparelho de som	120,00	01	120,00
Televisão	485,00	01	485,00
Aparelho de DVD	100,00	01	100,00
DVD	20,00	03	60,00
Total			**R$ 2.296,00**

Os itens descritos no orçamento são de responsabilidade e custeio da Igreja Batista de Santos Dumont.

10 REFERÊNCIAS

Bíblia Anotada. São Paulo: Mundo Cristão, 1994.

LUDOVICO, Osmar. **Meditatio**. São Paulo: Mundo Cristão, 2007.

NOGUEIRA, Sérgio; BUSCARATO, Érica M. **Teologia e Liderança**. Dourados: UNIGRAN, 2010/1.

Revista Fé para Hoje, São José dos Campos, SP, n. 26, 2005, p. 1-5.

VOS, Johannes G. A Reforma da Igreja em Harmonia com as Escrituras.

WARREN, Rick. **Uma Igreja com Propósitos**. São Paulo: Vida, 1998. 2005.

Seção 4 - Exemplo de Projeto na área de Evangelização com a Música

CENTRO UNIVERSITÁRIO DA GRANDE DOURADOS

CURSO DE TEOLOGIA

ESTÁGIO SUPERVISIONADO I

1 IDENTIFICAÇÃO

- **Nome do aluno:** Márcio Egídio Schmidt **RGM-** 323.786
- **E-mail:** ********** **Fone:** **********

Este Projeto foi elaborado e apresentado pelo aluno como trabalho final da disciplina de Estágio Supervisionado I, em junho de 2011.

• **Instituição Alvo do Projeto:** Igreja São Pedro Apóstolo - SC

• **Endereço da Instituição/Organização:** Rua João Câncio Jackes s/n, Costeira do Pirajubaé – Florianópolis - SC CEP: 88047 080

• **Nome do Responsável pela Instituição/Organização:** Frei Edemilson B. de Carvalho, Pároco de nossa Paróquia.

• **Nome do Professor de Estágio:** Ronel Dias Pereira

• **Título do Projeto:** Evangelizando com Música

2 INTRODUÇÃO

O projeto *Evangelizando com música* tem por finalidade estimular a criança e o adolescente da igreja de nossa comunidade, a um atrativo a mais na sua formação catequética e também poder ajudá-las a explorar suas vocações musicais, fazendo com que através da música possam contribuir para o reino de Deus, com responsabilidade e comprometimento em aprender um ministério que é muito importante para levar a palavra sagrada às pessoas.

Acredita-se que este projeto atenda aos anseios da comunidade e principalmente das crianças e adolescentes, pois através da música poderá estar envolvidos com a igreja e também poder formar grandes cidadãos para o futuro e quem sabe despertar neles uma liderança na comunidade, sabendo que a música através de formas sonoras, comunica sons, sensações, sentimentos e pensamentos.

3 JUSTIFICATIVA

Espera-se com o projeto *Evangelizando com música*, que através da música, crianças e jovens possam ter um maior envolvimento com a igreja, estimulando valores pessoais e espirituais de cada aluno e que a música que possui uma linguagem universal, seja um meio de evangelização através do qual sejam firmados valores sociais, tais como, amor e união através de relacionamentos interpessoais.

A música é definida pelos livros de teoria musical como a arte de combinar sons. Ela é entendida de maneira geral como uma linguagem universal, um meio de comunicação entre pessoas e povos, uma forma de expressão da sensibilidade humana, uma forma de diálogo que aproxima as pessoas.

Conforme Moraes (2008) a música é, antes de tudo, movimento e sentimento ou consciência do espaço-tempo. Ritmo, sons, silêncios e ruídos. Estruturas que engendram formas vivas. Música é igualmente tensão e relaxamento, expectativa preenchida ou não; organização e liberdade de abolir uma ordem escolhida; controle e acaso. A música possui alturas, timbres e durações – peculiar maneira de sentir e de pensar.

Gregori (1997) explica que harmonia, em música, é uma combinação de sons simultâneos que acompanha a melodia e é construída de acordo com o gosto do compositor. No cotidiano, inclusive na escola, também se deve buscar harmonizar a síntese dialética corpo/mente, pois esta também deve propiciar uma maior tomada de conhecimento da consciência corporal, promovendo o equilíbrio do ser e contribuindo para sua integração com o meio onde vive, a música pode contribuir para isto segundo os avanços das neurociências.

Acredita-se, portanto, que a música vá preencher o espaço vazio entre as crianças da catequese de eucaristia quc comcçam com idade de 10 (dez) anos, até a catequese de crisma que começa aos 14 (quatorze) anos, e assim ter mais um atrativo para essa faixa etária, e, além disso, suprir a necessidade de mais músicos para atenderem os anseios da igreja com aulas de violão e técnica vocal, e também uma maneira de inclusão social gerando oportunidade através da música, visando aumentar a cidadania e a dignidade de vida para essas pessoas.

4 OBJETIVOS

4.1 Geral

O projeto *Evangelizando com música*, objetiva incentivar crianças e adolescentes da comunidade cristã da Igreja São Pedro Apóstolo da Costeira, a ter na música mais um incentivo não só para a sua vida pessoal, mas para sua vida espiritual na comunidade, dando uma oportunidade de através da música, ter uma participação mais ativa na igreja, e assim também suprir uma das dificuldades que é a falta de músicos comprometidos, e ao mesmo tempo fazendo com que essas crianças e adolescentes se sintam importantes para o crescimento do reino de Deus.

4.2 Específico

1. Evangelizar crianças e adolescentes através da alegria e da música;
2. Desenvolver habilidades musicais e até mesmo disciplinares para as crianças e adolescentes;
3. Mostrar a importância da música na vida da pessoa e também na igreja;
4. Mostrar que a música pode ser uma nova maneira de melhorar a nossa saúde tanto física como espiritual.

5 METODOLOGIA

As aulas serão ministradas no salão da Igreja São Pedro Apóstolo na nossa comunidade, aos sábados pela manhã. Serão utilizados: lousa, cadernos específicos para música, aparelho de som, violões, retro projetor, vídeo, músicas, materiais didáticos diversos e aulas expositivas.

6 RECURSOS

6.1 Humanos

Músico Márcio Egídio Schmidt, Acadêmico de Teologia da UNIGRAN e componente da Banda de Música da Polícia Militar de Santa Catarina, Acadêmico **Fabiano da Silva** e os integrantes do movimento ELO Jovem da comunidade no auxílio das aulas.

Acadêmico da sexta fase do curso de Teologia da UNIGRAN e músico da Banda da Polícia Militar de Santa Catarina

6.2 Materiais

Violão, computador, data show, vídeos, cadernos de música, lápis, borracha, quadro negro.

7 CONTROLE E AVALIAÇÃO

O processo de controle e avaliação do projeto: *Evangelizando com música*, se fará por meio de testes individuais e em grupo. Será cobrado o horário nas aulas, que cumpra as tarefas propostas. Será avaliado de acordo com sua evolução individual, selo pessoal e cuidado com o instrumento quando não for do aluno a ser empregado.

Será avaliada também a disciplina do aluno nos horários de aula, o seu desenvolvimento, comprometimento e participação não só nas aulas, mas também nas atividades propostas para a semana.

8 CRONOGRAMA DE EXECUÇÃO

AÇÕES / PROCEDIMENTOS	ANO: 2011											
	MESES											
	J	F	M	A	M	J	J	A	S	O	N	D
Levantamento de voluntários para o projeto						X						
Reunião com o CPC (conselho pastoral da comunidade)						X						
Levantamento dos alunos a serem empregados no projeto							X					
Início do Projeto com as aulas								X				
Aulas de teoria musical								X				
Início das aulas práticas de violão									X			
Aulas de Técnica vocal										X		
Avaliações finais											X	

9 ORÇAMENTO

ITENS A SEREM ADQUIRIDOS	V./UNID. R$	QUANT.	VALOR TOTAL R$
Caderno de música	2,50	20	50,00
Lápis	0,50	20	10,00
Borracha	0,50	20	10,00
Acessórias-cordas de violão	15,00	03	45,00
Papel A4	01	13,00	13,00
Recarga cartucho impressora	25,00	01	25,00
Total			**153,00**

Obs: Recursos disponíveis: Violão, Data show, Computador e quadro negro.

10 REFERÊNCIAS

BOMILCAR, Nelson. **Evangelizando através da música**. Disponível em: http://www.nelsonbomilcar.com.br/artigos/evangelizando-atraves-da-musica/. Acesso em 29 de abr. 2011.

GREGORI, Maria Lúcia P. **Música e Yoga Transformando sua Vida**. Rio de Janeiro: DP&A, 1997.

MORAES, J.Jota de. **O que é música**. São Paulo: Brasiliense, 2008.

Seção 5 - Exemplo de Projeto na área de Musicalização Infantil como meio de Evangelização e Prevenção a Drogas

CENTRO UNIVERSITÁRIO DA GRANDE DOURADOS

CURSO DE TEOLOGIA

ESTÁGIO SUPERVISIONADO I

Este Projeto foi elaborado e apresentado pelo aluno como trabalho final da disciplina de Estágio Supervisionado I, em junho de 2011.

1 IDENTIFICAÇÃO

• **Nome do aluno:** Selcio de Souza Silva **RGM**-323.459

• **E-mail:************; **Fone:** **********

• **Instituição Alvo do Projeto:** COMUNIDADE SSMA MÃE DE DEUS – C.Ss.M., em Ponta Porã-MS (CNPJ: 132699880001-30)

• **Endereço da Instituição/Organização:** Rua Heliodoro Salgueiro, 1942 – Vila Renô – Ponta Porã – MS. CEP: 79.900-000

• **Nome do Responsável pela Instituição/Organização:** Pe. Selcio de Souza Silva

• **Nome do Professor de Estágio:** Ronel Dias Pereira

• **Título do Projeto:** EMMANUEL: Coral de crianças da Comunidade Ortodoxa Santíssima Mãe de Deus – C.Ss.M.

2 INTRODUÇÃO

O projeto EMMANUEL tem como finalidades contribuir para que as crianças na faixa etária entre os 6 a 10 anos da Igreja Sirian Ortodoxa em Ponta Porã (MS) possam integrar-se e inserir-se na vida comunitária da COMUNIDADE SANTÍSSIMA MÃE DE DEUS – C.Ss.M., a fim de, no processo evangelizador, não ser influenciada pelo mundo das drogas, assunto tão presente na vila Renô e bairro adjacentes. Dessa forma, nossa proposta é a execução do projeto de um Coral de crianças a ser realizado nas dependências da COMUNIDADE ORTODOXA SANTÍSSIMA MÃE DE DEUS – C.Ss.M., como atividades religiosas de práticas solidárias e de evangelização não tão somente às crianças envolvidas, mas, sobretudo, aos pais que, por sua vez, poderão acompanhar as atividades culturais e religiosas das crianças envolvidas.

Acredita-se que a realização desse projeto na Vila Renô e bairros adjacentes oportunizarão as crianças na faixa etária de 6 a 10 anos e, consequentemente, aos seus familiares um ambiente de partilha, comunhão, solidariedade e de evangelização, uma vez que nesses bairros existem um número significativo de crianças/adolescentes que cada vez mais cedo envolvem-se com as drogas, principalmente o crack. O fato de proporcionar às crianças envolvidas no projeto um espaço de interação, ocupação e, sobretudo, de evangelização, nos permitirá intervir na vida dessas crianças ou prevenir quaisquer futuras tentativas de envolvimento com o mundo das drogas.

Nesse sentido, o projeto EMMANUEL buscará envolver as crianças em atividades culturais e religiosas, informando-as acerca dos eventuais perigos que o submundo da droga poderá levar o ser humano e desfigurá-lo da imagem de Deus. Além dessas informações, a própria cultura musical proporcionará às crianças envolvidas no projeto um ambiente de perspectivas futuras e mudanças nos referenciais que o meio (entorno) possa lhes influenciar.

Na verdade, a música religiosa (sacra) tem a capacidade de burilar a alma do ser humano e despertar outros sonhos e objetivos que o estado/escola muitas vezes não consegue e, por isso, deixa de ser um referencial. Por essa razão, acha-se pertinente que a Igreja Sirian Ortodoxa, presente em Ponta Porã, mais propriamente na Vila Renô, possa agir como uma interventora na prevenção e no combate a possíveis envolvimentos dessas crianças no mundo das drogas. Muitas delas são desprovidas de recursos financeiros e deixam de sonhar ou de almejar novas perspectivas de vida, além daquela a qual se encontra envolvidas.

3 JUSTIFICATIVA

Acredita-se que o ato de cantar num coral ou de se apresentar diante de uma assembleia seja uma das formas mais concretas de expressão da liberdade, dignidade e desenvolvimento do caráter humano, uma vez que ao se comunicar-se o homem/mulher utiliza-se das mais diversas formas expressivas, por exemplo: escrita, verbal e visual.

Dessa forma, o desenvolvimento ou o talento do ato de cantar, isto é, expressar ou interpretar uma letra de música para um determinado público alvo, possibilitará às crianças envolvidas no projeto EMMANUEL a auto-estima, o conhecimento técnico-musical e habilidades na comunicação tanto gestual, visual e verbal. Esse envolvimento será de grande importância porque justamente o projeto buscará ocupar uma parte do tempo daquelas crianças que se encontram ociosas, principalmente porque são desprovidas de outras ocupações de lazer.

Observou-se que existem muitas crianças na Vila Renô e bairros adjacentes que, por falta de algum entretenimento, lazer ou alguma atividade artístico-cultural estão vulneráveis à primeira experiência com as drogas e, consequentemente, o vício. Há, portanto, uma preocupação dos pais-membros da comunidade acerca dessa questão. Essa situação também nos preocupou, enquanto ministro religioso, uma vez que os muitos casos de pessoas usuários de drogas nos são conhecidos, e, por falta de assistência ou intervenção do estado na recuperação, não encontram amparo seguro para o processo de recuperação.

Por não se ter no momento condições humanos e materiais para desenvolver-se um projeto com uma infra-estruturar maior, capaz de recuperar indivíduos envolvidos no submundo das drogas, o projeto EMMANUEL pretende, pois, a partir do trabalho interventivo com crianças de 6 a 10 anos, conscientizar tantos os pais quanto às crianças acerca dessa problemática, envolvendo-as no projeto EMMANUEL a fim de incentivá-las a buscar, no futuro, amparada pelo bem-estar que o Coral irá promover, ideais que visam a educação, o respeito, o bom caráter, isto é, desenvolver os valores ético-cristãos tão desfigurados em na sociedade contemporânea.

De acordo com Aguilera (2010), a Igreja, por ser portadora dos preceitos e verdade cristãs, tem a obrigação, a partir do Antigo Testamento, do Novo Testamento e da história do Cristianismo, de atender aos mais necessitados, seja dos recursos físicos ou espirituais. Esta é, pois, a Missão Integral da Igreja.

Ela não pode resumir-se unicamente à dimensão espiritual de evangelização, mas, sobretudo, no processo de evangelização, identificar outras dimensões que estão intimamente implicadas. Ela é a porta voz de Deus no mundo e, por isso, deve não só proclamar, mas denunciar e exigir dos governantes maiores preocupação com aqueles que sofrem, isto é, os marginalizados em nossa cultura moderna. A Missão Integral da Igreja é compreendida por Costas (*Apud* AGUILERA, 2010) como uma dimensão que

> Envolve o impacto que o ministério reconciliador da Igreja exerce sobre o mundo, o seu grau de participação na vida, conflitos, temores e esperanças da sociedade e na medida em que seu servi o ajuda a aliviar a dor humana e a transformar as condições sociais que tem condenado milhões de homens, mulheres e crianças à pobreza. Sem esta dimensão, a Igreja perde sua autenticidade e credibilidade, pois somente na medida em que conseguir dar visibilidade e concreticidade, sua vocação de amor e serviço, ela pode esperar ser ouvida e respeitada (COSTAS, apud AGUILERA, 2010, p. 33).

Enquanto ministro do evangelho, precisamos anunciar a boa nova, denunciar aquilo que se encontra errado em nossa sociedade, mas, sobretudo, promover o bem-estar, dar garantia para educação tanto formal quanto religiosa àqueles marginalizados por conta das más políticas públicas não tem voz e nem vez diante de uma sociedade cada vez mais excludente, ameaçadora, sedutora e vulnerável à violência e às drogas.

E a Igreja, nesse contexto, tem um papel fundamental na educação e formação da conscientização, do espírito crítico e da transformação porque ela tem a missão de levar um evangelho de mudanças e transformações numa realidade social onde, para alguns, tudo parece ser difícil, mas não é impossível.

De acordo com Freire (2003), ensinar exige compreender que a educação é uma forma de intervenção no mundo, isto é: "Intervenção que além do conhecimento dos conteúdos bem ou mal ensinados e/ou aprendidos implica tanto o esforço de *reprodução* da ideologia dominante quanto o seu *desmascaramento*" (p. 98)

Nesse sentido, a Igreja precisa deixar o monte da transfiguração (isto é, a contemplação) e descer aos pés do monte, onde se encontram os excluídos, os pobres, os drogados, etc. que precisam ser atendidos não só na dimensão espiritual, mas também material, principalmente porque são vítimas dá má distribuição de renda, vítimas de uma política social opressora e não libertadora. Esta deve ser, pois, a verdadeira *Missio Eclesiae.*

Nossa pergunta deve partir da nossa realidade visível, mas muitas vezes escamoteada: Em favor de quem eu evangelizo? Contra quem eu evangelizo?

Ao buscarmos discutir a problemática das drogas que envolvem muitos dos nossos adolescentes da cidade de Ponta Porã, de modo particular, dos Bairros Renô, Maria Auxiliadora e Residencial Ponta Porã I, decidiu-se por buscar intervir na realidade social de muitas crianças de 6 a 10 anos que infelizmente se não houver nenhum processo interventor poderão ser possíveis usuárias de drogas no futuro. Precisamos, portanto, à luz de Freire (2003), imbuídos de um espírito altruísta, perceber que se torna

> óbvio que a adaptação à dor, à fome, ao desconforto, à falta de higiene que o eu de cada um, como corpo e alma, experimenta é uma forma de resistência física a que se vai juntando outra, a cultural. Resistência ao descaso ofensivo de que os miseráveis são objeto. No fundo, as resistências – a orgânica e/ou a cultural – são manhas necessárias à sobrevivência física e cultural dos oprimidos (FREIRE, 2003, p. 78).

Sendo assim, não podemos nos acomodar com a realidade deplorável em que se encontram muito de nossos jovens. Buscou-se como meio interventor da realidade das crianças envolvidas no nosso projeto de pesquisa, fazer com que o ensino da música possa trazer a elas uma nova realidade, onde a mudança de um futuro incerto é possível porque não podemos estar no mundo apenas como mero observador das mazelas da sociedade em que vivemos. De acordo com Freire (2003),

> Nosso papel no mundo não deve simplesmente o de quem constata o que ocorre mas também, conforme nos alerta Paulo Freire (....) "de quem intervém como sujeito de ocorrências" e não de forma neutra, isto é: "Não posso estar no mundo de luvas mãos *constatando* apenas. Acomodação em mim é apenas caminho para a *inserção*, que implica *decisão, escolha, intervenção* na realidade (p. 77).

Em se tratando da situação atual de nossa comunidade, onde se percebe cada vez mais um número maior de crianças que se envolvem com drogas, busca-se intervir com o conhecimento musical que, por sua vez, desenvolve a interação com o próprio ambiente, oportunizando que a criança se envolva com a música e ela a modifica e alicerça princípios éticos e cristãos imprescindíveis para que no futuro ela possa não envolver-se com a droga.

De acordo com Schilaro e Rosa (1990), a linguagem musical possibilita desenvolver na criança diferentes aspectos comportamentais, porque quando ela canta,

> Está fazendo uma representação da representação construída através de uma leitura de mundo. Ao cantar, a criança utiliza ativamente a linguagem musical como um dos meios de representação do saber construído pela interação intelectual e afetiva da criança com o meio ambiente (1990, p. 17).

Dessa forma, a música se apresenta como "uma linguagem expressiva e as canções são veículos de emoções e sentimentos, e podem fazer com que a criança reconheça nelas seu próprio sentir" (SCHILARO; ROSA, 1990, p.19), principalmente porque "a expressão, como ação criadora, resulta de uma reflexão e de uma leitura do e sobre o mundo" (*Ibidem*).

A nosso ver, a melhor forma de trabalho pedagógico é aquela que proporciona a educação da pessoa inteira, criativa e crítica. A música, por excelência, somado ao trabalho temática das drogas, é capaz de proporcionar às crianças envolvidas no projeto EMMANUEL uma postura reflexiva e crítica da realidade da qual ela faz parte, propiciando situações enriquecedoras capazes de despertar nelas o interesse pelos assuntos propostos, bem como a conscientização de que as drogas, sejam elas quais forem, tendem a desfigurar no ser humano a imagem e semelhança de Deus.

Diante da necessidade detectada junto aos membros da igreja bem como de outras pessoas da comunidade pontaporanense, julga-se de grande relevância que o projeto EMMANUEL seja executado, fazendo que estas crianças usufruam dos inúmeros benefícios que a música e a catequese podem proporcionar-lhes, e com isso, fazer que a Igreja Sirian Ortodoxa em Ponta Porã (MS) invista em mais uma dimensão social, uma dimensão do seu compromisso com o evangelho.

4 OBJETIVOS

4.1 Geral

O projeto EMMANUEL, Coral da Igreja Sirian Ortodoxa de Ponta Porã – MS tem o objetivo de oportunizar aos seus membros e demais (crianças entre 6 a 10 anos de idade) que não foram catequizados e que estão em boa parte do tempo ociosas em relação às atividades de caráter cultural e de lazer, e que poderão ser possíveis vítimas ou usuários de drogas.

4.2. Específicos

1. Desenvolver habilidades técnicas-musicais nas crianças envolvidas.
2. Evangelizar (catequese) às crianças de acordo com os princípios catequéticos da Igreja Sirian Ortodoxa.
3. Incentivar o gosto pela música e leitura evangélicas.
4. Auxiliar para o desenvolvimento do conhecimento de mundo, suas conseqüências e eventuais envolvimentos com as drogas.

5 METODOLOGIA DE AÇÃO

As aulas de músicas e a catequese serão ministradas no próprio salão onde funciona a Igreja, uma vez que, no momento, não há outro ambiente disponível. Para a realização desses encontros necessitar-se-á de recursos didáticos, tais como: quadro, televisão, vídeo, dinâmicas, cartazes, músicas.

6 RECURSOS

6.1 Humanos

Professor de Música (Alexandre Villalba) e professora de catequese (Camila de Souza) e Padre Selcio de Souza Silva (colaborador)

6.2 Materiais

Becas, Quadro negro; televisão; aparelho DVD; CDs; impressora; cartolinas; livros de catequese; bíblia; papel A4; tesoura; lápis; apontador; borracha; cola e outros que se fizerem necessário.

Será parceiro do Projeto Emmanuel o Rotary Internacional, providenciando, pois, as becas para o Coral Emmanuel.

7 SISTEMA DE CONTROLE E AVALIAÇÃO

O processo de avaliação e controle do projeto EMMANUEL se fará por meio dos resultados que se pretende conseguir com o êxito do Coral, ou seja, o envolvimento de crianças entre 6 a 10 anos com a música e evangelização catequética, despertando nelas o gosto pela cultura musical, bem como pelos preceitos éticos-morais-cristãos que a Religião poderá lhes proporcionar.

Procurar-se-á de forma que os alunos tenham a oportunidade e sejam capazes de exteriorizar seu aprendizado, também contribuir para que o projeto se submeta aos devidos ajustes visando que os objetivos sejam alcançados e os alunos consequentemente beneficiados.

8 CRONOGRAMA DE EXECUÇÃO

AÇÕES / PROCEDIMENTOS	ANO: 2011/2012											
	MESES											
	A	M	J	J	A	S	O	N	D	J	F	M
Levantamento do número de crianças que não fizeram a catequese e que estão interessadas no projeto EMMANUEL.			X	X								
Início do projeto					X							
Período de execução do projeto (2011)					X	X	X	X	X			
Confecção das becas						X	X	X				
Apresentação no Rotary Internacional									X			
Apresentação Missa de Natal na Igreja Sírian Ortodoxa									X			
Recesso										X	X	
Avaliação da Comissão											X	
Retorno												X

9 ORÇAMENTO

ITENS A SEREM ADQUIRIDOS	V./UNID. R$	QUANT.	VALOR TOTAL R$
Tesoura pequena	1,25	05	6,25
Cartolina	0,40	10	4,00
Cola	1,00	05	5,00
Lápis	0,20	20	4,00
Borracha	0,20	20	4,00
Apontador	0,20	10	2,00
Papel A4	13,00	2	26,00
Televisão 21 PH	Já consta	Já consta	Já consta
Aparelho DVD	Já consta	Já consta	Já consta
Lanche no intervalo do Coral e Catequese	Doação	Rotary e	Igreja Sirian Ortodoxa
Confecção de becas	Doação	Rotary	Internacional
Remuneração (cinco meses) do professor (2010)	80,00	05	400,00
Total			**R$ 451,25**

10 REFERÊNCIA

AGUILERA, José Miguel Mendonza. **Missão Integral**. Apostila do curso de Teologia a Distância. Dourados: UNIGRAN, 2010.

ARMANI, Domingos. **Como elaborar projetos?**: guia prático para elaboração e gestão de projetos sociais. Porto Alegre: Tomo Editorial, 2008.

BURIOLLA, Marta A. Feiten. **O estágio supervisionado**. 4. ed. São Paulo: Cortez, 2006.

ROCHA, Calvino Teixeira da. **Responsabilidade Social da Igreja**. Londrina: Descoberta, 2003.

FREIRE, Paulo. **Pedagogia do Oprimido**. Rio de Janeiro: Paz e Terra, 2005.

____________. **Pedagogia da autonomia**: saberes necessários à prática educativa. São Paulo: Paz e Terra, 2003.

SEVERINO, Antônio Joaquim. **Metodologia do trabalho científico**. - 23. ed.- São Paulo: Cortez, 2007.

BENNETT, Roy. **Uma breve história da música**. Tradução Maria Teresa Resende Costa. Rio de Janeiro: Jorge Zahar, 1986.

NAPOLITANO, Marcos. **História & Música**. História cultural popular. Belo Horizonte: Autêntica, 2005.

SCHILARO, Nereide; ROSA, Santa. **Educação musical para a pré-escola**. São Paulo: Ática, 1990.

Retomando a conversa inicial

Ok pessoal, depois de tantos e bons exemplos agora é com vocês!!! Vamos para uma breve recapitulação?

• **Seção 1 - Exemplo de Projeto na área da Educação de Jovens e Adultos**

Percebemos que oportunizar às pessoas jovens e adultas da nossa comunidade o privilégio de aprender a ler e escrever, coopera de forma significante para a elevação da vida dessas pessoas.

• **Seção 2 - Exemplo de Projeto na área de Capelania Escolar**

Como mencionado pela autora, a Capelania Escolar é uma forma de contribuir com o processo de formação e disseminação de valores junto a crianças, adolescentes e jovens.

• **Seção 3 - Exemplo de Projeto na área de Capacitação de Liderança de Pequenos Grupos**

Fomos alertados(as) sobre a importância da capacitação das pessoas na igreja para seu fortalecimento e crescimento.

• **Seção 4 - Exemplo de Projeto na área de Evangelização com a Música**

Percebemos conforme exposto pelo autor do projeto os vários aspectos positivos que a música pode oferecer para a evangelização de crianças e adolescentes, bem como para seu processo educacional.

• **Seção 5 - Exemplo de Projeto na área de Musicalização Infantil como meio de Evangelização e Prevenção a Drogas**

Observamos também através deste projeto que a musicalização infantil pode em muito cooperar para inculcar princípios e valores, e auxiliar as crianças na prevenção às drogas.

Bem, acredito que cada projeto que apresentamos nesta nossa aula irá contribuir de forma significativa para a escolha da área em que poderão elaborar e desenvolver o projeto de vocês.

Meu desejo prezados(as) alunos(as), é que a partir dos exemplos mencionados possam fazer melhor, praticar projetos relevantes que contribuam profundamente para o aprendizado e crescimento de cada um(a), fazendo da prática teológica de vocês verdadeiro sinalizador do reino de Deus de forma que floresçam e frutifiquem no contexto em que estiverem inseridos(as).

Portanto, meus amados irmãos, sede firmes, inabaláveis e sempre abundantes na obra do Senhor, sabendo que, no Senhor, o vosso trabalho não é vão (1Co 15:58)

Obs.: Se houver dúvidas ao final desta aula poderão ser sanadas através das ferramentas **fórum ou quadro de avisos e chat**. Ou poderão ainda enviar para o e-mail ronel.pereira@unigran.br

Referências

AITKEN, Eleny Vassão de Paula. *Capelania*. Em: http://www.capelania.com. Acesso em: 24/03/2011.

ARMANI, Domingos. *Como elaborar projetos?*: Guia prático para elaboração e gestão de projetos sociais. Porto Alegre: Tomo Editorial, 2008.

BAPTISTA, Myrian Veras. *Planejamento*: Introdução à Metodologia do Planejamento Social. 3. ed. São Paulo: Editora Moraes, 1981.

BEZERRIL, Moisés. *Estudando em família*: projeto de capelania escolar para escolas de rede pública de ensino. Em:http://teologiaselecionada.blogspot.com. Acesso em 12/04/2011.

BIANCHI, Anna Cecília de Moraes. *Manual de orientação*: estágio supervisionado. São Paulo: Pioneira Thomson Learning, 2002.

Bíblia de Estudo Almeida. Barueri-SP: Sociedade Bíblica do Brasil, 1999.

Bíblia Sagrada. Nova Versão Internacional. Tradução da Sociedade Bíblica Internacional. São Paulo: Editora Vida, 2001.

BURIOLLA, Marta Alice Feiten. *Estágio supervisionado*. 3. ed. São Paulo: Cortez, 2001.

COHEN, Ernesto. *Avaliação de projetos sociais*. Petrópolis, RJ: Vozes, 1993.

KIVITZ,| Ed René. *A Teologia da Missão Integral*. Em: <http://www.ibab.com.br/revisao/files/teologia_missao_integral.pdf>. Acesso em: 22/06/2011.

NOGREIRA, Elias Batista. *Estudos sobre Capelania*. Em: http://cefip1.blogspot.com/2009/01/estudos-sobre-capelania.html. Acesso em: 23/03/2011.

Novo Dicionário Aurélio da Língua Portuguesa. 2ª edição revista e ampliada. Editora Nova Fronteira. Rio de Janeiro:1986.

PADILLA, René. *Missão Integral*: ensaios sobre o Reino e a Igreja. São Paulo: Temática Publicações, 1992.

PEREIRA, Ronel Dias. *O Evangelismo e suas Responsabilidades*. Dourados-MS. Faculdade Teológica Batista Ana Wollerman – FTBAW, 2006.

Presidência da República: <http://www.planalto.gov.br/ccivil_03/_ato2007-2010/2008/lei/l11788.htm>: Acesso em: 15/02/2011

QUISPE, Eugênio Jesus Luque. *Estágio Supervisionado I*. Dourados: UNIGRAN, 2009.

SILVA, G.. *O Estagio Supervisionado nas Faculdades de Teologia*: teoria e prática de um dos componentes curriculares.. Caminhando (online), Brasil, 15, ago. 2010. Disponível em: <https://www.metodista.br/revistas/revistas-ims/index.php/CA/article/view/2058/2266>. Acesso em: 17/02/2011.

WOILER, Sansão. *Projetos*: planejamento, elaboração, análise. São Paulo: Atlas, 1996.

ZWETSCH, Roberto E. *Missão como com-paixão*: por uma teologia da missão em perspectiva latino-americana. São Leopoldo: Sinodal; Quito: CLAI, 2008.

Graduação a Distância

5º SEMESTRE

Teologia

ELABORAÇÃO DO PROJETO DE PESQUISA

UNIGRAN *- Centro Universitário da Grande Dourados*

Rua Balbina de Matos, 2121 - CEP 79.824 - 9000
Jardim Universitário
Dourados - MS
Fone: (67) 3411-4141 / Fax: (67) 3411-4167

Os artigos de sites e revistas indicados para a leitura foram registrados como nos originais.

Apresentação da Docente

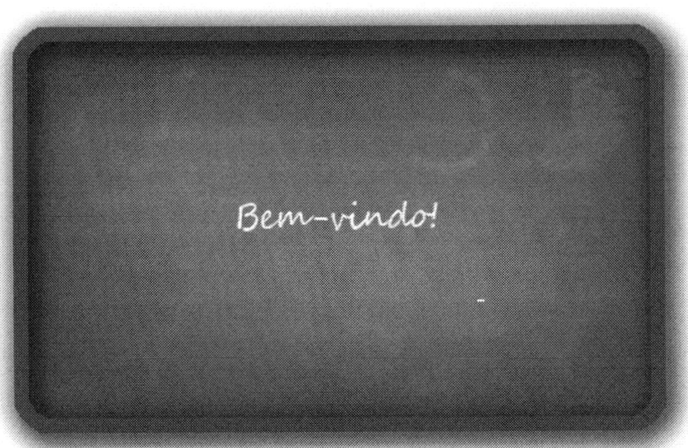

Ronel Dias Pereira

Possui graduação em Teologia pela Faculdade Teológica Batista Ana Wollerman (2006), graduação em Serviço Social pelo Centro Universitário da Grande Dourados (2010). Possui especialização em Metodologia do Ensino Superior pelo Centro Universitário da Grande Dourados (2011), e mestrado em Teologia pela Faculdade Batista do Paraná (2016).

PEREIRA, Ronel Dias. Elaboração do Projeto de Pesquisa. Dourados: UNIGRAN, 2020.

44 p.: 23 cm.

1. Pesquisa. 2. Projeto.

Sumário

Conversa inicial 4

Aula 01
Regulamento para elaboração do Projeto de Pesquisa e TCC...5

Aula 02
O Projeto de Pesquisa 9

Aula 03
Considerações para elaboração e delimitação do tema de Pesquisa para o TCC 15

Aula 04
Associação Brasileira de Normas Técnicas – ABNT 19

Aula 05
A escrita científica na elaboração do Projeto de TCC 25

Aula 06
Exemplo de Projeto de Pesquisa 29

Aula 07
Exemplo II: Projeto de Pesquisa 35

Aula 08
Organização e Formatação Final do Projeto de Pesquisa 39

Referências 44

Conversa Inicial

Prezados(as) estudantes,

Bem-vindos(as) à nossa disciplina de Elaboração do Projeto de Pesquisa. É com grande alegria que caminharemos juntos!

Creio que já sabem da importância de realizar bem esta disciplina, motivados(as) pelo desejo da realização de um excelente trabalho de fim de curso! Observo que a elaboração do Projeto de Pesquisa com vistas à realização do Trabalho de Conclusão de Curso - TCC será uma oportunidade singular para externar, habilidades adquiridas no decorrer do curso, bem como aprofundar conhecimentos em uma área específica da teologia de acordo com o tema que cada um(a) irá desenvolver sua pesquisa.

Desejo que consigamos ter boa compreensão do real significado da realização desta disciplina e que possamos aproveitar bem esta oportunidade de pesquisa e elaboração do Projeto para o TCC. Que este exercício seja de fato para o nosso crescimento e nos propicie ampliação e solidificação de conhecimentos!

Nesta disciplina, caminharemos juntos a partir dos seguintes títulos: Aula 01: Regulamento para elaboração do Projeto de Pesquisa e TCC; Aula 02: O Projeto de Pesquisa; Aula 03: Considerações para elaboração e delimitação do tema de pesquisa para o TCC; Aula 04: Associação Brasileira de Normas Técnicas – ABNT; Aula 05: A escrita científica na elaboração do Projeto de TCC; Aula 06: Exemplo de Projeto de Pesquisa; Aula 07: Exemplo II: Projeto de Pesquisa; Aula 08: Organização e formatação final do Projeto de Pesquisa.

Acredito que os temas apresentados nas aulas sejam objetivos e a partir deste material, tenham condições de realizar com sucesso esta primeira etapa do processo para o TCC que se faz necessário na reta final do curso. Desejo verdadeiramente que ao final da leitura, tenham suas habilidades ampliadas para sua proposta de pesquisa e elaboração.

A minha expectativa é que tenhamos sucesso nessa caminhada de compartilhamento de ideias e conhecimentos, também que sejamos felizes no exercício desta disciplina, considerando que o processo de ensino-aprendizado requer de cada um(a) esforços e disposição para a realização de cada tarefa a nós proposta.

Desejo sucesso, boa leitura e excelentes realizações!

Sejam muito bem-vindos(as)! Sintam-se vistas acolhidos(as)!

Prof. Msc. Ronel Dias Pereira

Aula 1º

REGULAMENTO PARA ELABORAÇÃO DO PROJETO DE PESQUISA E TCC

Prezados(as) alunos(as) do curso de Teologia da UNIGRAN Ead, bem-vindos(as) a nossa primeira aula da disciplina Elaboração do Projeto de TCC. Desejo que tenhamos sucesso e boas realizações nesse belo exercício de ensino-aprendizado!

Propomos para esta aula as normas que facilitarão o desenvolvimento do Projeto de Pesquisa para o TCC. Também daremos as diretrizes que auxiliarão vocês no cumprimento das exigências e continuidade do trabalho para obtenção do Grau de Bacharel em Teologia que faremos a segunda etapa no próximo semestre, o qual será denominado de Trabalho de Conclusão de Curso TCC.

Para tanto, apresentaremos nesta aula os principais pontos que regulamentam o processo de elaboração do Projeto de Pesquisa e TCC, no desejo de deixar bem claro sobre as responsabilidades que cabem a cada um de nós nesse exercício.

Vale ressaltar que o Trabalho de Conclusão de Curso TCC, inicia-se com a elaboração do Projeto de Pesquisa neste semestre, e o resultado final será um Artigo Científico no próximo semestre. Entendido? Vamos continuar?

Bons estudos!

Objetivos de aprendizagem

Ao término desta aula, vocês serão capazes de:

- compreender os procedimentos para elaboração do Projeto de TCC;
- identificar as competências dos docentes e discentes nesse processo de realização do TCC.

Seções de estudo

1. Regulamento para desenvolvimento do TCC

1 - Regulamento para desenvolvimento do TCC

I. DAS DISPOSIÇÕES PRELIMINARES

Art. 1º. Este regulamento tem por finalidade normatizar as atividades relacionadas com o Trabalho de Conclusão de Curso, requisito indispensável para conclusão do grau de Bacharel em Teologia, do Curso Ministerial.

Art.2º. O Trabalho de Conclusão de Curso da graduação de Teologia tem por finalidade proporcionar aos alunos(as) a oportunidade de demonstrar as habilidades adquiridas ao longo do Curso de Teologia, bem como aprofundar teoricamente, adquirir percepção crítica e poder de síntese relacionada à área de estudo.

Art.3º. Para a realização do Trabalho de Conclusão de Curso são consideradas as seguintes áreas, referente à atuação e formação do(a) Teólogo(a): *Bíblia, Teologia, História, Prática e Auxiliares.*

Art.4º. A Elaboração do Trabalho de Conclusão de Curso sob orientação de um professor visa proporcionar ao aluno a oportunidade de demonstrar sua capacidade de identificar, desenvolver pesquisas científicas, mostrar através de estudos, caminhos para procedimentos experimentais nas diversas áreas.

Visa também, ser um instrumento para que o(a) aluno(a) possa expor sua capacidade de reflexão crítica adquirida ao longo do curso, demonstrando a relevância social, cultural e teológica do estudo.

II. DOS PROFESSORES ORIENTADORES

Art.5º. Poderão orientar o Trabalho de Conclusão de Curso os docentes do Curso de Teologia que no decorrer do curso ministraram uma ou mais disciplinas.

Art.6º. Os professores-orientadores de conteúdo serão indicados pelo professor da disciplina Elaboração do Projeto de TCC, conforme a área de pesquisa escolhida pelo discente em acordo com área de formação e conteúdo ministrado pelo docente.

Parágrafo Único. O aluno poderá a partir do seu tema manifestar seu interesse por algum docente do curso, havendo disponibilidade e coerência com sua área de formação o professor de Elaboração do Projeto de TCC, dará o deferimento! Caso muitos alunos escolham a mesma área de pesquisa e havendo sobrecarga para algum docente, ficará a critério do professor desta disciplina, distribuir as orientações entre outros professores ou, se necessário, indicar mudança de linha de pesquisa.

Art.7º. O aluno ou aluna poderá livremente fazer indicação do docente que desejar para sua orientação no processo de pesquisa e elaboração do seu trabalho, mas ficará a critério do professor da disciplina Elaboração do Projeto de TCC, a decisão final para definir o orientador.

Art.8º. Cada professor poderá orientar até *08 alunos* por semestre letivo. Que serão escolhidos por área de pesquisa e domínio de conteúdo.

Art.9º. A troca de orientador será permitida somente se o outro docente assumir formalmente a orientação do Trabalho de Conclusão de Curso, desde que o primeiro professor orientador expresse desejo de substituição.

Parágrafo Único: É da competência do professor de Elaboração do Projeto de TCC, juntamente com o coordenador do curso a solução de casos especiais podendo, se necessário, encaminhá-lo à decisão da Direção Geral do curso de Teologia EaD.

Art.10º. A responsabilidade pela elaboração do Projeto e TCC é inteiramente do aluno, o que não isenta o professor-orientador de desempenhar adequadamente, dentro das normas definidas neste regulamento, as atividades decorrentes da orientação.

Parágrafo Único: Os conteúdos expressos nos artigos não representam obrigatoriamente o pensamento do professor-orientador. No entanto, o aluno deve, mediante orientação, buscar um conteúdo que, mesmo "divergindo" do orientador seja relevante e coerente com a área proposta.

III. REALIZAÇÃO DO TRABALHO DE CONCLUSÃO DE CURSO

Art.11º. Só poderá realizar o Trabalho de Conclusão de Curso o aluno devidamente matriculado no Curso de Teologia da Unigran Ead.

Art.12º. O aluno em fase de realização do Trabalho de Conclusão de Curso tem, entre outros, os seguintes deveres:

a. Cumprir com as exigências das disciplinas: Elaboração do Projeto de TCC e Trabalho de Conclusão de Curso, enviando as atividades conforme critérios estabelecidos e/ou previamente avisados pelo professor.

b. Manter contato com o professor orientador para discussão e aprimoramento de sua pesquisa por e-mail e outros meios de comunicação estabelecidos em comum acordo entre orientador e orientando.

c. Pesquisar e elaborar a versão final do TCC de acordo com o presente regulamento e as instruções de seu orientador.

d. Encaminhar a versão final do Projeto e TCC pelo e-mail (ou Portfólio) da disciplina, até a data estipulada pelo professor, no início do semestre letivo. O aluno que não entregar o Projeto e TCC na data estipulada será considerado reprovado.

IV. DESENVOLVIMENTO DO TRABALHO

Art.13º. O Projeto de pesquisa para elaboração do TCC proposto pelo aluno, deverá envolver questões relacionadas ao Curso de Teologia.

- As áreas temáticas sugeridas no Artigo 3º irão nortear a escolha do tema para o TCC, assim como as atividades teóricas e práticas, desenvolvidas durante o curso.

- Tanto o tema quanto o orientador são de livre escolha do aluno. No entanto, quanto ao orientador, como disposto no Art. 6º, estará orientando aqueles alunos que fizerem a indicação primeiro. Sempre visando a área de atuação do orientador.

Art.14º. A elaboração do Projeto de pesquisa e o Artigo de TCC devem estar de acordo com este regulamento, com as devidas orientações do professor de conteúdo e do professor das disciplinas Elaboração do Projeto de TCC e Trabalho de Conclusão de Curso.

V. AVALIAÇÃO DO TCC

Art.15º. A avaliação do Trabalho de Conclusão de Curso de Teologia segue as seguintes etapas:

- Orientações periódicas por parte do professor-orientador e do professor da disciplina Elaboração do Projeto de TCC, de acordo com a proposta de cada etapa das disciplinas e à medida que forem requeridos pelos alunos.
- Entrega do Artigo TCC final em que serão avaliados os seguintes critérios: formatação pelo professor de formas e avaliação do conteúdo pelo(a) orientador(a). Esta avaliação poderá ser alterada pelo professor da disciplina, desde que sejam informados em Plano de Ensino os novos critérios adotados.

Art.16º. A avaliação do Projeto e Artigo TCC será através da verificação da relevância do tema, seja ele científico, social ou teológico; também serão avaliados o poder de síntese do aluno, o embasamento teórico e o alcance dos objetivos propostos no início do trabalho, além de clareza e coerência como chave para compreensão do tema. O aluno precisa demonstrar no trabalho final que não só compreendeu o caráter científico como também prático do discurso teológico a que se propôs ao longo do curso.

Art.17º. O aluno será aprovado no Curso de Teologia se obtiver média final igual ou superior a 7,0 (sete). O aluno será considerado reprovado se a média final for inferior a 7,0 (sete).

VI. ASSUNTOS GERAIS

Art. 18º. Os casos de omissão e descaso com as disciplinas Elaboração do Projeto de TCC e Trabalho de Conclusão de Curso, serão julgados pela coordenação do curso que tomará as decisões cabíveis, tanto em nível pessoal ou em caso de movimentos que prejudiquem o bom andamento do trabalho.

Art.19º. Todas as dúvidas quanto ao regulamento devem ser esclarecidas mediante explicação do professor das disciplinas, e se necessário, da coordenação do Curso de Teologia EaD.

Pois bem, como observaram! Nesta aula apresentamos apenas as principais normativas para o processo de confecção do TCC, como antes já esclarecido, será um trabalho realizado nos dois últimos semestres do curso. 5º. *Elaboração do Projeto de TCC para escolha do tema, levantamento bibliográfico e elaboração da Proposta de Pesquisa*; 6º. *Trabalho de Conclusão de Curso para pesquisa e elaboração do Artigo Científico.*

Foram mencionadas as regulamentações básicas que irão nos auxiliar para melhor compreensão dos direitos e deveres na relação docente e discente no exercício das disciplinas voltadas ao processo de elaboração do Projeto de TCC e Trabalho de Conclusão de Curso.

Imagino que as informações apresentadas nesta aula não consigam responder todas as indagações e dúvidas que vocês terão no decorrer da disciplina relacionadas aos regulamentos que norteiam o processo do TCC.

Diante disso, meus caros alunos e alunas! É de fundamental importância que estejamos dispostos a estabelecer uma relação recíproca nessa tarefa de ensino-aprendizado, fazendo uso constante das ferramentas disponíveis para nossa comunicação, bem como dos nossos encontros presenciais mediatizados pelos facilitadores, os quais irão permitir minimizar as dificuldades e incompreensões que surgirem, bem como no compartilhamento de nossos conhecimentos!

Bem, diante do exposto, expresso profundo desejo que este regulamento seja compreendido por todos(as) e que ao longo da disciplina as dúvidas sejam sanadas de forma que tenhamos excelentes realizações de ensino-aprendizado!

Até aqui estamos entendidos (as)? Pois bem, será importante que participem das reflexões promovidas na nossa página virtual, também do compartilhamento hermenêutico dos colegas de curso na plataforma! Seja participativo/a!

1 - Regulamento para desenvolvimento do TCC

Nesta seção, apontamos para alguns dos principais esclarecimentos relacionados ao Projeto de Elaboração do TCC e do Trabalho de Conclusão de Curso que serão desenvolvidos em duas etapas, a saber: *Elaboração do Projeto de TCC* no 5º semestre; *Trabalho de Conclusão de Curso* no 6º semestre.

Destacamos que na disciplina de *Elaboração do Projeto de TCC* faremos a confecção da nossa proposta de pesquisa, para tanto, será necessário: definição de tema, levantamento bibliográfico, elaboração do projeto, orientações de formatação e indicação do orientador de conteúdo; no Trabalho de Conclusão de Curso como já informado, será dedicado para: exercício de leituras e pesquisas, elaboração, orientações de formatação e conteúdo, entrega do Artigo Científico final, ou se preferir do TCC final.

Obs.: Se houver dúvidas ao final desta aula poderão ser sanadas através das ferramentas virtuais fórum e quadro de avisos. Atividade referente a aula será solicitada na ferramenta ATIVIDADES da página virtual da Unigran Ead.

8

Vale a pena

Vale a pena ler

BARUFFI, H. *Metodologia da Pesquisa*: Manual para Elaboração da monografia. 4. ed. Dourados: HBedit, 2004.

GRESSLER, Lori Alice. *Introdução à pesquisa*: projetos e relatórios. 2. ed. ver. atual. São Paulo: Loyola, 2004.

LEITE, Fábio H. C. et al. *Produção do Trabalho de Conclusão de Curso*. Dourados MS: SIRIEMA, 2011.

LEITE, Fabio H. C. et al. *Normas para o Trabalho de Conclusão de Curso*. 2. ed. Dourados, MS: UNIGRAN, 2008.

MARTINS, Gilberto de Andrade. *Manual para elaboração de monografias e dissertações*. São Paulo: Atlas, 2000. Disponível em: http://www.eac.fea.usp.br/eac/observatorio/metodologia-artigo.asp. Acesso em 04/08/2019.

Minhas anotações

Aula 2º

O PROJETO DE PESQUISA

Prezados(as) estudantes,

Vamos para nossa segunda aula? Sinta-se mais uma vez acolhido/a!

Na aula anterior, vimos que no processo de desenvolvimento do TCC, será necessário primeiro a elaboração de um Projeto de Pesquisa, no qual estruturaremos as ideias e apresentaremos de forma organizada quais serão os procedimentos que adotaremos para a elaboração do nosso Artigo Científico TCC.

Julgo, portanto, ser oportuno nesta aula já apresentar uma estrutura de Projeto de Pesquisa com as devidas explicações de cada etapa que o compõe, pois uma boa elaboração deste, contribuirá de forma significante para realizarmos com sucesso o nosso TCC final, o Artigo Científico.

Devo esclarecer que o Projeto de Pesquisa para o TCC deverá ser elaborado nesta disciplina, pois será a partir do tema proposto e desenvolvido no projeto que indicarei o(a) orientador(a) de conteúdo conforme área de formação e atuação docente como apresentado e esclarecido também na aula anterior.

Preciso informar ainda que a estrutura que iremos apresentar e comentar cada uma de suas etapas, será a mesma que vocês deverão desenvolver a partir do tema que escolher para sua Elaboração do Projeto de TCC.

O conteúdo da nossa próxima aula vai auxiliar vocês na escolha e delimitação do tema de pesquisa, ok? Com este projeto comentado já no início, sei que vai ficar mais fácil elaborar o seu Projeto de Pesquisa, pois precisamos ser mais objetivos e aproveitar bem o tempo que temos para elaboração tanto do Projeto de Pesquisa, como do TCC.

Afinal, o tempo já passa depressa e quando se trata de determinado período específico para o processo de elaboração de TCC, os dias ficam ainda menores, mas deixemos que a experiência de cada um/a confirme a hipótese! Vamos ao exemplo?

Bons estudos!

Objetivos de aprendizagem

Ao término desta aula, vocês serão capazes de:

- identificar as principais etapas que compõem o Projeto para o TCC;
- entender como elaborar o Projeto de Pesquisa de acordo com as normas e técnicas necessárias.

Seções de estudo

1. O Projeto de TCC: identificação das etapas

1 - O Projeto de TCC: identificação das etapas

CURSO DE TEOLOGIA EaD

I. INFORMAÇÕES GERAIS SOBRE O PROJETO

CURSO: Teologia EaD	
PROFESSOR/A: Mcs. Ronel Dias Pereira	
NOME DO ACADÊMICO (A): preencher	
TEMA: preencher	
INÍCIO: Data de início da disciplina	TÉRMINO: Data de encerramento da disciplina
NOME DO ORIENTADOR DE CONTEÚDO: Será indicado pelo professor da disciplina Elaboração do Projeto de TCC (caso tenha um(a) professor(a) que gostaria como orientador(a) ou teve contato prévio poderá indicar o nome, havendo possibilidade o/a indicarei)!	
ÁREA DA PESQUISA: Teologia Bíblica? Teologia e História? Teologia Prática? Ciências Auxiliares? *(na próxima aula abordaremos sobre as áreas teológicas e suas especificidades)*	

II. INTRODUÇÃO

A Introdução deverá ser feita no final da elaboração do projeto. Aqui deverá apresentar de forma breve e objetiva: o tema, o objetivo que deseja alcançar com esta pesquisa e a metodologia que irá utilizar para chegar ao objetivo geral proposto.

Não deve ser separada por tópicos e subtópicos visto que já estará na elaboração do projeto, mas sim em um texto único, breve e corrido (entre dois a três parágrafos). É nesta etapa que o projeto de vocês será apresentado de forma clara e objetiva.

III. PALAVRAS CHAVE

As palavras chave são entre três e quatro, com as quais irão indicar os conceitos mais importantes que será trabalhado na pesquisa, em razão disso, devem estar diretamente ligadas ao tema a partir do qual se desenvolverá a pesquisa para elaboração do TCC.

Por exemplo:
1) Evangelização;
2) Missão integral;
3) Teologia prática.

IV. PROBLEMATIZAÇÃO

Sem problema não há pesquisa! Mas, para formular um problema de pesquisa, urge fazer algumas considerações pertinentes no sentido de evitar equívocos. Em primeiro lugar, é preciso fazer uma distinção entre o problema de pesquisa e os problemas do acadêmico.

O desconhecimento, a desinformação, a dúvida do pesquisador em relação a um assunto e/ou tema *não constitui um problema de pesquisa*. Essas lacunas podem ser resolvidas com leituras seletivas e aprofundadas dispensando, portanto, um projeto de pesquisa.

Em segundo lugar, *não confundir tema com problema*. O tema é o assunto geral que é abordado na pesquisa e tem caráter amplo. *O problema focaliza o que vai ser investigado dentro do tema da pesquisa*. Devo lembrar, meus caros(as) alunos (as), que o problema não surge do nada, mas é fruto de leitura e/ou observação do que se deseja pesquisar.

Nesse sentido, vocês deverão fazer leituras de obras que tratem do *tema* que escolherem e no qual está situada a pesquisa, bem como observar – direta ou indiretamente – o fenômeno (fato, sujeitos) que se pretende pesquisar para posteriormente, formular questões significativas sobre o problema. *A formulação mais frequente de um problema na literatura sobre metodologia da pesquisa ocorre, de maneira geral, em forma de uma questão ou interrogação.*

De acordo com Baruffi (2004, p. 60), "A problematização constitui uma fase do trabalho em que se busca esclarecer a questão que preocupa, inquieta ou desperta a curiosidade do pesquisador". Portanto, é o momento oportuno para se indagar a partir do tema e verificar a validade científica de um problema, ou seja, indicar com clareza qual a dificuldade que se pretende resolver com sua pesquisa.

Conforme Leite (2011, p. 76),

> O problema é a mola propulsora de todo trabalho de pesquisa. Depois de definido o tema, levanta-se uma questão para ser respondida por meio de uma hipótese, que será confirmada ou negada através do trabalho de pesquisa. O problema é criado pelo próprio autor e relacionado ao tema escolhido. O autor, no caso, criará um questionamento para definir a abrangência de sua pesquisa. O problema deve, preferencialmente, ser expresso em forma de pergunta. Ex.:
> Tema - A educaçao da mulher: a perpetuação da injustiça.
> Problema: de que forma a mulher é tratada pela sociedade?

Sugestão: Cuidado com o excesso de perguntas levantadas. Na problematização vocês precisarão fazer a(as) pergunta(as) certa(as). Quanto mais você perguntar, mais trabalho terá para respondê-las, visto que o objetivo com a pesquisa que irá/irão realizar deverá ser de responder as perguntas que forem feitas. Assim, só faça mais de uma pergunta se elas estiverem inter-relacionadas com a pergunta principal que motivou sua pesquisa.

V. REVISÃO DE LITERATURA PARA FUNDAMENTAÇÃO TEÓRICA

Nessa etapa do projeto, como o próprio nome indica, analisam-se as mais recentes obras científicas disponíveis que tratem do assunto ou que deem embasamento teórico e metodológico para o desenvolvimento do projeto de pesquisa. Este item representa a base teórica que vai fundamentar a reflexão e a argumentação do/a pesquisador/a.

Em razão disso, de acordo com Leite (2011, p. 76):

> Na redação desse item, o aluno deve apresentar uma revisão de literatura, mostrando os trabalhos mais recentes, produzidos na área da investigação, levantando questões, evidenciando tendências e, percebendo qual a razão de sua importância e os benefícios que o estudo poderá proporcionar para o conhecimento sobre o assunto.

É aqui também que são explicitados os principais conceitos e termos técnicos a serem utilizados na pesquisa. Devem ser priorizadas literaturas que tratem do seu tema de forma acadêmica, para tanto, busquem ler *artigos científicos em periódicos nacionais e internacionais, livros já publicados, monografias, dissertações de mestrado e teses de doutorado,* pois estes constituem excelentes fontes de consulta.

Devo ainda destacar que neste item deverá constar no mínimo *cinco (05)* obras ou referenciais bibliográficos distintos, pois uma pesquisa só será possível se houver fontes que possam ser consultadas.

Chamo sua atenção para que tenha cuidado na utilização e citação correta de textos da internet conforme ABNT, pois o uso incorreto poderá ocasionar o plágio que é uma ação ilegal. Fiquem atentos (as)!

VI. JUSTIFICATIVA

A justificativa constitui uma parte fundamental do projeto de pesquisa. É nessa etapa que precisamos convencer o leitor (professor, examinador e demais interessados no assunto) de que o projeto deve ser desenvolvido. Para tanto, na justificativa devemos abordar os seguintes elementos: *a delimitação e a relevância da pesquisa a ser realizada.* Será necessário responde as perguntas *"Por Quê? e Para Quê devo fazer esta pesquisa?"*

DELIMITAÇÃO: Na delimitação o(a) acadêmico (a) responderá a pergunta *"O que* estou pesquisando?" É o momento de apresentar a *intenção de pesquisa.* Como é impossível abranger em uma única pesquisa todo o conhecimento de uma área, devem-se fazer recortes a fim de *focalizar o tema,* ou seja, selecionar uma parte num todo.

Delimitar, pois, é pôr limites. Por exemplo: Não se pesquisa para a produção de um Artigo Científico toda a história do protestantismo no Brasil. O pesquisador precisa delimitar um tempo menor. O conceito de protestantismo que está usando em sua pesquisa. A denominação/confissão em questão: *Batista, Metodista, Luterana, Presbiteriana etc.* O referencial teórico que será usado nesta pesquisa, e por aí vai.

RELEVÂNCIA: Na relevância o(a) acadêmico(a) responderá a pergunta: "*Para quê/por quê* devo fazer esta pesquisa?" *(o motivo da pesquisa).* Para tanto, deverá mostrar a *relevância teológica e social de sua pesquisa.*

Com "Relevância Teológica" o(a) acadêmico(a) deverá demonstrar a contribuição da sua pesquisa para as discussões teológicas relacionadas a seu tema nos círculos acadêmicos.

Com "Relevância Social" o(a) acadêmico(a) deverá demonstrar a contribuição da sua pesquisa para um envolvimento prático da igreja com os problemas concretos da sociedade, ou seja, como sua pesquisa pretende ser relevante para mobilizar a igreja para lutar contra as injustiças sociais, violência doméstica, desajustes familiares etc.

De acordo com Gressler (2004, p. 111-112):

> A justificativa posiciona o projeto no contexto científico e tecnológico. Deve esclarecer por quê o tema foi escolhido, qual a sua oportunidade e relevância socioeconômica, cultural ou histórica. Deve, também, levar em conta o potencial do estudo de vir a interessar ou afetar as pessoas, instituições, meio ambiente, entre outros. Pode, ainda, apontar a potencialidade do assunto de conduzir a resultados originais, assim como a viabilidade de execução do estudo, que deve considerar prazos, recursos e aptidão pessoal do pesquisador.
> Em síntese, a justificativa do projeto deverá responder à seguinte pergunta: por quê executar o projeto? Ao apresentar as razoes que comporão a resposta, deve-se levar em consideração que a justificativa:
> a) Esteja diretamente relacionada com a questão abordada;
> b) Reforce os dados e as estatísticas apresentadas, fundamentando a existência da questão e a necessidade de que ela seja resolvida.

IMPORTANTE: O texto da justificativa deve ser único sem tópicos e subdivisões. Lembrando que vocês deverão usar o máximo possível do conhecimento obtido na revisão da literatura para apresentar a delimitação e a relevância de sua pesquisa, sempre citando os teóricos conforme as normas da ABNT.

VII. OBJETIVOS

Geral

O Objetivo Geral se refere ao elemento que dá direcionamento ao trabalho, indica o alvo que se pretende atingir com a pesquisa dando uma visão geral do que deseja alcançar.

Exemplo de objetivo geral:

Possibilitar (ação) aos alunos e alunas caminhos básicos da Evangelização a partir de uma perspectiva da

Missão Integral *em busca de* (motivo da ação) favorecer-lhes ferramentas para uma prática teológica relevante à nossa sociedade latino-americana.

Específicos

Refere-se ao caráter mais concreto da pesquisa, "ao tema em si". Ações particulares que levarão ao alcance da ação principal o (Objetivo Geral).

1- Os objetivos específicos deverão ser formulados em forma de **ações** que **buscarão** responder suas perguntas (problematização), ou seja, as inquietações que motivaram na elaboração desta pesquisa.

2- Estes objetivos precisam sempre iniciar as sentenças com **verbos no infinitivo** que informarão "qual a ação que será prestada" pelo sujeito da ação. A segunda parte da sentença sempre deverá "ligar" a ação do sujeito com o "motivo" da ação através de uma das preposições: "para" ou "a fim de que", ou "em busca de" etc.

Exemplo de objetivos específicos:

1. **Raciocinar** criticamente sobre as diversas linhas teológicas que debatem sobre a evangelização e missão integral *em busca de* alcançar autonomia reflexiva sobre o tema.
2. **Construir** uma teologia prática *que busca* valorizar o ser humano e a vida na sua integralidade.
3. **Refletir** a importância da evangelização *a fim de que* a experiência de conversão e salvação aconteça em todas as dimensões da vida.

VIII. METODOLOGIA

Responde a pergunta: *como farei esta pesquisa?* É a explicação de como será realizada a pesquisa, detalhes do método do trabalho. É a explicação do tipo de pesquisa, do instrumental utilizado, no nosso caso é aconselhável que a pesquisa seja bibliográfica, a qual de acordo com Baruffi (2004) busca dar explicações a partir de referenciais teóricos que já foram publicados. Permite ao pesquisador um contato direto com o que foi escrito sobre determinado assunto.

No entanto, para este tipo de pesquisa se faz necessário ao pesquisador analisar criticamente os conteúdos seja em documentos, artigos científicos, livros dentre outros materiais pesquisados. Recomenda-se que especifique aqui o referencial teórico que utilizará em sua pesquisa.

IX. BIBLIOGRAFIA

A Bibliografia deve ser colocada obedecendo às normas da ABNT (na Aula 04 trataremos sobre ABNT para facilitar nossa compreensão de regras necessárias às elaborações do Projeto de TCC). Os livros, *sites*, revistas etc. que vocês utilizarão na pesquisa (no mínimo cinco) referenciais teóricos para o projeto, pois no decorrer da pesquisa outros textos e obras serão acrescentados.

Reafirmo que em uma das aulas seguintes iremos apresentar partes da *ABNT e normas* que julgamos de maior necessidade para que possam realizar bem a bibliografia, bem como as citações bibliográficas. Afinal, pode ser que alguns de vocês tenham esquecido algumas regras e formas que serão indispensáveis na elaboração do TCC!

Muito bem! Diante do exposto, precisamos estar esclarecidos(as) caros alunos(as) que a construção de um Projeto de Pesquisa e elaboração de um Artigo Científico de TCC pode ser um processo prazeroso, no qual vocês poderão sentir-se realizados(as) no decorrer das pesquisas e conclusões.

Mas preciso alertar que isso só será possível se desde o início vocês se propuserem com seriedade a partir da escolha do assunto e o tema a ser estudado. Eco (2003, p. 6) fala sobre a importância de escolher bem o assunto e o tema a ser tratado. Ele escreve dando "dicas" para a elaboração de teses, mas que podem ser aplicadas na construção de um artigo. O autor afirma que "quem quer fazer uma tese deve fazer uma tese que esteja à altura de fazer". Ou seja, não podemos querer falar de um assunto ou tema que foge ao nosso alcance e conhecimento.

Só para exemplificar, se escolhermos pesquisar a Teologia Sistemática de Paul Tillich, mas nunca lemos um capítulo sequer desta obra, como consequência, conhecemos pouco o pensamento desse teólogo ou não temos nem ideia do que o autor fala. Esse, no entanto, deverá ser um assunto fora de cogitação.

São aspectos iguais e/ou semelhantes a este que vocês precisam atentar na hora de escolher o assunto e delimitar o tema que desenvolverão o TCC.

Recomendo que pensem em assuntos que lhes despertem interesse, vão por ordem de eliminação e procurem decidir por área da teologia que mais se identifiquem. São dicas básicas que podem ajudar e permitir que a pesquisa que irão realizar não seja complicada, mas se torne prazerosa em mais esta experiência nas suas vidas.

Até aqui estamos entendidos(as)? Pois bem, será importante que participem das reflexões promovidas na nossa página virtual, também do compartilhamento hermenêutico dos colegas de curso na plataforma! Seja participativo/a!

1 - O Projeto de TCC: identificação das etapas

Desenvolvemos um modelo de projeto de pesquisa e explicamos cada uma das etapas que o compõem, destacamos os pontos principais de cada parte e buscamos exemplificar sua elaboração passo a passo! Desejo sinceramente que este processo tenha facilitado um pouco mais a vida de vocês nesse momento de grande importância no curso!

Vale a pena

Vale a pena **ler**

BARUFFI, H. *Metodologia da Pesquisa*: Manual para Elaboração da monografia. 4. ed. Dourados: HBedit, 2004.

DEMO, Pedro. *Introdução a Metodologia da Ciência*. 5. ed. São Paulo: Atlas, 1995. Disponível em: https://goo.gl/X9ieeQ. Acesso: ago/2019.

GIL, Antonio Carlos. *Como Elaborar Projetos de Pesquisa*. 6. ed. São Paulo: Atlas, 2017.

GRESSLER, Lori Alice. *Introdução à pesquisa*: projetos e relatórios. 2. ed. ver. atual. São Paulo: Loyola, 2004.

LEITE, Fábio H. C. et al. *Produção do Trabalho de Conclusão de Curso*. Dourados MS: SIRIEMA, 2011.

MARCONI, Marina A; LAKATOS, Eva Maria. *Fundamentos de Metodologia Científica*. 8. ed. São Paulo: Atlas, 2017.

MARTINS, Gilberto de Andrade. *Manual para elaboração de monografias e dissertações*. São Paulo: Atlas, 2000. Disponível em: http://www.eac.fea.usp.br/eac/observatorio/metodologia-artigo.asp. Acesso: ago/2019.

MOTTA-ROTH, Desiree; RENGES, Graciela R. *Produção Textual na Universidade*. São Paulo: Parábola Editorial, 2010.

Minhas anotações

Minhas anotações

Aula 3º

CONSIDERAÇÕES PARA ELABORAÇÃO E DELIMITAÇÃO DO TEMA DE PESQUISA PARA O TCC

Olá, bem-vindo/a à nossa terceira aula de Elaboração do Projeto de TCC. Nota-se que para realização de um Projeto de Pesquisa e elaboração do Artigo Científico TCC, se faz necessário começar pela escolha e/ou definição do tema de pesquisa! Em razão disso que abordaremos nesta aula sobre considerações para elaboração e delimitação do tema de pesquisa para o TCC.

Para que consigamos alcançar os objetivos propostos trabalharemos a partir do conteúdo apresentado por Rocha (2012), pois se trata de informações relevantes para começar bem o processo de elaboração do nosso TCC. Não tenho dúvidas que irá auxiliar muito nesta etapa inicial do trabalho de vocês, portanto, leiam com atenção!

Você sabe ou lembra quais são as "Áreas de Pesquisa" da Teologia? E Qual a diferença entre "Assunto" e "Tema" de pesquisa? Pois bem! Estaremos revendo estas áreas e aprendendo alguns princípios básicos para definição e elaboração da Pesquisa do TCC. Vamos à aula?

Bons estudos!

Objetivos de aprendizagem

Ao término desta aula, vocês serão capazes de:

- conhecer especificamente cada área de pesquisa da Teologia para situar seu interesse de pesquisa;
- distinguir claramente entre "Assunto" e "Tema" de pesquisa tanto na relação de pertença como na delimitação;
- definir e delimitar um tema de pesquisa para realização do Trabalho de Conclusão de Curso.

16

Seções de estudo

1. As especificidades das áreas na Teologia
2. A delimitação do assunto dentro de uma área de pesquisa
3. A distinção entre Assunto e Tema
4. Questionamentos fundamentais para definição do Tema em relação ao assunto

1 - As especificidades das áreas na Teologia

O primeiro passo é conhecer a especificidade das áreas/ linhas de pesquisa que trabalhamos na Teologia. Em seguida delimitar o assunto a ser tratado nesta área e por fim delimitar o tema a ser trabalhado na pesquisa.

As áreas fundamentais do currículo são: *Teologia Bíblica, Teologia e História, Teologia Prática e Ciências Auxiliares.* Cada uma dessas áreas possui centros temáticos e epistemológicos, a partir dos quais surgem os conteúdos das disciplinas, suas ementas e seus objetivos. Outra questão muito importante é que cada professor tem sua área específica de atuação.

Não podemos colocar um professor da área de Teologia e História para orientar um aluno ou aluna que queira fazer uma pesquisa na área de Teologia Bíblica, não que o professor seja completamente ignorante desta área, mas é que todo bom pesquisador nunca será bom em tudo, nem estará por dentro de todos os debates atuais em todas as áreas, e nem é porque não quer ou é ocioso, mas por não ter condições de ser, pois como dizia Salomão "Não há limites para o conhecimento" o limite está em nós (Eclesiastes 12,12).

> O primeiro passo é conhecer a especificidade das áreas/linhas de pesquisa que trabalhamos na Teologia. Em seguida delimitar o assunto a ser tratado nesta área e por fim delimitar o tema a ser trabalhado na pesquisa.

Teologia Bíblica: É a área que, de forma especial, se concentra no estudo do texto bíblico, seu contexto, sua origem, o transfundo sócio, religioso e cultural da produção literária, bem como sua relevância e atualidade para os dias de hoje, no exercício dos diferentes ministérios da igreja.

Alguns tópicos são fundamentais dentro desta Área: o contexto sócio-histórico e as diferentes formas literárias da Bíblia, diferentes escolas interpretativas da Bíblia e a atualidade da herança espiritual legada pela Bíblia à cultura ocidental e aos ministérios eclesiásticos.

Teologia e História: O corpo de disciplinas que compõem esta área parte de uma Introdução à Teologia, abrangendo os temas clássicos da teologia e estabelecendo o diálogo com as grandes questões da igreja e da sociedade nos dias de hoje.

Interpreta, igualmente, de forma crítica, a história do cristianismo, percorrendo sua trajetória desde os primórdios até os nossos dias. Especial ênfase dar-se-á aos períodos históricos decisivos para a história do cristianismo no contexto latino-americano e brasileiro.

Teologia Prática: Está voltada para as dimensões práticas do dia a dia da vivência ministerial e comunitária, incluindo questões da pregação, administração eclesiástica, organização de grupos, aconselhamento pastoral e o estudo do movimento missionário, seus aspectos centrais, teológicos e a prática missionária nas culturas. Isto não se dá sem um acompanhamento teórico em constante diálogo com referenciais teóricos da teologia e das ciências sociais.

Ciências Auxiliares: A teologia sempre dialogou com outros saberes. Foi assim no passado com a filosofia. Hoje em dia este leque de diálogo foi ampliado para outras áreas do conhecimento, incluindo no nosso curso, fundamentos da sociologia, filosofia, linguística, psicologia, educação, língua portuguesa e procedimentos de metodologia científica.

2 - A delimitação do assunto dentro de uma área de pesquisa

Uma área de pesquisa é sempre muito abrangente, pois são muitos os assuntos presentes dentro desta área. Por exemplo, na área de Teologia e História é trabalhado os temas clássicos da Teologia, ou seja, Deus, Cristo, Trindade, Espírito Santo, Ser humano, Igreja, Escatologia etc. Agora imagina! Perceba a abrangência que seria falar sobre "Deus"! O pesquisador ou pesquisadora teria que entrar no debate sobre o conhecimento huamano sobre Deus, atributos divinos e a manifestação de Deus na história.

Isto sem falar que quem pesquisa nesta área, não está preso aos conceitos sobre Deus do texto bíblico e nem pode estar, pois esta área pesquisa tudo que os principais teólogos e a comunidade pensou e pensa sobre Deus na história.

Para tanto, teria que delimitar um período histórico específico, pois não daria conta de pesquisar com qualidade tudo que se tem pensado sobre a "Doutrina de Deus" na história. E assim por diante. Só para complicar, seria preciso definir o método teológico que usaria nesta pesquisa etc.

Outra área que geralmente dá muita confusão é a de "Teologia Bíblica", como vimos, nesta área é trabalhado as origens do texto bíblico, o transfundo sócio, religioso e cultural da produção literária, escolas de interpretação bíblica e escolas de métodos de Teologia Bíblica e isto já dá "muito pano pra manga!".

Quando alguém quer fazer uma pesquisa sobre a liderança na Bíblia, por exemplo, precisa delimitar "quem" é o paradigma de liderança que pretende estudar, pois são muitos tipos de lideranças na Bíblia. Será necessário delimitar o livro que ele ou ela fará tal pesquisa, precisará delimitar o método de interpretação do texto bíblico e isto quando o orientador(a) não exigir que antes se faça uma tradução do texto hebraico ou grego.

Não se deve pegar um assunto e falar dele a partir de "toda a Bíblia", pois a pesquisa fica superficial e sem contribuições relevantes. Dentro da mesma Bíblia há muitos períodos históricos, culturas, teologias etc. e tudo isto deve ser analisado com cuidado numa pesquisa séria.

3 - A distinção entre Assunto e Tema

Um outro aspecto de suma importância é entender que **assunto** *e* **tema** não significam a mesma coisa. O primeiro é abrangente/lacônico e pode ser subdividido em diversas possibilidades de temas. O **tema** consiste naquilo que o pesquisador pretende trabalhar com parâmetros precisos em sua pesquisa. Diversos pesquisadores podem estudar um mesmo assunto, mas isto não significa que todos tratarão do mesmo tema. Podemos dizer que o tema é o assunto delimitado.

Por que é importante saber disso? Cremos que o não entendimento sobre esta etapa do trabalho científico levará a falta de delimitação do que se quer pesquisar que consequentemente levará a desmotivação da pesquisa ou a um trabalho superficial.

Sem uma boa delimitação o pesquisador ou pesquisadora não consegue estruturar seu trabalho ou se perde numa estrutura muito abrangente com pouquíssimas ou nenhuma contribuição para comunidade científica a que se destina e para a sociedade. Pesquisas superficiais não "dizem nada", são mais do mesmo! (como dizia Renato Russo).

O Assunto é abrangente/lacônico e pode ser subdividido em diversas possibilidades de temas. O tema consiste naquilo que o pesquisador pretende trabalhar com parâmetros precisos em sua pesquisa.

4 - Questionamentos fundamentais para definição do Tema em relação ao Assunto

Após escolher a área e delimitar o assunto dentro da área é necessário *delimitar o tema dentro do assunto* que desejo pesquisar. Para tanto, existem algumas perguntas fundamentais necessárias antes de definir o tema:

Por que este tema?

Já dizia Thomas Edson "uma pesquisa precisa ter 1% de inspiração e 99% de transpiração", ou seja, é preciso ter algo que te interesse pessoalmente na pesquisa para que ela possa ser prazerosa. A Teologia nos ajuda muito nisso, pois todo bom teólogo(a) precisa ser um sujeito de fé.

A fé sempre nos ajudará se envolver profundamente com um tema, isto quando os temas não brotarem de experiências de fé inspirativas com a realidade. Caso não encontremos prazer no tema a ser estudado, ela será 100% de transpiração e sofrimento.

O pesquisador(a) deverá se autoavaliar antes de submeter tal tema à investigação. Não entendam isto de forma pejorativa, pois o saber teológico é muito mais profundo e extensivo que nós imaginamos. Fazer esta autoavaliação é uma questão de humildade para reconhecer nossos próprios limites. Algumas pesquisas ainda não estão no nosso tempo, pois dependemos de mais conhecimento e experiência com os conceitos e com a linguagem teológica.

Algo que é bastante positivo e que também contribui é que a Teologia tem alcançado uma excelente interdisciplinaridade com os demais saberes da área de humanas, como a Filosofia, Sociologia, História, Antropologia, Psicologia, etc. A Teologia acaba emprestando muitos conceitos destes saberes e isto pode causar muitos estranhamentos para nós.

Que tempo tenho para realizar a pesquisa?

Algumas pesquisas exigem mais tempo e dedicação que outras. Principalmente aqueles assuntos que não temos pré-leituras, então gastamos mais tempo do que gastaríamos numa pesquisa que já temos uma caminhada com os conceitos, teóricos e métodos.

Não é proibido pesquisar numa área um pouco mais desconhecida, o que é preciso ter em mente é: Quanto tempo gastarei me inteirando dos teóricos e métodos desta área específica? Pensando minhas responsabilidades com família, trabalho, igreja e as demais atividades do curso, será que tenho tempo para pesquisar um tema tão complexo ou de pouca familiaridade?

Uma vez escolhido o tema o pesquisador(a) deverá dimensionar melhor os limites deste tema, pois como já dissemos quanto mais delimitar, mais terá condições de se aprofundar. Para tanto, é necessário pesquisar se existe bibliografia especializada suficiente para a fundamentação teórica.

Logo, além de escolher a bibliografia e citá-la na etapa do projeto de "Referências Bibliográficas", o pesquisador(a) terá que ler esta bibliografia, pois ela o ajudará a perceber melhor o que de fato se quer pesquisar e esclarecerá melhor os conceitos.

Assim começaremos o processo de *delimitação do tema.* Delimitar é demonstrar a abrangência do estudo, ou seja, estabelecer os limites *espaciais, temporais e conceituais* do tema em questão. Por limites espaciais e temporais, nos referimos ao "recorte" histórico que o pesquisador(a) precisa delimitar ao definir seu tema, ou seja, ao tempo e lugar específico que seu "objeto" de pesquisa está localizado na história. Quanto menor for o tempo delimitado, mais profunda será sua pesquisa.

Por limites conceituais referimo-nos, ao esclarecimento que o pesquisador(a) quer, precisa dar sobre o que quer dizer com seu objeto da pesquisa em si. Ou seja, a partir de que perspectiva teórica ele está analisando seu objeto de pesquisa: "Teológico-filosófica?"; "Teológico-histórica?"; "Teológico-social?" etc.

A partir de que linha teórica de pensamento? Pois os conceitos são interpretados, reinterpretados e re-significados a partir das diversas linhas ou escolas de pensamentos teológicos, filosóficos, sociológicos etc. Logo, o pesquisador precisa deixar clara a perspectiva de análise do seu objeto frente às demais perspectivas.

Delimitar é demonstrar a abrangência do estudo, ou seja, estabelecer os limites espaciais, temporais e conceituais do tema em questão.

Por exemplo: Uma pesquisa que tenha por assunto a *"O desenvolvimento do trabalho Missionário cristão no Brasil"* deverá delimitar o assunto em um tema específico. Ele precisará definir de que confissão/denominação religiosa quer pesquisar, pois não daria conta de falar de mais de 500 anos de trabalho missionário de *TODAS* as confissões/denominações cristãs do início aos dias atuais, a não ser que gastasse a vida inteira numa árdua pesquisa. Que confissão: *Católica? Batista? Metodista? Presbiteriana? Assembleiana? Outras?*

Em seguida, precisaria colocar limites temporais e extensionais (que período da Missão Batista no Brasil? E de que Convenção Batista está se falando?). Limites conceituais (que conceito de Missão está sendo trabalhado? Que tipo de análise seria feita no trabalho missionário batista no Brasil? Na perspectiva do desenvolvimento histórico da estrutura populacional dos Batistas? No desenvolvimento histórico das concepções teológicas das doutrinas? Na perspectiva filosófica na luta por liberdade de consciência?) etc. e tal.

Portanto, é importantíssimo salientar que, quanto maior a extensão conceitual, menor a compreensão conceitual e, inversamente, quanto menor a extensão conceitual na pesquisa, maior será a compreensão conceitual.

Retomando a aula

Quem bom que chegamos até aqui! Acredito que vocês entenderam claramente os princípios básicos para elaboração e definição de um tema de pesquisa. Não é difícil! Mas exige Paixão! Dedicação! E Disciplina! Vamos rever agora o que estudamos nesta aula?!

1 - As especificidades das áreas na Teologia

Nesta seção, trabalhamos a especificidade de cada área de pesquisa no saber teológico. Que são elas: *Teologia Bíblica, Teologia e História, Teologia Prática e Ciências Auxiliares.*

2 - A delimitação do assunto dentro de uma área de pesquisa

Nesta seção, observamos que dentro de cada área de pesquisa há uma gama de assuntos inter-relacionados, nunca daríamos conta de falar sobre tudo em uma mesma pesquisa, qualquer tentativa seria frustrante e superficial por isto, precisamos definir um dos assuntos e delimitar o assunto específico.

3 - A distinção entre Assunto e Tema

Nesta seção, vimos que assunto e tema não significam a mesma coisa. O primeiro é abrangente e pode ser subdividido em diversas possibilidades de temas. Lembrem-se disso, pois é muito importante!

4 - Questionamentos fundamentais para definição do Tema em relação ao assunto

Por fim, vimos e conversamos sobre alguns questionamentos que são fundamentais para a elaboração do tema. Que são eles: "Por que este tema?", "Tenho capacidade intelectual para realizar esta pesquisa?", "Que tempo tenho para fazer esta pesquisa?" e "Como delimito meu tema?".

Obs.: Se houver dúvidas ao final desta aula poderão ser sanadas através das ferramentas virtuais fórum e quadro de avisos. Atividade referente a aula será solicitada na ferramenta ATIVIDADES da página virtual da Unigran Ead.

Vale a pena

Vale a pena **ler**

DESLANDES, Suely Ferreira. *Pesquisa social:* teoria, método e criatividade. Maria Cecília de Souza Minayo (org.). 33 ed. Petrópolis, RJ: Vozes, 2013.

SEVERINO, Antônio Joaquim. [Livro eletrônico] *Metodologia do trabalho científico.* 24ª ed. Revista e atualizada. São Paulo: Cortez, 2017.

Minhas anotações

Aula 4º

ASSOCIAÇÃO BRASILEIRA DE NORMAS TÉCNICAS – ABNT

Olá, sejam mais uma vez bem-vindos/as a mais esta aula! Sei que ao lerem o título da nossa aula alguns de vocês podem questionar: qual relevância da ABNT para o processo de elaboração do nosso projeto de pesquisa? Temos necessariamente que saber todas estas regras e normas?

Bem, sei que outras perguntas ainda poderiam surgir, dentre elas eu também poderia perguntar: todos(as) vocês estão lembrados(as) ou familiarizados com estas normas? Sabem como fazer citações diretas, indiretas e como citar os referenciais teóricos? Lembram e/ou conhecem as diferentes formas para citar livros, periódicos, sites, jornais etc.?

Não que eu duvide de que tenham já aprendido tudo isso, mas o meu desejo é que tenham acesso a este material na elaboração do Projeto de Pesquisa e Artigo Científico TCC, pois reconheço que ter em mãos estas normas no desenvolvimento do trabalho contribuirá para que alguns erros na redação, formatação e estética sejam evitados.

Para tanto, acredito profundamente que estarão de fato utilizando este material no decorrer da nossa disciplina! Faremos alguns recortes deixando para nossa aula as informações que julgamos mais pertinentes para o bom desenvolvimento do trabalho de vocês, combinado?

Bons estudos!

Objetivos de aprendizagem

Ao término desta aula, vocês serão capazes de:

- identificar e utilizar formas corretas de citações diretas e indiretas;
- formatar seu texto adequadamente conforme normas apresentadas pela ABNT.

20

Seções de estudo

1. Referência

Para que os nossos objetivos sejam alcançados apresentamos as contribuições de Ferreira e Lima (2007), ressalto que vai nos ajudar para a boa utilização das normas e técnicas de redação e formatação do Projeto de Pesquisa e, consequentemente, do TCC. Recomendo que no processo de elaboração tanto do Projeto como do Artigo final tenham em mãos este texto, podemos combinar assim?

1 - Referência

DOCUMENTOS ELETRÔNICOS CONFORME NBR 6023 (ABNT, 2002)

CD-ROM e Disquete

Referência do documento. Descrição física do meio eletrônico.

On-line:

Referência do documento. Disponível em: endereço eletrônico. Acesso em: data de acesso, hora, minutos e segundos.

Exemplo:

RIBEIRO, P. S. G. Adoção à brasileira: uma análise sócio-jurídica. Disponível em: http://www.datavenia.inf.br/frameartig.html. Acesso em: 10 set. 1998.

E-mail:

Nome do remetente. **Assunto** [mensagem pessoal]. Mensagem recebida por : endereço eletrônico do destinatário em "data de recebimento".

Exemplo:

ACCIOLY, F. **Publicação eletrônica** [mensagem pessoal]. Mensagem recebida por: mtmendes@uol.com.br em 26 jan. 2000.

Programa de computador

AUTOR. Nome do programa. Versão. Local: Editora, ano de publicação. Descrição física do meio eletrônico.

Exemplo:

MICROSOFT Project for Windows 95, version 4.1: project planning software. [S.I.]: Microsoft Corporation, 1995. Conjunto de programas. 1 CD-ROM.

Eventos (congressos, conferências, encontros, etc) em meio eletrônico.

NOME DO EVENTO, número., ano, local do evento. **Anais eletrônicos**... Local de publicação: Editora, ano de publicação. Disponível em: endereço eletrônico. Acesso em: dia mês ano.

IMAGEM EM MOVIMENTO (VIDEOCASSETE, FILME DE LONGA METRAGEM EM VHS E DVD)

Videocassete:

TÍTULO. Diretor. Produtor. Local: Produtora, ano, descrição física (duração), sistema de reprodução, indicadores de som, cor.

Filme de longa metragem em VHS

TÍTULO. Diretor. Produtor. Roteiro. Elenco. Local: Produtora, ano. Especificação do suporte em unidades físicas (duração), sistema de reprodução, indicadores de som., cor.

Filme de longa metragem em DVD

TÍTULO. Direção. Produção. Intérpretes. Roteiro. Música. Local: Produtora, data. Descrição física (duração), color., produzido por. Baseado em. Autor

DOCUMENTOS CARTOGRÁFICOS (ATLAS, MAPAS, GLOBO, FOTOGRAFIA AÉREA E OUTROS)

Atlas:

TÍTULO. Local: editora, data. Descrição física. Escala.

Mapa:

AUTOR(S). **Título**. Local: Editora, ano de publicação, especificação do material, cor, medidas. Escala.

Fotografia Aérea:

AUTOR(S). **Título**. Local: Editora, data, especificação do material, cor, medidas. Escala.

DOCUMENTOS SONOROS NO TODO (DISCOS, CD, CASSETE, ROLO, ENTRE OUTROS)

COMPOSITOR(es) ou Intérprete(s). **Título**. Local: Gravadora (ou equivalente), data. Especificação do suporte.

DOCUMENTOS NÃO PREVISTOS NA NBR 6023 (ABNT, 2002)

Resumo do artigo publicado em *abstract:*

AUTOR DO ARTIGO. Título do artigo. **Título do periódico que publica o resumo**, local de publicação, número do volume, número do fascículo, número da página, data de publicação. Nota indicando em que periódico o artigo é publicado integralmente, local de publicação, volume, fascículo, página inicial e final, ano de publicação.

Anais de eventos publicados em periódicos:

AUTOR DO ARTIGO. Título do artigo. **Título do periódico**, local de publicação, volume, fascículo, página inicial e final, data de publicação. Nota indicando em qual evento foi apresentado.

ENTREVISTAS

ENTREVISTADO. **Assunto ou título do programa**. Local da entrevista, entidade onde ocorreu o pronunciamento, data em que a entrevista foi concedida. Nota indicando o nome do entrevistador.

INFORMAÇÃO VERBAL

AUTOR DO DEPOIMENTO. **Assunto ou título**. Local do depoimento, instituição (se houver), data em que a informação foi proferida. Nota indicando o tipo de depoimento (conferência, discurso, anotação de aula).

CORRESPONDÊNCIAS (CARTAS, BILHETES, TELEGRAMA, FAX)

REMETENTE. **[Tipo de correspondência]** data, local e emissão [para] destinatário, local a que se destina. Número de páginas. Assunto em forma de nota.

PORTARIAS NÃO PUBLICADAS

ENTIDADE COLETIVA RESPONSÁVEL. **Tipo de documento**, número do documento, data. Ementa original ou elaborada. Número de folhas ou páginas.

PROGRAMA DE TELEVISÃO E RÁDIO

TEMA. **Nome do programa**, cidade: nome da TV ou rádio, data de apresentação do programa. Nota especificando o tipo de programa (rádio ou TV).

REFERÊNCIA OBTIDA VIA BASE DE DADOS

Referência do documento. Notas de via de acesso: Nome da entidade responsável, ano de obtenção.

REFERÊNCIA OBTIDA VIA BASE DE DADOS EM REDE ELETRÔNICA

Referência do documento. Nota de via de acesso: Nome da entidade responsável, ano de obtenção. Disponível em: endereço eletrônico. Acesso em: dia mês ano.

DICAS PARA O ENTENDIMENTO DAS NORMAS DE REFERÊNCIA BIBLIOGRÁFICA DA ABNT.

- Siga sempre a ordem apresentada nas normas para as referências bibliográficas, isto é, não mude, por exemplo, o local da editora, colocando-a depois do nome do autor.

CERTO: SCHWARZ, R. **Duas meninas**. São Paulo: Companhia das Letras, 1997.

ERRADO: SCHWARZ, R. **Duas meninas**. Companhia das Letras, São Paulo, 1997.

- Mantenha a pontuação apresentada nas normas. Os dois pontos, a vírgula e o ponto e vírgula indicam a ordem das informações.
- O subtítulo das obras deve ser sempre em formato normal, depois dos dois pontos, sem negrito, itálico ou sublinhado:

EXEMPLO: GRANJA, L. **Machado de Assis**: escritor em formação (à roda dos jornais). Campinas, SP.: Mercado de Letras; São Paulo: Fapesp, 2000.

- Observe no exemplo acima que quando o local da editora é de uma cidade de um estado, especifica-se o nome da cidade e a sigla do estado. Quando uma obra é publicada por mais de uma editora, devem constar os nomes de pelo menos duas editoras, dando preferência àquela que aparece em destaque na folha de rosto do livro.
- Quando a referência for de um capítulo de livro, coloca-se primeiramente o nome do capítulo e depois a expressão "In:" para indicar em que livro se encontra o capítulo, não se esquecendo de colocar os números das páginas iniciais e finais do mesmo:

EXEMPLO:

FERREIRA, E. F. C. Cenas culturais da capital do segundo império. In: **Para traduzir o século XIX**: Machado de Assis. São Paulo: Annablume; Rio de Janeiro: Academia Brasileira de Letras, 2004. p. 41-72.

Observe que o "p." de página(s), embora venha depois do ponto final do ano, ele deve ser grafado em minúscula. Não escreva p. 41 a 72.

CORRETO: p. 41-72

ERRADO: p. 41 a 72 ou pp.

- Para indicar os organizadores, coordenadores ou editores de uma obra, NUNCA use a abreviatura no plural e use sempre a primeira letra em maiúscula:

Mais de um organizador, coordenador ou editor, citar os nomes dos três participantes. Com mais de três, citar apenas o nome do primeiro que aparece na capa do livro, não precisando colocar em ordem alfabética os sobrenomes dos autores (pode acontecer de coincidir com a ordem alfabética) e usar a expressão latina "et.al" (= e outros), sem itálico ou negrito.

CERTO: CHALHOUB, S.; PEREIRA, L. A. de M. (Org.) A história contada: capítulos de história social da literatura no Brasil. Rio de Janeiro: Nova Fronteira, 1998.

ERRADO: CHALHOUB, S.; PEREIRA, L. A. de M. (orgs.). A história contada: capítulos de história social da literatura no Brasil. Rio de Janeiro: Nova Fronteira, 1998.

Atenção: Observe que depois da abreviatura deve-se colocar o ponto final dentro do parêntese e também depois deste. Ex: (Org.).

- NÃO coloque aspas nem nos títulos dos capítulos e nem nos das obras. Essa observação é válida para a apresentação de textos digitados. Em textos manuscritos, os títulos dos capítulos devem vir entre aspas e apenas o título da obra deve ser sublinhado, mantendo o subtítulo sem o sublinhado.

REFERÊNCIA DIGITADA: CARVALHAL, Tânia F. Comparatismo e interdisciplinaridade. In: **O próprio e o alheio**: ensaios de literatura comparada.

REFERÊNCIA MANUSCRITA: CARVALHAL, Tânia F. *"Comparatismo e interdisciplinaridade"*. In: O próprio e o alheio: ensaios de literatura comparada.

AO CITAR O TÍTULO DE UMA OBRA EM UM MANUSCRITO, NÃO COLOQUE ASPAS, APENAS O SUBLINHE.

- Os títulos de obras podem ser sublinhados ou grafados em negrito ou itálico. Porém, deve-se optar por um desses tipos e mantê-lo do início ao final do seu trabalho.

- A relação das obras utilizadas na elaboração de um trabalho deve ser apresentada em ordem alfabética pelo sobrenome do autor.
- As REFERÊNCIAS BIBLIOGRÁFICAS correspondem aos textos que foram, EFETIVAMENTE, utilizados no corpo do trabalho, ficando para a BIBLIOGRAFIA, os títulos que foram consultados, mas que não foram utilizados, funcionando assim como indicação de leitura complementar.
- Não copie os dados constantes nas fichas catalográficas dos livros, pois não correspondem à ordem estipulada pela ABNT para referências bibliográficas. Por exemplo: quando aparece o número da edição - 2ª - na referência bibliográfica, ela deve aparecer dessa maneira: 2.ed. Quando for primeira edição, NÃO se deve colocá-la. A simples ausência do número da edição significa que é a primeira.

O TRABALHO DA CITAÇÃO
SOBRE A FORMATAÇÃO DE CITAÇÕES

- Até três linhas, a citação deve ser incorporada ao texto, aparecendo entre aspas, em fonte normal, isto é, não use nem itálico, nem negrito e nem sublinhado.

EXEMPLO: Ao escrever sobre a popularização do futebol no Rio de Janeiro, Leonardo Pereira explica a origem do foot-ball: "esporte de origem inglesa que logo cairia no gosto das rodas elegantes da cidade. [...] o jogo é rapidamente assumido por grupos de jovens estudantes que voltavam do velho continente trazendo as novidades do tão moderno esporte".

Os colchetes [ ] significam que se suprimiram algumas palavras do texto utilizado.

- Com mais de três linhas, a citação deve ser destacada do texto, sem aspas, em fonte 10, EXEMPLO: espaço simples

A essa ambiguidade do termo interpretante, VIEIRA acrescenta outras antinomias, tais como:

> [...] a ambivalência do que está dentro mas se projeta para fora da tríade sígnica; a ambivalência do que, privilegiado por ocupar um entre-lugar, olha para dentro e para fora da tríade sígnica; a ambivalência do que encerra uma tríade sígnica e abre outra na cadeia semiótica; a ambivalência do que fecha a tríade sígnica mas abre suas portas para o contexto dos outros signos e o universo dos receptores e usuários do signo (VIEIRA, 1992, p. 71)

A citação acima apenas ilustra como devemos fazer nas citações diretas, observem que destacam a questão do recuo, da fonte e espaçamento entre linhas. Entendido até aqui?

PRATICANDO A CITAÇÃO

Precisamos também destacar que uma das maiores dificuldades encontradas pelos estudantes quando têm de escrever um Artigo Científico, um ensaio ou um texto argumentativo, é saber escolher uma citação que não destoe do raciocínio que vem sendo desenvolvido no decorrer da escrita. Como a citação é um fragmento de um outro texto, um recorte, a escolha tem de ser bem feita.

Nenhum texto argumentativo se escreve sem uma referência a outro texto. Para que um texto seja considerado científico deve conter citações, pois essas comprovaram a pesquisa realizada. A citação denota o diálogo com os autores utilizados na escrita de um outro texto, num processo intertextual. Os trechos citados traduzem as leituras feitas pelo novo autor, traçando um perfil da linha de seu pensamento.

Antoine Compagnon, utiliza a metáfora da tesoura para explicar como funciona a citação. Como uma costureira, o produtor de um texto argumentativo, vai se apropriar de um fragmento de um outro texto, cortando-o com uma tesoura e colando-o em outro texto. É preciso entender que esse diálogo com o outro é imprescindível e em nada diminui o valor da outra obra, ao contrário, enriquece-a. Porém, a fonte deve ser obrigatoriamente citada.

A leitura do livro de Compagnon é essencial para o pesquisador, pois esclarece o que é citar e como citar, vindo "preencher uma lacuna na bibliografia teórica sobre a escrita como prática da intertextualidade." Nas palavras de Eneida Maria de Souza:

> Duas citações apresentam-se de forma abusiva para o autor, ao definir o lugar ocupado pelo sujeito no ato da citação. A primeira refere-se à citação narcísica, responsável por uma relação imaginária entre o sujeito e a palavra do outro; a segunda reproduz a atitude de Pilatos, que delega ao outro o compromisso de sua fala. Ao admitir ser a escrita produto de um exercício de colagem de palavras alheias, Compagnon acredita que o trabalho da citação constitui uma força que move os discursos e revitaliza os sujeitos, situando-se a meio caminho das duas posições.[13]

Observemos no trecho abaixo do sociólogo, Octávio Ianni, intitulado "Sociedade e Literatura" (1999) como o ensaísta introduz e comenta as citações escolhidas para problematizar, como comenta Marisa Lajolo, "algumas das relações possíveis entre literatura e sociedade".

As narrativas literárias e sociológicas adquirem níveis excepcionais, tornando-se propriamente não só notáveis, mas clássicas, quando os seus autores lidam criativamente com a paixão, a intuição e a imaginação. Talvez todas tenham algo em comum, na medida em que todas estão impregnadas de fabulação.

É óbvio que a atividade intelectual do cientista social geralmente está referida à "realidade". Lida com fato e evidência, dado e significado, nexo e processo, hierarquia e estrutura, diversidade e desigualdade, continuidade e descontinuidade, ruptura e transformação. Já que a realidade é complexa, intrincada, opaca e infinita, a reflexão é levada a taquigrafar e selecionar, para compreender e explicar, ou esclarecer. Nesse percurso, a despeito de todo o rigor da pesquisa e reflexão, ocorre sempre e necessariamente a decantação. A realidade nunca aparecer na interpretação, a não ser figurada e significativamente, por suas articulações, nexos e tensões que se depreendem ou constroem logicamente.

> É, sem dúvida, necessário distinguir o método de exposição formalmente, do método de pesquisa. A pesquisa tem de captar detalhadamente a matéria, analisar as suas várias formas de evolução e rastrear sua conexão íntima. Só depois de concluído esse trabalho é que se pode expor adequadamente o movimento real. Caso se consiga isso, e espelhada idealmente agora a vida da matéria, talvez possa parecer que se esteja tratando de uma construção a priori (MARX, 1988, p. 26)

Sim, a metamorfose da pesquisa em narração, ou conceito, categoria e interpretação, é sempre um processo no qual entra a imaginação. Não se trata da imaginação solta e inocente, mas instigada pelos enigmas das relações, nexos, processos, estruturas, rupturas e contradições que povoam a reflexão. Nesse sentido é que a interpretação científica mobiliza rigor e precisão, tanto quanto paixão e inspiração.

> Com efeito, para o homem, enquanto homem, nada tem valor a menos que ele possa fazê-lo com paixão... Por mais intensa que seja essa paixão, por mais sincera e mais profunda, ela não bastará, absolutamente, para assegurar que se alcance êxito. Em verdade, essa paixão não passa de requisito da "inspiração", que é o único fator decisivo... Essa inspiração não pode ser forçada. Ela nada tem em comum com o cálculo frio... O trabalho e a paixão fazem com que surja a intuição, especialmente quando ambos atuam ao mesmo tempo. Apesar disso, a intuição não se manifesta quando nós o queremos, mas quando ela o quer (WEBER, 1985, p. 25-6).

A paixão e a intuição podem ser as estradas pelas quais se chega à fabulação, território no qual se realizam tanto o conhecimento como a fantasia, tudo isso traduzido em narração. Narra-se para interpretar e fabular, ou para construir categorias e alegorias. Essa parece ser uma faculdade desenvolvida universalmente, ainda que segundo diferentes linguagens, parâmetros, modelos, paradigmas ou estilos.

Após estas considerações importantes e exemplos que ilustram, percebemos como a escolha da citação deve ser harmoniosa na elaboração textual, não podendo "quebrar" o pensamento que vem sendo desenvolvido pelo autor.

Retomando a aula

Bem, depois de tantas normas e regras a serem aplicadas ao nosso exercício de elaboração do Projeto de Pesquisa e TCC chegamos ao final de mais esta aula! Observamos de acordo com Ferreira e Lima (2007) algumas orientações imprescindíveis que irão nortear o processo de elaboração do TCC de forma significante, pois os textos nos deram informações bem esclarecedoras.

1 - Referência

Foi apresentado sobre o uso adequado das normas da ABNT na elaboração de trabalhos científicos, bem como as diferentes formas da utilização correta de fontes pesquisadas para citações em nosso Projeto e Artigo TCC.

Vale a pena

Vale a pena ler

FERREIRA, Eliane F. C. e LIMA, Terezinha Bazé. *A Pesquisa:* da teoria à prática. Dourados: UNIGRAN, 2004.

Regras da ABNT para TCC 2019: as principais normas (ATUALIZADAS). Em: https://viacarreira.com/regras-da-abnt-para-tcc-conheca-principais-normas. Acesso em: Ago/2019.

SEVERINO, A. J. *Metodologia do trabalho científico.* 23. ed. São Paulo: Cortez, 2004.

Minhas anotações

Minhas anotações

Aula 5º

A ESCRITA CIENTÍFICA NA ELABORAÇÃO DO PROJETO DE TCC

Prezados/as alunos e alunas do curso de Teologia EaD, na nossa quinta aula conversaremos um pouco sobre a escrita científica e suas contribuições para o processo de elaboração do nosso Projeto de pesquisa e, consequentemente, do Artigo Científico TCC!

Como já perceberam, este exercício de ensino-aprendizado na dimensão de produção textual vai exigir de nós um pouco mais de habilidades técnicas e cientificas, pois na construção do TCC que como antes mencionado, faremos em duas etapas: Elaboração do Projeto de TCC (5º semestre) e Trabalho de Conclusão de Curso (6º semestre), vai requerer que estejamos alinhados com as normatizações necessárias de elaboração e formatação de texto.

Entretanto, a escrita de forma argumentativa exige coerência e coesão na utilização de conteúdos pesquisados para a construção do nosso trabalho, tanto no Projeto quanto no Artigo. Não por acaso nos referimos ao resultado final de "Artigo Científico", pois vai requerer que lancemos mão de informações já publicadas com consciência e legitimidade, dando devida credibilidade autoral às fontes exploradas.

Bons estudos!

Objetivos de aprendizagem

Ao término desta aula, vocês serão capazes de:

- identificar formas de escrita científica;
- argumentar textualmente de forma científica.

Seções de estudo

1. O que é um texto científico
2. A argumentação como base da escrita científica

Visando atingirmos os objetivos propostos para esta aula, observaremos algumas abordagens propostas por Lima (2019). Vamos perceber que as considerações apontadas vão nos ajudar na compreensão do conteúdo proposto, o qual tem expressiva contribuição para nosso labor textual. Podemos prosseguir?

1 - O que é um Texto Científico?

Sabemos que ao longo da nossa vida, estamos sempre em processo de aprendizagens, não é mesmo? Desde a Educação Infantil somos colocados em contato com as diversas formas de conhecimento e na medida em que crescemos, esses conhecimentos se expandem, se aperfeiçoam ou se modificam.

Ao buscar o desenvolvimento de maneira eficaz, o homem se depara com novas formas de aprendizagem e novas formas de representar a realidade. O homem descobre então, o conhecimento! Ao longo de sua evolução, o ser humano racional produziu diversas formas de conhecimento para explicar, melhorar ou significar o seu dia a dia.

Conforme Marques [et. al.]

> Com o desenvolvimento do conhecimento humano e da linguagem necessária à sua transmissão, surgiram duas formas de conhecimento que dominaram a humanidade por milhares de anos: **conhecimento empírico** (senso comum) e **conhecimento religioso.** Posteriormente surgiram os **conhecimentos filosóficos** seguidos da ciência, a qual é uma proposta historicamente muito recente (MARQUES et al, 2014, p. 11, grifos do autor).

Assim, o despertar para o conhecimento gera ao homem a atividade da pesquisa, que para Ávila (2009, p. 16) "não é mito nem rito". Para se entrar no seu mundo, basta que se equipe progressivamente de: a) hábito de cultivo da curiosidade; b) disponibilidade para fundamentação e aprendizado permanentes; c) exercício de capacidade dinamizador-criadora; d) intenção de aprendizado cumulativo, pela conquista da paciência estratégica de se começar pelo começo ou de se preparar e ensaiar para produções sofisticadas a partir das mais simples e fáceis; e) gosto pelo desenvolvimento de habilidades de prospecção, programação, acuidade e controle de observações; e f) condições mínimas de formulação de análises descritivo-interpretativas, principalmente por escrito".

Dessa maneira, o homem se viu imerso a um mundo de inquietações. Para que essas inquietações fossem respondidas, pesquisava. Ao longo dos anos, outras inquietações foram surgindo e com a sistematização do conhecimento, essas inquietações tornam-se objeto de estudos que levaram longos anos para ser concretizados e, muitas vezes, até hoje não se chegou ao produto final.

A pesquisa então passa a ser incorporada à universidade, que é vista como o principal centro para a disseminação e práticas de pesquisas. Contudo, Demo nos alerta que a Pesquisa:

> Deve ser vista como processo social que perpassa toda a vida acadêmica e penetra na medula do professor e do aluno. Sem ela, não há como falar de universidade, se a compreendermos como descoberta e criação. Somente para ensinar, não se faz necessária essa instituição e jamais se deveria atribuir esse nome a entidades que apenas oferecem aulas (DEMO, 1990, p. 36).

Com o passar dos anos, e com o aumento da quantidade de questões a serem pesquisadas, o homem necessita fazer a divulgação das mesmas, encontrando outras pessoas que comungam da mesma investigação, possibilitando assim trocas de experiências e agilidade na busca de respostas. Com relação a essas trocas, com o advento da globalização, a disseminação da informação se tornou uma exigência do mundo acadêmico e hoje é fundamental que qualquer pesquisa científica seja divulgada.

Vamos perceber que diante disso surge um questionamento importante: como escrever textos científicos com qualidade? Essa é uma pergunta que muitos autores têm buscado responder por meio de suas pesquisas. Hoje, a escrita acadêmica é uma das indagações sobre o conhecimento humano. Ao nos dispor para uma pesquisa estamos a fazer este exercício!

Algumas definições destacam que: "O texto não é um aglomerado de frases. [...] Todo texto contém um pronunciamento dentro de um debate de escala mais ampla". (FIORIN; SAVIOLI, 2007, p. 11). "O texto é um objeto complexo que envolve não apenas operações linguísticas como também cognitivas, sociais e interacionais". (KOCH; ELIAS, 2016, p. 15). "O texto é uma unidade de sentido, dada por recorrência daquilo que é dito e de um modo próprio de dizer". (DISCINI, 2008, p. 14). "As definições de texto que se propõem critérios mais amplos que os puramente linguísticos, tomam-no como uma unidade comunicativa e não como uma simples unidade linguística". (MARCUSCHI, 2012, p.26).

> Podemos definir texto como uma situação comunicativa, seja escrita ou falada, ou ainda, se formos além e adentrarmos ao texto não verbal, podemos expandir essa ideia afirmando que o texto é uma situação comunicativa, também icônica e imagológica, entre outras formas não verbais". (SGARBI, 2016, p. 101).

A autora apresenta alguns dos principais conceitos dentro de uma extensa lista de possibilidades conceituais no âmbito textual! No nosso exercício da pesquisa podemos encontrar muitas outas possibilidades para o assunto.

Ainda conforme Sgarbi (2016), o texto é necessário à vida de cada um, pois ele serve para que as pessoas compartilhem seus pensamentos, ideias e críticas, enfim, é uma unidade de linguagem que visa a informar, a transmitir conhecimentos, além de passar ao receptor uma unidade semântica de modo que faça com que ele entenda o assunto abordado percebendo-o como um todo significativo.

Logo, a produção escrita não pode ser um amontoado de frases, porque ele é desenvolvido para um interlocutor e "para uma pessoa entender um texto, o mesmo tem que revelar suas ideias de maneira clara, para que aquele que as está recebendo possa entender e identificar como um texto compreensível". (SGARBI, 2016, p. 103).

A autora menciona ainda que, muitas vezes, as maiores dificuldades estão na concretização das ideias no papel, pois escrever pode não ser fácil para muitas pessoas e ainda não inventaram "mágicas" e fórmulas para apreender a escrever. Na verdade, esse é um trabalho que depende muito do interesse e empenho de cada um.

Dessa forma, o sucesso na elaboração do Projeto de TCC, bem como do Artigo final, vai demandar disposição para o trabalho e muita dedicação!

Nunca se divulgou tanta informação acadêmica como antes, porém, autores questionam a qualidade e eficiência da socialização do conhecimento científico! Cabe-nos o desafio de fazermos que as estatísticas sejam elevadas de forma positiva, não acha? Façamos com nosso melhor!!!

2 - A Argumentação como base da Escrita Científica

Charaudeau (2008 *apud* KOCH; ELIAS, 2016) apresenta que argumentar é uma atividade discursiva de convencer um interlocutor a que estamos nos dirigindo que ele assuma ou aceite pontos de vista por nós apresentados. Argumentar então é atrelar elementos pertinentes ao processo comunicativo a fim de que se persuada alguém, para que esse indivíduo também se posicione com relação ao que se está opinando.

Na construção de uma boa argumentação, os autores recomendam que o enunciador utilize de certos procedimentos linguísticos para a construção de um texto científico com uma boa argumentação:

> a) evitar verbos de dizer na primeira pessoa [...] e com isso procura-se eliminar a ideia de que o conteúdo da verdade contido no enunciado seja mera opinião de quem o professor, e sugerir que o fato se impõe por si mesmo [...]. b) quando, eventualmente, se utilizam verbos de dizer, [...] o enunciador vem generalizado por um nós em vez de eu [...]. c) a exploração do valor conotativo das palavras não é apropriada ao enunciado científico. Nele, os vocábulos devem ser definidos e ter um só significado [...]. d) como nesse tipo de discurso deve usar-se a língua padrão na sua expressão formal, não se ajusta a ele o uso de gírias ou quaisquer usos linguísticos distanciados da modalidade culta ou formal da língua. (FIORIN; SAVIOLI, 2007, p. 310, grifos dos autores).

Além desses procedimentos, os autores recomendam cautela no trabalho argumentativo, para tanto, sugerem algumas estratégias de persuasão conforme mencionam Fiorin e Savioli (2007):

a) O argumento de autoridade

Apoia-se uma afirmação no saber notório de uma autoridade reconhecida num certo domínio do conhecimento. É um modo de trazer para o enunciado o peso e a credibilidade da autoridade citada.

Observe o enunciado que segue:

Conforme afirma Bertrand Russell, não é a posse de bens materiais o que mais seduz os homens, mas o prestígio decorrente dela. Segundo o mesmo autor, na China e no Japão, o saber é mais valorizado que a riqueza exatamente porque, nessas sociedades, confere mais prestígio a quem o possui.

Quando se trata de um trabalho científico cuidadoso, mais formal, como uma tese ou um artigo a ser publicado numa revista especializada, deve-se fazer a citação textualmente, dando todas as indicações bibliográficas. Ao fazer citações, o enunciador situa seus enunciados na corrente de pensamento que ele considera mais aceitável para explicar certo fenômeno.

b) O apoio na consensualidade

Há certos enunciados que não exigem demonstração nem provas porque seu conteúdo de verdade é aceito como válido por consenso, ao menos dentro de um certo espaço sociocultural. Inscrevem-se, nessa espécie, enunciados como:

O investimento na Educação é indispensável para o desenvolvimento econômico de um país. Ou, *As condições de saúde são mais precárias nos países subdesenvolvidos.*

c) A comprovação pela experiência ou observação

O conteúdo de verdade de um enunciado pode ser fundamentado por meio da documentação com dados que comprovem ou confirmem sua validade. Observe o exemplo que segue:

O acesso pode dar origem a grandes e importantes descobertas científicas, o que pode ser demonstrado pela descoberta da penicilina por Alexander Flemming, que cultivava bactérias quando, por acaso, percebeu que os fungos surgidos no frasco matavam as bactérias que ali estavam. Da pesquisa com esses fungos, ele chegou à penicilina.

d) A fundamentação lógica

A argumentação pode basear-se em operações de raciocínio lógico, tais como: as implicações da causa e efeito, consequência e causa, condição e ocorrência, etc. Veja o exemplo: *Se se admite que a vida humana é o bem mais precioso do homem, não se pode aceitar a pena de morte, uma vez que existe sempre a possibilidade de um erro jurídico e que, no caso, o erro seria irreparável.*

Assim como existem procedimentos para fundamentar o conteúdo de verdade de um enunciado científico, existem expedientes para desqualificá-lo e provocar o seu descrédito. Vejamos alguns desses expedientes:

a) Pode-se desqualificar o enunciado científico atribuindo-o a opinião pessoal do enunciador ou restringindo a universalidade da verdade que ele afirma. Sirvam de exemplos casos desse tipo: *Roberto da Mata supõe que o espaço social brasileiro se divide em casa, rua e outro mundo.*

Como se pode notar, ao introduzir o enunciado por um verbo de dizer (supõe) que não indica certeza, reduz-se o enunciado a uma simples opinião. Observe ainda outro exemplo: *O átomo foi considerado, por muito tempo, como a menor partícula constituinte da matéria.*

Não é preciso dizer que o verbo no perfeito (foi considerado) e a restrição de tempo (por muito tempo) esvaziam o enunciado do seu caráter de verdade geral e objetiva.

b) Um outro modo de desqualificar o enunciado alheio é atacá-lo nos seus expedientes de argumentação. E isso pode ser processado por meio do uso de vários dispositivos: citando autores renomados que contrariam o conteúdo afirmado no enunciado ou evidenciando que o enunciador não compreendeu o significado da citação que fez; desautorizando os dados de realidade apresentados como prova ou mostrando que o enunciador, a partir de dados concretos, por equívoco de natureza lógica, tirou conclusões inconsequentes.

Vejamos, a título de exemplo, como se pode refutar e desqualificar o que se diz em um enunciado:

Enunciado:

O controle demográfico é uma das soluções urgentes para o desenvolvimento dos países subdesenvolvidos: as estatísticas comprovam que os países desenvolvidos o praticam.

Desqualificação:

O dado estatístico apresentado é verdadeiro, mas o enunciado é inconsistente, pois pressupõe uma relação de causa e efeito difícil de ser demonstrada, isto é, que o controle demográfico seja capaz de produzir o desenvolvimento. O mais lógico é inverter a relação: o desenvolvimento gera o controle demográfico, e não o contrário.

Além disso, Israel Azevedo nos apresenta 10 conselhos práticos para elaborar um texto científico, vejamos cada um deles:

1. Escreva frases breves e parágrafos curtos. Diga o que quiser no menor espaço que conseguir. Não alongue as frases com o uso abusivo de "o qual", "cujo" e gerúndios. *Você terá menos chances de parecer complicado.*
2. Encadeie as frases e os parágrafos logicamente, com cada frase ou parágrafo desembocando naturalmente no que vem a seguir. *Você terá menos chance de parecer ter composto uma colcha de retalhos.*
3. Evite apelar para generalizações (como "a maioria acha", "todos sabem"). *Você terá menos chance de parecer superficial.*
4. Evite repetir palavras, especialmente verbos e substantivos. Use sinônimos. *Você terá menos chance de parecer possuir um vocabulário pobre.*
5. Evite modismos linguísticos (como "em nível de", "colocação", "Gadotti vai dizer que", etc.). *Você terá menos chance de parecer um deslumbrado como o jargão universitário.*
6. Evite redundâncias (como "os alunos são a razão de ser da Escola Prof. Pegado"). Cada frase deve ser produto de uma reflexão. *Você terá menos chance de parecer apressado.*
7. Abstenha-se de superlativos, aumentativos, diminutivos e adjetivos em demasia. *Você terá menos chance de parecer pernóstico.*
8. Faça poucas citações diretas; opte por reescrevê-las, creditando-as aos seus autores. *Você terá menos chance de ser tido como um mero compilador.*
9. Use as notas de rodapé para definições e informações que, embora sucessivas, acabam truncando por demais o texto. *Você terá menos chance de parecer óbvio.*
10. Lembre-se que você está escrevendo para um leitor real. *Não vale a pena escrever para não ser lido.* (AZEVEDO, 1997, p.25-26).

Apresentadas estas contribuições do texto de Lima (2019), desejamos que tenha facilitado nossa compreensão relacionada ao processo de pesquisa científica, a qual iniciamos na elaboração do Projeto de TCC para culminar no Artigo Científico TCC. Vale destacar que a leitura cuidadosa destas orientações textuais, irá facilitar de forma significativa na elaboração principalmente do Artigo final!

Retomando a aula

Bem, depois de tantas normas e regras a serem aplicadas ao nosso exercício de elaboração do Projeto de Pesquisa e TCC chegamos ao final de mais esta aula! Observamos de acordo com Ferreira e Lima (2007) algumas orientações imprescindíveis que irão nortear o processo de elaboração do TCC de forma significante, pois os textos nos deram informações bem esclarecedoras.

1 - O que é um Texto Científico?

Observamos neste tópico ser necessário ter clareza quanto ao conceito e funções principais no processo de elaboração de um texto científico. Afinal, fazemos parte de um seleto grupo daqueles e daquelas com a oportunidade privilegiada da produção textual!

2 - A Argumentação como base da Escrita Científica

Percebemos que a argumentação científica está presente na comunicação formal e acadêmica. Logo, a necessidade de estarmos alinhados com esta modalidade argumentativa urge, quando de fato desejamos a elevação do nosso ensino-aprendizado. *Portanto, bem-vindos/as ao prazeroso e inacabado exercício do conhecimento!*

Obs.: Se houver dúvidas ao final desta aula poderão ser sanadas através das ferramentas virtuais fórum e quadro de avisos. Atividade referente a aula será solicitada na ferramenta ATIVIDADES da página virtual da Unigran Ead.

Vale a pena

Vale a pena **ler**

MARCONI, Marina A; LAKATOS, Eva Maria. *Fundamentos de Metodologia Científica.* 8. ed. *São Paulo: Atlas,* 2017.

MOTTA-ROTH, Desiree; RENGES, Graciela R. *Produção Textual na Universidade.* São Paulo: Parábola Editorial, 2010.

Aula 6º

EXEMPLO DE PROJETO DE PESQUISA

Depois que apresentamos algumas abordagens mais técnicas e formais para o processo de pesquisa e elaboração do Projeto de TCC, vamos nesta aula apresentar a vocês um projeto de pesquisa que foi elaborado por um aluno egresso do curso de Teologia da Unigran EaD, pois visualizar como se desenvolve a elaboração de cada etapa do nosso projeto é fundamental para que tenhamos êxito ao elaborarmos a nossa proposta de pesquisa. O que acham?

Vale ressaltar que a nossa dedicação na elaboração do projeto vai facilitar de forma significante o processo de pesquisa e redação do Artigo Científico TCC, portanto, chamo atenção para que observemos bem como o autor do projeto desenvolveu cada etapa, pois isso ajudará na construção do trabalho de todos(as)!

Devo informar que fui o orientador de conteúdo do Artigo Científico que foi resultado do exercício deste Projeto e irei disponibilizá-lo como exemplo na disciplina de Trabalho de Conclusão de Curso no próximo semestre. Creio que o fato de dar um exemplo de projeto e o seu resultado final vai auxiliar e dar mais tranquilidade para quem estiver com mais dificuldades.

Na próxima aula iremos ainda apresentar mais um modelo de Projeto de Pesquisa para o TCC, com outro tema para que consigam perceber com os exemplos as possibilidades de temas e familiarizar-se com as formas de redação de propostas de pesquisa.

Bons estudos!

Objetivos de aprendizagem

Ao término desta aula, vocês serão capazes de:

- perceber quais etapas compõe um projeto de pesquisa;
- observar como elaborar cada etapa do projeto de pesquisa;
- compreender formas de citações diretas e indiretas na elaboração do projeto de pesquisa.

30

Seções de estudo

1. Exemplo

1 - Exemplo

CURSO DE TEOLOGIA

I - INFORMAÇÕES GERAIS SOBRE O PROJETO

CURSO: Teologia EaD
PROFESSOR DE TCC I Msc. Ronel Dias Pereira
NOME DO ACADÊMICO/A Marcos Sabel Junior
TEMA: A pregação e os benefícios do método expositivo para a edificação e crescimento do corpo de Cristo.
INÍCIO: **TÉRMINO:**
NOME DO ORIENTADOR DE CONTEÚDO: Prof. Msc. Ronel Dias Pereira
ÁREA DA PESQUISA: Teologia Prática

II – INTRODUÇÃO

A pregação é uma marca distintiva do culto público de adoração a Deus realizado nas Igrejas evangélicas. Ela ocorre entre o povo de Deus desde o Antigo Testamento até os dias atuais. Na bíblia as pregações possuem um caráter expositivo, e demonstram ser o meio pelo qual Deus gera vida e crescimento para a igreja.

Este foi o ponto de partida para a escolha do tema, que se limita a uma identificação e explanação do que é a pregação bíblica e qual a sua importância para o povo de Deus. Desenvolvem-se também as principais características do método expositivo de pregação e o levantamento dos benefícios que a pregação expositiva proporciona para a edificação e crescimento do corpo de cristo.

Pretende-se com isso despertar a consciência e interesse de pregadores pela pregação bíblica, para a glória de Deus e avanço do Seu Reino, através da argumentação do que vem a ser a verdadeira pregação, assim como a sua fundamental importância para a Igreja.

Através de pesquisa bibliográfica detalhada, utilizando livros e artigos inerentes ao assunto, que tragam as respostas aos questionamentos, os dados obtidos serão compilados e utilizados como referencial teórico para o desenvolvimento da pesquisa.

III - PALAVRAS CHAVE
Pregação Expositiva, Palavra de Deus, Igreja.

IV – PROBLEMATIZAÇÃO

A pregação é uma característica peculiar do culto nas igrejas evangélicas e faz parte dos cultos cristãos desde os primórdios da igreja. O papel da pregação tem sido central desde o início, mas vem sendo desvalorizado nos últimos tempos. Tem-se perdido o foco da pregação como comunicação da palavra de Deus para um breve discurso motivacional dirigido para a necessidade da plateia. A pregação expositiva tem sido negligenciada pela maior parte dos pastores evangélicos devido à falta de conhecimento da sua importância para o crescimento saudável da igreja.

Diante desta atual situação torna-se necessário um resgate ao sentido original da pregação, da sua verdadeira função para a igreja. Também é preciso avaliar a importância da exposição como pregação e as suas diversas contribuições para a edificação do corpo de Cristo e para o crescimento da igreja. Questiona-se então:

O que é pregação?
Qual a função da pregação para igreja?
O que é pregação expositiva?
Quais os benefícios que ela traz para o crescimento e edificação da igreja?

V – REVISÃO DE LITERATURA PARA FUNDAMENTAÇÃO TEÓRICA

Sobre a pregação, o pesquisador Robson Moura Marinho afirma que:

> A pregação bíblica é um milagre duplo. O primeiro milagre é Deus usar um homem imperfeito, pecador e cheio de defeitos para transmitir a perfeita e infalível Palavra de Deus. Trata-se de um Ser perfeito usando um ser imperfeito como seu porta-voz. Só um milagre pode tornar isso possível. O segundo milagre é Deus fazer que os ouvintes aceitem o porta-voz imperfeito, escutem a mensagem por intermédio do pecador e finalmente sejam transformados por essa mensagem. Esse é o grande milagre da pregação!". (MARINHO 2002, p. 179)

Conforme Broadus (2009, p. 1), "a pregação é típica do cristianismo. Nenhuma outra religião fez da reunião regular e frequente de grupos de pessoas, para ouvir instruções e exortações religiosas, uma parte integral do culto divino". No Novo Testamento, pregar é proclamar as boas novas. É o ato de compartilhar com outras pessoas a mensagem recebida de Deus.

Mas não é somente isto, Broadus (2009, p. 4) cita uma declaração de Von Allmen: "Deus não apenas é o objeto, como também a verdadeira fonte da pregação cristã. Portanto, pregar é falar por Deus em vez de falar sobre Deus".

Segundo Robinson (2002, p. 32), "Deus fala através da bíblia". É a principal ferramenta de comunicação, mediante a qual Ele se dirige aos indivíduos hoje. Através da pregação das escrituras, Deus se encontra com homens e mulheres e os traz a salvação (2Tm 3.16-17) e a riqueza e maturidade do caráter cristão.

Daí que a pregação é sempre uma necessidade, pois está inseparavelmente associada à vida da Igreja. Foi a proclamação das boas novas que deu a luz a Igreja. Somente a mesma proclamação pode manter a vida dentro dela. O registro da história cristã tem sido de que a força da Igreja está diretamente relacionada à força do púlpito. Sempre que a mensagem do púlpito foi incerta e vacilante, a Igreja esteve fraca; e sempre que o púlpito apresentou uma mensagem positiva, declarativa, a Igreja foi forte (BROADUS, 2009).

Segundo Broadus (2009) a própria natureza da fé cristã exige uma pregação efetiva. Pregar é essencial ao cristianismo, a essência do cristianismo é a pregação. A pregação merece o mais alto destaque porque continua sendo o principal instrumento de Deus para alcançar o mundo perdido.

"Deus falou!" Esse é o fundamento da pregação bíblica. A pregação não é uma especulação a respeito da natureza ou da vontade de Deus, mas o testemunho daquilo que o próprio Deus falou a respeito de si. A pregação não consiste em especulação, mas em exposição. O pregador recebe a autoridade de Deus pela palavra e faz-se responsável pela palavra. Por isso, ele não tem o direito de pregar nada que não seja a palavra de Deus (MARINHO, 2002).

Um das lições mais nítidas que aprendemos da história da igreja é que a sólida pregação bíblica é absolutamente essencial à saúde e a vitalidade da igreja. As Escrituras dizem que a pregação é o meio primário que Deus escolheu para salvar aqueles que crêem (1Co 1.21). A pregação é também o principal instrumento que o Espírito Santo escolheu para, com ele, alimentar a igreja e instruí-la coletivamente (1Co 2.1-16). Além disso, a própria Palavra de Deus provê o único conteúdo válido da mensagem de qualquer pregador (2Tm 4.2-4) (MOHLER, 2011).

Quando o pregador fala como arauto, deve proclamar "a Palavra". Qualquer coisa a menos não pode legitimamente passar como sendo pregação cristã (ROBINSON, 2002).

A pregação não é opcional, foi ordenada por Deus e oficializada por Cristo na Grande Comissão quando disse: "Ide por todo o mundo e pregai o evangelho" (Mc 16.15). Além de imperativa, a pregação é também urgente e constante. No plano de salvação, a pregação ocupa posição de primazia. Mesmo comparando com outros deveres do ministério, a pregação destaca-se como prioridade. Isso quer dizer que a pregação tem primazia sobre os deveres do ministério. Assim como a pregação foi imperativa e prioritária nos tempos bíblicos, hoje, mais do que nunca, permanece como prioridade no plano de Deus (MARINHO, 2002).

Segundo Lloyd-Jones (2008, p. 8), "A mais urgente necessidade da igreja cristã hoje é a verdadeira pregação. E como ela é a maior necessidade da igreja, obviamente é a maior necessidade do mundo também".

Para Mohler (2011), a pregação contemporânea sofre de perda de confiança no poder da Palavra; sofre de obsessão por tecnologia; sofre de embaraço diante do texto bíblico; sofre de esvaziamento de conteúdo bíblico; sofre de focalização em necessidades sentidas; sofre de ausência do evangelho.

Michael Green expressou: "Esta é uma época de sermonetes, e sermonetes produzem cristãos medíocres". A anemia do culto evangélico – a parte, toda a música e energia – é diretamente atribuível à ausência de genuína pregação expositiva. A verdadeira pregação nunca é uma exibição do brilhantismo ou do intelecto do pregador; antes é uma exposição da sabedoria e do poder de Deus (MOHLER, 2011, p. 22).

Mohler (2011) argumenta que a pregação central para adoração cristã é a pregação expositiva. De fato, ele crê que a única forma de pregação cristã autêntica é a pregação expositiva. De acordo com a Bíblia, exposição é pregação. Pregação é exposição.

Robinson tem o mesmo pensamento de Mohler. Para ele, o tipo de pregação que melhor transmite a força da autoridade divina é a pregação expositiva. A pregação expositiva genuína tem, por detrás dela, o poder do Deus vivo. Em seu livro ela traz uma citação do famoso pastor e teólogo, John Stot: "toda verdadeira pregação é pregação expositiva" (ROBINSON, 2002).

Para Dever (2007), a primeira marca de uma igreja saudável é a pregação expositiva. Não é somente a primeira marca: é a mais importante de todas as marcas, porque, se você desenvolvê-la corretamente, todas as outras seguirão.

Mas, afinal, o que é pregação expositiva?

> A pregação expositiva é a comunicação de um conceito bíblico, derivado de, e transmitido através de um estudo histórico, gramatical e literário de uma passagem em seu contexto, que o Espírito Santo primeiramente aplica a personalidade e experiência do pregador, e então, através do pregador, aplica a seus ouvintes (ROBINSON, 2002).

No sermão expositivo, você não "impõe", ou seja, não "põe" nada no texto nem determina nada sobre o texto. Ao contrário, você "expõe" ou extrai do texto a informação, deixando que o texto determine o conteúdo e ponha a mensagem na vida do pregador e dos ouvintes. É aqui que esta o poder do sermão expositivo e o grande desafio para o pregador, ou seja, explorar o conteúdo do texto e permitir que o poder do texto alcance o ouvinte. (MARINHO, 2002).

Segundo Braga (2007), no sermão expositivo, é necessário interpretar a Escritura. Isso significa tratar os detalhes do texto de maneira a esclarecer o seu significado e seu propósito à congregação. Esse aspecto define a importância da pregação expositiva na comunicação da verdade divina. Para preparar uma pregação expositiva o pregador deve estudar cuidadosamente a passagem bíblica escolhida, a fim de compreender seu significado e obter o assunto do texto. É essa a finalidade da pregação expositiva: tornar o significado das Escrituras claro e simples.

Sendo assim, muitas são as vantagens da pregação expositiva para o crescimento e edificação da igreja. Não deve causar surpresa ouvir que a pregação correta e expositiva da palavra é a fonte de crescimento da igreja. Logo, é sugestivo desenvolver a pregação expositiva tendo em vista os bons resultados que este método poderá ocasionar.

VI - JUSTIFICATIVA

A pregação sempre esteve presente nos cultos da igreja cristã. Ela é uma das características mais marcantes na igreja evangélica e sempre ocupou um papel central no culto público de adoração a Deus. De acordo com Broadus (2009), independentemente de como a pregação possa ser entendida, ela teve um lugar central na vida da igreja.

É na pregação que os membros do corpo de Cristo buscam uma palavra direta de seu Senhor para suas vidas.

O povo de Deus anseia saciar a sua sede e fome por Deus através da pregação. Esperam que a Palavra de Deus através da pregação lhes tragam crescimento, consolo, esperança, força, exortação e gratidão.

Porém, a atual situação da pregação cristã no meio evangélico é alarmante. Diversos Teólogos e Pastores, conhecidos por uma vida de compromisso com a verdadeira pregação, têm exposto a falta de conteúdo bíblico, de profundidade teológica e de confiança no poder da Palavra.

Mohler (2011) chega à conclusão de que a pregação contemporânea sofre de perda de confiança no poder da Palavra, de obsessão por tecnologia, de embaraço diante do texto bíblico, de esvaziamento de conteúdo bíblico, sofre de focalização em necessidades sentidas e de ausência do evangelho.

Na verdade, a pregação está, também, perdendo seu papel central na vida da igreja. Mas não é só isso, a pregação está perdendo a sua principal característica, de ser o meio de proclamação da Palavra, para se tornar um discurso motivacional, voltado aos interesses mundanos de sucesso, prosperidade e conforto. Ou para ceder lugar a todo tipo de entretenimento que se possa imaginar.

Diante do exposto, justifica-se uma reflexão sobre o que realmente vem a ser a pregação cristã. Torna-se necessário compreender a verdadeira função da pregação bíblica e sua importância para a vida e crescimento da igreja. Tendo em vista que todos os autores consultados afirmam que a verdadeira pregação é expositiva, que o método expositivo é o método bíblico, justifica-se uma pesquisa sobre o que vem a ser a pregação expositiva e quais são as suas contribuições para o crescimento e edificação da igreja.

Esta pesquisa também se justifica por sua importância teológica, sendo a pregação uma prática bíblica e ordenada por Deus, e "a principal ferramenta de comunicação, mediante a qual Ele se dirige aos indivíduos hoje" (ROBINSON, 2002, p. 28). Também por sua importância na prática eclesiástica, porque "a pregação é também o principal instrumento que o Espírito Santo escolheu para, com ele, alimentar a igreja e instruí-la coletivamente" (MOHLER, 2011, p. 32).

VII – OBJETIVOS

Geral:

Apresentar a importância da pregação bíblica expositiva e suas contribuições na expansão do Reino de Deus, bem como no fortalecimento da Igreja.

Específicos:

Identificar o que é a pregação por meio da leitura de bibliografias confiáveis relacionadas ao tema;

Analisar a importância da pregação através dos resultados que somente a pregação pode trazer para o crescimento da Igreja;

Definir o que é a pregação expositiva e apresentar sua relevância;

Verificar os benefícios do método expositivo de pregação para o crescimento e edificação da igreja.

VIII – METODOLOGIA

Refere-se a um estudo particular através de pesquisa bibliográfica. Para a elaboração da pesquisa serão utilizados livros e artigos que sejam inerentes ao assunto, trazendo as respostas aos questionamentos. Após leitura e análise, os textos obtidos serão compilados e utilizados como referencial teórico para o desenvolvimento da pesquisa. Por fim, serão apresentadas as considerações finais do autor.

IX - BIBLIOGRAFIA[1]

[1]Se for realizar pesquisa de campo e gerar custos financeiros, poderá acrescentar antes da Bibliografia o item ORÇAMENTO!

BRAGA, James. *Como preparar mensagens bíblicas.* 2 Ed. São Paulo: Editora Vida, 2007.

BROADUS, John A. *Sobre a preparação e a entrega de sermões:* o mais completo manual de homilética da atualidade. São Paulo: Hagnos, 2009.

CHAPELL, Bryan. *Pregação Cristocêntrica:* restaurando o sermão expositivo. São Paulo: Cultura Cristã, 2007.

DEVER, Mark. *Nove marcas de uma igreja saudável.* São Paulo: Editora Fiel, 2007.

LOPES, Hernandes Dias. *A importância da preparação expositiva para o crescimento da igreja.* São Paulo: Editora Candeia, 2004.

LLOYD-JONES, Martin. *Pregação e pregadores.* 2 Ed. São Paulo: Editora Fiel, 2008.

MARINHO, Robson Moura. *A arte de pregar:* como alcançar o ouvint pós-moderno. 2 Ed. São Paulo: Vida Nova, 2008.

MOHLER, R. Albert. *Deus não está em silêncio:* pregando em um mundo pós-moderno. São Paulo: Editora Fiel, 2011.

PACKER, James I. *Havendo Deus falado:* Uma seqüência do clássico O conhecimento de Deus. São Paulo: Cultura Cristã, 2009.

PIPER, John et al. *A pregação da cruz:* um chamado à pregação expositiva e centrada no evangelho como foco do ministério pastoral. São Paulo: Cultura Cristã, 2010.

ROBINSON, Haddon W. *Pregação bíblica:* o desenvolvimento e a entrega de sermões expositivos. 2 Ed. São Paulo: Shedd Publicações, 2002.

Retomando a aula

Ok pessoal, vale retomar a nossa conversa para destacar que o exemplo apresentado tem como objetivo o de facilitar o trabalho que terão na confecção do projeto de pesquisa e perceber quais etapas que o compõe.

É importante que tenham consciência que exemplos dados são para nortear e não devem, em hipótese alguma, serem utilizados de forma indevida na disciplina sem as devidas referências a qualquer parte do material apresentado.

Compreender formas de citações diretas e indiretas na elaboração do projeto de pesquisa também foi o nosso alvo ao disponibilizar o exemplo de Projeto para o TCC. Portanto, desejo que esta aula contribua significativamente para o trabalho de vocês!

Imagino que depois do exemplo apresentado já conseguiram visualizar de forma mais objetiva o que é e como será esperado de vocês em um projeto de pesquisa para o TCC Vale ressaltar que o exemplo disponível, bem como todo material que tiverem acesso, só irão contribuir de fato se houver dedicação por parte de cada um (a) em realizar as leituras, com a finalidade de obter compreensão necessária para a realização do TCC. Sei que não medirão esforços nesse exercício!

Continuaremos nossa conversa na próxima aula com mais um exemplo/modelo de projeto de pesquisa em outra área da teologia, pois creio que já estamos com bom embasamento teórico para nosso Projeto de TCC. Suponho que avançarmos para aspectos mais práticos a esta altura do percurso vai nos ajudar, o que acham?

Obs.: Se houver dúvidas ao final desta aula poderão ser sanadas através das ferramentas virtuais fórum e quadro de avisos. Atividade referente a aula será solicitada na ferramenta ATIVDADES da página virtual da Unigran Ead.

Vale a pena

Vale a pena ler

BRAGA, James. *Como preparar mensagens bíblicas.* 2 Ed. São Paulo: Editora Vida, 2007.

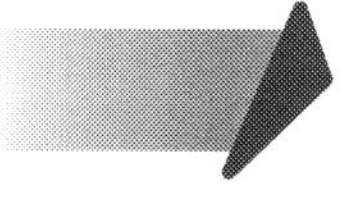

Minhas anotações

Minhas anotações

Aula 7º

EXEMPLO II: PROJETO DE PESQUISA

Olá, pessoal! Imagino que, ao lerem o tema desta aula, ficarão surpresos por eu apresentar mais um exemplo/modelo de projeto. Sei que pode parecer exagero, mas não tenho dúvidas que seja uma forma bem prática de apresentar a vocês outra elaboração com tema diferente do anterior, o que poderá auxiliar para que tenham suas percepções ampliadas do que poderão trabalhar como proposta de pesquisa para o TCC.

Nosso objetivo é proporcionar a vocês o desenvolvimento de mais um tema proposto para pesquisa, fazendo que observem como ocorreu a elaboração de cada etapa do projeto que aborda o tema: a família contemporânea!

Bons estudos!

Objetivos de aprendizagem

Ao término desta aula, vocês serão capazes de:

- identificar a possibilidade de proposta de pesquisa para elaboração do TCC final;
- perceber como desenvolve cada etapa do projeto de pesquisa

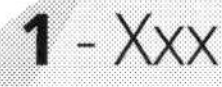

Seções de estudo

1 - Xxx

CURSO DE TEOLOGIA

I. INFORMAÇÕES GERAIS SOBRE O PROJETO

CURSO: Teologia EaD
PROFESSOR DE TCC: Msc. Ronel Dias Pereira
NOME DO ACADÊMICO/A: Sueli Braghini da Silva
TEMA: A Família Contemporânea
INÍCIO: TÉRMINO:
NOME DO ORIENTADOR DE CONTEÚDO: Será indicado pelo prof. da disciplina.
ÁREA DA PESQUISA: Teologia Prática

II. INTRODUÇÃO

O tema "Família Contemporânea" tem se tornado de extrema importância para a sociedade, pois a família constitui a base da estrutura social e tem passado por diversas mudanças que trouxeram grandes transformações. E neste cenário destaca-se a igreja como agente na busca de soluções.

Os relacionamentos humanos estão cada vez mais difíceis, devido à liberação em que o mundo vive e que os afeta diretamente. O tema visa enfocar os desajustes familiares e suas causas, bem como os problemas encontrados na criação de filhos.

A igreja exerce um papel de suma importância para a sociedade, pois ela dá instruções através do aconselhamento. Pretende-se desenvolver o assunto na forma a fornecer uma visão geral do que se pode trabalhar no sentido de ser esta ajuda e ver as possibilidades de estratégias na resolução dos conflitos familiares. Ser um apoio na construção de relacionamentos fortes e bem estruturados que podem trazer segurança.

Este trabalho por tem por objetivo discorrer sobre as problemáticas e pontos críticos, visando proporcionar uma visão mais ampla da família em nossos dias.

III. PALAVRAS-CHAVE

Família – Sociedade- Igreja

IV. PROBLEMATIZAÇÃO

Antigamente as famílias tinham uma estrutura mais sólida. Eram famílias mais numerosas e tinham seus papeis mais definidos. As mães não trabalhavam fora, evitando ter de deixar seus filhos em casa. Os pais exerciam uma maior autoridade. Levavam uma vida mais simples e tranquila, ao contrário dos nossos dias.

Nos últimos anos, a família tem passado por muitas mudanças, trazendo grandes transformações. Com estas mudanças vieram problemas, situações difíceis de serem administradas, como o casamento não ser algo duradouro e resultante de um crescente número de separações, trazendo marcas profundas aos filhos de pais separados, suscitando também a rebeldia por parte deles. Tornou-se a família vulnerável a todos os tipos de ataque internos e externos.

Há um questionamento sobre o que fazer diante da realidade em relação a tantas famílias desfeitas? A cada dia a família fica mais suscetível a separações. Os relacionamentos dos casais estão sensíveis às interferências externas ou a comunicação entre eles tem causado a maior parte dos problemas? Os desajustes financeiros tem tido sua parcela de culpa nos conflitos surgidos ou os filhos tem sido um dos seus maiores problemas?

A criação dos filhos tem se tornado um problema difícil de ser administrado, por causa do momento em que a sociedade está vivendo. Como criar filhos nesta geração? Como serão as gerações futuras diante da presente circunstância?

V. REVISÃO DE LITERATURA PARA FUNDAMENTAÇÃO TEÓRICA

A família é um núcleo de convivência que pode servir de base para estrutura humana ou também pode se tornar algo disfuncional. A convivência pode se tornar algo muito bom e saudável ou insuportável. Por isso é preciso entender o contexto familiar e trabalhar nele, torná-lo algo que venha trazer benefícios que resultem em uma transformação familiar.

Segundo Guillen (2009) há necessidade nas pessoas da sociedade em ter modelos ou referenciais que possam cingir as gerações com padrões bíblicos. Muitas pessoas não têm em seus pais naturais uma referência de paternidade devido aos diversos abusos, falta de exemplo e ausência que sofreram em seus lares.

As famílias modernas, achando ultrapassados os modelos antigos, caminham sem referencial e criam seus próprios modelos. Uma nova cultura vem se criando e o que vemos em nossos dias não é nada animador.

Dobson (1995, p. 25) afirma que mais de 30% dos que responderam sua pesquisa disseram: "Sou um fracasso como pai (ou mãe)!" e "simplesmente não conseguem lidar com seus filhos". Os filhos estão atravessando o Vale da Sombra da Morte! Drogas, sexo, álcool, rebelião e estilos de vida anormais se encontram em toda a parte.

Este é o reflexo resultante desta nova maneira de criar filhos, onde os pais não exercem influência a ponto de nortear o caminho de seus filhos. A autoridade deles enfraqueceu e não conseguem direcionar seus filhos. E eles ficam a mercê de qualquer vento de modismo que surge. Sendo assim, aumenta o número de conflitos, faz com que os pais não saibam o que fazer e clamem por socorro.

Segundo Rhodes (1999), as razões pelas quais a nossa sociedade moderna tem experimentado tantos problemas conjugais hoje são muito evidentes. Infelizmente, não podemos dizer o mesmo das soluções. Vivemos um período em que a vida corre na velocidade de uma Fórmula 01. O conceito do "instantâneo" permeia a nossa sociedade e influencia as famílias.

Além dos problemas com os filhos há os problemas conjugais, desgastes nos relacionamentos têm sido a causa de muitas separações. O imediatismo pressiona os indivíduos para que vivam a mercê desta correria.

De acordo com Collins (1996) há vários anos, um levantamento patrocinado pelo governo dos (EUA) descobriu que, quando as pessoas tinham problemas particulares, somente 28% delas iam a conselheiros profissionais ou clínicas.

Nos dias de hoje, há um grande número de pessoas que chegaram ao seu limite máximo e nem sempre encontram aqueles que se dispõe a ajudá-los. A sociedade precisa de novas estratégias e padrões educativos que sejam eficazes para o resgate dos valores fundamentais da família. Muitos têm buscado auxílio na igreja e cabe a esta treinar os conselheiros para atuarem diante desta realidade.

Conforme Cherry (2009), vivemos em um mundo agitado que nos impulsiona a fazer mais, produzir mais, conquistar mais e experimentar mais. Todos os dias as pressões da vida parecem requerer mais de nós, mais do que podemos dar. Este estilo de vida agitado tem efeitos profundamente negativos no casamento.

O índice de casamentos que se desfazem aumenta a cada dia, trazendo inúmeros problemas para os filhos. O casamento tornou-se algo vulnerável, sem segurança e pronto a ruir a qualquer momento, pois as pessoas estão investindo em seus trabalhos profissionais e deixando de investir nos seus relacionamentos.

Segundo Swindoll (2001), com o patente desmoronamento dos alicerces dos lares, tão facilmente visível hoje, milhares de mães e pais jovens estão implorando socorro.

Nos encontramos em um tempo difícil, mas em contrapartida uma oportunidade surgindo devido a procura de ajuda, ocasionando um meio de investir em uma contracultura que venha fazer grandes mudanças no contexto familiar. A família tem o papel fundamental na construção de valores, ela é o ponto de ligação entre o indivíduo e a sociedade, também exerce a função de proteger e preservar seus membros para que haja harmonia social.

Segundo Kendrick (2009), as escrituras dizem que Deus projetou e criou o casamento para ser algo bom. Ele é um presente lindo e inestimável. Deus usa o casamento para ajudar acabar com a solidão, multiplicar nossa eficiência, construir famílias, criar filhos, compartilhar a vida e nos abençoar com o relacionamento íntimo.

Algo tão lindo criado por Deus, mas que se tornou frágil e em desacordo com o modelo original. Os padrões do Criador têm o poder de transformar o caos em um universo cheio de beleza. Todavia, resta saber o que se deve fazer para mudar o quadro existente na família contemporânea.

VI. JUSTIFICATIVA

A família constitui a base da estrutura social, por isso é de suma importância analisar as transformações pelas quais ela tem passado, devido às influências de ideologias sociais.

Com tantas mudanças ocorridas e inversão de valores é necessário nos deter-nos para uma análise do contexto familiar no decorrer das gerações. A evolução gradativa dos acontecimentos que ocasionaram as transformações deve ser percebida para que conclusões sejam tiradas e levem a mudanças de atitudes, resgatando valores perdidos.

A família enfrenta diversos fatores agravantes no relacionamento conjugal em várias áreas, incluindo a situação financeira, os conflitos de comunicação, a criação dos filhos. É preciso saber o que a Palavra de Deus fala a respeito das famílias e como a igreja pode exercer o seu papel para nortear os caminhos de uma sociedade.

Justifica-se, portanto, a pesquisa por causa da relevância do tema, no contexto social. Pois, a família configura uma base fundamental da sociedade. Se tivermos famílias estruturadas, teremos uma sociedade estruturada.

VII. OBJETIVOS

Geral

Objetiva perceber as transformações que tem ocorrido na família, considerando as famílias tradicionais e contemporâneas, também apresentar o papel da igreja dentro deste conceito familiar como um agente transformador.

Específicos

Analisar as transformações familiares e algumas consequências;

Identificar os fatores históricos que ocasionaram as mudanças no conceito familiar;

Perceber quais valores essenciais para o convívio familiar mais sólido;

Demostrar o papel que a igreja pode exercer dentro da sociedade para a transformação das famílias.

VIII. METODOLOGIA

Trata-se de um estudo com pesquisa bibliográfica em literaturas disponíveis sobre o tema. Para elaboração da pesquisa será feita uma análise geral do tema proposto. Uma coleta de dados estatísticos. Os resultados serão observados dentro da própria pesquisa.

Atenção! Precisamos nos aprofundar um pouco mais sobre metodologia, vejamos algumas observações e conceitos! É importante!

Chamo a atenção para a metodologia apresentada acima pela autora do projeto e proponho que observemos algo mais deste tópico, pois se faz necessário que a metodologia seja mais especificada e bem definida a proposta metodológica. Considera-se que o projeto de pesquisa para o TCC seja um exercício que trabalhe de forma clara e aprofundada sobre um único tema, para isso se define realizar pesquisa de campo ou bibliográfica na realização desse trabalho monográfico.

Conforme Baruffi (2002, p. 3), um trabalho monográfico acadêmico tem por objetivo a reflexão sobre um *tema ou problema específico* e resulta de um processo de *investigação sistemática*. Visa a produzir um conhecimento novo, social e teoricamente relevante. Sua abordagem implica análise crítica, reflexão e aprofundamento.

Na sua forma e procedimento metodológico, a monografia (ou artigo) é um trabalho de pesquisa bibliográfica e/ou de campo, com um tema *delimitado*, podendo caracterizar-se por uma análise teórico-conceitual (pesquisa bibliográfica) ou teórico-empírica (pesquisa de campo) sobre um assunto.

Investiga determinado assunto, de forma *aprofundada*, em seus diferentes ângulos e aspectos, mas não tem a obrigatoriedade do inédito, requisito próprio da tese de doutoramento. Pode apresentar um cotejamento e uma ordenação de correntes e posições já existentes de determinado assunto, não se confundindo, contudo, com o "resumão".

Conforme Severino (2002, p. 29), o termo *monografia* designa um tipo especial de trabalho científico. *Considera-se monografia aquele trabalho que reduz sua abordagem a um único assunto*, a um único problema, com um tratamento especificado.

Os trabalhos científicos serão monográficos na medida em que satisfizerem à exigência da especificação, ou seja, na razão direta de um tratamento estruturado de *um único tema, devidamente especificado e delimitado. O trabalho monográfico caracteriza-se mais pela unicidade e delimitação do tema e pela profundidade do tratamento do que por sua eventual extensão, generalidade ou valor didático.*

IX. BIBLIOGRAFIA

CHERRY, Debbie L. *Descobrindo os tesouros do casamento.* Rio de Janeiro: CPAD, 2009.

COLLINS, Gary R. *Ajudando os outros no aconselhamento.* São Paulo: Vida Nova, 1996.

DOBSON, James C. *Coragem para os Pais.* São Paulo: Cristão, 1995.

GUILLEN, Fernando. *Sete montes.* Belo Horizonte: Gráfico Editoração, 2009.

KENDRICK, Stephen. *O desafio de amar.* Rio de Janeiro: Imprensa da fé, 2009.

RHODES, Neil e Noline. *Enchendo as talhas novamente.* São Paulo: Bles Gráfica, 1999.

SWINDOL, Charles R. *Você e seu filho.* São Paulo: United Press, 2001.

Retomando a aula

Ok pessoal, vale retomar a nossa conversa para destacar que o exemplo apresentado tem como objetivo o de facilitar o trabalho que terão na confecção do projeto de pesquisa e perceber quais etapas que o compõe.

Bem, espero que tenha ficado mais claro o exercício de elaboração do projeto de pesquisa com mais este exemplo apresentado, pois este foi nosso principal objetivo nesta aula.

Ressalto, mais uma vez que, os exemplos dados devem ser tomados apenas como norteadores e que não seja um recurso utilizado isoladamente do restante do material disponível, pois para cada tema escolhido para desenvolver o TCC deverá haver esforços na sua delimitação e seguir uma metodologia definida.

Em caso de dúvidas, será importante que recorram às sugestões de leitura, nas quais poderão aprofundar mais sobre cada tópico do projeto, em especial, os que representam maiores desafios para compreensão e elaboração.

Vale a pena

Vale a pena **ler**,

BARUFFI, Helder, *Metodologia da Pesquisa.* Manual para a elaboração da monografia. 2. ed. Dourados: HBedit, 2002.

MINAYO, Maria Cecília de Souza. *Pesquisa Social.* Teoria, método e criatividade. 23. ed. Petrópolis: Vozes, 2004.

SEVERINO, Antônio Joaquim. *Metodologia do Trabalho Científico.* 22. ed. rev. ampl. São Paulo: Cortez, 2002.

Minhas anotações

Aula 8º

ORGANIZAÇÃO E FORMATAÇÃO FINAL DO PROJETO DE PESQUISA

Prezados(as) alunos e alunas,

Depois de muitas informações relacionadas ao processo de elaboração do Projeto de TCC. Imagino que com algumas, já estamos familiarizados. Outras porém, nos desafiam um pouco mais, mas nada que não sejamos capazes de realizar. Basta que estejamos encorajados/as a dedicar o nosso melhor, não é mesmo?

Nosso objetivo com esta oitava e última aula é exemplificar dimensões de organização e formatação do Projeto de Pesquisa. Devo adiantar que o faremos também na disciplina de Trabalho de Conclusão de Curso no próximo semestre, quando estivermos a tratar do Artigo Científico, mas consideramos necessário atentarmos para dimensões da estética do nosso texto que começa na confecção do projeto.

Portanto, de forma bem prática é que pretendemos apresentar esta aula, pois creio que já estejamos com bons embasamentos teóricos, e geralmente, a esta altura, algumas interrogações ainda insistem a nos desafiar.

Afinal, como deveremos apresentar o produto final dessa etapa do curso representada pela disciplina Elaboração do Projeto de TCC? Qual formatação adequada? Quais fontes utilizadas? Espaçamento entre linhas e parágrafos? Citações diretas e indiretas? Margens das páginas? E por aí vai...! Mas vamos ao que nos interessa!

Bons estudos!

Objetivos de aprendizagem

Ao término desta aula, vocês serão capazes de:

- organizar esteticamente o Projeto de Pesquisa;
- formatar cada etapa conforme normas da ABNT.

1. Etapas do Projeto: Pré-texto, Texto e Pós-texto

1 - Etapas do Projeto: Pré-texto, Texto e Pós-texto

De acordo com Ferreira e Lima (2007), nossa atenção deve se voltar para algumas dimensões importantes na formatação final do projeto de pesquisa, algo que se aplica também no produto final desse processo, a saber: o Artigo Científico – TCC.

1. PRÉ-TEXTO – (*precede o texto e auxilia na identificação do trabalho*)

1.1 Capa (*obrigatório*)
1.2 Folha de Rosto (*obrigatório*)
1.3 Informações gerais/cabeçalho (*obrigatório*)

2. TEXTO – (*parte do trabalho na qual o projeto é elaborado*)[1]
2.1 Introdução
2.2 Palavras-chave
2.3 Problematização
2.4 Revisão de literatura para fundamentação teórica
2.5 Justificativa
2.6 Objetivos (*Geral e Específicos*)
2.7 Metodologia
2.8 Orçamento (*opcional, se houver demanda material ou financeira*)
2.9 Cronograma (*opcional, se desejar fazer para otimizar o tempo*)

3. PÓS-TEXTO – (*completa as informações do texto*)
3.1 Referências Bibliográficas (*obrigatório*)
3.2 Anexos (*opcional*)
3.3 Apêndices (*opcional*)

[1] Todas obrigatórias!

1. PRÉ-TEXTO

1.1. Capa - (obrigatório). Os elementos que devem constar na **capa do projeto ou TCC são:** *nome da instituição, nome do curso, nome do autor, título do trabalho, cidade, mês e ano.* Devem ser apresentados na ordem em que foram citados[2].

No desejo de facilitar nosso exercício, segue um exemplo de capa ilustrativo com as margens e informações necessárias! Espero que ajude!

[2]Segue um exemplo de capa ilustrativo com as margens e informações necessárias!

CURSO DE TEOLOGIA

AUTOR

(Times New Roman - tamanho 14- **Negrito** –centralizado).

TÍTULO

(Times New Roman - tamanho 14 – **Negrito** – centralizado).

(Se houver Subtítulo, colocá-lo em Fonte Normal e tamanho 14)

Cidade

(tam. 14-**Negrito** – centralizado)

2019

↓

3 cm

1.2. Folha de Rosto (obrigatório)

A folha de rosto contém: *o nome do aluno, o título do trabalho, as informações referentes ao nível do trabalho (TCC, dissertação ou tese), a finalidade, o curso, o período e a turma, bem como o nome do (a) professor (a) orientador (a).*

CURSO DE TEOLOGIA

AUTOR (ES)

(Times New Roman, tam. 14 – Normal – centralizado)

TÍTULO

(Times New Roman - tam. 14 - Normal – centralizado).

Tam 12 Times: simples entre linhas

Trabalho apresentado ao centro Universitário da Grande Dourados – Unigran EaD, no Curso de Teologia EaD, para obtenção de aprovação na disciplina Elaboração do Projeto de TCC.

Prof. Msc. Ronel Dias Pereira

Cidade

2019

(tam. 12 - Normal – centralizado)

2. TEXTO

Palavras-Chave

Conforme a NBR 14724 (2002, p.2) as palavras representativas do conteúdo do trabalho, isto é, *palavras-chave e/ou descritores*, conforme a NBR 6028" (NBR 14724, 2002, p.4). Deve-se apresentar palavras chave, depois de dois espaços abaixo do corpo do texto do resumo, no mínimo de três palavras e no máximo de cinco palavras.

INTRODUÇÃO (letra 12, caixa alta)

De acordo com Ferreira e Lima (2007), apresenta-se, na Introdução a formulação clara e simples do tema de investigação. Deve constar a relevância do assunto, os objetivos do trabalho, a revisão da literatura referente a trabalhos anteriormente publicados, a fim de situar o tema da pesquisa desenvolvida. A introdução deve ainda esclarecer o tema do trabalho e o raciocínio a ser desenvolvido na sua elaboração.

A introdução é a parte inicial do texto, onde devem constar:

a) O tema que será desenvolvido no texto (delimitando e contextualizando o assunto; apresentando o ponto de vista sob o qual o assunto será tratado – referencial teórico);

b) Os objetivos da pesquisa (objetivo geral do texto e seus possíveis objetivos específicos);

c) As justificativas da escolha do tema (mostrando a relevância acadêmica, a relevância social, o interesse pessoal em relação ao assunto, a viabilidade e as limitações em relação ao desenvolvimento do tema);

d) A metodologia e técnicas (s) empregada (s);

e) A estrutura do desenvolvimento do texto (o roteiro que indica as partes que compõem o texto, porém sem antecipar os resultados do trabalho).

Lakatos e Marconi (1996) relatam que a introdução é a apresentação do trabalho, abrange:

1. Explicitação da pesquisa realizada: exposição clara sobre a natureza do problema focalizado, juntamente com as questões específicas relacionadas com ele. Cada divisão principal do problema deve ser apresentada em um capítulo.

2. Significado da pesquisa: explicações sucintas, mas suficientes, que demonstrem a relevância da pesquisa e a razão pela qual foi levada em consideração.

3. Objeto Investigativo: especificação do tema geral em torno do qual a pesquisa foi realizada; justificativa da escolha, indicando também lacunas no conhecimento científico.

4. Aspectos Teóricos: referência na teoria de base na qual o trabalho se apoiou.

5. Definições Operacionais Utilizadas: definição cuidadosa dos termos importantes, utilizados na pesquisa, a fim de que o leitor possa compreender os conceitos sob os quais a pesquisa se desenvolveu.

Deve, também, oferecer uma visão clara e simples do trabalho, informando:

Natureza e importância do trabalho; Justificativa da escolha e delimitação do tema; Relação do tema com o contexto social; Objetivo do trabalho; Definições e conceitos envolvidos; Organização e distribuição dos tópicos.

Referências

Consiste em apresentar, de acordo com a NBR – 6023 (ABNT, 2000, p. 2), em forma de referência, o conjunto de publicações (livros, revistas, teses, dissertações e outras fontes) utilizado para a elaboração do projeto. *A bibliografia deve ser organizada em ordem alfabética, digitada, usando espaço simples entre linhas e espaço duplo para separar as obras contidas na bibliografia em si.*

A palavra bibliografia deve aparecer em letras maiúsculas, negritadas, *centralizada.*

As referências são alinhadas somente à margem esquerda do texto e de forma a se identificar individualmente cada documento.

A entrada – expressão ou palavra que encabeça uma informação bibliográfica (sobrenome do(s) autor (es), primeira palavra de um título, entidade coletiva, título de periódico, nomes geográficos, etc...) – deve ser apresentada *em letras maiúsculas* (CAIXA ALTA).

Na entrada de obras de um mesmo autor, referenciadas sucessivamente, deve ser substituída por *um traço sublinear*, equivalente a seis espaços (______).

REGRAS GERAIS DE APRESENTAÇÃO

Anexos

"Texto ou documento não elaborado pelo autor, que serve de fundamentação, comprovação e ilustração' (NBR 14724, 2002, P. 2).

"O(s) anexo(s) são identificados por letras maiúsculo consecutivas, travessão e pelos respectivos títulos" (NBR 14724, 2002, p. 5).

Exemplos:

ANEXO A – Representação gráfica de contagem de células inflamatórias presentes nas caudas em regeneração – Grupo de controle I (Temperatura....)

ANEXO B – Representação gráfica de contagem de células inflamatórias presentes nas caudas em regeneração – Grupo de controle II (Temperatura...)

Deve constar: centralizado, fonte Times New Roman, tamanho 12, maiúscula, negrito. Após entrelinha dupla.

Formas gerais para Elaboração do Projeto de TCC

Formato: (NBR 14724/02,):

O texto deve ser apresentado em papel branco, formato A4 (21cm x 29,7 cm).

Digitado no anverso da folha, em tinta cor preta, com exceção de ilustrações.

Para a digitação, utiliza-se fonte *Times New Roman*, tamanho 12 para o texto e 10 para citações longas, notas de rodapé, legenda das ilustrações e tabelas.

Margem (NBR 14724/02, seção 5.2 e NBR 10520/02):

Superior: 3 cm

Esquerda: 3 cm

Inferior: 2 cm

Direita: 2 cm

Obs. Na capa que disponibilizamos de forma ilustrativa no início desta aula, apresentamos estas margens bem exemplificadas, confira!

Margem de citação longa: 4,0 cm a partir da margem esquerda.

Espaçamento (NBR 14724/025, seção 5.3):

Espaçamento 1,5 cm: para o corpo do texto.

Espaçamento simples: para citações longas, bibliografia, ficha catalográficas e legendas

Entre as referências – espaço 1,5cm.

Entre títulos das seções e subseções e o texto que os sucede e precede – dois espaços 1,5cm.

Entre indicativo numérico e título de seções e subseções – 1 espaço de caractere.

Paginação (NBR 14724/02, seção 5.4 e 5.5):

Conta-se todas as folhas a partir da folha de rosto.

Numeração deve aparecer em algarismos arábicos e é registrada apenas a partir da primeira folha da parte textual. Incluindo-se de forma contínua, apêndices e anexos, se houver. O número das folhas deverá figurar ao alto, em fonte tamanho 10, a 2,0 cm da borda superior direita, fazendo-se coincidir o último algarismo com a margem direita do texto.

Os títulos sem indicação numérico (errata, agradecimentos, lista de ilustrações, lista de abreviaturas e siglas, resumos, sumário, referências, glossário, apêndices, anexos e índice) – devem ser centralizados.

Citações, Sistemas de Chamadas e Notas de Rodapé (NBR 10520/02)

Notas de rodapé[3]:

[3]Para fazer nota de rodapé utiliza-se: Ctrl +Alt +F

Notas de rodapé são as que aparecem ao pé das páginas em que são mencionadas. Servem para abordar pontos que não devem ser incluídos no texto para não sobrecarregá-los. Podem ser:

a) notas de conteúdo, que evitam explicações longas

dentro do texto, prejudiciais à linha de argumentação, podendo incluir uma ou mais referências;

b) notas de referência, que indicam as fontes consultadas ou remetem a outras partes da obra onde o assunto foi abordado;

c) notas de esclarecimento ou explicativas são usadas para apresentação de comentários, explanações ou traduções que não possam ser incluídas no texto por interromper a linha de pensamento. Devem ser breves, sucintas e claras.

Sempre que for utilizar notas de rodapé, deve se observar o seguinte:

a) a chamada é feita por algarismos arábicos, colocados entre parênteses, entre colchetes ou acima da linha do texto;

b) a numeração das notas de rodapé é sempre em ordem crescente dentro do mesmo documento;

c) no texto, o número deve figurar após o sinal de pontuação que encerra uma citação direta, ou após o termo a que se refere;

d) a nota de rodapé deve ser escrita em espaço simples e letra menor que a do texto;

e) entre uma nota e outra se observa o espaço duplo.

Se o autor é citado várias vezes no texto, na primeira nota, coloca-se a citação da obra com referência completa. Na segunda, insere-se a expressão latina ibidem ou ibid (= na mesma obra), que indica que a obra citada é a mesma imediatamente anterior. Deve ser indicada na mesma página ou folha de citação a que se refere.

A expressão idem ou id. Aponta obras do mesmo autor anteriormente citado. Indica-se na mesma página ou folha de citação a que se refere.

A expressão op. cit. (= obra citada) é usada no caso de ocorrerem citações que se repetem, mas intermediadas por outros autores. Indica-se na mesma página ou folha da citação a que se refere.

A expressão apud (= citado por, segundo, conforme) indica um autor citado por outro autor.

Citações

A Norma Brasileira Registrada/NBR 10520, da Associação Brasileira de Normas Técnicas / ABNT, fixa as condições exigíveis para a representação de citações de documentos (ABNT 2002).

Segundo a referida NBR, denomina-se citação a menção, no texto, de informação colhida de outra fonte, para esclarecimentos do assunto em discussão ou para ilustrar ou sustentar o que se afirmar, ou seja, para corroborar as ideias desenvolvidas pelo autor ao decorrer do seu raciocínio.

As citações podem ser diretas ou indiretas e sua obtenção pode ser dada por meio de documentos ou canais informais. As fontes tiradas as citações devem ser indicadas, no texto, por um sistema numérico ou autor-data.

Tipos e formas de citação.

Citação direta: é a transcrição literal de um texto ou parte dele, conservando-se a grafia, pontuação, uso de maiúsculas e minúsculas e idioma. É usada somente quando um pensamento significativo for particularmente bem expresso, ou quando for absolutamente necessário e essencial transcrever as palavras do autor.

Citação curtas (de até três linhas): transcritas entre aspas, incorporadas ao texto, sem destaque tipográfico, com indicação das fontes de onde foram retiradas, conforme sistema de chamada adotado.

Exemplo:

Na análise dos qualitativos, a ênfase no significado que os indivíduos atribuem às experiências ou fenômenos é indispensável, com bem destaca Minayo (1999, p. 11), enfatizando que "[...] quando se trata da análise dos achados das pesquisas de desenho qualitativo, sua concentração nos significados é absoluta"

Citações longas (com mais de três linhas): deve aparecer em parágrafo distinto, a quatro centímetros da margem do texto, recuo da margem esquerda, terminando na margem direita. Deve ser apresentada sem aspas, grafada em tipo tamanho *10 e com espaçamento simples* de entrelinhas, de acordo com a NBR /14742 (2001).

Exemplo:

O fato do mercado de trabalho ter evidentemente se tornado um sistema inadequado para resolver ao mesmo tempo o problema da produção e da distribuição naturalmente não justifica sentimentos de triunfo inspirados pelas teorias da crise ou do colapso. Isto porque não há perspectiva de uma lógica alternativa de utilização e manutenção da força de trabalho (com a qual a teoria marxista da crise implicitamente sempre contou); ao contrário, predomina algo mais semelhante a um desamparo estrutural. (OFFE, 1994, p.85).

Omissões em citação: são permitidas quando não alteram o sentido do texto ou frase. São indicadas pelo uso de reticências, entre ou barras [...]. Quando se tratar de poema ou texto teatral, quando uma linha ou mais for omitida, a omissão é indicada por uma linha pontilhada.

Ênfase ou destaque em citação: para destacar palavras ou frases em citação, usa-se o **grifo nosso** após a indicação da fonte. Quando o destaque for do autor consultado, usa-se a expressão grifo do autor.

Citação indireta: transcrição livre do texto, ou seja, é a expressão da ideia de outro autor, com palavras próprias do autor do trabalho. O nome do autor citado vem entre parênteses, seguido da data. É facultativa a menção da página caso a fonte original de informação encontre-se em uma única página.

Exemplo:

A lei não pode ser vista como algo passivo e reflexivo, mas como uma força ativa e parcialmente autônoma, a qual mediatiza as várias classes e compele os dominantes a se inclinarem às demandas dos dominados (GENOVESE, 1974).

Citação de citação: é a menção a um documento ao qual não se teve acesso, mas do qual se tomou conhecimento apenas por citação em outro trabalho. Só deve ser usada diante da total impossibilidade de acesso ao documento original. A indicação é feita pelo nome do autor original, seguido da expressão *"citado por" ou "apud"* e do nome do autor da obra consultada. Somente o autor da obra consultada é mencionado nas referências bibliográficas.

Exemplo:

Segundo Hall e Stocke, citados por Lamounier (1984, p. 300), os fazendeiros, a partir da metade do século, já supunham que a força de trabalho escrava teria que ser substituída. "Indivíduos que se sentem como uma espiga insignificante na máquina, se comportarão como uma espiga numa máquina, não produzindo ideias que trarão mudanças" (GARDNER apud FINI, p. 16).

Citação de dois autores: quando o trabalho é construído por dois autores, o nome dos autores aparece como fonte pesquisada seguindo a ordem de publicação na obra, separada pela letra 'e'.

Exemplo:

De acordo com Nérie e Cachioni (1999, p. 113), "a população idosa é a de maior crescimento proporcional, hoje, no Brasil".

Citação de três ou mais autores: quando o trabalho é construído por três autores ou mais, o nome do primeiro autor aparece como fonte pesquisada seguida por 'et al' ou 'e colaboradores'.

Exemplo:

Azevedo e colaboradores ou (*et al*) (1998, p. 35), descrevem que "da perspectiva marxista, o âmbito dos problemas é translado do campo da ideia e do religioso para o campo da economia. O que diferencia o homem do resto dos seres vivos é o trabalho humano que transforma a natureza". "Demonstrativos de síntese que constituem unidade autônoma e explicam ou complementam visualmente o texto." (NBR 14724. 2001 p. 5).

As ilustrações são compostas pelos seguintes tipos de figuras: quadros, lâminas, plantas, fotografias, gráficos, organogramas, fluxogramas, esquemas, desenhos e outros.

Todas as ilustrações devem ser identificadas com o número de ordem de ocorrência no texto (em algarismos arábicos) e, o título na parte superior, bem com as fontes citadas na parte inferior.

Retomando a aula

Ok pessoal, vale retomar a nossa conversa para destacar que o exemplo apresentado tem como objetivo o de facilitar o trabalho que terão na confecção do projeto de pesquisa e perceber quais etapas que o compõe.

1 - Etapas do Projeto: Pré-texto, Texto e Pós-texto

Nesta seção, apresentamos contribuições de Ferreira e Lima (2007), também fizemos adequações das informações para que fossem bem direcionadas para o processo de elaboração do Projeto de Pesquisa, considerando que os exemplos apresentados são de suma importância para nossa disciplina!

Vale também destacar que parte destas normatizações se aplicam ao Artigo Científico, na disciplina de *Trabalho de Conclusão de Curso* proposta para o próximo semestre do curso, aprofundaremos um pouco mais sobre aspectos práticos para o TCC final.

Desejo, entretanto, que depois de tudo que compartilhamos nas aulas desta disciplina de *Elaboração do Projeto de TCC*, tenhamos conseguido auxiliar você nesse processo um tanto desafiador, mas necessário, da nossa inacabada tarefa de ensino-aprendizado. *Parabéns pela persistência e perseverança, sucesso na próxima etapa desse caminho!*

Vale a pena

Vale a pena **ler,**

DEMO, Pedro. *Introdução a Metodologia da Ciência.* 5. ed. São Paulo: Atlas, 1995. Disponível em: https://goo.gl/X9ieeQ. Acesso: ago-2019.

Referências

BARUFFI, H. *Metodologia da Pesquisa*: Manual para Elaboração da monografia. 4. ed. Dourados: HBedit, 2004.

DESLANDES, Suely Ferreira. *Pesquisa social:* teoria, método e criatividade. Maria Cecília de Souza Minayo (org.). 33 ed. Petrópolis, RJ: Vozes, 2013.

DEMO, Pedro. *Introdução a Metodologia da Ciência.* 5. ed. São Paulo: Atlas, 1995. Disponível em: https://goo.gl/ X9ieeQ. Acesso: ago-2019.

FERREIRA, Eliane F. C. e LIMA, Terezinha Bazé. *A Pesquisa: da teoria à prática.* Dourados: UNIGRAN, 2004.

FERREIRA, Eliane F. C. & LIMA, Terezinha Bazé de. *Métodos e Técnicas de Pesquisa.* Dourados: UNIGRAN, 2007.

GIL, Antonio Carlos. *Como Elaborar Projetos de Pesquisa.* 6. ed. São Paulo: Atlas, 2017.

GRESSLER, Lori Alice. *Introdução à pesquisa*: projetos e relatórios. 2. ed. ver. atual. São Paulo: Loyola, 2004.

LEITE, Fábio H. C. et al. *Produção do Trabalho de Conclusão de Curso.* Dourados MS: SIRIEMA, 2011.

MARTINS, Gilberto de Andrade. *Manual para elaboração de monografias e dissertações.* São Paulo: Atlas, 2000. Disponível em: http://www.eac.fea.usp.br/eac/observatorio/metodologia-artigo.asp. Acesso em: 02 Ago/2019.

MARCONI, Marina A; LAKATOS, Eva Maria. *Fundamentos de Metodologia Científica.* 8. ed. São Paulo: Atlas, 2017.

MOTTA-ROTH, Desiree; RENGES, Graciela R. *Produção Textual na Universidade.* São Paulo: Parábola Editorial, 2010.

Regras da ABNT para TCC 2019: as principais normas (ATUALIZADAS). Em: https://viacarreira.com/regras-da-abnt-para-tcc-conheca-principais-normas. Acesso em: Ago/2019.

ROCHA, Márcio J. O. *Trabalho de Conclusão de Curso.* UNIGRAN, 2011.

SEVERINO, Antônio Joaquim. [Livro eletrônico] *Metodologia do trabalho científico.* 24ª ed. Revista e atualizada. São Paulo: Cortez, 2017.

SEVERINO, A. J. *Metodologia do trabalho científico.* 23. ed. São Paulo: Cortez, 2004.

Printed in Great Britain
by Amazon